高等院校财经类专业系列教材（互联网+应用型）

公共部门会计

主　编　杨仕鹏
副主编　王　琳　田　菁　李　曼

扫码申请更多资源

南京大学出版社

图书在版编目(CIP)数据

公共部门会计 / 杨仕鹏主编. — 南京：南京大学出版社，2020.9(2023.1 重印)

ISBN 978 - 7 - 305 - 23350 - 0

Ⅰ.①公… Ⅱ.①杨… Ⅲ.①预算会计 Ⅳ.①F810.6

中国版本图书馆 CIP 数据核字(2020)第 093498 号

出版发行　南京大学出版社

社　　址　南京市汉口路 22 号　　　　邮编　210093

出 版 人　金鑫荣

书　　名　**公共部门会计**

主　　编　杨仕鹏

责任编辑　武　坦　　　　　　　编辑热线 025 - 83592315

照　　排　南京开卷文化传媒有限公司

印　　刷　南京人民印刷厂有限责任公司

开　　本　787×1092　1/16　印张 19.25　字数 492 千

版　　次　2020 年 9 月第 1 版　2023 年 1 月第 2 次印刷

ISBN 978 - 7 - 305 - 23350 - 0

定　　价　54.00 元

网　　址：http://www.njupco.com

官方微博：http://weibo.com/njupco

微信服务号：njuyuexue

销售咨询热线：(025)83594756

前　言

为了贯彻和宣传我国政府会计及非营利组织会计的研究和改革成果，紧跟会计改革进程，积极探索应用型本科教材的改革，我们编写了本教材。本教材具有以下特点：

（1）教材名称与内容更加契合。本教材开创性地尝试将概念和核算内容相对对立的政府会计、非营利组织会计，按其共性和规律置于公共部门会计这一概念之下，使教材内容与教材名称更加契合。客观上形成公共部门会计（不以营利为主要目的）和私营部门会计（以营利为目的的企业会计）两大类型，便于探索公共部门会计的核算体系。

（2）内容结构简单明了。本教材按会计要素的内在逻辑安排内容，打破按财政总预算会计、行政单位会计、事业单位会计、医院会计、高校会计、非营利组织会计等行业或部门安排内容的传统，这既符合国家政府会计改革的总趋势，也符合国家政府会计准则和政府会计制度的新要求。

（3）应用型特色突出。本教材力图按以案例为导向、以任务为驱动、工学做相结合的课程改革和设计理念来编排内容。

（4）编写依据新。严格按照最新的《政府会计准则——基本准则》《政府会计制度》和《民间非营利组织会计制度》的规定编写，完全遵循准则、制度的新要求。

本教材由杨仕鹏任主编，王琳、田菁、李曼任副主编。编写人员有杨仕鹏（全书架构设计和最后统稿总纂，并撰写项目一、二）、王琳（协助主编对全书进行统稿，并撰写项目三、四、十二）、余锋（项目五、七）、李曼（项目六、八、九）、刘蓉（项目十、十一）、田菁（项目十三、十四）。

本教材适用于培养应用型人才的高校会计学专业和其他财经类专业的本科

与专科学习公共部门会计课程教学用书,也可作为在职人员学习政府会计、非营利组织会计、预算会计业余学习和培训进修参考用书。

在编写过程中我们参阅了大量的文献资料,在此向相关作者表示诚挚的感谢。由于编者的学识和水平有限,书中难免存在疏漏甚至错误,恳请读者提出批评和建议。

编　者
2020 年 6 月

目　录

第一篇 总 论

项目一

公共部门会计的基本理论

知识目标

1. 了解公共部门的特征和范围；
2. 明白公共部门会计的目标和信息质量要求；
3. 理解公共部门会计核算的前提和核算基础。

技能目标

1. 能够判断公共产品和私人产品、混合产品；
2. 能够界定纯公共部门和混合公共部门；
3. 熟悉公共部门的经济活动及经济关系。

知识准备

"经济越发展,会计越重要",有经济活动的地方就会有会计。经济活动是会计赖以生存的基础。会计是以货币为主要计量单位,运用一定的技术和方法对经济主体的经济活动或会计事项进行连续、系统反映和监督的一种管理活动。

不同的经济主体,其经济活动的规律、目标是不同的,其会计核算的对象、采用的方法也会有差异。要认识、了解公共部门会计,首先应认识、了解公共部门这个行为主体及其经济特征、经济活动规律。

任务一 公共部门概述

资源稀缺问题是经济学研究的逻辑起点,如何让有限的资源满足人类无限的、多样的需求,这就引申出资源的配置问题。

狭义的资源配置问题是关于土地和自然资源、劳动、资本等要素用来生产什么,如何生产,为谁生产等方面的问题。如何用有限的要素生产出尽可能多的产品,生产怎样的产品更符合人们的偏好,在消费者收入一定的情况下这些产品在消费者之间怎样交换才能使人们获得最大限度的满足,这就是经济学的"效率"问题或者说是经济学的三个基本问题。广义的资源配置是解决效率、公平、稳定三个方面(或者说是资源优化配置)的问题,这也是评价社会经济活动的三条基本原则。

如何进行配置资源,这涉及资源配置的方式或机制问题。总体而言,人类社会的资源配置方式或机制主要有三种。一是习俗惯例机制。习俗惯例是人类社会在长期生产活动中形成的,并被所有相关成员共同接受和普遍遵循,具有一定的约束力,能够很好地处理一定范围内的资源配置和经济关系。如家族、部落、村庄里的资源配置就是靠世袭分工、子承父业等机制来实现的。二是权力命令机制。权力命令机制是指拥有一定权力的人在其权力辖域内强行配置资源的方式。这种机制下,权力行使者占有资源,有权配置资源,他将告诉人们应该生产什么、应该吃什么、该得到多少等。三是市场竞争机制。市场竞争机制是指资源配置由市场自由竞争(看不见的手)来决定。消费者、生产者和要素拥有者有充分的自由选择权,他们可以自由地从各自的经济利益出发,分散、个别地进行决策选择,并通过市场和竞争达到自己的目的或调整自己的行为。

市场竞争机制中,产权明晰、私有是关键,无论是占有资源、生产产品还是产品交换都具有明晰的私人权力特征;而权力命令机制中,资源占用、生产的产品具有明显的公共性。这两种不同的机制所生产的产品、生产者以及生产活动都具有明显的区别,公共部门、私人部门和公共产品、私人产品等概念因此被命名。

一、公共产品

(一) 公共产品的特征

一般而言,公共产品就是同时具有非排他性(Non-excludability)和非竞争性(Non-rivalness)两个基本特征的产品或服务。

(1) 非排他性是指某种产品或服务一旦提供,不可能排除任何人对它的消费。可从两个方面对非排他性进行理解:一是在技术上不容易排除众多的受益者。也就是说,该种产品或服务一旦提供,要排除一定范围内的任何一个人消费使用这个产品是极为困难的。如"防务安全""社会秩序"等,国家一旦提供,全国范围内的所有人都可以消费或享受这种产品带来的收益,而无法排除其他人不能享受;二是排除收益人的成本远远超过排除收益带来的好处,如"街道上的路灯",从街道上路过的人无论是否为此路灯的建设与维护做出过贡献,都可以享受路灯带来的收益,而要阻止未付费的路人享受路灯带来的收益,将会付出更高昂的代价,唯一的办法就是将路灯关闭。而私人产品则具有排他性或独占性,即 A 拥有此产品,其他非 A 则不能再拥有此产品。

(2) 公共产品的非竞争性是指一个人对某种物品或服务的消费不影响其他人对该物品或服务的消费。可从两个方面来理解公共产品的非竞争性:一是公共产品的边际生产成本为零,即消费者的增加并不需要增加公共产品的生产量。例如,多增加一个路上的行人并不需要增加街道上路灯的数量。二是公共产品的边际拥挤成本为零,即每个消费者的消费不影响其他消费的消费数量与消费质量。如上例,在一定数量的路灯照明下,多一个行人并不影响其他行人的路灯照明,等等。而私人产品则具有竞争性,即 A 拥有 B 产品,其他非 A 可以通过竞争用其他资源交换来获取 B,从而使 A 失去对 B 的拥有权。

不难看出,公共产品是与私人产品相对立的。私人产品具有明显的排他性/独占性和竞争性,其配置通常通过市场来配置;而公共产品无法通过市场来配置,它需要通过一定的公权力来配置。

(二) 纯公共产品

根据产品的非排他性和非竞争性的程度,我们可以将公共产品分为纯公共产品和混合公共产品两类。

纯公共产品是指具有完全的非排他性和非竞争性的产品,即非排他性和非竞争性的纯度为100%,这类产品是典型的公共产品,如国家防务。一个国家的防务体系一旦建成,几乎不可能排除任何一个居住在该国境内的人不享受该国防务体系带来的收益,而且,增加一个人或减少一个人根本不影响防务体系的建设成本。再如,国家的法律体系、行政体系等。

(三) 混合产品

现实生活中,纯粹的公共产品是非常稀少的,更多的产品是具有公共产品部分特征,这类产品称之为混合产品,或广义的准公共产品。混合产品具有一定程度的非排他性和非竞争性,这类产品或服务既具有一定的公共产品的基本特征,同时也具有一定的私人产品的特征,是介于公共产品与私人产品之间的一类产品,比较复杂难辨。为了研究这类产品,人们对其又做了进一步的划分,按排他性和竞争性的程度划分为接近纯公共产品的混合产品与接近私人产品的混合产品;按非排他性和非竞争性的空间划分为地方公共产品(Local Public Goods)与俱乐部产品(Glub Goods)。

图1-1为产品划分图。

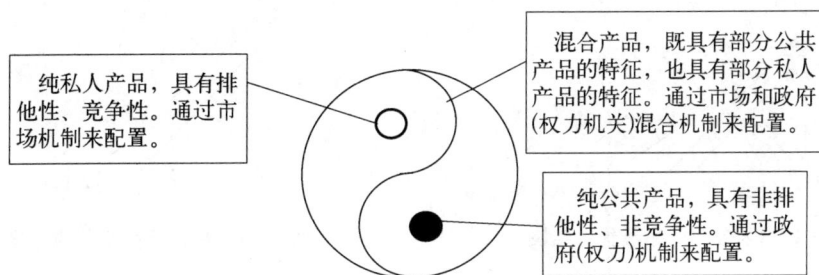

图1-1 产品划分图

(1) 地方公共产品是指其收益与成本局限于某一区域的公共产品。这个区域可能涉及一个街区、一个经济区或者一个省、一个县等等,这些区域所生产的产品或提供的服务,只有这个区域的消费者能享受。不同的区域决定了公共产品成本分摊的区域空间。通常,地方公共产品一般需要由地方政府组织或部门来供给。

(2) 俱乐部产品是指生产、消费能够市场化的准公共产品(混合产品)。每个公共产品的消费者自愿地加入或退出公共产品俱乐部。在这个俱乐部中,公共产品的购买价格由市场决定,俱乐部对于非公共产品的消费者能够加以排除。如学校、健身馆、电影院等提供的都是一种俱乐部产品,这类产品可以市场化供应。

狭义的准公共产品是指具有利益外溢的产品。这类产品所提供的利益的一部分由其所有者享有,是可分的,从而具有私人特征;而利益的其他部分则由所有者以外的人享有,是不可分的,从而具有公共产品的特征,这种现象称为利益外溢性现象。例如,受到良好的教育。某人受到良好的教育所获的利益可以分为两部分:一部分利益是不可分的——使社会受益;一部分利益是可分的——受教育者直接受益。

二、公共部门

(一) 公共产品供应部门

经济学中通常将经济行为主体分为私人部门(Private Sector)、公共部门(Public Sector)和居民或家庭。私人部门,也可称为私营组织,其主体主要是企业组织。私人部门通常以私人产权为基础,通过市场竞争配置资源,提供的是私人产品或服务,以谋取主体(私人部门)私人利益最大化。

公共部门泛指以公共权力为基础的组织,通过权力命令机制配置资源。它通过制定契约、法律和制度并依法管理社会公共资源与公共事务,以谋取社会的公共利益,维持社会生存与发展所需要的物品、公共秩序和社会价值体系。希克斯认为,公共部门是指这样一种提供服务和产品的部门,其所提供服务和产品的范围与种类不是由消费者的直接愿望决定的,而是由政府机构决定的,在民主社会是由公民的代表来决定的。

由于公共产品与私人产品性质的不同,从而决定了它们的定价规则也不同。经济学原理告诉我们私人产品、公共产品的定价规则,如图 1-2、图 1-3 所示。

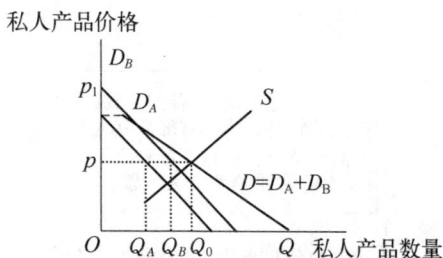

图 1-2 公共产品最优供给图   图 1-3 私人产品最优供给图

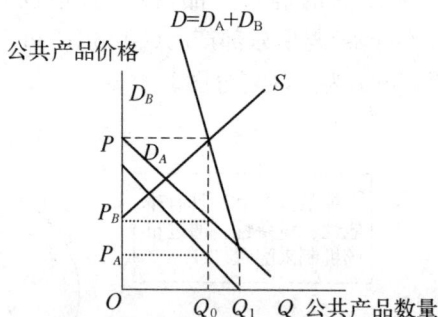

上图中,D、S 分别表示需求曲线和供给曲线;D_A、D_B 分别表示个人 A 与个人 B 的需求曲线,需求曲线由个人的收入和偏好决定;P 表示均衡价格。由此,可以看出:私人产品的定价规则为 $OP = OP_A = OP_B = MC$,公共产品的定价规则为 $OP = OP_A + OP_B = MC$。

因此,不同的经济行业主体在供给公共产品、私人产品时,其供给的有效性是不同的。私人部门提供公共产品比提供私人产品的效率低得多,甚至是无效率;公共部门提供公共产品要比提供私人产品的效率高得多。

(二) 公共部门的特征

公共部门的特征是相对于私人部门而言的。与私人部门相比较,可以发现公共部门有以下几方面的特征:

（1）公共部门的目标是生产公共产品和提供公共服务。基于前述经济学的供给效率分析，生产公共产品和提供公共服务的需求催生了公共部门，而生产公共产品和提供公共服务是公共部门存在和发展的依据以及合法的基础。

（2）公共部门的基本职责是管理社会公共事务，维护和实现公共利益。社会公共事务是指涉及全体社会公众整体生活质量和共同利益的一系列活动；共同利益是指在一定范围内所有成员利益的共同部分，而不是某单个成员或组织的特定利益。社会公共事务和共同利益在构成上具有多元性，如公共产品、公共服务、公共秩序、公共安全等。

（3）公共部门的行为是行使公共权力来履行基本职责。公共权力来自全体社会成员的共同意志，由法律赋予和权威公共部门授予，是用于处理公共事务、维护公共利益的权力，是履行公共部门职责的基本前提和保证。公共权力属于公众而非某个私人，其服务的是公共事务而非某个特定的私人事务，谋取的是公共利益而非某个私人或组织的利益。公共部门作为公共权力的行使主体，代表着公众的全体意志，在公共区域内或公共权力行使辖区内必然具有强制性和权威性；同时，行使公共权力也必然受公众意志的约束和监督，以防止公共权力的滥用。

（4）公共部门的价值取向是谋求公共利益，不以营利为目的。公共部门行使公共权力必须占有一定资源作基础，以此资源来服务全体公众，谋取全体公众的共同利益。因此，公众部门应在顾及全局的公平、公正、公开原则下获取更广泛、更权威的公共权力，以谋取公共利益。也只有以谋取公共利益为价值取向才能获取更权威的公共权力；否则，若以营利为目的，必将动摇公平、公正、公开的公共权力基础，从而危及或毁损公共部门存在的基石及其基本职责履行。

（5）公共部门依法开展活动并受到高度监督。公众对公共产品和公共服务的多层次、多样化和整体性的利益需求，不仅导致公共产品和公共服务供给的公共部门的服务目标主体模糊、多元，还使得公共利益不易量化衡量，从而得到公共满意的程度也难以评估。因此，公共部门的活动，必须受到更广泛的监督。公共部门的行为受到更强力的约束，才能保证公共权力的适当使用、公共利益得到恰当的满足。公共部门活动的监督，必须事前有公开认可的契约和程序，公众按照这些公开认可的契约和程序来约束和监督公共部门的活动及公共权力的行使，才能更好地体现公平、公开、公正的原则，才能更好地谋取或服务公共利益。

三、公共部门的经济活动

整体来讲，公共产品的性质不同，提供公共产品的主体的经济活动特别是资金运动也会有差别。若根据公共部门的责任、目标及其资金运动的不同来划分，公共部门可划分为不同的类型。反过来看，不同的公共部门，其提供的公共产品性质会有差别，其资金运动形态也会有差别。

理论上，对公共部门的分类标准有多种，并不统一。本教材将公共部门分为三类：纯公共部门、准公共部门和混合公共部门。

（一）纯公共部门的经济活动

纯公共部门是指提供纯公共产品和服务的部门，是公共权力的拥有者，是公共部门最重要的组成，是"公域"的中心。最典型的纯公共部门就是政府部门或政府各职能部门。

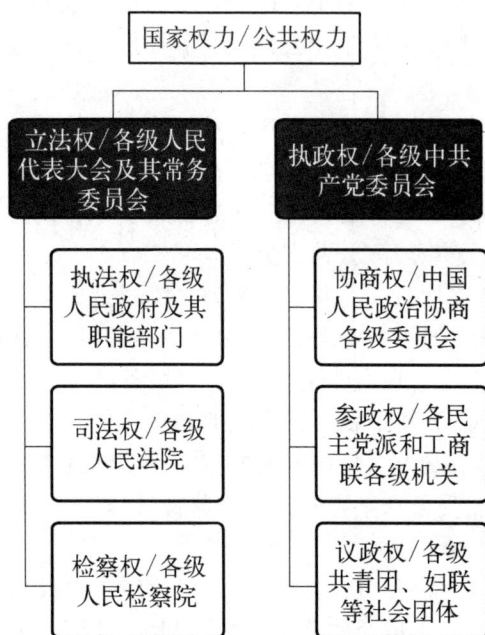

图1-4 纯公共部门体系图

由于各国政体不同,对政府的理解不一样,广义的政府部门是指行使国家权力的职能部门,包括立法、司法、执法、监督部门,以及各种权力协调部门。这些部门都是公共权力的行使者,为处理整个国家权力领域内的公共事务、维护公共利益服务。狭义的政府部门是指国家行政权力部门,即执法部门。纯公共部门在我国几乎全是行政单位。纯公共部门体系如图1-4所示。

纯公共部门拥有公共权力,制定和执行国家宪法、法律,维持社会秩序,从事社会公共事务管理,提供公共产品和公共服务。因此,它占有着公共资源,追求公共利益的实现,不以营利为目的,其运营经费全部来源于国家公共财政划拨,经费的使用按公共部门预算标准执行,经费预算接受各级权力机关的批准或授权,并接受社会监督。其经济活动,如表1-1所示。

表1-1 纯公共部门经济活动及资金运动

公共资源的获取				公共资源的预算安排			公共部门履行职责的耗费			公共利益
获取途经和形式	形成国家占有的公共资源	预算收入	预算支出	形成各公共部门的运营资金来源	公共部门收入	公共部门耗费	形成公共利益	各类资产
税收			公共服务			业务活动		国家安全
政府性基金			国防支出			资产处置		国民素质
国有企业经营			外交支出					医疗卫生
国有资产有偿使用			公共安全					基础设施
行政性收费、罚没			文教科卫					法律公正
接受捐赠			节能环保					……
……			……			……		……
国家财政总预算经济活动						行政单位经济活动		
财政总预算经费活动(财政预算资金安排)						纯公共部门经济活动(资金运动)		
广义的公共资源的经济活动(资金运动)/公共会计核算对象								

其资金运动表现为:纯公共部门通过国家财政预算安排划拨公共资源,公共部门通过耗费公共资源为社会提供公共产品或公共服务,谋求公共利益最大化。

(二) 准公共部门的经济活动

准公共部门是指提供具有利益外溢现象的产品或服务的部门。最典型的准公共部门是政府的附属组织,如我国的事业单位等。准公共部门由国家权力组织委托和授权,为公众提供科学、文化、医疗卫生等公共产品和公共服务,如国有林场和苗圃、测绘事业单位、地质勘查事业单位、高等学校、中小学校、医院、基层医疗卫生机构、科学事业单位、彩票机构、公立医院、社区公益服务组织、社会工作的志愿者组织等。

其资金运动表现为:运营经费一部分来源于国家公共财政的划拨,一部分来源于为收回成本而向服务接受者收取的费用,不以营利为目的;其他经费的使用需要按预算执行,接受纯公共部门的监督、检查,接受社会的监督。准公共部门经济活动及其资金运动如表 1-2所示。

表 1-2　准公共部门经济活动及其资金运动

公共资源的获取		准公共部门履行职责的耗费		公共利益	
国家财政预算拨款	⇒ 形成准公共部门的运营资金来源	公共部门收入	公共部门耗费	⇒ 形成公共利益	各类资产
经营收入			单位管理费		国民素质
投资收入			经营费用		医疗卫生
接受捐赠			上缴费用		基础设施
各类补助			资产处置		法律公正
……			……		……
准公共部门经济活动及其资金运动					

(三) 混合公共部门的经济活动

混合公共部门是指提供混合产品和服务的部门。混合公共部门比较复杂,不拥有天然的公共权力,其权力完全来源于政府的合法授权;其获取资源的渠道也不完全相同。大体上包括以下几类:

(1) 以企业化经营模式运行的混合组织。这类组织由政府出资组建,生产社会需求的物质产品,但以企业化方式的运营,以营利和国有资产增值为目的,如各种国有企业和公司等。这类组织所提供的产品,其私人产品的性质比重很大,但也有部分公共产品/公共部门的性质,如其产权性质属于国有(公有),运营资源来源于公共的资源,又受到纯公共部门或授权主管部门的监督、管理,所以可视为公共部门的一部分。其运营经费主要来自国家财政拨款和自己的经营所得;提供的产品一般表现为私人产品性质,特定环境/时间下体现为公共产品的性质。

(2) 非营利性民间组织。这类组织是公民根据自愿的原则所组成的,为实现会员共同愿望,按组织章程开展公益性活动的民间性组织。如各行各业的各类学会、协会、研究会、联合会、基金会等。这类组织作为政府与社会相互沟通的桥梁与纽带,其活动多集中于济贫救弱、环保、文化教育、社区工作、医疗等领域,能得到政府在政策或道义上的支持。因此,其活动经费主要来自四个方面:一是政府的支持,二是社会捐助,三是服务收入,四是会费收入。

(3) 民办非企业单位。这类单位是指企业事业单位、非营利民间组织和其他力量以及公民个人利用非公共资源建立的,从事公益性社会服务的单位组织,如各种民办非营利性的学校、医院、福利院、研究院所、文化中心等。这类单位按规定程序进行合法登记,根据法律或行政机关委托获得公共部门主体资格,实行自主经营、自收自支、自负盈亏的形式,凭借自身成员的优势(如知识、技能、技术等)服务于社会,获得一定报酬。民办非企业单位几乎没有国家财政的支持援助,主要靠服务收费、社会捐赠等获取资金,在提供服务中既要注重社会效益还要追求一定的经济效益,但营利程度低,提供的产品是混合产品,既具有部分公共产品的性质,也具有部分私人产品的性质。

任务二 公共部门会计的对象、目标和信息质量要求

一、公共部门会计的对象

(一) 公共部门会计概念

公共部门会计是会计在公共部门的体现,会计基本原理在公共部门各主体中的应用,是以货币为计量单位,采取一定的方法和程序对公共部门主体经济活动或会计事项进行连续、系统、全面地核算和监督的一种管理活动。

由于对公共部门范围的界定不统一,对公共部门会计的称谓也不一样。有的将公共部门会计称为"政府会计"①,也有的称"政府和非营利组织会计"。而政府会计的内容也不统一,通常将财政总预算会计、行政单位会计、事业单位会计合并统称为政府会计;有的将行政单位会计和事业单位会计合并称政府会计;也有的将财政总预算会计、国库会计、财政收入征解会计合称为政府会计,等等。

本教材没有采用"政府会计"这一概念,也没有采用"政府和非营利组织会计"这个概念,而采用"公共部门会计"这个概念,其原因主要有以下几点:

(1) 财政总预算会计与行政事业会计在核算对象的资金运动和会计目标方面存在逻辑的一致,用"政府会计"这个概念统称它们不是最恰当的表述。因为,财政总预算反映的是一级政府意图和安排,表现为一级政府在年度的预算收入和支出计划,反映的是政府想干什么事,干事要耗费多少资源,这些资源如何获取;而行政事业单位则是部门预算,它不仅是对政府公共预算的一个延续,更是对政府意图的落实,它表现的是政府给主体多少资源,耗费这些资源应达到什么目的或效果。换言之,财政总预算会计只是对预算资金运动过程及其结果进行核算反映(即对预算执行阶段发生的财政交易进行确认、计量、记录和报告),行政事业单位会计不仅要核算监督预算资金的运动过程及结果,还要反映历年预算资金耗费所形成的存量、效果(资产、负债、净资产等进行确认、计量、记录和报告),这些存量效果真正产出的是公共产品,而财政总预算会计很难体现这个效果。

(2) 用"政府与非营利组织会计"这个概念将财政总预算会计、行政单位会计、事业单位会计、民间非营利组织会计等内容统称,听起来有点怪,"政府"和"民间"是两极,将二者合在一起,像是一个拼盘;将"政府"与"非营利组织"合在一起,使得"政府"的形象看起来也有些怪异。

(3) 行政单位、事业单位、非营利组织三者的一个共同点是直接或间接地行使公共权

---

① 王维君.公共预算管理.北京:经济科学出版社,2002:178.

力,运用公共资源为社会提供公共产品(包括纯公共产品、准公共产品和混合公共产品),谋取公共利益。他们的资金运动轨迹基本相同,目标基本趋同。因此,本教材采用"公共部门会计"来讲述这三部分内容。公共部门会计体系(或构成)如图 1-5 所示。

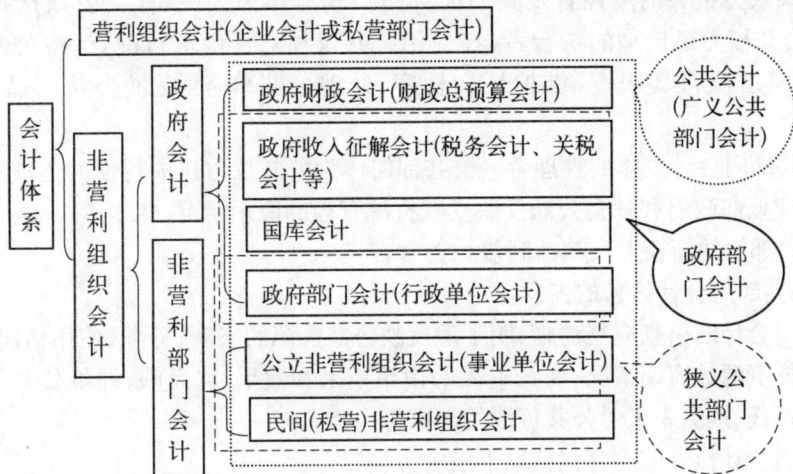

图 1-5 公共部门会计体系图

(二) 公共部门会计核算的内容

公共部门会计核算的内容,也称公共部门会计对象,是公共部门的资金运动。公共部门的资金运动是指能以货币形式表现的那部分经济活动。无法用货币计量的公共部门经济活动则不作为公共部门会计核算的对象和内容。

(三) 公共部门会计核算与公共部门预算的关系

公共部门会计与私人部门会计的最大区别在于,公共部门耗费的是公共资源,产出的是公共产品,获取的是公共利益。因此,公共资源的配置权掌握在公共权力掌握者手中,而对公共资源的配置是通过预算来计划安排的。公共资源的耗费应先有计划,获得社会公众或代表社会公众的公共权力掌握者认可后公共部门才能消耗这些资源,没有认可或没有预算计划的资源是不能被耗费的。无论是纯公共部门,还准公共部门,或者混合公共部门,只要是需要耗费公共资源都需要预算。当然,准公共部门、混合公共部门若愿意强化预算管理控制,即使是耗费私有资源,也可将预算作为会计核算的依据。

在公共经济领域,预算领先,会计随后,公共部门预算是会计核算的重要依据。

二、公共部门会计的目标

会计的目标主要包括三个方面的内容:一是为谁服务,即会计信息的使用者,为谁使用;二是服务什么,即提供什么样的信息或哪些方面的信息;三是服务内容的要求,即提供的会计信息能够满足何种需求。

公共部门会计目标是为会计信息使用者提供与公共部门财务状况、预算执行情况、运营成果及现金流量等有关的会计信息,反映会计主体公共受托责任履行情况,有助于会计信息使用者做出经济决策或者进行监督和管理。

(一) 公共部门会计信息的使用者

公共部门会计的信息使用者可分为四类:

（1）自然人或社会公众。一个国家、一个区域、一个社会,公共资源是属于全体社会公众的,是人民所有。这些人既是社会公共资源的共有者,也是从政府或公共部门提供的公共产品或服务受益的一般公众。

（2）公共权力机关的掌控者及其职能部门。政府作为人民、社会公众选择出来的代言人,作为公共权力最典型的执行者,在使用公共权利对资源进行配置,将公共资源委托于各公共部门以履行其职责,维护社会秩序、处理公共事务、提供公共产品、谋取公共利益。

（3）公共部门会计主体的管理者。公共部门作为公共权力机关行使的主体和受托资源管理的主体应该向政府和社会公众反映受托资源管理的应用情况。

（4）公共部门的债权人及其他利益相关者。

（二）公共部门会计信息的内容

公共部门会计的信息应当清晰、明了地反映公共资源的来源、分配、使用情况,提供公共部门管理受托资源的应用情况、受托资源的使用结果和效果,以反映、评价公共部门对受托资源管理的责任、预测未来对公共资源的需求等。

公共部门会计信息的内容包括以下三个方面:

（1）提供公共部门经济活动流量方面的信息。主要是会计主体年度资金流动变化情况,特别是预算资金的流动情况。包括公共部门主体运行过程中的资金收支情况,在预算年度内依法获取的并纳入预算管理的现金流入、现金流出、结余资金和历年滚存的资金余额等信息,以及公共部门主体在资金运动过程中维护财经纪律的情况。

（2）提供公共部门经济活动存量方面的信息。主要是公共部门主体的经济活动留存下来并在以后年度继续发挥作用的各项财产物资,包括各项固定资产、在建工程、库存物资、无形资产,等等。

三、公共部门会计的信息质量要求

公共部门会计信息质量的要求是公共部门处理具体会计业务的基本依据,是公共部门信息使用者选择适用会计准则、程序和方法的衡量标准。我国目前还没有明确的公共部门会计制度,但与具有典型公共部门特征的单位或公共部门密切相关的制度有《政府会计准则》《政府会计制度》(含《行政单位会计制度》《事业单位会计制度》)《民间非营利组织会计制度》等。这些制度对公共部门会计信息的质量要求主要体现在以下八个方面:

（1）可靠性。可靠性要求会计主体应当以实际发生的经济业务或者事项为依据进行会计核算,如实反映各会计要素的情况和结果,保证会计信息真实可靠。可靠性跃居第一,是会计的本质属性,它涵盖三个方面:如实反映,即真实性;没有重要的错误,即可验证性;没有偏向性,即中立性。

（2）全面性。全面性要求会计主体应当将发生的各项经济业务或者事项统一纳入会计核算,确保会计信息能够全面反映会计主体预算执行情况和财务状况、运行情况、现金流量等。即会计主体在符合重要性和成本效益的原则下,对于无论是对其有利还是不利的信息都应予以反映,不能任意取舍,随意遗漏或减少披露。

（3）相关性。会计主体提供的会计信息,应当与反映会计主体公共受托责任履行情况以及报告使用者决策或者监督、管理的需要相关,有助于报告使用者对会计主体过去、现在或者未来的情况做出评价或者预测。

（4）及时性。及时性要求会计主体对已经发生的经济业务或者事项,应当及时进行会计核算,不得提前或者延后。及时的会计信息能够帮助管理者发现潜在的问题,提前采取行动措施;滞后的信息会大大地降低信息对使用者的有用性。

（5）可比性。可比性要求会计主体提供的会计信息应当具有可比性。它包括纵向可比和横向可比两个方面。横向可比是指不同的公共部门会计主体在同时期发生的相同或相似的经济业务或事项,应采取统一的会计政策,确保不同的会计主体会计信息口径一致,相互可比;纵向可比是指同一会计主体在前后不同时期发生的相同或相似的经济业务或会计事项,应采取统一的会计政策,不得随意变更,确保同一会计主体在不同时期的会计信息口径一致。若确实需要变更会计政策时,应当将变更内容、理由及对会计主体财务状况、预算执行情况的影响在报表附注中加以说明。

（6）可理解性。可理解性是指会计主体提供的会计信息应当清晰明了,便于报告使用者理解和使用。即要求会计主体提供的会计信息除能让在该领域拥有一定知识的专业人士能懂外,非专业人群也能看懂和运用会计信息,满足信息使用者的需求。

（7）限制性。限制性是指对有指定用途的资金应按照规定的用途使用,并单独反映,即专款专用。公共部门主体中,出资者对所提供的资金或财产物资不具有资本收益和资本回收的要求,而有按预定用途使用的要求。

（8）实质重于形式。实质重于形式要求会计主体应当按照经济业务或者事项的经济实质进行会计核算,不限于以经济业务或者事项的法律形式为依据。

任务三　公共部门会计要素及核算的前提和基础

一、公共部门会计核算的前提

公共部门会计核算的前提,也称公共部门基本会计假设,是指公共部门会计进行核算工作必须具备的前提条件。这些前提条件主要包括四个方面的内容:会计主体、持续运行、会计分期和货币计量等。

（一）会计主体

会计主体假设是对会计核算的范围或空间的一种假设限定。公共部门会计主体限定了公共部门会计核算的范围,即只对有限空间或范围里自身发生的经济业务或事项进行会计核算。公共部门会计核算的主体既包括纯公共部门会计主体,也包括准公共部门核算的主体,还包括混合公共部门会计主体。它们可能是公共部门,如政府的职能机关;可能是政府的附属单位,如事业单位;还可能是混合部门,如行业协会、社会团体等。

只有进行了会计主体假设或限定,才会有产权属性之别,才会有你我之分,才会出现资产、负债、收入、费用等会计概念。若无会计主体假设,就无这些会计概念架构的基础。

（二）持续运行

持续运行是指会计主体在可以预见的未来,其经济业务活动将无限期地延续进行。它是对会计核算时间范围的一种假设。会计主体只有持续运行,会计核算的后续工作才能进行,若无此假设,会计核算只能是一次性的,一些会计处理基础和方法也就失去了存在的基础。

(三) 会计分期

会计分期是指在可预见的未来,将会计核算的时间划分为若干个期间,以便结算账目。此假设实际上也是对会计核算时间范围的一种限定,是持续运行的进一步延伸。通常来说,会计以 1 年为一个会计期间,此期间就是会计年度。由于会计年度的起止日期不同,对会计年度的划分也不一样,世界上常见的会计年度划分有历年制、七月制、十月制等。我国的会计期间采用的是历年制,即公历 1 月 1 日至 12 月 31 日为一个会计年度。

若无会计持续运行和会计分期的假设或限定,就没有本期、上期、下期之说,也就不存在会计权责发生制、收付实现制等核算基础,管理决策所需要的会计信息就难以及时反馈。

(四) 货币计量

货币计量是指假设会计核算和反映的内容都能用货币来计量,且货币的币值不变。货币计量假设包括三层含义:

(1) 假设所有经济业务或会计事项都能用货币来计量,这是会计进行综合计量的前提。只有货币这种价值量度才能综合反映经济业务,才能进行比较。不能用货币来计量的经济业务,目前还无法纳入会计核算的内容之中。

(2) 货币的币值是稳定不变的。若币值经常变化,会计信息的前后期比较就失去了基础。

(3) 货币币种的选择。由于货币的发行是一国主权的象征,世界不同国家会计使用各国家的货币计量,这样各国之间会计信息的比较就需要调整。《中华人民共和国会计法》规定:"会计核算以人民币为记账本位币。业务收支以人民币以外的货币为主的单位,可以选择其中一种货币作为记账本位币,但是编报的财务会计报告应当折算为人民币"。

二、公共部门会计要素

会计要素是会计对象的具体化,即将会计对象——资金运动划分为若干基本要素,是对会计对象的进一步分类。会计信息最终以会计报表或会计报告的形式披露出来,反映会计对象,因此,会计要素也是会计报表的构成要素。公共部门会计信息使用者对公共部门会计信息的特殊需求——预算资金运动和财务资金运动的分列,会计要素可划分为财务会计要素和预算会计要素两大类。实际上,预算会计要素是财务会计要素在某种程度上的特殊分支。

(一) 公共部门财务会计要素

公共部门财务会计要素包括资产、负债、净资产、收入和费用。

1. 资产

资产是指会计主体过去的经济业务或者事项形成的,由会计主体控制的,预期能够产生服务潜力或者带来经济利益流入的经济资源。其中,服务潜力是指会计主体利用资产提供公共产品和服务以履行政府职能的潜在能力;经济利益流入表现为现金及现金等价物的流入,或者现金及现金等价物流出的减少。

资产按照流动性,分为流动资产和非流动资产。其中,流动资产是指预计在 1 年内(含 1 年)耗用或者可以变现的资产,包括货币资金、短期投资、应收及预付款项、存货等;非流动资产是指流动资产以外的资产,包括固定资产、在建工程、无形资产、长期投资、公共基础设施、政府储备资产、文物文化资产、保障性住房和自然资源资产等。

一项经济资源是否确认为资产,应同时满足三个条件:一是符合会计法律所规定的资产的定义;二是与该经济资源相关的服务潜力很可能实现或者经济利益很可能流入会计主体;三是该经济资源的成本或者价值能够可靠地计量。

资产的计量属性主要包括历史成本、重置成本、现值、公允价值和名义金额。其中,历史成本计量下,资产按照取得时支付的现金金额或者支付对价的公允价值计量;在重置成本计量下,资产按照现在购买相同或者相似资产所需支付的现金金额计量;在现值计量下,资产按照预计从其持续使用和最终处置中所产生的未来净现金流入量的折现金额计量;在公允价值计量下,资产按照市场参与者在计量日发生的有序交易中,出售资产所能收到的价格计量。无法采用上述计量属性的,采用名义金额(即人民币1元)计量。

公共部门会计主体在对资产进行计量时,一般应当采用历史成本。采用重置成本、现值、公允价值计量的,应当保证所确定的资产金额能够持续、可靠计量。

2. 负债

负债是指会计主体过去的经济业务或者事项形成的,预期会导致经济资源流出会计主体的现时义务。其中,现时义务是指会计主体在现行条件下已承担的义务;未来发生的经济业务或者事项形成的义务不属于现时义务,不应当确认为负债。

负债按照流动性,分为流动负债和非流动负债。其中,流动负债是指预计在1年内(含1年)偿还的负债,包括应付及预收款项、应付职工薪酬、应缴款项等;非流动负债是指流动负债以外的负债,包括长期应付款、应付政府债券和政府依法担保形成的债务等。

一项义务是否应确认为会计主体的负债,应同时满足以下三个条件:一是符合会计法律所规定的负债的定义;二是履行该义务很可能导致含有服务潜力或者经济利益的经济资源流出会计主体;三是该义务的金额能够可靠地计量。

负债的计量属性主要包括历史成本、现值和公允价值。在历史成本计量下,负债按照因承担现时义务而实际支付的款项或者资产的金额,或者承担现时义务的合同金额,或者按照为偿还负债预期需要支付的现金计量;在现值计量下,负债按照预计期限内需要偿还的未来净现金流出量的折现金额计量;在公允价值计量下,负债按照市场参与者在计量日发生的有序交易中转移负债所需支付的价格计量。

会计主体在对负债进行计量时,一般采用历史成本。采用现值、公允价值计量的,应当保证所确定的负债金额能够持续、可靠计量。

3. 净资产

净资产是指会计主体资产扣除负债后的净额。净资产金额取决于资产和负债的计量。

4. 收入

收入是指报告期内导致会计主体净资产增加的、含有服务潜力或者经济利益的经济资源的流入。

一项流入是否应确认为会计主体的收入,应同时满足四个条件:一是应符合会计法律制度所规定的收入的定义;二是与收入相关的含有服务潜力或者经济利益的经济资源很可能流入会计主体;三是含有服务潜力或者经济利益的经济资源流入会导致会计主体资产增加或者负债减少;四是流入金额能够可靠地计量。

5. 费用

费用是指报告期内导致会计主体净资产减少的、含有服务潜力或者经济利益的经济资源的流出。

一项流出能否确认为会计主体的费用，应同时满足以下条件：一是应符合会计法律制度所规定的费用的定义；二是与费用相关的含有服务潜力或者经济利益的经济资源很可能流出会计主体；三是含有服务潜力或者经济利益的经济资源流出会导致会计主体资产减少或者负债增加；四是流出金额能够可靠地计量。

财务会计要素的关系是：

$$资产＝负债＋净资产$$
$$收入－费用＝盈余$$

（二）公共部门预算会计要素

预算会计要素是对公共部门预算资金运动的划分，即将预算资金运动划分为预算收入、预算支出和预算结余三个基本要素。

1. 预算收入

预算收入是指会计主体在预算年度（即会计年度）内依法取得的并纳入预算管理的现金流入。预算收入一般在实际收到时予以确认，以实际收到的金额计量。

2. 预算支出

预算支出是指会计主体在预算年度内依法发生并纳入预算管理的现金流出。预算支出一般在实际支付时予以确认，以实际支付的金额计量。

3. 预算结余

预算结余是指会计主体预算年度内预算收入扣除预算支出后的资金余额，以及历年滚存的资金余额。

预算结余包括结余资金和结转资金。其中，结余资金是指年度预算执行终了，预算收入实际完成数扣除预算支出和结转资金后剩余的资金。结转资金是指预算安排项目的支出年终尚未执行完毕或者因故未执行，且下年需要按原用途继续使用的资金。

预算会计三要素的关系是：

$$预算收入－预算支出＝预算结余$$

符合预算收入、预算支出和预算结余定义及其确认条件的项目应当列入公共部门决算报表。

（三）公共部门会计要素之间的关系分析

公共部门会计要素之间的量和质的关系可用如下等式表示：

静态要素关系：

$$资产＝负债＋净资产 \qquad （等式1）$$

动态要素关系：

$$收入－费用＝盈余 \qquad （等式2）$$

财务会计要素综合关系：

$$资产＝负债＋净资产＋(收入－费用) \qquad (等式3)$$

或

$$资产＋费用＝负债＋收入＋净资产$$

预算会计要素动态关系：

$$预算收入－(预算支出＋结转资金)＝结余资金 \qquad (等式4)$$

预算会计要素静态关系：

$$结余资金＋结转资金＝预算结余 \qquad (等式5)$$

预算会计要素综合关系：

$$预算收入－预算支出＝预算结余 \qquad (等式6)$$

综合会计要素关系：

$$资产＋费用(含预算支出)＝负债＋净资产(含结转资金)＋收入(含预算收入)$$

等式1,反映某一时点会计主体的资产、负债与净资产的关系,是时点数或静态数;等式2,反映会计主体年度收入、费用之间的对比关系,是期间数或动态数。动态数在年度终了的时点也会变成静态数,某一期间的动态盈余就形成某一时点净资产,故等式1、2可合并为一个综合等式(等式3)。等式左边表示资金的占用形态,等式右边反映资金的来源状态,而来源等于占用,反映的正好是同一资金的两个方面。

等式4中,结余资金表示年度预算执行终了,预算收入实际完成数扣除预算支出的结果。等式4中,结转资金是指预算安排项目的支出年终尚未执行完毕或者因故未执行,且下年度需要按原用途继续使用的资金。前者是当年预算的结余以及历年滚存的资金余额,表示此项预算的经济活动已完成的剩余,这种剩余资金的用途可以改变,另行安排;后者是当年预算的结余,但此项预算的经济活动尚未完成,下一年度还需接着进行,故资金应结转下一年度继续使用。两者之和反映某一年度终了所存在的预算结余,只是预算资金的使用时间区间有所不同,所以等式4、5可合并为预算综合等式(等式6)。

三、公共部门会计核算的基础

(一) 会计核算的基础

会计记账的基础是指会计确认、计量、报告会计要素的标准。基于会计持续运行是会计分期的前提或假设,一项收入、费用发生时间与履行实现时间不一致,究竟按哪个时间确认、哪个价值计量,这需要对会计要素的确认计量标准做出基本的要求。这种要求是对会计信息处理方法和程序上的要求。

理论上讲,会计核算的基础主要有收付实现制、权责发生制、现金流量制等,实际上运用的只有收付实现制和权责发生制两种。

收付实现制主要应用于非营利领域的公共部门,如政府、行政事业单位、社会团体等,权责发生制主要是应用于营利领域的企业组织等。

近年来,为了加强对公共部门经济活动的监督管理,提高公共资源的使用效果和管理费用的透明度,在会计核算上只提供预算资源的信息已无法满足这一需求,应在对预算资源共享进行核算管理的同时,还应对资金存量等财务资源进行核算反映。为此,我国政府会计制度改革,在核算反映预算资源的同时,也核算反映存量资源,设计了双轨制的"双基础"制,即财务会计采用权责发生制,预算会计采用收付实现制。公共部门目标和会计信息质量要求也需要采用"双基础"来核算。

(二) 收付实现制

收付实现制,是指以现金的实际收付作为标志来确认本期收入和费用、支出的会计核算基础。

在收付实现制下,凡是当期实际收到的现金收入和支出均应作为当期的收入和支出;凡是不属于当期的现金收入和支出均不应作为当期的收入和支出。

(三) 权责发生制

权责发生制是指以取得收取款项的权利或支付款项的义务为标志来确认本期收入和费用的会计核算基础。

凡是当期已经实现的收入和已经发生的或应当负担的费用,不论款项是否收付,都应作为当期的收入和费用;凡是不属于当期的收入和费用,即使款项已在当期收付,也不应当作为当期的收入和费用。

关键术语

公共产品　混合产品　公共部门　纯公共部门　准公共部门　公共部门会计　资产　负债　净资产　预算收入　预算支出　预算结余　结余资金　结转资金　收付实现制权责发生制

应知考核

一、单项选择题

1. 从街道上路过的人无论是否为此路灯的建设与维护做出过贡献,都可以享受路灯带来的收益,而要阻止未付费的路人享受路灯带来的收益,将会付出更高昂的代价,唯一的办法就是将路灯关闭。这反映了"路灯"的(　　)特征。

A. 排他性　　　　　B. 竞争性　　　　　C. 非排他性　　　　　D. 非竞争性

2. 公共资源的分配采取的机制是(　　)。

A. 习俗惯例机制　　　　　　　　　B. 权力命令机制

C. 市场竞争机制　　　　　　　　　D. 公平效率机制

3. 可靠性是公共部门会计信息质量的第一要求。下列选项中,不属于可靠性要求内容的是(　　)。

A. 真实性　　　　　B. 验证性　　　　　C. 中立性　　　　　D. 实质性

4. 下列选项中,不属于公共部门会计假设的内容是(　　)。

A. 会计主体　　　　B. 持续经营　　　　C. 会计分期　　　　D. 货币计量

5. 下列会计等式中,表述正确的是(　　)。

A. 资产=负债+净资产　　　　　　B. 盈余=收入-费用

C. 预算结余=结余资金+结转资金　　D. 资金结余=预算收入-预算支出

二、多项选择题

1. 人类社会的资源配置方式或机制主要有(　　)。

A. 习俗惯例机制　　B. 权力命令机制　　C. 市场竞争机制　　D. 公平效率机制

2. 公共产品的基本特征有(　　)。

A. 排他性　　　　　B. 竞争性　　　　　C. 非排他性　　　　D. 非竞争性

3. 下列组织属于公共部门的是(　　)。

A. 国防部　　　　　　　　　　　　B. 国有资产监督管理委员会

C. 医院　　　　　　　　　　　　　D. 会计师事务所

4. 准公共部门是指提供具有利益外溢现象的产品或服务的部门,最典型的准公共部门是政府的附属组织。下列组织中,属于准公共部门的是(　　)。

A. 陕西省体育彩票管理中心　　　　B. 陕西省第四人民医院

C. 韦曲镇小学　　　　　　　　　　D. 西安市会计学会

5. 非营利性民间组织是公民根据自愿的原则所组成的,为实现会员共同愿望,按组织章程开展公益性活动的民间性组织。下列组织中,属于非营利性民间组织的是(　　)。

A. 北京韩红爱心慈善基金会　　　　B. 陕西省会计学会

C. 西安培华学院　　　　　　　　　D. 中国银河金融控股有限责任公司

6. 下列选项中,属于公共部门会计信息使用者的是(　　)。

A. 自然人或社会公众　　　　　　　B. 公共权力机关的掌控者及其职能部门

C. 公共部门会计主体的管理者　　　D. 公共部门的债权人及其他利益相关者

7. 公共部门会计信息质量的要求是公共部门处理具体会计业务的基本依据,是公共部门信息使用者选择适用会计准则、程序和方法的衡量标准。下列选项中,属于公共部门会计信息质量要求的是(　　)。

A. 全面性要求　　B. 相关性要求　　C. 可理解性要求　　D. 限制性要求

三、判断题

1. 一个国家的防务体系一旦建成,几乎不可能排除任何一个居住在本国境内的人不享受该国防务体系带来的收益,而且,增加一个人或减少一个人根本不影响防务体系的建设成本。(　　)

2. 混合产品具有一定程度的非排他性和非竞争性,是介于公共产品与私人产品之间的一类产品,比较复杂难辨。(　　)

3. 公共部门目标和会计信息质量要求需要会计核算时采用"收付实现制"和"权责发生制"进行平等登记。(　　)

4. 凡是符合预算收入、预算支出和预算结余定义及其确认条件的项目都应当列入公共部门决算报表。(　　)

5. 在中国,会计核算应以人民币为记账本位币。业务收支以人民币以外的货币为主的单位,可以选择其中一种货币作为记账本位币,但是编报的财务会计报告应当折算为人民币。(　　)

6. 非营利组织会计包括政府会计和非营利部门会计。(　　)

四、简答题

1. 公共部门的特征是什么?

2. 公共产品的特征是什么？

3. 公共部门会计的目标是什么？

4. 公共部门会计信息质量要求有哪些？

5. 公共部门会计核算的基本前提有哪些？

应会考核

1. 论述"公共部门会计"与"政府会计"的区别。

2. 论述"公共部门会计"与"政府与非营利组织会计"的区别和联系。

3. "公共部门会计"为什么要采取"双会计基础"进行核算？

4. 谈谈你对公共部门范围的认知和理解。

项目二

公共部门会计的核算程序和方法

1. 熟悉公共部门会计核算的基本流程;
2. 理解公共部门会计科目的设置原则;
3. 了解公共部门会计科目体系;
4. 明白公共部门会计信息载体——会计报表的构成。

1. 能够辨析财务会计科目与预算会计科目之间的内在联系;
2. 能够应用借贷记账法的基本原理对公共部门业务进行简单的处理。

我们已经知道:会计方法是用来反映和监督会计对象、完成会计任务、实现会计目标的手段。会计方法包括哪些? 从不同的角度,不同的学术流派有不同的认识。多数人认为,会计方法包括会计核算方法、会计分析方法、会计检查方法、会计预测方法和会计决策方法等;也有人认为,会计方法主要有会计处理方法、会计核算方法、会计检查方法和会计分析方法。

本项目主要内容是会计核算这种基本方法在公共部门会计中的应用,包括公共部门会计科目的设置或划分,借贷记账方法在公共部门的应用,会计核算组织程序的基本内容,并介绍了公共部门会计报告体系,为后续项目的学习训练做铺垫。

任务一 公共部门会计科目的设置和分类

一、会计科目设置原则

为了清晰、明了地核算反映会计对象——会计主体的资金运动,首先,将会计对象划分为几大类(要素),从动态、静态两方面来分析会计主体的资金运动。会计科目则是对会计要素的进一步分类。通过分门别类、分科立目的方式设置账户,可以将会计要素的增减变化情况清楚地反映出来,为会计主体的内外信息使用者提供一系列的具体分类核算指标。

设置或划分的会计科目是否科学、恰当,直接影响着会计信息的质量。因此,设置会计科目应遵循统一性、应用性、互斥性和简明易懂的原则。

统一性是指为保证在全国范围内普遍使用的信息,其核算口径一致、内容一致所做的统一性规定。统一性规定的科目通常为一级科目。因公共部门的特殊性,公共部门会计科目的名称、核算内容和使用方法由财政部统一规定,各地区、各部门、各单位未经财政部同意,不得改变或合并,因单位业务的原因不需要的科目可以不用。

应用性是指充分考虑各部门、各单位经济业务的差异,财政部可另外单独设置会计科目,如对于收入、支出全部或大部分纳入国家预算管理的单位和部门,其收入、支出类科目按照国家预算收支的类、款、项、目来设置总科目和明细科目。对于极少量的收入、支出纳入国家预算的单位,其明细科目可根据单位管理的业务特点和管理实际需要来设置。

互斥性是指会计科目设置时,应充分考虑科目之间内容归属的不相融,即同一经济业务或会计事项,不能同时归属于同一级次的两个或两个以上科目。

简明易懂是指会计科目的名称应规范、简洁,通俗易懂。

二、会计科目的分类

根据会计科目所核算反映的内容来划分,会计科目可分为资产类科目、负债类科目、净资产类科目、收入类科目、费用类科目。

根据会计科目的用途来划分,会计科目可以分为财务会计类科目和预算会计类科目。

根据会计科目所提供信息的详细程度来划分,会计科目可以分为总分类科目和明细分类科目。

根据国家财政部发布的《政府会计制度——行政事业单位会计科目和报表》(财会〔2017〕25号)和《民间非营利组织会计制度》(财会〔2004〕7号)的规定,我国公共部门执行的会计科目主要反映在以下两张会计科目表中(见表2-1、表2-2),并要求不再执行《行政单位会计制度》《事业单位会计制度》《事业单位会计准则》《医院会计制度》《基层医疗卫生机构会计制度》《高等学校会计制度》《中小学校会计制度》《科学事业单位会计制度》《彩票机构会计制度》《地质勘查单位会计制度》《测绘事业单位会计制度》《国有林场与苗圃会计制度》《国有建设单位会计制度》等。

表 2-1 行政事业单位财务会计科目表

序 号	编 号	名 称	序 号	编 号	名 称
一、资产类			8	1212	应收账款
1	1001	库存现金	9	1214	预付账款
2	1002	银行存款	10	1215	应收股利
3	1011	零余额账户用款额度	11	1216	应收利息
4	1021	其他货币资金	12	1218	其他应收款
5	1101	短期投资	13	1219	坏账准备
6	1201	财政应返还额度	14	1301	在途物品
7	1211	应收票据	15	1302	库存物品

序 号	编 号	名 称	序 号	编 号	名 称
16	1303	加工物品	48	2501	长期借款
17	1401	待摊费用	49	2502	长期应付款
18	1501	长期股权投资	50	2601	预计负债
19	1502	长期债券投资	51	2901	受托代理负债
20	1601	固定资产			**三、净资产类**
21	1602	固定资产累计折旧	52	3001	累计盈余
22	1611	工程物资	53	3101	专用基金
23	1613	在建工程	54	3201	权益法调整
24	1701	无形资产	55	3301	本期盈余
25	1702	无形资产累计摊销	56	3302	本年盈余分配
26	1703	研发支出	57	3401	无偿调拨净资产
27	1801	公共基础设施	58	3501	以前年度盈余调整
28	1802	公共基础设施累计折旧(摊销)			**四、收入类**
29	1811	政府储备物资	59	4001	财政拨款收入
30	1821	文物文化资产	60	4101	事业收入
31	1831	保障性住房	61	4201	上级补助收入
32	1832	保障性住房累计折旧	62	4301	附属单位上缴收入
33	1891	受托代理资产	63	4401	经营收入
34	1901	长期待摊费用	64	4601	非同级财政拨款收入
35	1902	待处理财产损溢	65	4602	投资收益
		二、负债类	66	4603	捐赠收入
36	2001	短期借款	67	4604	利息收入
37	2101	应交增值税	68	4605	租金收入
38	2102	其他应交税费	69	4609	其他收入
39	2103	应缴财政款			**五、费用类**
40	2201	应付职工薪酬	70	5001	业务活动费用
41	2301	应付票据	71	5101	单位管理费用
42	2302	应付账款	72	5201	经营费用
43	2303	应付政府补贴款	73	5301	资产处置费用
44	2304	应付利息	74	5401	上缴上级费用
45	2305	预收账款	75	5501	对附属单位补助费用
46	2307	其他应付款	76	5801	所得税费用
47	2401	预提费用	77	5901	其他费用

表 2-2　行政事业单位预算会计科目表

序　号	编　号	名　称	序　号	编　号	名　称
\multicolumn{3} 一、预算收入类			14	7501	对附属单位补助支出
1	6001	财政拨款预算收入	15	7601	投资支出
2	6101	事业预算收入	16	7701	债务还本支出
3	6201	上级补助预算收入	17	7901	其他支出
4	6301	附属单位上缴预算收入	三、预算结余类		
5	6401	经营预算收入	18	8001	资金结存
6	6501	债务预算收入	19	8101	财政拨款结转
7	6601	非同级财政拨款预算收入	20	8102	财政拨款结余
8	6602	投资预算收益	21	8201	非财政拨款结转
9	6609	其他预算收入	22	8202	非财政拨款结余
二、预算支出类			23	8301	专用结余
10	7101	行政支出	24	8401	经营结余
11	7201	事业支出	25	8501	其他结余
12	7301	经营支出	26	8701	非财政拨款结余分配
13	7401	上缴上级支出			

上述是国家的统一规定设置的会计科目,各部门、各单位在执行运用时,在不影响会计处理和编制规定的会计报表的前提下,可以根据本部门、本单位的实际情况自行增设或减少某些会计科目。

三、单位财务会计科目与预算会计科目的关系

基于会计信息使用者的需求和公共部门会计资金运动的特殊性,国家在进行政府会计制度改革时,不但在核算上采取了"双会计基础",而且在科目设置上也分别设置了财务会计科目和预算会计科目。这两套科目之间有着紧密的联系,主要体现在货币资金、收入、支出与费用类科目方面,见表 2-3～表 2-5。

表 2-3　财务会计货币资金类科目与预算会计货币资金类科目的对应关系

财务会计账套货币资金类科目	预算会计账套货币资金类科目
库存现金	资金结存——货币资金
银行存款	
其他货币资金	
零余额账户用款额度	资金结存——零余额账户用款额度
财政应返还额度	资金结存——财政应返还额度

表2-4　财务会计费用类科目与预算会计支出类科目的对应关系

财务会计账套费用类科目	预算会计账套支出类科目
业务活动费用	行政支出/事业支出
单位管理费用	事业支出
经营费用	经营支出
上缴上级费用	上缴上级支出
对附属单位补助费用	对附属单位补助支出
所得税费用	非财政拨款结余——累计盈余
其他费用	其他支出
短期投资、长期股权投资、长期债券投资	投资支出
短期借款、长期借款	债务还本支出

表2-5　财务会计收入类科目与预算会计收入类科目的对应关系

财务会计账套收入类科目	预算会计账套收入类科目
财政拨款收入	财政拨款预算收入
事业收入	事业预算收入
上级补助收入	上级补助预算收入
附属单位上缴收入	附属单位上缴预算收入
经营收入	经营预算收入
非同级财政拨款收入	非同级财政拨款预算收入
投资收益	投资预算收益
捐赠收入	其他预算收入
利息收入	
租金收入	
其他收入	
短期借款、长期借款	债务预算收入

从上述三张比较表中不难看出,预算会计账套中收入、支出、结存资金主要是根据预算管理的要求来设置的,具有明显的预算标识,收入类科目几乎都是加了"预算"两字,费用类都称为"支出",其核算内容与财务会计的收入、费用、货币资金本质上没有差异,只是名称上有细微差异,但反映的仍是财务会计的内容,只是为了方便反映预算执行、管理情况。

财务会计在核算上要求较细致,科目分类相对详细一些,预算会计在核算上是按预算管理的要求来设置科目的,带有明显的预算痕迹。

设置财务会计科目的同时,又设置了预算会计科目,便于对公共部门"平行记账",既反映部门单位的财务状况,也反映部门单位的预算执行情况。

任务二　借贷记账方法在公共部门会计中的应用

一、借贷记账法的记账符号及其特点

借贷记账法是以全部资金为记账主体,以"借""贷"为记账符号,运用复式记账原理,对每一笔经济业务在两个或两个以上相关联的账户中,以相等的金额、相反的方向进行记录的一种记账方法,它反映了会计主体财务会计要素、预算会计要素增减变动情况。借贷记账法的特点主要表现在以下几个方面:

(1)借贷记账法的理论基础是会计等式。从财务会计要素静态等式或综合会计等式看,等式的左边表示公共部门资金的占用或存在状态,右边表示公共部门资金的来源,是公共部门资金的一体两面。等式左边内部的变化反映资金占用或存在状态的转换,并不影响资金占用或存在的问题变化;等式右边的内部变化反映资金来源渠道或来源形式的转换变化,并不影响资金来源总量的变动;等式两边同时变动(或增或减)反映资金来源与占用同时变动,不仅影响资金占用或存在状态的变化、来源渠道和形式的改变,还影响整个资金量的变化。

(2)"借""贷"只是一个记账符号,并不表述其中文原有的含义。用"借"表示左边会计要素,用"贷"表示右边会计要素。若左边要素内容的存在或向增加方向发展,用"借"表示;若右边要素内容的存在或向增加方向发展,用"贷"表示;若会计要素所反映的内容向减少方向发展,就用等式反方向的符号表示,即等式左边要素所反映内容减少就用反方向右边的符号"贷"表示,等式右边会计要素所反映内容减少就用反方向左边的符号"借"表示。"借""贷"实际上是对会计主体同一资金运动的两个方向符号,类似于交通规则的"红""绿"灯,坐标轴上的"＋""－"号。

在会计核算中,"借"表示资产、费用、支出等会计要素等式中左边要素所反映的内容增加,负债、收入、净资产等会计要素等式中右边所反映内容的减少;"贷"表示负债、收入、净资产等会计要素等式中右边要素所反映的内容增加,资产、费用、支出等会计要素等式中左边要素所反映内容的减少。

(3)有固定的账户结构。账户是会计科目的实体化或具体化,如果说,科目是对会计要素的进一步分类,只是一名称,账户则是对该会计要素的经济内容增减变化的动态反映,是一个实体。账户有固定的结构,有反映该账户的名称、所核算的内容和增减变化的方向及变化结果的空间布局。例如,账户的名称就是会计科目,账户增减变化的方向符号就是"借""贷"等。习惯上,通常将符号"借"放在账户的左边、"贷"放在账户的右边。这种表示既是依存于会计等式的内在规律,也是业界约定俗成的习惯,没有谁人为规定。

二、借贷记账法下的公共部门会计账户结构

账户是按设置的会计科目(类别)在账簿中对各项经济业务进行分类、系统、连续地记录经济活动的一种手段。会计科目是分类的名称,账户则是核算反映经济业务内容的实体。因此,账户应用反映经济业务内容发生的时间、具体情况、增加或减少的符号及数量、余额等

信息要素,以及这些信息要素的空间布局。由于采用的记账方法不同,账户的要素空间布置也不一样。但无论哪种记账方法,其要素和布局是大体相同的。

为了教学和工作底稿的方便,通过将上述结构中科目、记账符号、发生额、余额等基本要素予以保留,并简化为"T"字或"丁"字的账户结构,如图2-1所示。

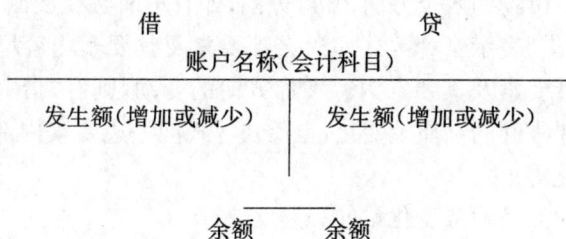

图2-1

在借贷记账法下,公共部门会计账户按会计要素设置为以下几大类,其账户结构如图2-2所示。

$$资产＋费用(支出)＝负债＋净资产＋收入$$

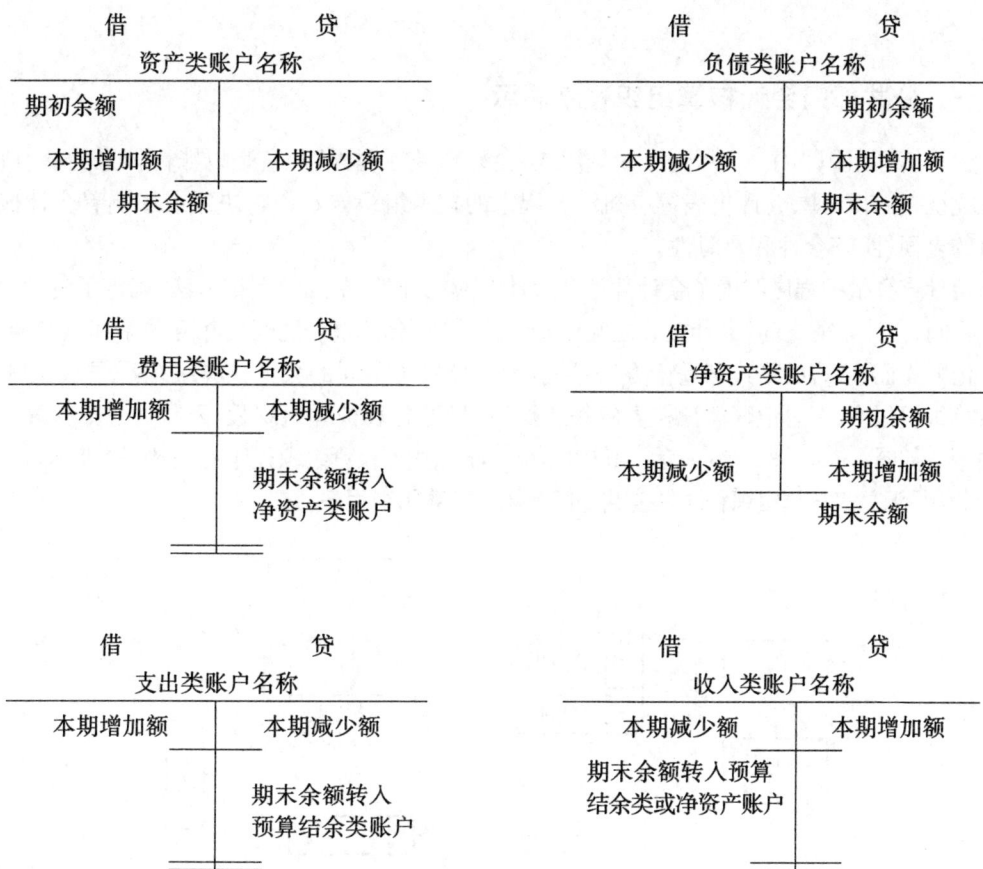

图2-2

三、借贷记账法下的公共部门会计记账规则

借贷记账法的规则,也就是借贷记账的基本规律,即"有借必有贷,借贷必相等"。

"有借必有贷"是遵循会计等式和记账符号的内在本质的反映和要求。会计等式左右两方的要素总体上是一个事物的两个方面,不可分割,即有正面必有反面,有来源必有占用,这是事物性质的反映。"借"表示会计等式左边会计要素及其要素内容增加方向的变动,"贷"表示会计等式右边会计要素及其要素内容增加方向的变动,则有"借"就必然有"贷"。这不仅反映会计等式两边要素间的性质及变化,也反映等式同一边要素内部之间的性质变化,如资产与费用之间的转化等。

"借贷必相等"是对经济业务变化量的必然反映。

根据上述规则,采用借贷记账法,不仅能清晰地反映会计主体经济活动及资金运动的来龙去脉,揭示经济活动是否合理、合法、合规则、合资源委托者的意愿,还反映经济活动中的量的变化,揭示经济活动是否有效、是否有贪污等行为。

任务三 公共部门会计的核算组织程序

一、公共部门会计核算组织程序图示

会计核算组织程序,又称会计核算形式、会计账务处理程序,它是以账簿体系为核心,把会计凭证、会计账簿、会计报表等有机结合起来的技术组织方式。它决定或影响着会计核算资料的全面性、综合性和及时性。

会计核算组织程序明确了会计凭证和会计账簿的种类、格式及登记方法,确定了各种会计凭证之间、会计账簿之间、会计报表之间以及会计凭证、会计报表之间的相互关系和编制顺序。由于记账凭证、账簿的格式和登记方法不同,也就形成了不同的会计核算组织程序,如记账凭证核算组织程序、汇总记账凭证核算组织程序、科目汇总表核算组织程序、日记总账核算组织程序等。如图2-3~图2-6所示。其中图2-3记账凭证核算组织程序是一种基本形式,图2-4会计科目汇总表核算组织程序是公共部门常用的核算组织程序。

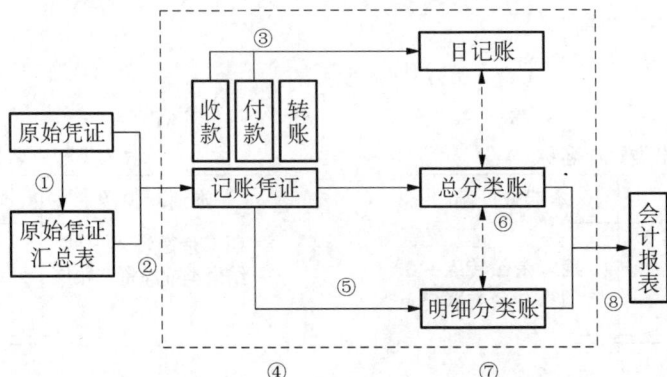

图2-3 记账凭证核算组织程序

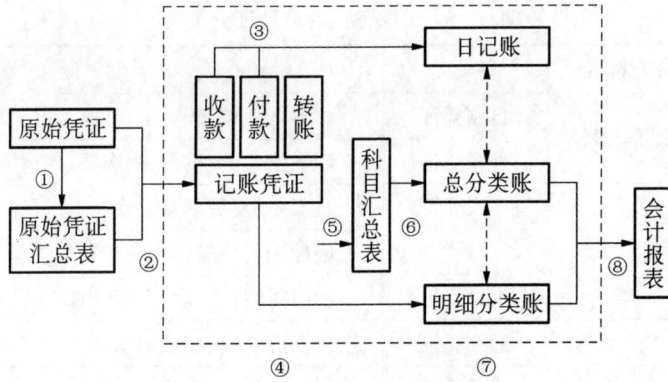

图 2-4　科目汇总表核算组织程序

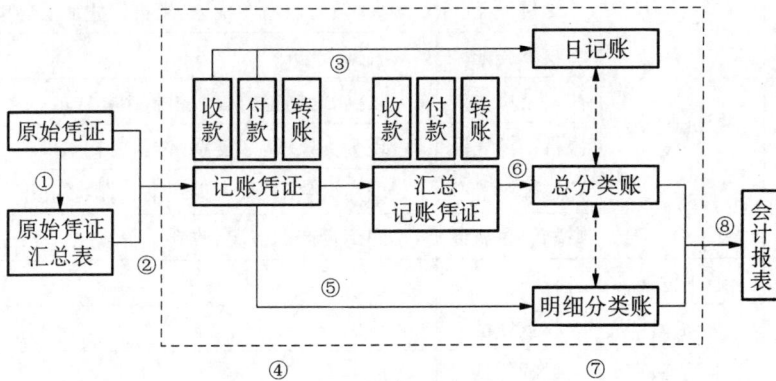

图 2-5　汇总记账凭证核算组织程序

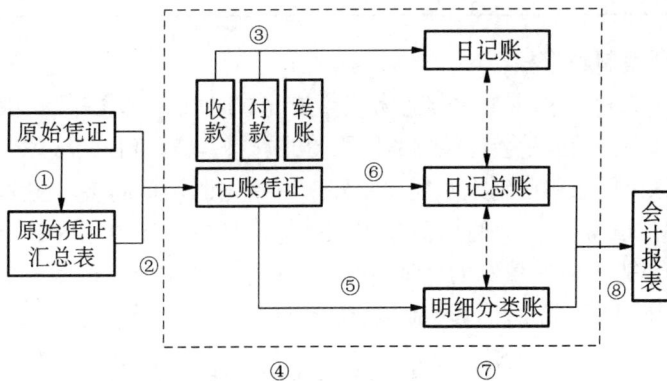

图 2-6　日记总账核算组织程序

二、填制和审核会计凭证

会计凭证是记录经济业务,明确经济责任,并作为记账依据的书面证明。

(一) 会计凭证的种类

会计凭证根据不同的用途和作用有不同分类。公共部门会计凭证的分类,如表 2-6 所示。

表 2-6　公共部门会计凭证分类表

会计凭证用途	分类标准	种类	例证
原始凭证	取得来源	自制凭证	材料入库单、领料单、差旅费报销单等
		外来凭证	购物发票、飞机票、火车票、住宿票等
	填制手续	一次凭证	收料单、发货票、银行结算凭证等
		累计凭证	限额领料单等
		汇总凭证	发出材料汇总表、工资结算表等
	作用	通知凭证	物资订货单、扣款通知书等
		执行凭证	各种收据、出库单、入库单
		计算凭证	制造费用分配表、工资结算汇总表等
	经济业务	支付凭证	火车票、购物发票、支出报销凭证汇总单等
		收款凭证	收据
		往来结算凭证	收据、借据等暂收暂付款结算凭证
		银行结算凭证	现金支票、转账支票、付款委托书等
		缴拨款凭证	国库缴款书、收入退还书、付款委托书等
		财物收付凭证	固定资产调拨单、收料单等
记账凭证	通用凭证		
	专用凭证	收款凭证	
		付款凭证	
		转账凭证	
	汇总凭证		

(二) 原始凭证填制和审核

原始凭证,又称原始凭单,是在经济业务发生或完成时取得或填制的,用以记录、证明经济业务发生或完成的原始证据,是会计核算的最原始的资料,具有极强的法律效力。从取得的来源看,它分为外来原始凭证和自制原始凭证。外来原始凭证是指同会计主体的外部发生经济关系时从外部的单位取得的原始凭证,而自制原始凭证是指会计主体内部经办经济业务的部门或人员在办理经济业务时所填制的凭证,这类凭证通常只在会计主体内部流转。这两类凭证的填制主体或流转领域不同,因而其填制内容和审核要求也有差异。如表2-7、表2-8所示。

表 2-7　自制原始凭证填制与审核表

项目	内容	要求
填制	凭证的名称	凭证名称明确规范
	填制的时间(日期)	日期与经济业务发生时间一致,便于审查
	业务内容	业务内容真实、完整、清晰明了
	业务量度(数量、单价、金额等)	要素齐全,计量准确,填写规范
	责任人(经办人签名或盖章)	书写规范,印章清晰

项 目	内 容	要 求
审核	审核凭证要素的完整、规范性	填写内容是否齐全,有无缺项、不符
		填写是否规范,有无涂改、不清晰
	审核业务内容的合法、合规性	费用的发生是否合理
		开支是否符合规定和标准
		资金使用是否符合国家规定和预算
	审核业务内容的真实、准确性	业务内容是否真实,是否是虚报冒领
		计量是否准确
不予受理凭证	存在资金使用不符合规定、标准,填写内容不完整、不规范,计量错误,业务内容不真实、不合理等情形	

表 2-8 外来原始凭证审核表

审核要求	审核内容
凭证要素的完整性审核	填写内容是否齐全,有无缺项、不符
	凭证名称明确规范,便于管理和业务处理
	日期与经济业务发生时间一致,便于审查
	业务量度(数量、单价、金额等)。要素齐全,计量准确,填写规范
	责任人(经办人签名或盖章,单位公章)。书写规范,印章清晰
内容的真实准确性审核	业务内容真实、完整、清晰明了
	计量是否准确
业务内容的合规性审核	填写是否规范,有无涂改、不清晰
	费用的发生是否合理
	开支是否符合规定和标准
	资金使用是否符合国家规定和预算
	业务内容是否真实,是否是虚报冒领
	凭证是否真实、合法、合规
不予受理凭证	存在资金使用不符合规定、标准,填写内容不完整、不规范,计量错误,业务内容不真实、不合理等情形

(三)记账凭证的编制和审核

记账凭证是会计人员根据审核无误的原始凭证按管理要求进行归类整理,并确定会计分录而编制的、用以登记会计账簿的凭证。该类凭证是由会计人员按管理要求编制,只是用于登记账簿,因而其编制内容和审核要求有别于原始凭证。如表 2-9 所示。

表 2-9　记账凭证的编制与审核

项　目	内　容	要　求
填制	凭证的编制日期和凭证编号	编制及时,编号方法正确、恰当,书写规范
	经济业务内容摘要	简明扼要,字迹工整,填写清晰
	会计科目、记账方向和金额	科目填写准确规范、对应关系清楚,记账方向正确,金额无错误,书写规范
	所附原始凭证张数和其他有关资料	附件数量完整无缺,标准清晰
	相关责任人的签名或盖章	制证、稽核、记账、主管等人签名或盖章,收付凭证还应有出纳人员的签名或盖章
审核	凭证要素的完整性审核	凭证各项目内容是否按规定填写齐全
	合规性审核	科目选用是否符合制度规定和记账规则,内容是否与原始凭证的内容一致
	技术性审核	摘要是否简明扼要,科目、记账方向及金额是否正确,对应关系是否清晰、完整,书写是否规范

三、登记会计账簿

会计账簿是由具有一定格式、互有联系的若干账页所组成,用以分类、连续、系统、全面地记录各项经济业务的簿记。按账簿的用途、外表形式等不同,会计账簿有不同的类别,如表 2-10 所示。

表 2-10　会计账簿种类表

分类标准	种　类			例　证
按用途分	日记账(序时账)	普通日记账	不分类,统一序时记录的账簿	
		特种日记账	分类序时记录的账簿	现金日记账、银行存款日记账等
	分类账	总分类账		
		明细分类账	支出明细账	
			收入明细账	
			缴拨款明细账	
			往来款项明细账	应收账款、应付账款等
			固定资产明细账	
			存货明细账等	
	备查账			应收票据备查簿、租入固定资产备查簿等
按外表形式分	订本账			各种总分类账
	活页账			相关明细分类账
	卡片账			固定资产、存货等实物明细账

会计人员根据审核无误的原始凭证和记账凭证在有关账簿中进行登记,以连续、系统、全面、综合地记录某类经济业务活动。有关会计账簿的启用、更换、保管以及登记账差错的更正,基本与会计原理一致,为节省篇幅,此处不再赘述。

四、编制和报送财务报告和预算会计报表

公共部门会计主体在会计期间终了应编制或报送财务报告和预算会计报表。

财务报告是根据权责发生制基础编制的、反映会计主体某一特定日期的财务状况和某一会计期间的运行情况和现金流量等信息的文件,包括财务报表和其他应当在财务报告中披露的相关信息和资料。其中,财务报表是对会计主体财务状况、运行情况和现金流量等信息的结构性表述,包括会计报表和附注。

预算会计报表是根据收付实现制会计基础编制的反映会计主体预算执行情况的报表。公共部门财务报告体系如表2-11所示。

表2-11 公共部门财务报告体系

报告体系	构 成		披露信息
财务报告	会计报表	资产负债表	此表反映会计主体在某一特定日期的财务状况,按资产、负债和净资产分类、分项列示
		收入费用表	此表反映会计主体在一定会计期间发生的收入、费用及当期盈余情况,按收入、费用的构成和盈余情况分类、分项列示
		净资产变动表	此表反映会计主体在某一会计年度内净资产项目的变动情况,按照累计盈余、专用基金、权益法调整等分类、分项列示
		现金流量表	此表反映会计主体在一定会计期间现金及现金等价物流入和流出情况,按日常活动、投资活动、筹资活动的现金流量分别列示
	报表附注		附注是对上述报表中列示项目所作的进一步说明,以及对未能在这些报表中列示项目的说明。附注是会计报表的重要组成部分
决算报告	预算会计报表	预算收入支出表	此表反映会计主体在某一会计年度内各项预算收入、预算支出和预算收支差额情况,按本年预算收入、预算支出和本年预算收支差额分类分项列示
		预算结转结余变动表	此表反映会计主体在某一年度内预算结转结余的变动情况,按年初预算结余、年初余额调整、本年变动金额和年末预算结转结余分类、分期列示
		财政拨款预算收入支出表	此表反映会计主体本年度财政拨款预算资金收入、支出及相关变动的具体情况
	报表附表		附表是指根据财政部门或主管会计单位的要求编报的补充性报表,如基本数字表等。附表按财政部门和上级单位规定的项目列示

报告体系	构 成	披露信息
其他财务信息资料	报表说明书	报表说明书包括报表编制技术说明和报表分析说明。报表技术说明主要包括采用的主要会计处理方法,特殊事项的会计处理方法,会计处理方法的变更情况、变更原因以及对收支情况和结果的影响等。报表分析说明一般包括基本情况,影响预算执行、资金活动的原因,经费支出,资金活动的趋势,管理中存在的问题和改进措施,对上级会计单位工作的意见和建议

关键术语

会计科目　借贷记账方法　会计核算组织程序　会计凭证　会计账簿　财务报告 预算会计报表

应知考核

一、单项选择题

1. 会计科目根据不同的分类标准可以划分为不同类型。下列（　　）属于按经济内容标准来划分的。

A. 财务会计类科目　B. 资产类科目　　　　C. 总分类科目　　　　D. 管理类科目

2. 公共部门财务会计账套中的"所得税费用"科目与预算会计账套中的下列科目存在对应关系的是（　　）。

A. 非财政拨款结余——累计盈余　　　　　B. 事业支出

C. 行政支出　　　　　　　　　　　　　　D. 经营支出

3. 下列原始凭证中,属于汇总记账凭证的是（　　）。

A. 差旅费报销单　　B. 限额领料单　　　C. 制造费用分配表　D. 工资结算表

4. 会计核算组织程序,又称会计核算形式、会计账务处理程序,它是以（　　）为核心,把会计凭证、会计账簿、会计报表等有机结合起来的技术组织方式。

A. 会计凭证　　　　B. 会计账簿　　　　C. 会计报表　　　　D. 会计分录

5. 会计核算组织程序的基本形式是（　　）。

A. 记账凭证核算组织程序　　　　　　　　B. 科目汇总表核算组织程序

C. 汇总记账凭证核算组织程序　　　　　　D. 日记总账核算组织程序

6. 公共部门常用的核算组织程序是（　　）。

A. 记账凭证核算组织程序　　　　　　　　B. 科目汇总表核算组织程序

C. 汇总记账凭证核算组织程序　　　　　　D. 日记总账核算组织程序

7. 财务报告编制的基础是（　　）。

A. 权责发生制　　　　　　　　　　　　　B. 收付实现制

C. 现金流量制　　　　　　　　　　　　　D. 以上三个都是

二、多项选择题

1. 下列有关会计科目的表述,正确的有(　　)。

A. 会计科目则是对会计要素的进一步分类

B. 公共部门的会计科目是由国家会计主管部门统一设置的

C. 各公共部门在使用会计科目时,可以在国家统一设置的会计科目基础上进行增减合并

D. 各公共部门在使用会计科目时,不得对国家统一设置的会计科目进行增减合并和分拆

2. 公共部门会计科目设置应遵循的原则有(　　)。

A. 统一性　　　　　B. 应用性　　　　　C. 互斥性　　　　　D. 简明性

3. 按用途划分,公共部门会计科目有(　　)。

A. 财务会计科目　　　　　　　　B. 预算会计科目

C. 总分类科目　　　　　　　　　D. 明细分类科目

4. 下列会计科目中,属于资产类的科目有(　　)。

A. 无偿调拨净资产　　　　　　　B. 零余额账户用款额度

C. 受托代理资产　　　　　　　　D. 研发支出

5. 财务会计类科目和预算会计类科目存在一定的对应关系,下列会计科目的对应关系表述正确的有(　　)。

A. 事业支出与业务活动费用

B. 行政支出与单位管理费用

C. 非财政拨款结余——累计盈余与所得税费用

D. 投资预算收益与投资收益

6. 下列有关借贷记账方法在公共部门会计中应用的正确表述有(　　)。

A. "借""贷"只是一个记账符号,并不表述其中文原有的含义

B. 借贷记账法的理论基础是会计等式

C. "借"表示支出的增加,收入的减少

D. 将符号"借"放在账户左边、"贷"放在账户右边,这只是一种习惯,不是规定

7. 以下有关借贷记账法记账规则的正确表述是(　　)。

A. 有借必有贷,借贷必相等

B. "有借必有贷"是遵循会计等式和记账符号的内在本质的反映和要求

C. "借贷必相等"是对经济业务变化量的必然反映

D. 借贷记账规则能清晰地反映会计主体的经济活动及资金运动的来龙去脉

三、判断题

1. 公共部门常见的会计核算组织程序是记账凭证核算组织程序。　　　　　(　　)

2. 公共部门会计科目的名称、核算内容和使用方法由财政部统一规定,各地区、各部门、各单位未经财政部同意,不得改变、合并或不用。　　　　　(　　)

3. 公共部门的预算会计科目与财务会计科目是两套完全不同的科目体系,无论是在核算基础和核算内容上,它们之间有着本质的区别。　　　　　(　　)

4. 外来原始凭证是指会计主体从外部的单位取得的原始凭证,而自制原始凭证是指从

会计主体内部取得的原始凭证。　　　　　　　　　　　　　　　　（　　）

　　5."有借必有贷"是遵循会计等式和记账符号的内在本质的反映和要求。（　　）

　　6.预算会计报表是根据权责发生制会计基础编制的反映会计主体预算执行情况的局面性文件。　　　　　　　　　　　　　　　　　　　　　　　　　　（　　）

　　7.公共部门财务报告体系由财务会计报表和预算会计报表构成。　　（　　）

四、简答题

　　1.简述公共部门会计科目设置的原则。

　　2.简述单位预算会计科目与财务会计科目的关系。

　　3.会计核算组织程序有哪几种?

　　4.自制原始凭证与外来原始凭证在审核方面有哪些不同?

　　5.简述公共部门财务报告体系的构成。

　　6.预算会计报表和财务会计报表的区别。

　　7.举例说明借贷记账法的基本原理。

―――――――――――― **应会考核** ――――――――――――

　　比较分析会计凭证与会计账簿在用途和功能上的异同。

第二篇 政府部门会计

项目三

资产的核算

知识目标

1. 明确行政事业单位资产的具体构成;
2. 掌握行政事业单位货币类资产的核算方法;
3. 掌握行政事业单位应收款项与存货的核算方法;
4. 掌握行政事业单位长期投资与固定资产的核算方法;
5. 掌握行政事业单位其他资产的核算方法。

技能目标

熟悉科目口径,正确进行行政事业单位资产的核算。

知识准备

政府部门的资产,是指政府部门过去的经济业务或者事项形成的,由政府部门控制的,预期能够产生服务潜力或者带来经济利益流入的经济资源。

按照流动性,政府部门的资产分为流动资产和非流动资产。流动资产是指预计在1年内(含1年)耗用或者可以变现的资产,包括货币资金、短期投资、应收及预付款项、存货等。非流动资产是指流动资产以外的资产,包括固定资产、在建工程、无形资产、长期投资、公共基础设施、政府储备资产、文物文化资产、保障性住房和自然资源资产等。

符合政府会计准则资产定义的经济资源,在同时满足以下条件时,确认为资产:一是与该经济资源相关的服务潜力很可能实现或者经济利益很可能流入政府部门;二是该经济资源的成本或者价值能够可靠地计量。

资产的计量属性主要包括历史成本、重置成本、现值、公允价值和名义金额。在历史成本计量下,资产按照取得时支付的现金金额或者支付对价的公允价值计量;在重置成本计量下,资产按照现在购买相同或者相似资产所需支付的现金金额计量;在现值计量下,资产按照预计从其持续使用和最终处置中所产生的未来净现金流入量的折现金额计量；在公允价值计量下，资产按照市场参与者在计量日发生的有序交易中，出售资产所能收到的价格计量。无法采用上述计量属性的，采用名义金额（即人民币1元）计量。政府部门在对资产进行计量时，一般应当采用历史成本。采用重置成本、现值、公允价值计量的，应当保证所确定的资产金额能够持续、可靠地计量。

任务一 货币资金核算

货币资金按照存放地点和用途可以分为库存现金、银行存款、零余额账户用款额度和其他货币资金等种类。

一、库存现金

库存现金，指行政事业单位在预算执行过程中为保证日常开支需要而存放在财务部门的现金。因其流动性最强，故必须严格按照国家有关库存现金管理的各项规定，加强对库存现金的管理，并主动接受开户银行、审计等相关部门的监督。

为核算库存现金业务，应设置"库存现金"总账科目，可以设置"受托代理资产"明细科目，核算单位受托代理、代管的现金。"库存现金"科目期末借方余额，反映单位实际持有的库存现金。

单位从银行等金融机构提取现金，按照实际提取的金额，借记"库存现金"科目，贷记"银行存款"科目；将现金存入银行等金融机构，按照实际存入金额，借记"银行存款"科目，贷记该科目。根据规定从单位零余额账户提取现金，按照实际提取的金额，借记该科目，贷记"零余额账户用款额度"科目。将现金退回单位零余额账户，按照实际退回的金额，借记"零余额账户用款额度"科目，贷记该科目。

内部职工出差等原因借出现金时，按照实际借出的现金金额，借记"其他应收款"科目，贷记该科目。出差人员报销差旅费时，按照实际报销的金额，借记"业务活动费用""单位管理费用"等科目，按照实际借出的现金金额，贷记"其他应收款"科目，按照其差额，借记或贷记该科目。

提供服务、物品或者其他事项收到现金时，按照实际收到的金额，借记该科目，贷记"事业收入""应收账款"等相关科目。涉及增值税业务的，还应做相应的会计处理。因购买服务、物品或者其他事项支付现金，按照实际支付的金额，借记"业务活动费用""单位管理费用""库存物品"等相关科目，贷记该科目。涉及增值税业务的，还应做相应的会计处理。以库存现金对外捐赠，按照实际捐出的金额，借记"其他费用"科目，贷记该科目。

收到受托代理、代管的现金，按照实际收到的金额，借记"库存现金——受托代理资产"科目，贷记"受托代理负债"科目；支付受托代理、代管的现金，按照实际支付的金额，借记"受托代理负债"科目，贷记"库存现金——受托代理资产"科目。

行政事业单位应当设置"现金日记账"，由出纳人员根据收付款凭证，按照业务发生顺序逐笔登记。每日终了，应当计算当日的现金收入合计数、现金支出合计数和结余数，并将结余数与实际库存数核对，做到账款相符。在账款核对中发现有待查明原因的现金短缺或溢余的，应当通过"待处理财产损溢"科目核算。属于现金溢余，应当按照实际溢余的金额，借记该科目,贷记"待处理财产损溢"科目;属于现金短缺,应当按照实际短缺的金额,借记"待处理财产损溢"科目,贷记该科目。

【例3-1】 甲行政单位从单位零余额账户中提取现金500元,以备日常零星开支使用。次日,该行政单位以库存现金支付一笔款项20元,内容为日常活动中发生的费用。会计分录如下:

(1)提取现金时,

借:库存现金 500
　贷:零余额账户用款额度 500

(2)以库存现金支付费用时,

借:业务活动费用 20
　贷:库存现金 20

对于该现金支付业务,该行政单位还应当做相应的预算会计处理,确认预算支出。

二、银行存款

银行存款,是指政府部门存入银行或者其他金融机构的各种存款。应当严格按照国家相关规定开设银行存款账户,按照国家有关支付结算办法的规定办理银行存款收支业务。随着财政国库集中收付制度深入推行,财政性资金的收付业务都直接通过财政国库单一账户体系办理,行政事业单位银行存款的业务相应减少。

为核算银行存款业务,应设置"银行存款"总账科目。可设置"受托代理资产"明细科目,核算单位受托代理、代管的银行存款。"银行存款"科目期末借方余额,反映单位实际存放在银行或其他金融机构的款项。

单位将款项存入银行或者其他金融机构,按照实际存入的金额,借记该科目,贷记"库存现金""应收账款""事业收入""经营收入""其他收入"等相关科目。收到银行存款利息,按照实际收到的金额,借记该科目,贷记"利息收入"科目。从银行等金融机构提取现金,按照实际提取的金额,借记"库存现金"科目,贷记该科目。

以银行存款支付相关费用,按照实际支付的金额,借记"业务活动费用""单位管理费用""其他费用"等相关科目,贷记该科目。涉及增值税业务的,还应做相应的会计处理。以银行存款对外捐赠,按照实际捐出的金额,借记"其他费用"科目,贷记该科目。

收到受托代理、代管的银行存款,按照实际收到的金额,借记"银行存款——受托代理资产"科目,贷记"受托代理负债"科目;支付受托代理、代管的银行存款,按照实际支付的金额,借记"受托代理负债"科目,贷记"银行存款——受托代理资产"科目。

【例3-2】 甲事业单位在开展专业业务活动中取得一项事业收入8 500元,款项已存入银行存款账户。数日后,该单位通过银行存款账户支付一笔款项600元,具体内容为开展专业业务活动中发生的一项业务费用。会计分录如下:

(1)将款项存入银行时,

借:银行存款 8 500
　贷:事业收入 8 500

(2)以银行存款支付业务费用时,

借:业务活动费用 600
　贷:银行存款 600

行政事业单位应当按开户银行或其他金融机构、存款种类及币种等,分别设置"银行存款日记账",由出纳人员根据收付款凭证,按照业务的发生顺序逐笔登记,每日终了应结出余额。"银行存款日记账"应定期与"银行对账单"核对,至少每月核对一次。月度终了,单位银行存款日记账与银行对账单余额之间如有差额,必须逐笔进行处理,按月编制"银行存款余额调节表",调节相符。

三、零余额账户用款额度

零余额账户用款额度,是指实行国库集中支付的行政事业单位根据财政部门批复的用款计划收到和支用的零余额账户用款额度。零余额账户由财政部门为相关政府部门在商业银行开设,用于行政事业单位的财政授权支付,该账户属于财政国库单一账户体系中的组成部分,可以用于实现支付,并于每日终了与财政国库存款账户进行资金清算后,余额为零。

为核算零余额账户用款额度业务,行政事业单位应设置"零余额账户用款额度"总账科目。该科目期末借方余额,反映单位尚未支用的零余额账户用款额度。年末注销单位零余额账户用款额度后,该科目应无余额。

单位收到"财政授权支付到账通知书"时,根据通知书所列金额,借记该科目,贷记"财政拨款收入"科目。支付日常活动费用时,按照支付的金额,借记"业务活动费用""单位管理费用"等科目,贷记该科目。购买库存物品或购建固定资产时,按照实际发生的成本,借记"库存物品""固定资产""在建工程"等科目,按照实际支付或应付的金额贷记该科目、"应付账款"等科目。涉及增值税业务的,还应做相应的会计处理。从零余额账户提取现金时,按照实际提取的金额借记"库存现金"科目,贷记该科目。因购货退回等发生财政授权支付额度退回的,按照退回的金额,借记该科目,贷记"库存物品"等科目。

年末,根据代理银行提供的对账单做注销额度的相关账务处理,借记"财政应返还额度——财政授权支付"科目,贷记该科目。年末,本年度财政授权支付预算指标数大于零余额账户用款额度下达数的,根据未下达的用款额度,借记"财政应返还额度——财政授权支付"科目,贷记"财政拨款收入"科目。下一年年初,根据代理银行提供的上年度注册额度恢复到账通知书做恢复额度的相关账务处理,借记该科目,贷记"财政应返还额度——财政授权支付"科目;收到财政部门批复的上年未下达零余额账户用款额度,借记该科目,贷记"财政应返还额度——财政授权支付"科目。

【例3-3】 甲单位收到"财政授权支付到账通知书",通知书所列金额为22 000元。数日后,该单位通过零余额账户用款额度支付日常活动费用3 500元。会计分录如下:

(1) 收到财政授权支付到账通知书时,

借:零余额账户用款额度 22 000

    贷:财政拨款收入 22 000

(2) 使用零余额账户用款额度支付费用时,

借:业务活动费用 3 500

    贷:零余额账户用款额度 3 500

四、其他货币资金

其他货币资金是指除库存现金、银行存款和零余额账户用款额度之外的其他各种货币资金,主要包括外埠存款、银行本票存款、银行汇票存款、信用卡存款等种类。其中,外埠存款是指行政事业单位到外地进行临时或零星采购时汇往采购地银行开立采购专户的款项。银行本票存款是指行政事业单位为取得银行本票而按规定存入银行的款项。银行汇票存款是指行政事业单位为取得银行汇票而按规定存入银行的款项。信用卡存款是指行政事业单位为取得信用卡而按规定存入银行的款项。

为核算其他货币资金业务,应设置"其他货币资金"总账科目,另根据需要设置"外埠存款""银行本票存款""银行汇票存款""信用卡存款"等明细科目,进行明细核算。该科目期末借方余额,反映单位实际持有的其他货币资金。

单位按照有关规定需要在异地开立银行账户,将款项委托本地银行汇往异地开立账户时,借记"其他货币资金"科目,贷记"银行存款"科目。收到采购员交来供应单位发票账单等报销凭证时,借记"库存物品"等科目,贷记"其他货币资金"科目。将多余的外埠存款转回本地银行时,根据银行的收账通知,借记"银行存款"科目,贷记"其他货币资金"科目。

将款项交存银行取得银行本票、银行汇票时,按照取得的银行本票、银行汇票金额借记"其他货币资金"科目,贷记"银行存款"科目。使用银行本票、银行汇票购买库存物品等资产时,按照实际支付金额,借记"库存物品"等科目,贷记"其他货币资金"科目。如有余款或因本票、汇票超过付款期等原因而退回款项,按照退款金额,借记"银行存款"科目,贷记"其他货币资金"科目。

将款项交存银行取得信用卡时,按照交存金额,借记"其他货币资金"科目,贷记"银行存款"科目。用信用卡购物或支付有关费用时,按照实际支付金额,借记"单位管理费用""库存物品"等科目,贷记"其他货币资金"科目。单位信用卡在使用过程中,需向其账户续存资金的,按照续存金额,借记该科目,贷记"银行存款"科目。

【例3-4】 甲事业单位将款项20 000元交存银行取得相应数额的银行本票,数日后,该事业单位以该银行本票购买一批价值20 000元的库存物品。会计分录如下:

(1)取得银行本票时,

借:其他货币资金——银行本票	20 000
贷:银行存款	20 000

(2)使用银行本票购买物品时,

借:库存物品	20 000
贷:其他货币资金——银行本票	20 000

任务二 应返还、应收及预付款项的核算

应返还、应收及预付款项是指行政事业单位在开展业务活动中形成的各项债权,包括财政应返还额度、应收票据、应收账款、预付账款、应收股利、应收利息、其他应收款等。

一、财政应返还额度

财政应返还额度,是指实行国库集中支付的行政事业单位应收财政返还的资金额度,包括可以使用的以前年度财政直接支付资金额度以及财政应返还的财政授权支付资金额度。

在财政国库集中支付制度下,年末,行政事业单位尚未使用的财政直接支付额度以及财政授权支付额度,相应资金留存在财政国库。这些财政资金通常仍然由行政事业单位按计划安排使用。行政事业单位的零余额账户用款额度通常采用年末注销、次年初恢复的管理方法。由此,行政事业单位在年终注销尚未使用或尚未收到的用款额度时,形成财政应返还额度。

为核算财政应返还额度业务,行政单位应设置"财政应返还额度"总账科目,同时设置"财政直接支付""财政授权支付"两个明细科目进行明细核算。该科目期末借方余额,反映单位应收财政返还的资金额度。

年末,单位根据本年度财政直接支付预算指标数大于当年财政直接支付实际发生数的差额,借记本科目(财政直接支付),贷记"财政拨款收入"科目。使用以前年度财政直接支付额度支付款项时,借记"业务活动费用""单位管理费用"等科目,贷记本科目(财政直接支付)。

年末,根据代理银行提供的对账单做注销财政授权支付额度的相关账务处理,借记该科目(财政授权支付),贷记"零余额账户用款额度"科目。年末,本年度财政授权支付预算指标数大于零余额账户用款额度下达数的,根据未下达的用款额度,借记该科目(财政授权支付),贷记"财政拨款收入"科目。下年初,根据代理银行提供的"上年度注销额度恢复到账通知书"做恢复额度的相关账务处理,借记"零余额账户用款额度"科目,贷记该科目(财政授权支付)。收到财政部门批复的上年未下达零余额账户用款额度,借记"零余额账户用款额度"科目,贷记该科目(财政授权支付)。

【例3-5】 甲行政单位使用以前年度财政直接支付额度支付业务活动费用1 080元。年末,该行政单位本年度财政直接支付预算指标数大于当年财政直接支付实际支出数的差额为2 720元。会计分录如下:

(1) 使用以前年度财政直接支付额度支付费用时,

借:业务活动费用   1 080

  贷:财政应返还额度——财政直接支付   1 080

(2) 确认本年度尚未使用的财政直接支付预算指标数时,

借:财政应返还额度——财政直接支付   2 720

  贷:财政拨款收入   2 720

【例3-6】 年初,甲事业单位收到代理银行提供的"上年度注销零余额账户用款额度恢复到账通知书",恢复上年度注销的零余额账户用款额度2 500元。年末,该事业单位本年度财政授权支付预算指标数大于零余额账户用款额度下达数,两者间的差额为1 680元。年末,该事业单位根据代理银行提供的对账单,注销本年度尚未使用的零余额账户用款额度1 300元。该事业单位应编制如下会计分录:

(1) 年初,恢复上年度注销的零余额账户用款额度时,

借:零余额账户用款额度   2 500

  贷:财政应返还额度——财政授权支付   2 500

(2) 年末,确认本年度尚未收到的财政授权支付预算指标数时,

借:财政应返还额度——财政授权支付   1 680

  贷:财政拨款收入   1 680

(3) 年末,注销本年度尚未使用的零余额账户用款额度时,

借：财政应返还额度——财政授权支付　　　　　　　　　　　　1 300
　　贷：零余额账户用款额度　　　　　　　　　　　　　　　　　　　　1 300

二、应收票据

应收票据是指事业单位因开展经营活动销售产品、提供有偿服务等而收到的商业汇票，包括银行承兑汇票和商业承兑汇票。

为核算应收票据业务，事业单位应设置"应收票据"总账科目，按照开出、承兑商业汇票的单位等进行明细核算。该科目期末借方余额，反映事业单位持有的商业汇票票面金额。

销售产品、提供服务等收到商业汇票时，按照商业汇票的票面金额，借记"应收票据"科目，按照确认的收入金额，贷记"经营收入"等科目。涉及增值税业务的，还应进行相应的会计处理。

持未到期的商业汇票向银行贴现，按照实际收到的金额（即扣除贴现息后的净额），借记"银行存款"科目；按照贴现金额，借记"经营费用"等科目；按照商业汇票的票面金额，贷记"应收票据"科目（无追索权）或"短期借款"科目（有追索权）。附追索权的商业汇票到期未发生追索事项的，按照商业汇票的票面金额，借记"短期借款"科目，贷记该科目。

将持有的商业汇票背书转让以取得所需物资时，按照取得物资的成本，借记"库存物品"等科目，按照商业汇票的票面金额，贷记"应收票据"科目，如有差额，借记或贷记"银行存款"等科目。涉及增值税业务的，还应进行相应的会计处理。

商业汇票到期时，应当分别按照以下情况处理：

（1）收回票款时，按照实际收到的商业汇票票面金额，借记"银行存款"科目，贷记"应收票据"科目。

（2）因付款人无力支付票款，收到银行退回的商业承兑汇票、委托收款凭证、未付票款通知书或拒付款证明等，按照商业汇票的票面金额，借记"应收账款"科目，贷记"应收票据"科目。

事业单位应当设置"应收票据备查簿"，逐笔登记每一笔应收票据的种类、号数、出票日期、到期日、票面金额、交易合同号和付款人、承兑人、背书人姓名或单位名称、背书转让日、贴现日期、贴现率和贴现净额、收款日期、收回金额和退票情况等。应收票据到期结清票款或退票后，应当在备查簿内逐笔注销。

三、应收账款

应收账款是指事业单位提供服务、销售产品等应收取的款项，以及行政事业单位因出租资产、出售物资等应收取的款项。

为核算应收账款业务，行政事业单位应设置"应收账款"总账科目，按照债务单位（或个人）进行明细核算。该科目期末借方余额，反映单位尚未收回的应收账款。

应收账款收回后不需上缴财政的情况下，单位发生应收账款时，按照应收未收金额，借记"应收账款"科目，贷记"事业收入""经营收入""租金收入""其他收入"等科目。涉及增值税业务的，还应进行相应的会计处理。收回应收账款时，按照实际收到的金额，借记"银行存款"等科目，贷记"应收账款"科目。

应收账款收回后需上缴财政的情况下，单位出租资产发生应收未收租金款项时，按照应收未收金额,借记"应收账款"科目,贷记"应缴财政款"科目。单位出售物资发生应收未收项时,按照应收未收金额,借记"应收账款"科目,贷记"应缴财政款"科目。收回应收账款时,按照实际收到的金额,借记"银行存款"等科目,贷记"应收账款"科目。涉及增值税业务的,还应进行相应的会计处理。

年末,事业单位应当对应收账款进行全面检查。收回后不需上缴财政的应收账款,如发生不能收回的迹象,应当计提坏账准备。对于账龄超过规定年限、确认无法收回的应收账款,按照规定报经批准后予以核销。按照核销金额,借记"坏账准备"科目,贷记"应收账款"科目。核销的应收账款应在备查簿中保留登记。已核销的应收账款在以后期间又收回的,按照实际收回金额,借记"应收账款"科目,贷记"坏账准备"科目;同时,借记"银行存款"等科目,贷记"应收账款"科目。

对于收回后应当上缴财政的应收账款,账龄超过规定年限确认无法收回的,应按照规定报经批准后予以核销。按照核销金额,借记"应缴财政款"科目,贷记"应收账款"科目。核销的应收账款应当在备查簿中保留登记。已核销的应收账款在以后期间又收回的,按照实际收回金额,借记"银行存款"等科目,贷记"应缴财政款"科目。

【例3-7】 甲事业单位在开展专业业务活动中发生一项应收账款3 200元,该应收账款收回后不需上缴财政。数日后,该事业单位收回该项应收账款。该事业单位编制如下会计分录:

(1)发生应收账款时,

借:应收账款　　　　　　　　　　　　　　　　　　　3 200

　　贷:事业收入　　　　　　　　　　　　　　　　　　　　　3 200

(2)收回应收账款时,

借:银行存款　　　　　　　　　　　　　　　　　　　3 200

　　贷:应收账款　　　　　　　　　　　　　　　　　　　　　3 200

四、预付账款

预付账款是指行政事业单位按照购货、服务合同或协议规定预付给供应单位(或个人)的款项,以及按照合同规定向承包工程的施工企业预付的备料款和工程款。

为核算预付账款业务,应设置"预付账款"总账科目。该科目应当按照供应单位(或个人)及具体项目进行明细核算。对于基本建设项目发生的预付账款,还应当在该科目所属基建项目明细科目下设置"预付备料款""预付工程款""其他预付款"等明细科目,进行明细核算。该科目期末借方余额,反映单位实际预付但尚未结算的款项。

单位根据购货、服务合同或协议规定预付款项时,按照预付金额,借记"预付账款"科目,贷记"财政拨款收入""零余额账户用款额度""银行存款"科目。收到所购资产或服务时,按照购入资产或服务的成本,借记"库存物品""固定资产""无形资产""业务活动费用"等相关科目,按照相关预付账款的账面余额,贷记"预付账款"科目,按照实际补付的金额,贷记"财政拨款收入""零余额账户用款额度""银行存款"等科目。涉及增值税业务的,还应进行相应的会计处理。

根据工程进度结算工程价款及备料款时,按照结算金额,借记"在建工程"科目,按照相关预付账款的账面余额,贷记"预付账款"科目,按照实际补付的金额,贷记"财政拨款收入"

"零余额账户用款额度""银行存款"等科目。

发生预付账款退回的,按照实际退回金额,借记"财政拨款收入"(本年直接支付)"财政应返还额度"(以前年度直接支付)"零余额账户用款额度""银行存款"等科目,贷记"预付账款"科目。

每年年末,对预付账款进行全面检查,如果有确凿证据表明预付账款不再符合预付款项性质,或者因供应单位破产撤销等原因可能无法收到所购货物、服务的,应当先将其转入其他应收款,再按照规定进行处理。将预付账款账面余额转入其他应收款时,借记"其他应收款"科目,贷记"预付账款"科目。

【例3-8】　甲行政单位向社会力量购买一项服务,预付账款4 500元,款项通过单位零余额账户支付。一个月后,该行政单位收到向社会力量购买的该项服务,同时补付相应款项1 500元,款项通过单位零余额账户支付。该行政单位应编制如下会计分录:

(1) 根据购买服务合同规定预付款项时,

借:预付账款　　　　　　　　　　　　　　　　　　　　　　　　4 500

　　贷:零余额账户用款额度　　　　　　　　　　　　　　　　　　　4 500

(2) 收到所购服务并补付款项时,

借:业务活动费用　　　　　　　　　　　　　　　　　　　　　　6 000

　　贷:预付账款　　　　　　　　　　　　　　　　　　　　　　　　4 500

　　　　零余额账户用款额度　　　　　　　　　　　　　　　　　　　1 500

五、应收股利

应收股利是指事业单位因持有长期股权投资应当收取的现金股利或应当分得的利润。为核算应收股利业务,事业单位应设置"应收股利"总账科目,按照被投资单位等进行明细核算。该科目期末借方余额,反映事业单位应当收取但尚未收到的现金股利或利润。

事业单位取得长期股权投资,按照支付的价款中所包含的已宣告但尚未发放的现金股利,借记"应收股利"科目,按照确定的长期股权投资成本,借记"长期股权投资"科目,按照实际支付的金额,贷记"银行存款"等科目。收到取得投资时实际支付价款中所包含的已宣告但尚未发放的现金股利时,按照收到的金额,借记"银行存款"科目,贷记"应收股利"科目。

长期股权投资持有期间,被投资单位宣告发放现金股利或利润的,按照应享有的份额,借记"应收股利"科目,贷记"投资收益"(成本法下)或"长期股权投资"(权益法下)科目。实际收到现金股利或利润时,按照收到的金额,借记"银行存款"等科目,贷记"应收股利"科目。

【例3-9】　甲事业单位拥有A公司90％的股权,有权决定A公司的财务和经营政策,相应的长期股权投资采用权益法核算。某日,A公司宣告发放现金股利20 000元,该事业单位应享有的份额为18 000元(＝20 000×90％)。次月,该事业单位收到A公司发放的现金股利18 000元,款项已存入开户银行。会计分录如下:

(1) A公司宣告发放现金股利时,

借:应收股利　　　　　　　　　　　　　　　　　　　　　　　　18 000

　　贷:长期股权投资　　　　　　　　　　　　　　　　　　　　　18 000

（2）收到 A 公司发放的现金股利时，

借：银行存款　　　　　　　　　　　　　　　　　　　　　　　18 000

　　贷：应收股利　　　　　　　　　　　　　　　　　　　　　　　　　　18 000

六、应收利息

应收利息是指事业单位长期债券投资应当收取的利息。

为核算应收利息业务，事业单位应设置"应收利息"总账科目，按照被投资单位等进行明细核算。该科目期末借方余额，反映事业单位应收未收的长期债券投资利息。事业单位购入的到期一次还本付息的长期债券投资持有期间的利息，应当通过"长期债券投资——应计利息"科目核算，不通过本科目核算。

事业单位取得长期债券投资，按照确定的投资成本，借记"长期债券投资"科目，按照支付的价款中包含的已到付息期但尚未领取的利息，借记"应收利息"科目，按照实际支付的金额，贷记"银行存款"等科目。收到取得投资时实际支付价款中所包含的已到付息期但尚未领取的利息时，按照收到的金额，借记"银行存款"等科目，贷记"应收利息"科目。

按期计算确认长期债券投资利息收入时，对于分期付息、一次还本的长期债券投资，按照以票面金额和票面利率计算确定的应收未收利息金额，借记该科目，贷记"投资收益"科目。实际收到应收利息时，按照收到的金额，借记"银行存款"等科目，贷记"应收利息"科目。

【例 3-10】　甲事业单位持有一项长期债券投资。某月末，事业单位按照债券票面金额和票面利率计算确定的应收未收利息金额为 3 000 元。次月初，该事业单位收到相应债券的利息收入 3 000 元。该债券为分期付息、一次还本的债券。会计分录如下：

（1）计算确定应收未收利息金额时，

借：应收利息　　　　　　　　　　　　　　　　　　　　　　　3 000

　　贷：投资收益　　　　　　　　　　　　　　　　　　　　　　　　　3 000

（2）收到债券利息收入时，

借：银行存款　　　　　　　　　　　　　　　　　　　　　　　3 000

　　贷：应收利息　　　　　　　　　　　　　　　　　　　　　　　　　3 000

七、其他应收款

其他应收款是指行政事业单位除财政应返还额度、应收票据、应收账款、预付账款、应收股利、应收利息以外的其他各项应收及暂付款项，如职工预借的差旅费、已经偿还银行尚未报销的本单位公务卡欠款、拨付给内部有关部门的备用金、应向职工收取的各种垫付款项、支付的可以收回的订金或押金、应收的上级补助以及附属单位上缴款项等。

为核算其他应收款业务，行政事业单位应设置"其他应收款"总账科目，按照其他应收款的类别以及债务单位（或个人）进行明细核算。该科目期末借方余额，反映单位尚未收回的其他应收款。

单位发生其他各种应收及暂付款项时，按照实际发生金额，借记"其他应收款"科目，贷记"零余额账户用款额度""银行存款""库存现金""上级补助收入""附属单位上缴收入"等科目。涉及增值税业务的，还应进行相应的会计处理。收回其他各种应收及暂付款项时，按照收回的金额借记"库存现金""银行存款"等科目，贷记"其他应收款"科目。

单位内部实行备用金制度的,有关部门使用备用金以后,应当及时到财务部门报销并补足备用金。财务部门核定并发放备用金时,按照实际发放金额,借记"其他应收款"科目,贷记"库存现金"等科目。根据报销金额用现金补足备用金定额时,借记"业务活动费用""单位管理费用"等科目,贷记"库存现金"等科目,报销数和拨补数都不再通过该科目核算。

偿还尚未报销的本单位公务卡欠款时,按照偿还的款项,借记"其他应收款"科目,贷记"零余额账户用款额度""银行存款"等科目;持卡人报销时,按照报销金额,借记"业务活动费用""单位管理费用"等科目,贷记"其他应收款"科目。

将预付账款账面余额转入其他应收款时,借记"其他应收款"科目,贷记"预付账款"科目。

事业单位应当于每年年末,对其他应收款进行全面检查,如发现不能收回的迹象,应当计提坏账准备。对于账龄超过规定年限、确认无法收回的其他应收款,按照规定报经批准后予以核销。按照核销金额,借记"坏账准备"科目,贷记"其他应收款"科目。核销的其他应收款应当在备查簿中保留登记。已核销的其他应收款在以后期间又收回的,按照实际收回金额,借记该科目,贷记"坏账准备"科目;同时,借记"银行存款"等科目,贷记"其他应收款"科目。

行政单位应当于每年年末,对其他应收款进行全面检查。对于超过规定年限、确认无法收回的其他应收款,应当按照有关规定报经批准后予以核销。核销的其他应收款应在备查簿中保留登记。经批准核销其他应收款时,按照核销金额,借记"资产处置费用"科目,贷记"其他应收款"科目。已核销的其他应收款在以后期间又收回的,按照收回金额,借记"银行存款"等科目,贷记"其他收入"科目。

【例3-11】 甲事业单位内部实行备用金制度,某日,财务部门向单位内部相关业务部门核定并发放备用金500元,款项以库存现金支付。数日后,单位内部相关业务部门到财务部门报销备用金480元,财务部门以库存现金向其补足备用金。该事业单位应编制如下会计分录:

(1)核定并发放备用金时,

借:其他应收款 500

　　贷:库存现金 500

(2)报销并补足备用金时,

借:业务活动费用 480

　　贷:库存现金 480

八、坏账准备

坏账是指无法收回的应收款项。由应收款项坏账带来的损失可称为坏账损失,它是费用的一个种类。根据现行制度规定,事业单位对收回后不需上缴财政的应收账款以及其他应收款应当提取坏账准备,对其他应收款项不提取坏账准备。行政单位不提取坏账准备。

为核算坏账准备业务,事业单位应设置"坏账准备"总账科目。该科目应当分别按照应收账款和其他应收款进行明细核算。该科目期末贷方余额,反映事业单位提取的坏账准备金额。

事业单位应当于每年年末,对收回后不需上缴财政的应收账款以及其他应收款进行全面检查,分析其可收回性,对预计可能产生的坏账损失计提坏账准备、确认坏账损失。事业单位可以采用应收款项余额百分比法、账龄分析法、个别认定法等方法计提坏账准备。坏账准备计提方法一经确定,不得随意变更;如需变更,应当按照规定报经批准,并在财务报表附注中予以说明。年末当期应补提或冲减的坏账准备金额的计算公式为:当期应补提或冲减的坏账准备按照期末应收账款和其他应收款计算应计提的坏账准备金额－"坏账准备"科目期末贷方余额(或＋"坏账准备"科目期末借方余额)。

事业单位提取坏账准备时,借记"其他费用"科目,贷记该科目;冲减坏账准备时,借记该科目,贷记"其他费用"科目。

对于账龄超过规定年限并确认无法收回的应收账款、其他应收款,应当按照有关规定报经批准后,按照无法收回的金额,借记该科目,贷记"应收账款""其他应收款"科目。已核销的应收账款、其他应收款在以后期间又收回的,按照实际收回金额,借记"应收账款""其他应收款"科目,贷记该科目。同时,借记"银行存款"等科目,贷记"应收账款""其他应收款"科目。

【例3-12】 甲事业单位经批准确认一笔无法收回的应收账款380元,该笔应收账款属于收回后不需上缴财政的应收账款。年末,经计算应当补提坏账准备1520元。会计分录如下:

(1)确认无法收回的应收账款时,

借:坏账准备   380

    贷:应收账款   380

(2)年末补提坏账准备时,

借:其他费用   1 520

    贷:坏账准备   1 520

任务三 存货的核算

存货是指行政事业单位在开展业务活动及其他活动中为耗用或出售而储存的资产,如材料、产品、包装物和低值易耗品等,以及未达到固定资产标准的用具、装具、动植物等。

按照《政府会计准则第1号——存货》的规定,存货在取得时应当按照成本进行初始计量,发出时应当根据实际情况采用先进先出法、加权平均法或个别计价法确定发出存货的实际成本。存货的计价方法一经确定,不得随意变更。行政事业单位的存货按照经济内容或经济用途可分为在途物品、库存物品和加工物品等。

一、在途物品

在途物品是指行政事业单位采购材料等物资时货款已付或已开出商业汇票但尚未验收入库的物品。与企业不同,行政事业单位以提供非物质产品为主,购入的大多数物品为自用物品,不是以出售为目的的商品,如购入办公用品、实验室用品、消耗性体育用品等。

为核算在途物品业务,行政事业单位应设置"在途物品"总账科目。该科目可按照供应单位以及物品种类进行明细核算。该科目期末借方余额,反映单位在途物品的采购成本。

单位购入材料等物品,按照确定的物品采购成本的金额,借记"在途物品"科目,按照实际支付的金额,贷记"财政拨款收入""零余额账户用款额度""银行存款"等科目。涉及增值税业务的,应进行相应的会计处理。所购材料等物品到达验收入库,按照确定的库存物品成本金额,借记"库存物品"科目,按照物品采购成本金额,贷记"在途物品"科目,按照使得入库物品达到目前场所和状态所发生的其他支出,贷记"银行存款"等科目。

【例3-13】 甲行政单位采购一批材料,货款2 880元通过单位零余额账户用款额度支付,材料尚未验收入库。数日后,该批材料到达并验收入库,确定的库存物品成本为采购成本2 880元。暂不考虑增值税业务。该行政单位应编制如下会计分录:

(1) 购入材料时,

借:在途物品 2 880

　　贷:零余额账户用款额度 2 880

(2) 材料到达并验收入库时,

借:库存物品 2 880

　　贷:在途物品 2 880

二、库存物品

库存物品是指行政事业单位在开展业务活动及其他活动中为耗用或出售而储存的各种物品。

为核算库存物品业务,行政事业单位应设置"库存物品"总账科目。该科目应当按照库存物品的种类、规格、保管地点等进行明细核算。单位储存的低值易耗品、包装物较多的,可以在该科目(低值易耗品、包装物)下按照"在库""在用"和"摊销"等进行明细核算。该科目期末借方余额,反映单位库存物品的实际成本。

单位随买随用的零星办公用品,可以在购进时直接列作费用,不通过该科目核算,单位控制的政府储备物资,应当通过"政府储备物资"科目核算,不通过该科目核算。单位受托存储保管的物资以及受托转赠的物资,应当通过"受托代理资产"科目核算,不通过该科目核算。单位为在建工程购买和使用的材料物资,应当通过"工程物资"科目核算,不通过该科目核算。

(一) 库存物品的取得

行政事业单位取得的库存物品,应当按照其取得时的成本入账。

1. 外购的库存物品验收入库

购入的存货,其成本包括购买价款、相关税费、运输费、装卸费、保险费以及使得存货达到目前场所和状态所发生的归属于存货成本的其他支出。按照确定的成本,借记"库存物品"科目,贷记"财政拨款收入""零余额账户用款额度""银行存款""应付账款""在途物品"等科目。涉及增值税业务的,还应进行相应的会计处理。

2. 自制的库存物品加工完成并验收入库

自行加工的存货,其成本包括耗用的直接材料费用、发生的直接人工费用,以及按照一定方法分配的与存货加工有关的间接费用。按照确定的成本,借记"库存物品"科目,贷记"加工物品——自制物品"科目。

3. 委托外单位加工收回的库存物品验收入库

委托加工的存货,其成本包括委托加工前存货成本、委托加工的成本(如委托加工费以及按规定应计入委托加工存货成本的相关税费等)以及使存货达到目前场所以及状态所发生的归属于存货成本的其他支出。按照确定的成本,借记"库存物品"科目,贷记"加工物品——委托加工物品"等科目。

4. 接受捐赠的库存物品验收入库

接受捐赠的存货,其成本按照有关凭据注明的金额加上相关税费、运输费等确定;没有相关凭据可供取得,但按规定经过资产评估的,其成本按照评估价值加上相关税费、运输费等确定;没有相关凭据可供取得、也未经资产评估的,其成本比照同类或类似资产的市场价格加上相关税费、运输费等确定;没有相关凭据且未经资产评估、同类或类似资产的市场价格也无法可靠取得的,按照名义金额入账,相关税费、运输费等计入当期费用。

按照确定的成本,借记"库存物品"科目,按照发生的相关税费、运输费等,贷记"银行存款"等科目,按照其差额,贷记"捐赠收入"科目。接受捐赠的库存物品按照名义金额入账的,按照名义金额,借记"库存物品"科目,贷记"捐赠收入"科目。同时,按照发生的相关税费、运输费等,借记"其他费用"科目,贷记"银行存款"等科目。

5. 无偿调入的库存物品验收入库

无偿调入的存货,其成本按照调出方账面价值加上相关税费、运输费等确定。按照确定的成本,借记"库存物品"科目,按照发生的相关税费、运输费等,贷记"银行存款"等科目,按照其差额,贷记"无偿调拨净资产"科目。

6. 置换换入的库存物品验收入库

通过置换取得的存货,其成本按照换出资产的评估价值,加上支付的补价或减去收到的补价,加上为换入存货发生的其他相关支出确定。

按照确定的成本,借记"库存物品"科目,按照换出资产的账面余额,贷记相关资产科目(换出资产为固定资产、无形资产的,还应当借记"固定资产累计折旧""无形资产累计摊销"科目),按照置换过程中发生的其他相关支出,贷记"银行存款"等科目,按照借贷方差额,借记"资产处置费用"科目或贷记"其他收入"科目。涉及补价的,分别按照以下情况处理:

(1) 支付补价的,按照确定的成本,借记"库存物品"科目,按照换出资产的账面余额,贷记相关资产科目,按照支付的补价以及置换过程中发生的其他相关支出,贷记"银行存款"等科目,按照借贷方差额,借记"资产处置费用"科目或贷记"其他收入"科目。

(2) 收到补价的,按照确定的成本,借记"库存物品"科目,按照收到的补价,借记"银行存款"等科目,按照换出资产的账面余额,贷记相关资产科目,按照置换过程中发生的其他相关支出,贷记"银行存款"等科目,按照补价扣减其他相关支出后的净收入贷记"应缴财政款"科目,按照借贷方差额,借记"资产处置费用"科目或贷记"其他收入"科目。

(二) 库存物品的发出

行政事业单位在库存商品发出时,分别按照以下情况处理:

单位开展业务活动等领用、按照规定自主出售发出或加工发出库存物品,按照领用、出售等发出物品的实际成本,借记"业务活动费用""单位管理费用""经营费用""加工物品"等科目,贷记"库存物品"科目。采用一次转销法摊销低值易耗品、包装物的,在首次领用时将其账面余额一次性摊销计入有关成本费用,借记有关科目,贷记"库存物品"科目。采用五五摊销法摊销低值易耗品、包装物的,首次领用时,将其账面余额的50%摊销计入有关成本费用,借记有关科目,贷记"库存物品"科目;使用完时将剩余的账面余额转销,计入相关成本费用,借记有关科目,贷记"库存物品"科目。

经批准对外出售的库存物品(不含可自主出售的库存物品)发出时,按照库存物品的账面余额,借记"资产处置费用"科目,贷记"库存物品"科目;同时,按照收到的价款,借记"银行存款"等科目,按照处置过程中发生的相关费用,贷记"银行存款"等科目,按照其差额,贷记"应缴财政款"科目。

经批准对外捐赠的库存物品发出时,按照库存物品的账面余额以及对外捐赠过程中发生的归属于捐出方的相关费用合计数,借记"资产处置费用"科目,按照库存物品账面余额,贷记"库存物品"科目,按照对外捐赠过程中发生的归属于捐出方的相关费用,贷记"银行存款"等科目。

经批准无偿调出的库存物品发出时,按照库存物品的账面余额,借记"无偿调拨净资产"科目,贷记"库存物品"科目;同时,按照无偿调出过程中发生的归属于调出方的相关费用,借记"资产处置费用"科目,贷记"银行存款"等科目。

经批准置换换出的库存物品,参照有关置换换入库存物品的规定进行账务处理。

(三) 库存物品的盘盈、盘亏或报废、毁损

单位应当定期对库存物品进行清查盘点。每年至少盘点一次。对于发生的库存物品盘盈、盘亏或者报废、毁损,应当先计入"待处理财产损溢"科目,按照规定报经批准后及时进行后续账务处理。

盘盈的库存物品,其成本按照有关凭据注明的金额确定;没有相关凭据但按照规定经过资产评估的,其成本按照评估价值确定;没有相关凭据,也未经过评估的,其成本按照重置成本确定。如无法采用上述方法确定盘盈的库存物品成本的,按照名义金额入账。盘盈的库存物品,按照确定的入账成本,借记"库存物品"科目,贷记"待处理财产损溢"科目。

盘亏或者毁损、报废的库存物品,按照待处理库存物品的账面余额,借记"待处理财产损溢"科目,贷记"库存物品"科目。属于增值税一般纳税人的单位,若因非正常原因导致的库存物品盘亏或毁损,还应当将与该库存物品相关的增值税进项税额转出,按照其增值税进项税额,借记"待处理财产损溢"科目,贷记"应交增值税——应交税金——进项税额转出"科目。

【例3-14】 甲事业单位接受捐赠的一批库存物品,有关凭据注明的金额为6 250元,以银行存款支付运输费用500元,库存物品已验收入库,成本金额为63 000元(=62 500+500)。数日后,该事业单位业务部门为开展专业业务活动领用一批库存物品,实际成本为21 000元。会计分录如下:

(1)接受捐赠库存物品时,

借:库存物品　　　　　　　　　　　　　　　　　　　63 000
　　贷:银行存款　　　　　　　　　　　　　　　　　　　　500
　　　　捐赠收入　　　　　　　　　　　　　　　　　　62 500

(2)业务部门领用库存物品时,

借:业务活动费用　　　　　　　　　　　　　　　　　21 000
　　贷:库存物品　　　　　　　　　　　　　　　　　　21 000

三、加工物品

加工物品,是指行政事业单位自制或委托外单位加工的各种物品。

为核算加工物品业务,行政事业单位应设置"加工物品"总账科目,下设"自制物品""委托加工物品"两个一级明细科目,并按照物品类别、品种、项目等设置明细账,进行明细核算。

"自制物品"一级明细科目下应设"直接材料""直接人工""其他直接费用"等二级明细科目。归集自制物品发生的直接材料、直接人工(专门从事物品制造人员的人工费)等直接费用;对于自制物品发生的间接费用,应在该科目"自制物品"一级明细科目下单独设置"间接费用"二级明细科目予以归集。期末,再按照一定的分配标准和方法,分配计入有关物品的成本。该科目期末借方余额,反映单位自制或委托外单位加工但尚未完工的各种物品的实际成本。

(一)自制物品

为自制物品领用材料等,按照材料成本,借记"加工物品"科目(自制物品——直接材料),贷记"库存物品"科目。

专门从事物品制造的人员发生的直接人工费用,按照实际发生的金额,借记"加工物品"科目(自制物品——直接人工),贷记"应付职工薪酬"科目。

为自制物品发生的其他直接费用,按照实际发生的金额,借记"加工物品"科目(自制物品——其他直接费用),贷记"零余额账户用款额度""银行存款"等科目。

为自制物品发生的间接费用,按照实际发生的金额,借记"加工物品"科目(自制物品——间接费用),贷记"零余额账户用款额度""银行存款""应付职工薪酬""固定资产累计折旧""无形资产累计摊销"等科目。间接费用一般按照生产人员工资、生产人员工时、机器工时、耗用材料的数量或成本、直接费用(直接材料和直接人工)或产品产量等进行分配。单位可根据具体情况自行选择间接费用的分配方法。分配方法一经确定,不得随意变更。

已经制造完成并验收入库的物品,按照所发生的实际成本(包括耗用的直接材料费用、直接人工费用、其他直接费用和分配的间接费用),借记"库存物品"科目,贷记"加工物品"科目(自制物品)。

(二)委托加工物品发给外单位加工的材料

按照其实际成本,借记"加工物品"科目(委托加工物品),贷记"库存物品"科目。支付加工费、运输费等费用,按照实际支付的金额,借记"加工物品"科目(委托加工物品),贷记"零余额账户用款额度""银行存款"等科目。涉及增值税业务的,还应进行相应的会计处理。委托加工完成的材料等验收入库,按照加工前发出材料的成本和加工、运输成本等,借记"库存物品"等科目,贷记"加工物品"科目(委托加工物品)。

【例3-15】甲事业单位委托外单位加工一批物品,发给外单位一批加工材料,实际成本为45 500元。一个月后,该批物品加工完成,该事业单位以银行存款向加工单位支付加工费1 300元,加工完成的物品已收回并验收入库,确定的物品成本为46 800元(=45 500+1 300)。暂不考虑增值税业务。会计分录如下:

(1)发给外单位加工材料时,

借:加工物品	45 500
贷:库存物品	45 500

(2)向加工单位支付加工费时,

借:加工物品	1 300
贷:银行存款	1 300

(3)加工物品已收回并验收入库时,

借:库存物品	46 800
贷:加工物品	46 800

任务四　对外投资的核算

对外投资是事业单位依法使用货币资金、实物、无形资产等方式向其他单位的投资。事业单位主要从事非营利活动，以社会效益为主要衡量标准，所以对外投资不构成其经济活动的主要内容。应严格遵守国家法律、行政法规以及财政部门、主管部门有关对外投资的规定，严格控制对外投资业务。

事业单位不得使用财政拨款及其结余进行对外投资，不得从事股票、期货、基金、企业债券等投资（国家另有规定的除外）。以非货币性资产进行对外投资的，应按照国家有关规定进行资产评估，合理确定资产价值。事业单位不得以国家专项储备物资和国家规定的不得用于对外投资的其他财产向外单位投资。

按照对外投资的期限，事业单位对外投资可以划分为短期投资和长期投资。短期投资是指事业单位依法取得的持有时间不超过1年的投资，主要是国债投资。长期投资是指事业单位依法取得的持有时间超过1年的股权和债权性质的投资。

一、短期投资

短期投资是指事业单位按照规定取得的，持有时间不超过1年（含1年）的投资。事业单位应当严格遵守国家法律、行政法规以及财政部门、主管部门关于对外投资的有关规定。行政单位没有短期投资业务。

为核算短期投资业务，事业单位应设置"短期投资"总账科目并按照投资的种类等进行明细核算。该科目期末借方余额，反映事业单位持有短期投资的成本。

事业单位取得短期投资时，按照确定的投资成本，借记"短期投资"科目，贷记"银行存款"等科目。收到取得投资时实际支付价款中包含的已到付息期但尚未领取的利息，按照实际收到的金额，借记"银行存款"科目，贷记"短期投资"科目。

收到短期投资持有期间的利息，按照实际收到的金额，借记"银行存款"科目，贷记"投资收益"科目。出售短期投资或到期收回短期投资本息，按照实际收到的金额，借记"银行存款"科目，按照出售或收回短期投资的账面余额，贷记该科目，按照其差额，借记或贷记"投资收益"科目。涉及增值税业务的，还应当做相应的会计处理。

【例3-16】　甲事业单位利用闲散资金购买一批国债作为短期投资，实际投资成本为12 500元，款项以银行存款支付。3个月后，该事业单位出售该项短期投资，实际收到款项12 800元，款项已存入开户银行。会计分录如下：

（1）取得短期投资时，

借：短期投资　　　　　　　　　　　　　　　　　　　　　12 500
　　贷：银行存款　　　　　　　　　　　　　　　　　　　　12 500

（2）出售短期投资时，

借：银行存款　　　　　　　　　　　　　　　　　　　　　12 800
　　贷：短期投资　　　　　　　　　　　　　　　　　　　　12 500
　　　　投资收益　　　　　　　　　　　　　　　　　　　　　 300

按照《政府会计准则第 2 号——投资》的规定,短期投资在取得时,应当按照实际成本(包括购买价款和相关税费)作为初始投资成本。实际支付价款中包含的已到付息期但尚未领取的利息,应当于收到时冲减短期投资成本。短期投资持有期间的利息,应当于实际收到时确认为投资收益。期末,短期投资应当按照账面余额计量。

二、长期股权投资

长期股权投资是指事业单位按照规定取得的,持有时间超过 1 年(不含 1 年)的股权性质的投资。

为核算长期股权投资业务,事业单位应设置"长期股权投资"总账科目。该科目应当按照被投资单位和长期股权投资取得方式等进行明细核算。长期股权投资采用权益法核算的,还应当按照"成本""损益调整""其他权益变动"设置明细科目,进行明细核算。该科目期末借方余额,反映事业单位持有的长期股权投资的价值。

(一)长期股权投资的取得

长期股权投资在取得时,应当按其实际成本作为初始投资成本。

以现金取得的长期股权投资,按照确定的投资成本,借记"长期股权投资"科目或"长期股权投资"科目(成本),按照支付的价款中包含的已宣告但尚未发放的现金股利,借记"应收股利"科目,按照实际支付的全部价款,贷记"银行存款"等科目。实际收到取得投资时所支付价款中包含的已宣告但尚未发放的现金股利时,借记"银行存款"科目,贷记"应收股利"科目。

以现金以外的其他资产置换取得的长期股权投资,参照"库存物品"科目中置换取得库存物品的相关规定进行会计处理。

以未入账的无形资产取得的长期股权投资,按照评估价值加相关税费作为投资成本,借记"长期股权投资"科目,按照发生的相关税费,贷记"银行存款""其他应交税费"等科目,按其差额,贷记"其他收入"科目。

接受捐赠的长期股权投资,按照确定的投资成本,借记"长期股权投资"科目或"长期股权投资"科目(成本),按照发生的相关税费,贷记"银行存款"等科目,按照其差额,贷记"捐赠收入"科目。

无偿调入的长期股权投资,按照确定的投资成本,借记"长期股权投资"科目或"长期股权投资"科目(成本),按照发生的相关税费,贷记"银行存款"等科目,按照其差额,贷记"无偿调拨净资产"科目。

【例 3-17】 甲事业单位采用支付补价的方式,以一项无形资产置换取得一项长期股权投资,该项无形资产的账面余额为 850 000 元,相应的累计摊销数为 170 000 元,账面净值为 680 000 元(=850 000-170 000)。经评估,该项无形资产的评估价值为 710 000 元。置换过程中发生补价支出 50 000 元,发生相关税费支出 10 000 元,款项合计 60 000 元(=50 000+10 000),以银行存款支付。该项长期股权投资在取得时,确定的成本为 770 000 元(=710 000+50 000+10 000)。该事业单位在该项无形资产置换业务中实现其他收入 30 000 元(=710 000-680 000)。会计分录如下:

借:长期股权投资　　　　　　　　　　　　　　　　　　　770 000
　　无形资产累计摊销　　　　　　　　　　　　　　　　　170 000

贷:银行存款		60 000
无形资产		850 000
其他收入		30 000

根据《政府会计准则第2号——投资》的规定,支付现金取得的长期股权投资,以实际支付的全部价款(包括购买价款和相关税费)作为实际成本。实际支付价款中包含的已宣告但尚未发放的现金股利,应当单独确认为应收股利,不计入长期股权投资的初始投资成本。以现金以外的其他资产置换取得的长期股权投资,其成本按照换出资产的评估价值加上支付的补价或减去收到的补价加上换入长期股权投资发生的其他相关支出确定。接受捐赠的长期股权投资,其成本按照有关凭证注明的金额加上相关税费确定;没有相关凭证可供取得,但按规定经过资产评估的,其成本按照评估价值加上相关税费确定;没有相关凭证可供取得,也未经资产评估的,其成本比照同类或类似资产的市场价格加上相关税费确定。无偿调入的长期股权投资,其成本按照调出方账面价值加上相关税费确定。

(二)长期股权投资持有期间的计量

长期股权投资在持有期间,通常应当采用权益法进行核算。政府部门无权决定被投资单位的财务和经营政策或无权参与被投资单位的财务和经营政策的,应当采用成本法进行核算。其中,成本法是指投资按照投资成本计量的方法。权益法是指投资最初以投资成本计量,以后根据政府部门在被投资单位所享有的所有者权益份额的变动对投资的账面余额进行调整的方法。政府的投资会计准则既适用于财政总预算会计的核算,也适用于行政事业单位会计的核算。

1. 成本法

在成本法下,被投资单位宣告发放现金股利或利润时,按照应收的金额,借记"应收股利"科目,贷记"投资收益"科目。收到现金股利或利润时,按照实际收到的金额,借记"银行存款"等科目,贷记"应收股利"科目。

在成本法下,长期股权投资的账面余额通常保持不变,但追加或收回投资时,应当相应调整其账面余额。

2. 权益法

在权益法下,被投资单位实现净利润的,按照应享有的份额,借记"长期股权投资"科目(损益调整),贷记"投资收益"科目。被投资单位发生净亏损的,按照应分担的份额,借记"投资收益"科目,贷记"长期股权投资"科目(损益调整),但以"长期股权投资"科目的账面余额减记至零为限。发生亏损的被投资单位以后年度又实现净利润的,按照收益分享额弥补未确认的亏损分担额后的金额,借记"长期股权投资"科目(损益调整),贷记"投资收益"科目。

被投资单位宣告分派现金股利或利润的,按照应享有的份额,借记"应收股利"科目,贷记"长期股权投资"科目(损益调整)。

被投资单位发生除净损益和利润分配以外的所有者权益变动的,按照应享有或应分担的份额,借记或贷记"权益法调整"科目,贷记或借记"长期股权投资"科目(其他权益变动)。

【例3-18】 甲事业单位持有A公司60%的股份,有权决定A公司的财务和经营政策,相应的长期股权投资采用权益法核算。年末,A公司实现净利润550 000元,宣告分派现金股利10 000元,发生除净利润和利润分配以外的所有者权益变动增加数为20 000元。对于A公司的以上所有者权益变动,该事业单位分享净利润330 000元(=550 000×60%),分享现金股利 6 000 元(＝10 000×60％),分享其他所有者权益变动增加数 12 000 元(＝20 000×60％)。会计分录如下:

(1) 确认分享的净利润时,

借:长期股权投资——损益调整   330 000

 贷:投资收益   330 000

(2) 确认分享的现金股利时,

借:应收股利   6 000

 贷:长期股权投资——损益调整   6 000

(3) 确认分享的其他所有者权益变动增加数时,

借:长期股权投资其他权益变动   12 000

 贷:权益法调整   12 000

长期股权投资持有期间,权益法下的会计处理主要可以归纳为:按照应享有或应分担的被投资单位实现的净损益的份额,确认为投资损益,同时调整长期股权投资的账面余额。按照被投资单位宣告分派的现金股利或利润计算应享有的份额,确认为应收股利,同时减少长期股权投资的账面余额。按照被投资单位除净损益和利润分配以外的所有者权益变动的份额,确认为净资产,同时调整长期股权投资的账面余额。

3. 成本法与权益法的转换

单位因处置部分长期股权投资等原因,对处置后的剩余股权投资由权益法改为成本法核算的,应当按照权益法下"长期股权投资"科目账面余额作为成本法下"长期股权投资"科目账面余额(成本)。其后,被投资单位宣告分派现金股利或利润时,属于单位已计入投资账面余额的部分,按照应分得的现金股利或利润份额,借记"应收股利"科目,贷记"长期股权投资"科目。

单位因追加投资等原因,对长期股权投资的核算从成本法改为权益法的,应当按照成本法下"长期股权投资"科目账面余额与追加投资成本的合计金额,借记"长期股权投资"科目(成本),按照成本法下"长期股权投资"科目账面余额,贷记"长期股权投资"科目,按照追加投资的成本,贷记"银行存款"等科目。

(三) 长期股权投资的处置

1. 出售长期股权投资

事业单位按照规定报经批准出售(转让)长期股权投资时,应当区分长期股权投资的取得方式分别进行处理。

处置以现金取得的长期股权投资,按照实际取得的价款,借记"银行存款"等科目,按照被处置长期股权投资的账面余额,贷记"长期股权投资"科目,按照尚未领取的现金股利或利润,贷记"应收股利"科目,按照发生的相关税费等支出,贷记"银行存款"等科目,按照借贷方差额,借记或贷记"投资收益"科目。

处置以现金以外的其他资产取得的长期股权投资,按照被处置长期股权投资的账面余额,借记"资产处置费用"科目,贷记"长期股权投资"科目;同时,按照实际取得的价款,借记"银行存款"等科目,按照尚未领取的现金股利或利润,贷记"应收股利"科目,按照发生的相关税费等支出,贷记"银行存款"等科目,按照贷方差额,贷记"应缴财政款"科目。按照规定将处置时取得的投资收益纳入本单位预算管理的,应当按照所取得价款大于被处置长期股权投资账面余额、应收股利账面余额和相关税费支出合计的差额,贷记"投资收益"科目。

2. 核销长期股权投资

因被投资单位破产清算等原因,有确凿证据表明长期股权投资发生损失,按照规定报经批准后予以核销时,按照予以核销的长期股权投资的账面余额,借记"资产处置费用"科目,贷记"长期股权投资"科目。

3. 置换换出长期股权投资

报经批准置换转出长期股权投资时,参照"库存物品"科目中置换换入库存物品的规定进行账务处理。

采用权益法核算的长期股权投资的处置,除进行上述账务处理外,还应结转原先直接计入净资产的相关金额,借记或贷记"权益法调整"科目,贷记或借记"投资收益"科目。

【例3-19】 甲事业单位持有B公司30%的股份,有权参与B公司的财务和经营政策,相应的长期股权投资采用权益法核算。该股权投资当初以银行存款购买取得。某日,该事业单位经批准转让持有的B公司20%的股份,获得转让收入360 000元,款项已存入银行。转让后,该事业单位仅持有B公司10%的股份,不再有权参与B公司的财务和经营政策,相应的长期股权投资改按成本法核算。股份转让日,该事业单位采用权益法核算的相应长期股权投资的成本数额为510 000元,损益调整借方余额为21 000元。转让20%的长期股权投资的成本数额为340 000元(=510 000×2/3),损益调整数额为14 000元(=21 000×2/3),转让收益为6 000元(=360 000-340 000-14 000)。股份转让后,权益法下剩余10%长期股权投资的成本数额为170 000元(=510 000-340 000),损益调整借方余额为7 000元(=21 000-14 000),合计数为177 000元(=170 000+7 000)。两年后,B公司宣告分派现金股利50 000元,其中,属于已计入该事业单位投资账面余额的部分为4 000元,其余1 000元(=50 000×10%-4 000)为未计入投资账面余额的部分,或为成本法下应当确认的投资收益数额。
会计分录如下:

(1) 转让一部分股份时,

借:银行存款	360 000
贷:长期股权投资成本	340 000
损益调整	14 000
投资收益	6 000

(2) 权益法转成本法核算时,

借:长期股权投资	177 000
贷:长期股权投资——成本	170 000
损益调整	7 000

(3) 确认分享的现金股利时,

借:应收股利	5 000
贷:长期股权投资	4 000
投资收益	1 000

根据《政府会计准则第2号——投资》的规定,政府部门因处置部分长期股权投资等原因,无权再决定被投资单位的财务和经营政策或者参与被投资单位的财务和经营政策决策的,应当对处置后的剩余股权投资改按成本法核算,并以该剩余股权投资在权益法下的账面余额作为按照成本法核算的初始投资成本。其后,被投资单位宣告分派现金股利或利润时,

属于已计入投资账面余额的部分,作为成本法下长期股权投资成本的收回,冲减长期股权投资的账面余额。

三、长期债券投资

长期债券投资是指事业单位按照规定取得的,持有时间超过1年(不含1年)的债券投资。

为核算长期债券投资业务,事业单位应设置"长期债券投资"总账科目。下设"成本"和"应计利息"明细科目,并按照债券投资的种类进行明细核算。该科目期末借方余额,反映事业单位持有的长期债券投资的价值。

长期债券投资在取得时,应当以其实际成本作为投资成本。取得的长期债券投资,按照确定的投资成本,借记"长期债券投资"科目(成本),按照支付的价款中包含的已到付息期但尚未领取的利息,借记"应收利息"科目,按照实际支付的金额,贷记"银行存款"等科目。实际收到取得债券时所支付价款中包含的已到付息期但尚未领取的利息时,借记"银行存款"科目,贷记"应收利息"科目。

长期债券投资持有期间,按期以债券票面金额与票面利率计算确认利息收入时,如为到期一次还本付息的债券投资,借记"长期债券投资"科目(应计利息),贷记"投资收益"科目;为分期付息、到期一次还本的债券投资,借记"应收利息"科目,贷记"投资收益"科目。收到分期支付的利息时,按照实收的金额,借记"银行存款"等科目,贷记"应收利息"科目。

到期收回长期债券投资,按照实际收到的金额,借记"银行存款"科目,按照长期债券投资的账面余额,贷记"长期债券投资"科目,按照相关应收利息金额,贷记"应收利息"科目,按照其差额,贷记"投资收益"科目。

对外出售长期债券投资,按照实际收到的金额,借记"银行存款"科目,按照长期债券投资的账面余额,贷记"长期债券投资"科目,按照已记入"应收利息"科目但尚未收取的金额,贷记"应收利息"科目,按照其差额,贷记或借记"投资收益"科目。涉及增值税业务的,还应进行相应的会计处理。

【例3-20】 甲事业单位以银行存款购入一批年期债券,实际支付价款为600 000元,准备持有至到期。该批债券票面金额为600 000元,票面年利率为5%,每年支付一次利息30 000元(=600 000×5%),到期一次偿还本金。会计分录如下:

(1)取得长期债券投资时,

借:长期债券投资	600 000	
贷:银行存款		600 000

(2)每年确认债券利息收入时,

借:应收利息	30 000	
贷:投资收益		30 000

(3)到期收回债券本金时,

借:银行存款	600 000	
贷:长期债券投资		600 000

根据《政府会计准则第2号——投资》的规定,长期债券投资持有期间,应当按期以票面金额与票面利率计算确认利息收入。政府部门进行除债券以外的其他债权投资,参照长期债券投资进行会计处理。

任务五 固定资产的核算

固定资产,是指行政事业单位为满足自身开展业务活动或其他活动需要而控制的,使用年限超过1年(不含1年)、单位价值在规定标准以上,并在使用过程中基本保持原有物质形态的资产。单位价值虽未达到规定标准,但是使用年限超过1年(不含1年)的大批同类物资,如图书、家具、用具、装具等,应当确认为固定资产。

固定资产一般分为六类:房屋及构筑物;专用设备,通用设备;文物和陈列品;图书、档案;家具、用具、装具及动植物。行政事业单位控制的公共基础设施、政府储备物资、保障性住房等资产,不属于固定资产。

行政事业单位进行固定资产核算时,应当考虑以下情况:① 购进需要安装的固定资产,应当先通过"在建工程"科目核算,安装完毕交付使用时再转入该科目核算。② 以借入、经营租赁租入方式取得的固定资产,不通过该科目核算,应当设置备查簿进行登记。③ 采用融资租入方式取得的固定资产,通过该科目核算,并在该科目下设置"融资租入固定资产"明细科目。④ 经批准在境外购买具有所有权的土地,作为固定资产,通过该科目核算;单位应当在该科目下设置"境外土地"明细科目,进行相应的明细核算。

一、固定资产的取得

固定资产在取得时,应当按照成本进行初始计量。

(一) 购入的固定资产

外购的固定资产,其成本包括购买价款、相关税费以及固定资产交付使用前所发生的可归属于该项资产的运输费、装卸费、安装费和专业人员服务费等。以一笔款项购入多项没有单独标价的固定资产,应当按照各项固定资产同类或类似资产市场价格的比例对总成本进行分配,分别确定各项固定资产的成本。

购建房屋及构筑物时,不能分清构建成本中的房屋及构筑物部分与土地使用权部分的,应当全部确认为固定资产;能够分清的,应当将其中的房屋及构筑物部分确认为固定资产,将其中的土地使用权部分确认为无形资产。

购入不需安装的固定资产,验收合格时,按照确定的固定资产成本,借记"固定资产"科目,贷记"财政拨款收入""零余额账户用款额度""应付账款""银行存款"等科目。购入需要安装的固定资产,在安装完毕交付使用前通过"在建工程"科目核算,安装完毕交付使用时再转入"固定资产"科目。

购入固定资产扣留质量保证金的,应当在取得固定资产时,按照确定的固定资产成本,借记"固定资产"科目(不需安装)或"在建工程"(需要安装)科目,按照实际支付或应付的金额,贷记"财政拨款收入""零余额账户用款额度""应付账款"(不含质量保证金)"银行存款"等科目,按照扣留的质量保证金数额,贷记"其他应付款"[扣留期在1年以内(含1年)]或"长期应付款"(扣留期超过1年)科目。质保期满支付质量保证金时,借记"其他应付款""长期应付款"科目,贷记"财政拨款收入""零余额账户用款额度""银行存款"等科目。

（二）自行建造的固定资产

自行建造的固定资产,其成本包括该项资产至交付使用前所发生的全部必要支出。在原有固定资产基础上进行改建、扩建、修缮后的固定资产,其成本按照原有固定资产账面价值加上改建、扩建、修缮发生的支出,再扣除固定资产被替换部分的账面价值后的金额确定。为建造固定资产借入的专门借款的利息,属于建设期间发生的,计入在建工程成本;不属于建设期间发生的,计入当期费用。

自行建造的固定资产交付使用时,按照在建工程成本,借记"固定资产"科目,贷记"在建工程"科目。已交付使用但尚未办理竣工决算手续的固定资产,按照估计价值入账,待办理竣工决算后再按照实际成本调整原来的暂估价值。

（三）融资租入的固定资产

融资租赁取得的固定资产,其成本按照租赁协议或者合同确定的租赁价款、相关税费以及固定资产交付使用前所发生的可归属于该项资产的运输费、途中保险费、安装调试费等确定。

融资租入的固定资产,按照确定的成本,借记"固定资产"科目(不需安装)或"在建工程"科目(需安装),按照租赁协议或者合同确定的租赁付款额,贷记"长期应付款"科目,按照支付的运输费、途中保险费、安装调试费等金额,贷记"财政拨款收入""零余额账户用款额度""银行存款"等科目。定期支付租金时,按照实际支付金额,借记"长期应付款"科目,贷记"财政拨款收入""零余额账户用款额度""银行存款"等科目。

（四）分期付款购入的固定资产

按照规定跨年度分期付款购入固定资产的账务处理,参照融资租入固定资产。

（五）接受捐赠的固定资产

接受捐赠的固定资产,其成本按照有关凭据注明的金额加上相关税费、运输费等确定;没有相关凭据可供取得,但按规定经过资产评估的,其成本按照评估价值加上相关税费、运输费等确定;没有相关凭据可供取得,也未经资产评估的,其成本比照同类或类似资产的市场价格加上相关税费、运输费等确定;没有相关凭据且未经资产评估、同类或类似资产的市场价格也无法可靠取得的,按照名义金额入账,相关税费、运输费等计入当期费用。如受赠的系旧的固定资产,确定其初始入账成本时应当考虑该项资产的新旧程度。

接受捐赠的固定资产,按照确定的固定资产成本,借记"固定资产"科目或"在建工程"科目,按照发生的相关税费、运输费等,贷记"零余额账户用款额度""银行存款"等科目,按照其差额,贷记"捐赠收入"科目。

接受捐赠的固定资产按照名义金额入账的,按照名义金额,借记"固定资产"科目,贷记"捐赠收入"科目;按照发生的相关税费、运输费等,借记"其他费用"科目,贷记"零余额账户用款额度""银行存款"等科目。

（六）无偿调入的固定资产

无偿调入的固定资产,其成本按照调出方账面价值加上相关税费、运输费等确定。

无偿调入的固定资产,按照确定的固定资产成本,借记"固定资产"科目或"在建工程"科目,按照发生的相关税费、运输费等,贷记"零余额账户用款额度""银行存款"等科目,按照其差额,贷记"无偿调拨净资产"科目。

(七) 置换取得的固定资产

通过置换取得的固定资产,其成本按照换出资产的评估价值加上支付的补价或减去收到的补价,加上换入固定资产发生的其他相关支出确定。

置换取得的固定资产,参照"库存物品"科目中置换取得库存物品的相关规定进行账务处理。固定资产取得时涉及增值税业务的,还应进行相应的会计处理。

【例 3-21】 甲行政单位通过财政直接支付方式购入一台不需要安装的通用设备,实际支付价款为 85 500 元。该行政单位应编制如下会计分录:

借:固定资产　　　　　　　　　　　　　　　　　　　　　　　85 500
　　贷:财政拨款收入　　　　　　　　　　　　　　　　　　　　　　85 500

二、固定资产的后续支出

固定资产的后续支出按照支出是否符合固定资产的确认条件,区分为符合固定资产确认条件的后续支出和不符合固定资产确认条件的后续支出两类。符合固定资产确认条件的后续支出,如为增加固定资产使用效能或延长其使用年限而发生的改建、扩建等后续支出。不符合固定资产确认条件的后续支出,如为保证固定资产正常使用而发生的日常维修等支出。

对于符合固定资产确认条件的后续支出,通常情况下将固定资产转入改建、扩建时,按照固定资产的账面价值,借记"在建工程"科目,按照固定资产已计提折旧,借记"固定资产累计折旧"科目,按照固定资产的账面余额,贷记"固定资产"科目。为增加固定资产使用效能或延长其使用年限而发生改建、扩建等后续支出时,借记"在建工程"科目,贷记"财政拨款收入""零余额账户用款额度""银行存款"等科目。固定资产改建、扩建等完成交付使用时,按照在建工程成本,借记"固定资产"科目,贷记"在建工程"科目。

对于不符合固定资产确认条件的后续支出,为保证固定资产正常使用,发生日常维修等支出时,借记"业务活动费用""单位管理费用"等科目,贷记"财政拨款收入""零余额账户用款额度""银行存款"等科目。

三、固定资产的折旧

行政事业单位应当对固定资产计提折旧,但下列各项固定资产除外:① 文物和陈列品;② 动植物;③ 图书、档案;④ 单独计价入账的土地;⑤ 以名义金额计量的固定资产。

折旧是指在固定资产的预计使用年限内,按照确定的方法对应计提的折旧额进行系统分摊,我国《政府会计准则第 3 号——固定资产》规定,固定资产应计的折旧额为其成本,计提固定资产折旧时不考虑预计净残值。行政事业单位应当根据相关规定以及固定资产的性质和使用情况,合理确定固定资产的使用年限。固定资产的使用年限一经确定,不得随意变更。

行政事业单位一般应当采用年限平均法或者工作量法计提固定资产折旧。在确定固定资产的折旧方法时,应当考虑与固定资产相关的服务潜力或经济利益的预期实现方式。固定资产折旧方法一经确定,不得随意变更。

固定资产应当按月计提折旧,并根据用途计入当期费用或者相关资产成本。固定资产提足折旧后,无论能否继续使用,均不再计提折旧;提前报废的固定资产,也不再补提折旧。已提足折旧的固定资产,可以继续使用的,应当继续使用,并规范实物管理。固定资产因改建、扩建或维修等原因而延长其使用年限的,应当按照重新确定的固定资产的成本以及重新确定的折旧年限计算折旧额。

为核算固定资产折旧业务,行政事业单位应设置"固定资产累计折旧"总账科目。公共基础设施和保障性住房计提的累计折旧,应当分别通过"公共基础设施累计折旧(摊销)"科目和"保障性住房累计折旧"科目核算,不通过该科目核算。该科目应当按照所对应固定资产的明细分类进行明细核算。

单位计提融资租入固定资产折旧时,应当采用与自有固定资产相一致的折旧政策。能够合理确定租赁期届满时将会取得租入固定资产所有权的,应当在租入固定资产尚可使用年限内计提折旧;无法合理确定租赁期届满时能够取得租入固定资产所有权的,应当在租赁期与租入固定资产尚可使用年限两者中较短的期间内计提折旧。

单位按月计提固定资产折旧时,按照应计提折旧金额,借记"业务活动费用""单位管理费用""经营费用""加工物品""在建工程"科目,贷记"固定资产累计折旧"科目。经批准处置或处理固定资产时,按照所处置或处理固定资产的账面价值,借记"资产处置费用""无偿调拨净资产""待处理财产损溢"等科目,按照已计提折旧,借记"固定资产累计折旧"科目,按照固定资产的账面余额,贷记"固定资产"科目。"固定资产累计折旧"科目期末贷方余额,反映单位计提的固定资产折旧累计数。

【例3-22】 甲行政单位对业务活动中使用的固定资产计提折旧788 000元。该行政单位应编制如下会计分录:

借:业务活动费用　　　　　　　　　　　　　　　　788 000
　贷:固定资产累计折旧　　　　　　　　　　　　　　　788 000

固定资产折旧计提按照《政府会计准则第3号——固定资产》应用指南的规定,折旧计提的时点为:当月增加的固定资产,当月开始计提折旧;当月减少的固定资产,当月不再计提折旧。

与企业会计准则相比,现行政府会计准则对固定资产折旧的金额计算采用了适当简化的计算方法。对其他一些业务也采用适当简化的会计核算方法。例如,对存货不要求采用成本与可变现净值孰低计量,对长期股权投资、固定资产、无形资产等不要求计提减值准备等。

现行政府会计准则或政府会计制度对政府部门特有业务进行了详细的会计核算规范。例如,对零余额账户用款额度、财政应返还额度、无偿调拨固定资产或存货等业务做出了详细的会计核算规定。

四、固定资产的处置

按照规定报经批准处置固定资产,应当分别按照以下情况处理。

(一)出售或转让固定资产

报经批准出售、转让固定资产,按照被出售转让固定资产的账面价值,借记"资产处置费用"科目,按照固定资产已计提的折旧,借记"固定资产累计折旧"科目,按照固定资产账面余额,贷记"固定资产"科目;同时,按照收到的价款,借记"银行存款"等科目,按照处置过程中发生的相关费用,贷记"银行存款"等科目,按照其差额,贷记"应缴财政款"科目。

(二)对外捐赠固定资产

报经批准对外捐赠固定资产,按照固定资产已计提的折旧,借记"固定资产累计折旧"科目,按照被处置固定资产账面余额,贷记"固定资产"科目,按照捐赠过程中发生的归属于捐出方的相关费用,贷记"银行存款"等科目,按照其差额,借记"资产处置费用"科目。

(三) 无偿调出固定资产

报经批准无偿调出固定资产的,按照固定资产已计提的折旧,借记"固定资产累计折旧"科目,按照被处置固定资产的账面余额,贷记"固定资产"科目,按照其差额,借记"无偿调拨净资产"科目。同时,按照无偿调出过程中发生的归属于调出方的相关费用,借记"资产处置费用"科目,贷记"银行存款"等科目。

(四) 置换换出固定资产

报经批准置换换出固定资产,参照"库存物品"中置换换入库存物品的规定进行账务处理。

固定资产处置时涉及增值税业务的,还应进行相应的会计处理。

【例 3-23】 甲事业单位报经批准出售一项固定资产,该项固定资产的账面余额为 50 000 元,已计提的累计折旧为 30 000 元,账面价值为 20 000 元(＝50 000－30 000),出售价款为 25 000 元,款项已存入银行。按照规定,该项出售价款应当上缴财政。暂不考虑增值税业务。会计分录如下:

(1) 转销固定资产账面记录时,

借:资产处置费用	20 000
固定资产累计折旧	30 000
贷:固定资产	50 000

(2) 收到出售款项时,

借:银行存款	25 000
贷:应缴财政款	25 000

按照《政府会计准则第 3 号——固定资产》的规定,政府部门按规定报经批准出售、转让固定资产或固定资产报废、毁损的,应当将固定资产账面价值转销计入当期费用,并将处置收入扣除相关处置税费后的差额按规定做应缴款项处理(差额为净收益时)或计入当期费用(差额为净损失时)。

按照规定,政府部门按规定报经批准以固定资产对外投资的,应当将该固定资产的账面价值予以转销,并将固定资产在对外投资时的评估价值与其账面价值的差额计入当期收入或费用。

五、固定资产的盘盈、盘亏或毁损、报废

行政事业单位应当定期对固定资产进行清查盘点,每年至少盘点一次。对于发生的固定资产盘盈、盘亏或毁损、报废,应当先记入"待处理财产损溢"科目,按照规定报经批准后及时进行后续账务处理。

盘盈的固定资产,其成本按照有关凭据注明的金额确定;没有相关凭据但按照规定经过资产评估的,其成本按照评估价值确定;没有相关凭据也未经过评估的,其成本按照重置成本确定。如无法采用上述方法确定盘盈固定资产成本的,按照名义金额(人民币 1 元)入账。盘盈的固定资产,按照确定的入账成本,借记"固定资产"科目,贷记"待处理财产损溢"科目。

盘亏、毁损或报废的固定资产,按照待处理固定资产的账面价值,借记"待处理财产损

溢"科目,按照已计提折旧,借记"固定资产累计折旧"科目,按照固定资产的账面余额,贷记"固定资产"科目。

任务六　在建工程及工程物资的核算

一、工程物资

工程物资是指单位为在建工程准备的各种物资,包括工程用材料、设备等。为了核算工程物资业务,单位应该设置"工程物资"总账科目。该科目核算工程物资的成本。该科目可按照"库存材料""库存设备"等工程物资类别进行明细核算。该科目期末借方余额,反映单位为在建工程准备的各种物资的成本。

(一) 购入为工程准备的物资

按照确定的物资成本,借记"工程物资"科目,贷记"财政拨款收入""零余额账户用款额度""银行存款""应付账款"等科目。

(二) 领用工程物资

按照物资成本,借记"在建工程"科目,贷记"工程物资"科目。工程完工后,领出的剩余物资退库时做相反的会计分录。

(三) 工程完工后将剩余的工程物资转作本单位存货等

按照物资成本,借记"库存物品"等科目,贷记"工程物资"科目。涉及增值税业务的,按照相关规定处理。

二、在建工程

在建工程是指单位已经发生必要支出,但尚未完工交付使用的各种建筑(包括新建、改建、扩建、修缮等)工程、设备安装工程和信息系统建设工程。不能够增加固定资产、公共基础设施使用效能或延长其使用寿命的修缮、维护等,不属于在建工程。

(一) 在建工程核算使用的会计科目

为核算自行建造固定资产业务,行政事业单位应设置"在建工程"总账科目,该科目核算单位在建的建设项目工程的实际成本。单位在建的信息系统项目工程、公共基础设施项目工程、保障性住房项目工程的实际成本,也通过该科目核算。

"在建工程"科目下设"建筑安装工程投资""设备投资""待摊投资""其他投资""待核销基建支出""基建转出投资"等明细科目,并按照具体项目进行明细核算。其中,"建筑安装工程投资"明细科目核算单位发生的构成建设项目实际支出的建筑工程和安装工程的实际成本,不包括被安装设备本身的价值以及按照合同规定支付给施工单位的预付备料款和预付工程款。"设备投资"明细科目核算单位发生的构成建设项目实际支出的各种设备的实际成本。"待摊投资"明细科目核算单位发生的构成建设项目实际支出的、按照规定应当分摊计入有关工程成本和设备成本的各项间接费用和税费支出。"其他投资"明细科目核算单位发生的构成建设项目实际支出的房屋购置支出,办公生活用家具、器具购置支出,软件研发和不能计入设备投资的软件购置等支出。"待核销基建支出"明细科目核算建设项目发生的江河清障、航道清淤、飞播造林、补助群众造林、水土保持、城市绿化、取消项目的可行性研究费以及项目整体报废等不能形成资产部分的基建投资支出。"基建转出投资"明细科目核算为建设项目配套而建成的、产权不归属本单位的专用设施的实际成本。"在建工程"科目期末借方余额,反映单位尚未完工的建设项目工程发生的实际成本。

(二) 在建工程的主要账务处理

1. 建筑安装工程投资

(1) 将固定资产等资产转入改建、扩建等时,按照固定资产等资产的账面价值,借记"在建工程"科目(建筑安装工程投资),按照已计提的折旧或摊销,借记"固定资产累计折旧"等科目,按照固定资产等资产的原值,贷记"固定资产"等科目。固定资产等资产改建、扩建过程中涉及替换(或拆除)原资产的某些组成部分的,按照被替换(或拆除)部分的账面价值,借记"待处理财产损溢"科目,贷记"在建工程"科目(建筑安装工程投资)。

(2) 单位对于发包建筑安装工程,根据建筑安装工程价款结算账单与施工企业结算工程价款时,按照应承付的工程价款,借记"在建工程"科目(建筑安装工程投资),按照预付工程款余额,贷记"预付账款"科目,按照其差额,贷记"财政拨款收入""零余额账户用款额度""银行存款""应付账款"等科目。

(3) 单位自行施工的小型建筑安装工程,按照发生的各项支出金额,借记"在建工程"科目(建筑安装工程投资),贷记"工程物资""零余额账户用款额度""银行存款""应付职工薪酬"等科目。

(4) 工程竣工,办妥竣工验收交接手续交付使用时,按照建筑安装工程成本(含应分摊的待摊投资),借记"固定资产"等科目,贷记"在建工程"科目(建筑安装工程投资)。

【例 3-24】 某教育事业单位锅炉房使用多年转入修缮,有关账务处理如下:

(1) 该锅炉房原价 5 000 000 元,已提折旧 3 500 000 元。锅炉房转入修缮时,该单位财务会计应编制的会计分录为:

借:在建工程——建筑安装工程投资 　　　　　　　　　　1 500 000

　　固定资产累计折旧——锅炉房 　　　　　　　　　　3 500 000

　　贷:固定资产——锅炉房 　　　　　　　　　　　　　　　5 000 000

(2) 拆除部分设备,其价值占整个锅炉房价值的 1/15,该部分价值为 100 000 元。该单位财务会计应编制的会计分录为:

借:待处理财产损溢 　　　　　　　　　　　　　　　　　100 000

　　贷:在建工程——建筑安装工程投资 　　　　　　　　　　100 000

(3) 通过财政授权支付给工程公司工程款 600 000 元。该单位财务会计应编制的会计分录为:

借:在建工程——建筑安装工程投资 　　　　　　　　　　600 000

　　贷:零余额账户用款额度 　　　　　　　　　　　　　　600 000

(4) 维修完毕转入固定资产时,该单位财务会计应编制的会计分录为:

借:固定资产——锅炉房 　　　　　　　　　　　　　　2 000 000

　　贷:在建工程——建筑安装工程投资 　　　　　　　　2 000 000

【例 3-25】 甲事业单位采用发包方式建造一项固定资产工程。某日,通过财政直接支付方式向某施工企业预付部分工程建造款项 100 000 元。当年年末,根据建筑安装工程价款结算账单,与施工企业结算部分工程价款,确认应承付工程价款 380 000 元,扣除预付款项 100 000 元后,剩余款项 280 000 元(＝380 000－100 000),通过财政直接支付方式支付。当年,该事业单位通过单位零余额账户支付项目建设管理费等间接费用 5 000 元。次年,建筑工程完工,该事业单位根据建筑安装工程价款结算账单与施工企业结算剩余工程价款,确认应承付工程价款 450 000 元,款项全额通过财政直接支付方式支付。同时,该事业单位通过单位零余额账户支付第二年的项目建设管理费以及工程检测费等间接费用共计 6 500 元。该建筑工程共发生待摊投资 11 500 元(＝5 000＋6 500)。建筑工程验收合格并交付使用,确定的实际成本为 841 500 元。会计分录如下:

(1) 向施工企业预付部分工程建造款项时,

借:预付账款 100 000
    贷:财政拨款收入 100 000

(2) 与施工企业结算部分工程价款时,

借:在建工程——建筑安装工程投资 380 000
    贷:财政拨款收入 280 000
        预付账款 100 000

(3) 支付项目建设管理费等间接费用时,

借:在建工程——待摊投资 5 000
    贷:零余额账户用款额度 5 000

(4) 与施工企业结算剩余工程价款时,

借:在建工程——建筑安装工程投资 450 000
    贷:财政拨款收入 450 000

(5) 支付第二年项目建设管理费以及工程检测费等间接费用时,

借:在建工程——待摊投资 6 500
    贷:零余额账户用款额度 6 500

(6) 分摊待摊投资时,

借:在建工程——建筑安装工程投资 11 500
    贷:在建工程——待摊投资 11 500

(7) 建筑工程验收合格并交付使用时,

借:固定资产 841 500
    贷:在建工程——建筑安装工程投资 841 500

2. 设备投资

(1) 购入设备时,按照购入成本,借记"在建工程"科目(设备投资),贷记"财政拨款收入""零余额账户用款额度""银行存款"等科目;采用预付款方式购入设备的,有关预付款的账务处理参照"在建工程"科目有关"建筑安装工程投资"明细科目的规定。

(2) 设备安装完毕,办妥竣工验收交接手续交付使用时,按照设备投资成本(含设备安装工程成本和分摊的待摊投资),借记"固定资产"等科目,贷记"在建工程"科目(设备投资、建筑安装工程投资——安装工程)。

将不需要安装的设备和达不到固定资产标准的工具、器具交付使用时,按照相关设备、工具、器具的实际成本,借记"固定资产""库存物品"科目,贷记"在建工程"科目(设备投资)。

【例3-26】　某教育事业单位向甲公司购入一台燃气锅炉(需要安装),有关账务处理如下:

(1)锅炉的价格为2 340 000元(含税),运输及保险费160 000元,扣留质量保证金100 000元(无故障运行6个月后返还),通过财政直接支付款项。该单位财务会计应编制的会计分录为:

借:在建工程——设备投资——锅炉　　　　　　　　　　　　　　2 500 000
　　贷:财政拨款收入　　　　　　　　　　　　　　　　　　　　　2 400 000
　　　　其他应付款　　　　　　　　　　　　　　　　　　　　　　　100 000

(2)开始安装燃气锅炉,通过财政授权支付安装费用100 000元时,该单位财务会计应编制的会计分录为:

借:在建工程——建筑安装工程投资——安装工程——锅炉　　　　100 000
　　贷:零余额账户用款额度　　　　　　　　　　　　　　　　　　　100 000

(3)锅炉安装合格交付使用时,其会计分录为:

借:固定资产——锅炉　　　　　　　　　　　　　　　　　　　　2 600 000
　　贷:在建工程——设备投资——锅炉　　　　　　　　　　　　　2 500 000
　　　　　　——建筑安装工程投资——安装工程——锅炉　　　　　　100 000

(4)6个月后通过财政授权支付质量保证金100 000元时,该单位财务会计应编制的会计分录为:

借:其他应付款　　　　　　　　　　　　　　　　　　　　　　　　100 000
　　贷:零余额账户用款额度　　　　　　　　　　　　　　　　　　　100 000

3. 待摊投资

建设工程发生的构成建设项目实际支出的、按照规定应当分摊计入有关工程成本和设备成本的各项间接费用和税费支出,先在本明细科目中归集;建设工程办妥竣工验收手续交付使用时,按照合理的分配方法,摊入相关工程成本、安装设备成本等。

(1)单位发生的构成待摊投资的各类费用,按照实际发生金额,借记"在建工程"科目(待摊投资),贷记"财政拨款收入""零余额账户用款额度""银行存款""应付利息""长期借款""其他应交税费""固定资产累计折旧""无形资产累计摊销"等科目。

(2)对于建设过程中试生产、设备调试等产生的收入,按照取得的收入金额,借记"银行存款"等科目,依据有关规定应当冲减建设工程成本的部分,贷记"在建工程"科目(待摊投资),按照其差额,贷记"应缴财政款"或"其他收入"科目。

(3)由于自然灾害、管理不善等原因造成的单项工程或单位工程报废或毁损,扣除残料价值和过失人或保险公司等赔款后的净损失,报经批准后计入继续施工的工程成本的,按照工程成本扣除残料价值和过失人或保险公司等赔款后的净损失,借记"在建工程"科目(待摊投资),按照残料变价收入、过失人或保险公司赔款等,借记"银行存款""其他应收款"等科目,按照报废或毁损的工程成本,贷记"在建工程"科目(建筑安装工程投资)。

(4)工程交付使用时,按照合理的分配方法分配待摊投资,借记"在建工程"科目(建筑安装工程投资、设备投资),贷记"在建工程"科目(待摊投资)。

待摊投资的分配方法,可按照下列公式计算:

① 按照实际分配率分配。适用于建设工期较短、整个项目的所有单项工程一次竣工的

建设项目。

$$实际分配率=\frac{待摊投资明细科目余额}{建筑工程明细科目余额+安装工程明细科目余额+设备投资明细科目余额}\times100\%$$

② 按照概算分配率分配。适用于建设工期长、单项工程分期分批建成投入使用的建设项目。

$$概算分配率=\frac{概算中各待摊投资项目的合计数-其中可直接分配部分}{概算中建筑工程、安装工程和设备投资合计}\times100\%$$

③ 某项固定资产应分配的待摊投资。

$$某项固定资产应分配的待摊投资=\frac{该项固定资产的建筑工程成本或}{该项固定资产(设备)的采购成本和安装成本合计}\times分配率$$

4. 其他投资

(1) 单位为建设工程发生的房屋购置支出,基本畜禽、林木等的购置、饲养、培育支出,办公生活用家具、器具购置支出,软件研发和不能计入设备投资的软件购置等支出,按照实际发生金额,借记"在建工程"科目(其他投资),贷记"财政拨款收入""零余额账户用款额度""银行存款"等科目。

(2) 工程完成,将形成的房屋、基本畜禽、林木等各种财产以及无形资产交付使用时,按其实际成本,借记"固定资产""无形资产"等科目,贷记"在建工程"科目(其他投资)。

【例3-27】 某建设行政单位为建设某项目进行一项信息系统研发,有关账务处理如下:

(1) 以财政直接支付方式支付该系统开发建设支出总计 300 000 元。该单位财务会计应编制的会计分录为:

借:在建工程——其他投资(某项目软件研发)　　　　　　300 000
　　贷:财政拨款收入　　　　　　　　　　　　　　　　　　　300 000

(2) 项目信息系统完工交付时,假设未发生其他费用。其会计分录为:

借:固定资产——某项目　　　　　　　　　　　　　　　　300 000
　　贷:在建工程——其他投资(某项目软件研发)　　　　　300 000

【例3-28】 某市园林事业单位为建设某建设项目发生如下业务:

(1) 向甲公司购入一批林木,价格为 300 000 元,款项通过财政授权支付方式支付。该单位财务会计应编制的会计分录为:

借:在建工程——其他投资(林木)　　　　　　　　　　　300 000
　　贷:零余额账户用款额度　　　　　　　　　　　　　　　300 000

(2) 购买培育林木肥料款项 50 000 元,通过财政授权支付方式支付。该单位财务会计应编制的会计分录为:

借:在建工程——其他投资(林木)　　　　　　　　　　　50 000
　　贷:零余额账户用款额度　　　　　　　　　　　　　　　50 000

(3) 林木培育完成,达到预定状态,该单位财务会计应编制的会计分录为:

借:固定资产——林木　　　　　　　　　　　　　　　　　350 000
　　贷:在建工程——其他投资(林木)　　　　　　　　　　350 000

5. 待核销基建支出

（1）建设项目发生的航道清淤、江河清障、飞播造林、补助群众造林、水土保持、城市绿化等不能形成资产的各类待核销基建支出，按照实际发生金额，借记"在建工程"科目（待核销基建支出），贷记"财政拨款收入""零余额账户用款额度""银行存款"等科目。

（2）取消的建设项目发生的可行性研究费，按照实际发生金额，借记"在建工程"科目（待核销基建支出），贷记"在建工程"科目（待摊投资）。

（3）由于自然灾害等原因发生的建设项目整体报废所形成的净损失，报经批准后转入待核销基建支出，按照项目整体报废所形成的净损失，借记"在建工程"科目（待核销基建支出），按照报废工程回收的残料变价收入、保险公司赔款等，借记"银行存款""其他应收款"等科目，按照报废的工程成本，贷记"在建工程"科目（建筑安装工程投资等）。

（4）建设项目竣工验收交付使用时，对发生的待核销基建支出进行冲销，借记"资产处置费用"科目，贷记"在建工程"科目（待核销基建支出）。

6. 基建转出投资

为建设项目配套而建成的、产权不归属本单位的专用设施，在项目竣工验收交付使用时，按照转出的专用设施的成本，借记"在建工程"科目（基建转出投资），贷记"在建工程"科目（建筑安装工程投资）；同时，借记"无偿调拨净资产"科目，贷记"在建工程"科目（基建转出投资）。

任务七 无形资产的核算

无形资产是指政府部门控制的，没有实物形态的可辨认的非货币性资产，如专利权、商标权、著作权、土地使用权、非专利技术等。

资产满足下列条件之一的，符合无形资产定义中的可辨认性标准：① 能够从政府部门中分离或者划分出来，并能单独或者与相关合同、资产或负债一起，用于出售、转移、授予许可、租赁或者交换。② 源自合同性权利或其他法定权利，无论这些权利是否可以从政府部门或其他权利和义务中转移或者分离。

无形资产同时满足下列条件的，应当予以确认：① 该无形资产相关的服务潜力很可能实现或者经济利益很可能流入政府部门；② 该无形资产的成本或者价值能够可靠地计量。

行政事业单位在判断无形资产的服务潜力或经济利益是否很可能实现或流入时，应当对无形资产在预计使用年限内可能存在的各种社会、经济、科技因素做出合理估计，并且应当有确凿的证据支持。

行政事业单位购入的不构成相关硬件不可缺少组成部分的软件，应当确认为无形资产。非大批量购入、单价小于1 000元的无形资产可以于购买的当期将其成本直接计入当期费用。

为核算无形资产业务，行政事业单位应设置"无形资产"总账科目，按照无形资产的类别、项目等进行明细核算。

一、无形资产的取得

无形资产在取得时，应当按照成本进行初始计量。

（一）外购的无形资产

外购的无形资产，其成本包括购买价款、相关税费以及可归属于该项资产达到预定用途前所发生的其他支出。购买时,按照确定的成本,借记"无形资产"科目,贷记"财政拨款收入""零余额账户用款额度""应付账款""银行存款"等科目。

委托软件公司开发软件,视同外购无形资产进行处理。合同中约定预付开发费用的,按照预付金额,借记"预付账款"科目,贷记"财政拨款收入""零余额账户用款额度""银行存款"等科目。软件开发完成交付使用并支付剩余或全部软件开发费用时,按照软件开发费用总额,借记"无形资产"科目,按照相关预付账款金额,贷记"预付账款"科目,按照支付的剩余金额,贷记"财政拨款收入""零余额账户用款额度""银行存款"等科目。

(二)自行研究开发的无形资产

自行研究开发形成的无形资产,按照研究开发项目进入开发阶段后至达到预定用途前所发生的支出总额,借记"无形资产"科目,贷记"研发支出——开发支出"科目。

自行研究开发项目尚未进入开发阶段,或者确实无法区分研究阶段支出和开发阶段支出,但按照法律程序已申请取得无形资产的,按照依法取得时发生的注册费、聘请律师费等费用,借记"无形资产"科目,贷记"财政拨款收入""零余额账户用款额度""银行存款"等科目;按照依法取得前所发生的研究开发支出,借记"业务活动费用"等科目,贷记"研发支出"科目。

(三)接受捐赠的无形资产

接受捐赠的无形资产,其成本按照有关凭据注明的金额加上相关税费确定;没有相关凭据但按规定经过资产评估的,其成本按照评估价值加上相关税费确定;没有相关凭据可供取得,也未经资产评估的,其成本比照同类或类似资产的市场价格加上相关税费确定;没有相关凭据且未经资产评估、同类或类似资产的市场价格也无法可靠取得的,按照名义金额入账,相关税费计入当期费用确定。确定接受捐赠无形资产的初始入账成本时,应当考虑该项资产尚可为行政事业单位带来服务潜力或经济利益的能力。

账务处理时,按照确定的无形资产成本,借记"无形资产"科目,按照发生的相关税费等,贷记"零余额账户用款额度""银行存款"等科目,按照其差额,贷记"捐赠收入"科目。接受捐赠的无形资产按照名义金额入账的,按照名义金额,借记"无形资产"科目,贷记"捐赠收入"科目;同时,按照发生的相关税费等,借记"其他费用"科目,贷记"零余额账户用款额度""银行存款"等科目。

(四)无偿调入的无形资产

无偿调入的无形资产,其成本按照调出方账面价值加上相关税费确定。无偿调入时,按照确定的无形资产成本,借记"无形资产"科目,按照发生的相关税费等,贷记"零余额账户用款额度""银行存款"等科目,按照其差额,贷记"无偿调拨净资产"科目。

(五)置换取得的无形资产

置换取得的无形资产,参照"库存物品"科目中置换取得库存物品的相关规定进行账务处理。

无形资产取得时涉及增值税业务的,还应进行相应的会计处理。

【例3-29】 甲行政单位委托A软件公司开发软件。该行政单位按合同约定向A软件公司预付开发费用30 000元,款项通过财政直接支付的方式支付。三个月后,软件开发完成并交付使用,该行政单位通过财政直接支付的方式向A软件公司支付剩余合同款项55 000元。该软件开发费用总额为85 000元(=30 000+55 000)。该行政单位应编制如下会计分录:

（1）向软件公司预付开发费用时，

借：预付账款　　　　　　　　　　　　　　　　　　　　　　　　　　30 000

　　贷：财政拨款收入　　　　　　　　　　　　　　　　　　　　　　　　　30 000

（2）软件开发完成交付使用并支付剩余款项时，

借：无形资产　　　　　　　　　　　　　　　　　　　　　　　　　　85 000

　　贷：预付账款　　　　　　　　　　　　　　　　　　　　　　　　　　30 000

　　　　财政拨款收入　　　　　　　　　　　　　　　　　　　　　　　　55 000

【例3-30】　甲事业单位按照法定程序申请取得一项无形资产，依法取得该项无形资产时发生注册费600元，款项以银行存款支付。会计分录如下：

借：无形资产　　　　　　　　　　　　　　　　　　　　　　　　　　　600

　　贷：银行存款　　　　　　　　　　　　　　　　　　　　　　　　　　　600

为核算研发支出业务，行政事业单位应设置"研发支出"总账科目。该科目核算单位自行研究开发项目研究阶段和开发阶段发生的各项支出。该科目应当按照自行研究开发项目，分别设置"研究支出""开发支出"明细科目进行明细核算。

自行研究开发项目研究阶段的支出，应当先在"研发支出"科目归集。按照从事研究及其辅助活动人员计提的薪酬，研究活动领用的库存物品，发生的与研究活动相关的管理费用、间接费用和其他各项费用，借记"研发支出"科目（研究支出），贷记"应付职工薪酬""库存物品""财政拨款收入""零余额账户用款额度""固定资产累计折旧""银行存款"等科目。期（月）末，应当将"研发支出"科目归集的研究阶段的支出金额转入当期费用，借记"业务活动费用"等科目，贷记"研发支出"科目（研究支出）。自行研究开发项目开发阶段的支出，先通过"研发支出"科目进行归集。按照从事开发及其辅助活动人员计提的薪酬，开发活动领用的库存物品，发生的与开发活动相关的管理费用、间接费用和其他各项费用，借记"研发支出"科目（开发支出），贷记"应付职工薪酬""库存物品""财政拨款收入""零余额账户用款额度""固定资产累计折旧""银行存款"等科目。自行研究开发项目完成，达到预定用途形成无形资产的，按照"研发支出"科目归集的开发阶段的支出金额，借记"无形资产"科目，贷记"研发支出"科目（开发支出）。

单位应于每年年度终了评估研究开发项目是否能达到预定用途，如预计不能达到预定用途（如无法最终完成开发项目并形成无形资产的），应当将已发生的开发支出金额全部转入当期费用，借记"业务活动费用"等科目，贷记"研发支出"科目（开发支出）。自行研究开发项目时涉及增值税业务的，还应进行相应的会计处理。

"研发支出"科目期末借方余额，反映单位预计能达到预定用途的研究开发项目在开发阶段发生的累计支出数。

【例3-31】　甲事业单位自行开展研究开发活动。在研究阶段，计提从事研究活动人员的薪酬共计48 500元。当年末，将发生的研究阶段支出合计630 000元转入业务活动费用。次年初，经论证和批准，相应研发活动进入开发阶段。在开发阶段，计提从事开发活动人员的薪酬共计76 100元。半年后，开发项目完成，形成一项无形资产，开发成本合计为522 000元。会计分录如下：

（1）计提从事研究活动人员的薪酬时，

借：研发支出——研究支出　　　　　　　　　　　　　　　　　　　48 500

　贷：应付职工薪酬　　　　　　　　　　　　　　　　　　48 500
（2）结转研究阶段支出时，
借：业务活动费用　　　　　　　　　　　　　　　　　　630 000
　贷：研发支出——研究支出　　　　　　　　　　　　　　630 000
（3）计提从事开发活动人员的薪酬时，
借：研发支出——开发支出　　　　　　　　　　　　　　76 100
　贷：应付职工薪酬　　　　　　　　　　　　　　　　　　76 100
（4）开发项目完成并形成一项无形资产时，
借：无形资产　　　　　　　　　　　　　　　　　　　　522 000
　贷：研发支出——开发支出　　　　　　　　　　　　　　522 000

按照《政府会计准则第4号——无形资产》的规定，政府部门自行研究开发项目的支出，应当区分研究阶段支出与开发阶段支出。研究是指为获取并理解新的科学或技术知识而进行的独创性的有计划调查。开发是指在进行生产或使用前，将研究成果或其他知识应用于某项计划或设计，以生产出新的或具有实质性改进的材料、装置、产品等。政府部门自行研究开发项目研究阶段的支出，应当于发生时计入当期费用。政府部门自行开发的无形资产，其成本包括自该项目进入开发阶段后至达到预定用途前所发生的支出总额。

二、无形资产的后续支出

按照是否符合无形资产的确认条件，无形资产的后续支出分为符合无形资产确认条件的后续支出和不符合无形资产确认条件的后续支出两类。符合无形资产确认条件的后续支出，是指为增加无形资产的使用效能而对其进行升级改造或扩展其功能发生的支出。不符合无形资产确认条件的后续支出，是指为保证无形资产正常使用而发生的日常维护等支出。

对于符合无形资产确认条件的后续支出，为增加无形资产的使用效能对其进行升级改造或扩展其功能时，如需暂停对无形资产进行摊销的，按照无形资产的账面价值，借记"在建工程"科目，按照无形资产已摊销金额，借记"无形资产累计摊销"科目，按照无形资产的账面余额，贷记"无形资产"科目。无形资产后续支出符合无形资产确认条件的，按照支出的金额，借记"无形资产"科目，无须暂停摊销的或"在建工程"科目需暂停摊销的，贷记"财政拨款收入""零余额账户用款额度""银行存款"等科目。暂停摊销的无形资产升级改造或扩展功能等完成交付使用时，按照在建工程成本，借记"无形资产"科目，贷记"在建工程"科目。

对于不符合无形资产确认条件的后续支出，为保证无形资产正常使用发生日常维护等支出时，借记"业务活动费用""单位管理费用"等科目，贷记"财政拨款收入——零余额账户用款额度""银行存款"等科目。

三、无形资产的摊销

摊销是指在无形资产使用年限内，按照确定的方法对应摊销金额进行系统分摊。

行政事业单位应当于取得或形成无形资产时，合理确定其使用年限。无形资产的使用年限为有限的，应当估计该使用年限。无法预见无形资产提供服务潜力或者带来经济利益期限的，应当视为使用年限不确定的无形资产。

行政事业单位应当对使用年限有限的无形资产进行摊销，但已摊销完毕仍继续使用的无形资产和以名义金额计量的无形资产除外。

根据《政府会计准则第 4 号——无形资产》的规定,对于使用年限有限的无形资产,行政事业单位应当按照以下原则确定无形资产的摊销年限:① 法律规定了有效年限的,按照法律规定的有效年限作为摊销年限;② 法律没有规定有效年限的,按照相关合同或单位申请书中的受益年限作为摊销年限;③ 法律没有规定有效年限,相关合同或单位申请书也没有规定受益年限的,应当根据无形资产为行政事业单位带来服务潜力或经济利益的实际情况,预计其使用年限;④ 非大批量购入、单价小于 1 000 元的无形资产,可以于购买的当期将其成本一次性全部转销。

行政事业单位应当按月对使用年限有限的无形资产进行摊销,并根据用途计入当期费用或者相关资产成本。行政事业单位应当采用年限平均法或者工作量法对无形资产进行摊销,应摊销金额为其成本,不考虑预计残值。

使用年限不确定的无形资产不应摊销。

为核算无形资产摊销业务,行政事业单位应设置"无形资产累计摊销"总账科目,用以核算对使用年限有限的无形资产计提的累计摊销。该科目应当按照所对应无形资产的明细分类进行明细核算。该科目期末贷方余额,反映单位计提的无形资产摊销累计数。

行政事业单位按月对无形资产进行摊销时,按照应摊销金额,借记"业务活动费用""单位管理费用""加工物品""在建工程"等科目,贷记"无形资产累计摊销"科目。经批准处置无形资产时,按照所处置无形资产的账面价值,借记"资产处置费用""无偿调拨净资产""待处理财产损溢"等科目,按照已计提摊销,借记"无形资产累计摊销"科目,按照无形资产的账面余额,贷记"无形资产"科目。

【例 3 - 32】 甲行政单位对一项无形资产进行摊销,该无形资产为单位履职活动中使用的无形资产,摊销金额 9 800 元计入单位业务活动费用。该单位应编制如下会计分录:

借:业务活动费用　　　　　　　　　　　　　　　　　　　　　　9 800
　　贷:无形资产累计摊销　　　　　　　　　　　　　　　　　　　　　　9 800

四、无形资产的处置

行政事业单位按照规定报经批准处置无形资产,应当分别按照以下情况处理:

出售或转让无形资产报经批准出售、转让无形资产,按照被出售、转让无形资产的账面价值,借记"资产处置费用"科目,按照无形资产已计提的摊销,借记"无形资产累计摊销"科目,按照无形资产账面余额,贷记"无形资产"科目;同时,按照收到的价款,借记"银行存款"等科目,按照处置过程中发生的相关费用,贷记"银行存款"等科目,按照其差额,贷记"应缴财政款"(按照规定应上缴无形资产转让净收入的)或"其他收入"(按照规定将无形资产转让收入纳入本单位预算管理的)科目。

报经批准对外捐赠无形资产,按照无形资产已计提的摊销,借记"无形资产累计摊销"科目,按照被处置无形资产账面余额,贷记"无形资产"科目,按照捐赠过程中发生的归属于捐出方的相关费用,贷记"银行存款"等科目,按照其差额,借记"资产处置费用"科目。

报经批准无偿调出无形资产,按照无形资产已计提的摊销,借记"无形资产累计摊销"科目,按照被处置无形资产账面余额,贷记"无形资产"科目,按照其差额,借记"无偿调拨净资产"科目;同时,按照无偿调出过程中发生的归属于调出方的相关费用,借记"资产处置费用"

科目,贷记"银行存款"等科目。

报经批准置换换出无形资产,参照"库存物品"科目中置换换入库存物品的规定进行账务处理。

无形资产预期不能为单位带来服务潜力或经济利益,按照规定报经批准核销时按照待核销无形资产的账面价值,借记"资产处置费用"科目,按照已计提摊销,借记"无形资产累计摊销"科目,按照无形资产的账面余额,贷记"无形资产"科目。

无形资产处置时涉及增值税业务的,还应进行相应的会计处理。

【例 3-33】 甲行政单位的某项无形资产预期已经不能再为单位带来服务潜力,按照规定报经批准核销。该项无形资产的账面余额为 720 000 元,已计提累计摊销为 560 000 元,账面价值为 160 000 元(=720 000-560 000)。会计分录如下:

借:资产处置费用　　　　　　　　　　　　　　　　160 000
　　无形资产累计摊销　　　　　　　　　　　　　　560 000
　　贷:无形资产　　　　　　　　　　　　　　　　　　720 000

按照《政府会计准则第 4 号——无形资产》的规定,政府部门按规定报经批准以无形资产对外投资的,应当将该无形资产的账面价值予以转销,并将无形资产在对外投资时的评估价值与其账面价值的差额计入当期收入或费用。

任务八　其他资产的核算

一、公共基础设施

(一) 公共基础设施的概念和核算科目设置

按照《政府会计准则第 5 号——公共基础设施》的规定,公共基础设施是指政府部门为满足社会公共需求而控制的,同时具有以下特征的有形资产:① 是一个有形资产系统或网络的组成部分;② 具有特定用途;③ 一般不可移动。

有些行政事业单位有公共基础设施这类特殊资产。例如,交通行政事业单位可能会有城市公共交通设施,环卫行政事业单位可能会有环境卫生公共设施,体育行政事业单位可能会有公共健身设施等。公共基础设施主要包括市政基础设施(如城市道路、桥梁、隧道、公交场站、路灯、广场、公园绿地室外公共健身器材,以及环卫、排水、供水、供电、供气、供热、污水处理、垃圾处理系统等)、交通基础设施(如公路、航道、港口等)、水利基础设施(如大坝、堤防、水闸泵站、渠道等)和其他公共基础设施。按照规定,独立于公共基础设施、不构成公共基础设施使用不可缺少组成部分的管理维护用房屋建筑物、设备、车辆等,不属于政府部门的公共基础设施,而属于政府部门的固定资产。

通常情况下,符合规定的公共基础设施,应当由按规定对其负有管理维护职责的政府部门予以确认。多个政府部门共同管理维护的公共基础设施,应当由对该资产负有主要管理维护职责或者承担后续主要支出责任的政府部门予以确认。分为多个组成部分、由不同政府部门分别管理维护的公共基础设施,应当由各个政府部门分别对其负责管理维护的公共基础设施的相应部分予以确认。负有管理维护公共基础设施职责的政府部门,通过政府购买服务方式委托企业或其他会计主体代为管理维护公共基础设施的,该公共基础设施应当由委托方予以确认。政府部门应当根据公共基础设施提供公共产品或服务的性质或功能特征对其进行分类确认。政府部门在购建公共基础设施时,能够分清购建成本中的构筑物部分与土地使用权部分的,应当将其中的构筑物部分和土地使用权部分分别确认为公共基础设施;不能分清购建成本中的构筑物部分与土地使用权部分的,应当整体确认为公共基础设施。

为核算公共基础设施业务,行政事业单位应设置"公共基础设施"总账科目。该科目核算单位控制的公共基础设施的原值。该科目应当按照公共基础设施的类别项目等进行明细核算。单位应当根据行业主管部门对公共基础设施的分类规定,制定适合于本单位管理的公共基础设施目录、分类方法,作为进行公共基础设施核算的依据。

(二) 公共基础设施的取得

公共基础设施在取得时,应当按照其成本入账。

1. 自行建造的公共基础设施

自行建造的公共基础设施完工交付使用时,按照在建工程的成本,借记"公共基础设施"科目,贷记"在建工程"科目。已交付使用但尚未办理竣工决算手续的公共基础设施,按照估计价值入账,待办理竣工决算后再按照实际成本调整原来的暂估价值。自行建造的公共基础设施,其成本包括完成批准的建设内容所发生的全部必要支出,包括建筑安装工程投资支出、设备投资支出、待摊投资支出和其他投资支出。为建造公共基础设施借入的专门借款的利息,属于建设期间发生的,计入该公共基础设施在建工程成本;不属于建设期间发生的,计入当期费用。

2. 无偿调入的公共基础设施

接受其他单位无偿调入的公共基础设施,按照确定的成本,借记"公共基础设施"科目,按照发生的归属于调入方的相关费用,贷记"财政拨款收入""零余额账户用款额度""银行存款"等科目,按照其差额,贷记"无偿调拨净资产"科目。无偿调入的公共基础设施成本无法可靠取得的,按照发生的相关税费、运输费等金额,借记"其他费用"科目,贷记"财政拨款收入""零余额账户用款额度""银行存款"等科目。

接受其他会计主体无偿调入的公共基础设施,其成本按照该项公共基础设施在调出方的账面价值加上归属于调入方的相关费用确定。

3. 接受捐赠的公共基础设施

接受捐赠的公共基础设施,按照确定的成本,借记"公共基础设施"科目,发生的相关费用,贷记"财政拨款收入""零余额账户用款额度""银行存款"等科目,按照其差额,贷记"捐赠收入"科目。接受捐赠的公共基础设施成本无法可靠取得的,按照发生的相关税费等金额,借记"其他费用"科目,贷记"财政款收入""零余额账户用款额度""银行存款"等科目。

接受捐赠的公共基础设施,其成本按照有关凭据注明的金额加上相应费用确定;没有相关凭据可供取得,但按规定经过资产评估的,其成本按照评价值加上相关费用确定;没有相关凭据可供取得,也未经资产评估的,其成本比照同类或相似资产的市场价格加上相关费用确定。如受赠的系旧的公共基础设施,在确定其初始入账成本时应当考虑该项资产的新旧程度。

4. 外购的公共基础设施

外购的公共基础设施,按照确定的成本,借记"公共基础设施"科目,贷记"财政款收入""零余额账户用款额度""银行存款"等科目。

　　外购的公共基础设施,其成本包括购买价款、相关税费以及公共基础设施交付使用前所发生的可归属于该项资产的运输费、装卸费、安装费和专业人员服务费等。对于成本无法可靠取得的公共基础设施,单位应设备查簿进行登记,待成本能够可靠确定后按照规定及时入账。

　　【例 3-34】　甲行政单位自行建造一项公共基础设施,现已完工并交付使用,在建工程的成本为 865 000 元。该行政单位应编制如下会计分录:

借:公共基础设施　　　　　　　　　　　　　　　　　　　　　　　865 000

　　贷:在建工程　　　　　　　　　　　　　　　　　　　　　　　　865 000

　　【例 3-35】　甲行政单位接受其他单位无偿调入一项公共基础设施,该项公共基础设施在调出方的账面价值为 724 000 元。调入过程中,该行政单位发生相关费用 3 000 元,款项通过财政直接支付方式支付。该项无偿调入的公共基础设施的成本为 727 000 元(＝724 000＋3 000)。该行政单位应编制如下会计分录:

借:公共基础设施　　　　　　　　　　　　　　　　　　　　　　　727 000

　　贷:财政拨款收入　　　　　　　　　　　　　　　　　　　　　　　3 000

　　　无偿调拨净资产　　　　　　　　　　　　　　　　　　　　　724 000

(三)公共基础设施的后续支出

　　公共基础设施的后续支出,是指公共基础设施在使用过程中发生的改建扩建支出、日常维修支出等。

　　按支出是否计入公共基础设施的成本,公共基础设施的后续支出可分为计入公共基础设施成本的后续支出和不计入公共基础设施成本的后续支出。改建扩建支出通常属于计入公共基础设施成本的后续支出,日常维修支出通常属于不计入公共基础设施成本而计入当期费用的后续支出。

　　将公共基础设施转入改建、扩建时,按照公共基础设施的账面价值,借记"在建工程"科目,按照公共基础设施已计提折旧,借记"公共基础设施累计折旧(摊销)"科目,按照公共基础设施的账面余额,贷记"公共基础设施"科目。为增加公共基础设施使用效能或延长其使用年限而发生的改建、扩建等后续支出,借记"在建工程"科目,贷记"财政拨款收入""零余额账户用款额度""银行存款"等科目。公共基础设施改建、扩建完成,竣工验收交付使用时,按照在建工程成本,借记"公共基础设施"科目,贷记"在建工程"科目。

　　为保证公共基础设施正常使用发生的日常维修等支出,借记"业务活动费用""单位管理费用"等科目,贷记"财政拨款收入""零余额账户用款额度""银行存款"等科目。

　　【例 3-36】　甲行政单位对一项公共基础设施进行改建扩建,该项公共基础设施的账面余额为 963 000 元,已计提折旧为 351 000 元,账面价值为 612 000 元(＝963 000－351 000),改建扩建过程中发生支出 320 000 元,款项通过财政直接支付方式支付。改建扩建半年后,工程完工并交付使用,该项公共基础设施重新确定的成本数额为 932 000 元(＝612 000＋320 000)。该行政单位应编制如下会计分录:

　　(1)将公共基础设施转入改建扩建时,

借:在建工程　　　　　　　　　　　　　　　　　　　　　　　　612 000

　　公共基础设施累计折旧(摊销)　　　　　　　　　　　　　　　351 000

　　贷:公共基础设施　　　　　　　　　　　　　　　　　　　　　963 000

　　(2)支付改建扩建工程款项时,

借:在建工程	320 000
贷:财政拨款收入	320 000

（3）工程完工并交付使用时,

借:公共基础设施	932 000
贷:在建工程	932 000

按照规定,在原有公共基础设施基础上进行改建扩建等活动后的基础设施,其成本按照原公共设施账面价值加上改建扩建等活动发生的支出,再扣除公共基础设施被替换部分的账面价值后的金额确定。

【例3-37】 甲行政单位对一项公共基础设施进行日常维修,发生相应的维修支出46 000元,款项通过财政授权支付方式支付。该行政单位应编制如下会计分录:

借:业务活动费用	46 000
贷:零余额账户用款额度	46 000

(四)公共基础设施的折旧或摊销

政府部门应当对公共基础设施计提折旧,但单位持续进行良好的维护使得其性能得到永久维持的公共基础设施,以及确认为公共基础设施的、单独计价入账的土地使用权除外。对于确认为公共基础设施的、单独计价入账的土地使用权,应当按照无形资产摊销的相关规定进行摊销。

公共基础设施应计提的折旧总额为其成本,计提公共基础设施折旧时不考虑预计净残值。

政府部门应当根据公共基础设施的性质和使用情况,合理确定公共基础设施的折旧年限。确定公共基础设施的折旧年限时,应当考虑下列因素:① 设计使用年限或设计基准期;② 预计实现服务潜力或提供经济利益的期限;③ 预计有形损耗和无形损耗;④ 法律或者类似规定对资产使用的限制。公共基础设施的折旧年限一经确定,不得随意变更。但因改建、扩建等原因而延长公共基础设施使用年限的,应当按照重新确定的公共基础设施的成本和重新确定的折旧年限计算折旧额,不需调整原已计提的折旧额。

政府部门一般应当采用年限平均法或者工作量法计提公共基础设施折旧。在确定公共基础设施的折旧方法时,应当考虑与公共基础设施相关的服务潜力或经济利益的预期实现方式。公共基础设施折旧方法一经确定,不得随意变更。

公共基础设施应当按月计提折旧,并计入当期费用。

公共基础设施提足折旧后,无论能否继续使用,均不再计提折旧;已提足折旧的公共基础设施,可以继续使用的,应当继续使用并规范实物管理。提前报废的公共基础设施,不再补提折旧。

为核算公共基础设施折旧或摊销业务,政府部门应设置"公共基础设施累计折旧(摊销)"总账科目。该科目应当按照所对应公共基础设施的明细分类进行明细核算。

单位按月计提公共基础设施折旧时,按照应计提的折旧额,借记"业务活动费用"科目,贷记该科目。按月对确认为公共基础设施的、单独计价入账的土地使用权进行摊销时,按照应计提的摊销额,借记"业务活动费用"科目,贷记该科目。处置公共基础设施时,按照所处置公共基础设施的账面价值,借记"资产处置费用""无偿调拨净资产""待处理财产损溢"等科目,按照已提取的折旧和摊销,借记该科目,按照公共基础设施账面余额,贷记"公共基础设施"科目。该科目期末贷方余额,反映单位提取的公共基础设施折旧和摊销的累计数。

【例 3-38】 甲行政单位对一项公共基础设施计提折旧 125 000 元。该行政单位应编制如下会计分录:

借:业务活动费用　　　　　　　　　　　　　　　　　　　　　　　125 000
　　贷:公共基础设施累计折旧(摊销)　　　　　　　　　　　　　　　　　125 000

(五)公共基础设施的处置

按照规定报经批准处置公共基础设施,按以下情况分别处理:

报经批准对外捐赠公共基础设施,按照公共基础设施已计提的折旧或摊销,借记"公共基础设施累计折旧(摊销)"科目,按照被处置公共基础设施账面余额,贷记"公共基础设施"科目,按照捐赠过程中发生的归属于捐出方的相关费用,贷记"银行存款"等科目,按照其差额,借记"资产处置费用"科目。

报经批准无偿调出公共基础设施,按照公共基础设施已计提的折旧或摊销,借记"公共基础设施累计折旧(摊销)"科目,按照被处置公共基础设施账面余额,贷记"公共基础设施"科目,按照其差额,借记"无偿调拨净资产"科目;同时,按照无偿调出过程中发生的归属于调出方的相关费用,借记"资产处置费用"科目,贷记"银行存款"等科目。

(六)公共基础设施的盘盈、盘亏或毁损、报废

政府部门应当定期对公共基础设施进行清查盘点。对于发生的公共基础设施盘盈、盘亏、毁损或报废,应当先记入"待处理财产损溢"科目,按照规定报经批准后及时进行后续账务处理。

盘盈的公共基础设施,其成本按照有关凭据注明的金额确定;没有相关凭据,但按照规定经过资产评估的,其成本按照评估价值确定;没有相关凭据也未经过评估的,其成本按照重置成本确定。盘盈的公共基础设施成本无法可靠取得的,单位应设置备查簿进行登记,待成本确定后按照规定及时入账。盘盈的公共基础设施,按照确定的入账成本,借记"公共基础设施"科目,贷记"待处理财产损溢"科目。

盘亏、毁损或报废的公共基础设施,按照待处置公共基础设施的账面价值,借记"待处理财产损溢"科目,按照已计提折旧或摊销,借记"公共基础设施累计折旧(摊销)"科目,按照公共基础设施的账面余额,贷记"公共基础设施"科目。

按照规定,公共基础设施报废或遭受重大毁损的,政府部门应当在报经批准后将公共基础设施账面价值予以转销,并将报废毁损过程中取得的残值变价收入扣除相关费用后的差额,按规定做应缴款项处理(差额为净收益时)或计入当期费用(差额为净损失时)。

二、政府储备物资

(一)政府储备物资的概念和核算科目设置

政府储备物资是指政府部门为满足实施国家安全与发展战略、进行抗灾救灾、应对公共突发事件等特定公共需求而控制的,同时具有下列特征的有形资产:① 在应对可能发生的特定事件或情形时动用;② 其购入、存储保管、更新(轮换)、动用等由政府及相关部门发布的专门管理制度规范。

有些行政事业单位有政府储备物资这类特殊资产。例如,民政部门会有救灾储备物资,水利部门会有防洪储备物资,粮食部门会有粮油储备物资等。总的来说,政府储备物资包括战略及能源物资、抢险抗灾救灾物资、农产品、医药物资和其他重要商品物资,通常情况下由政府委托承储单位存储。行政事业单位在开展业务活动及其他活动中为耗用或出售而储存的资产属于存货,不属于政府储备物资。

按照《政府会计准则第 6 号——政府储备物资》的规定,通常情况下,政府储备物资应当由按规定对其负有行政管理职责的政府部门予以确认。其中,行政管理职责主要指提出或拟定收储计划、更新(轮换)计划、动用方案等。由不同政府部门行使相关行政管理职责的政府储备物资,由负责提出收储计划的政府部门予以确认。对政府储备物资不负有行政管理职责但接受委托具体负责执行其存储保管等工作的政府部门,应当将受托代储的政府储备物资作为受托代理资产核算。

为核算政府储备物资,政府部门应设置"政府储备物资"总账科目。该科目核算政府部门控制的政府储备物资的成本。该科目应当按照政府储备物资的种类品种、存放地点等进行明细核算。单位根据需要,可在该科目下设置"在库""发出"等明细科目进行明细核算。

(二) 政府储备物资的取得

政府储备物资取得时,应当按照其成本入账。

1. 购入的政府储备物资

购入的政府储备物资,其成本包括购买价款和单位承担的相关税费、运输费、装卸费、保险费、检测费以及使政府储备物资达到目前场所和状态所发生的归属于政府储备物资成本的其他支出。购入的政府储备物资验收入库,按照确定的成本,借记"政府储备物资"科目,贷记"财政拨款收入""零余额账户用款额度""银行存款"等科目。

2. 委托加工的政府储备物资

涉及委托加工政府储备物资业务的,相关账务处理参照"加工物品"科目。委托加工的政府储备物资,其成本包括委托加工前物料成本、委托加工的成本(如委托加工费以及按规定应计入委托加工政府储备物资成本的相关税费等),以及单位承担的使政府储备物资达到目前场所和状态所发生的,归属于政府储备物资成本的其他支出。

3. 接受捐赠的政府储备物资

接受捐赠的政府储备物资,其成本按照有关凭据注明的金额加上单位承担的相关税费、运输费等确定;没有相关凭据可供取得,但按规定经过资产评估的,其成本按照评估价值加上单位承担的相关税费、运输费等确定;没有相关凭据可供取得,也未经资产评估的,其成本比照同类或类似资产的市场价格加上单位承担的相关税费、运输费等确定。

接受捐赠的政府储备物资验收入库,按照确定的成本,借记"政府储备物资"科目,按照单位承担的相关税费、运输费等,贷记"零余额账户用款额度""银行存款"等科目,按照其差额,贷记"捐赠收入"科目。

4. 接受无偿调入的政府储备物资

接受无偿调入的政府储备物资,其成本按照调出方账面价值加上归属于单位的相关税费、运输费等确定。

接受无偿调入的政府储备物资验收入库,按照确定的成本,借记"政府储备物资"科目,按照单位承担的相关税费、运输费等,贷记"零余额账户用款额度""银行存款"等科目,按照其差额,贷记"无偿调拨净资产"科目。

【例 3-39】 甲行政单位购入一批政府储备物资,购买价款为 600 000 元,由单位承担的运输费和保险费等相关费用合计为 5 000 元,相应款项均通过财政直接支付方式支付。该批政府储备物资确定的成本为 605 000 元(=600 000+5 000)。该行政单位应编制如下会计分录:

借:政府储备物资 605 000
　贷:财政拨款收入 605 000

(三)政府储备物资的发出

政府储备物资发出时,分别按照以下情况处理。

1. 发出无须收回的政府储备物资

因动用而发出无须收回的政府储备物资的,按照发出物资的账面余额,借记"业务活动费用"科目,贷记"政府储备物资"科目。

2. 发出需要收回或者预期可能收回的政府储备物资

在发出因动用而发出需要收回或者预期可能收回的政府储备物资时,按照发出物资的账面余额,借记"政府储备物资"科目(发出),贷记"政府储备物资"科目(在库);按照规定的质量验收标准收回物资时,按照收回物资原账面余额,借记"政府储备物资"科目(在库),按照未收回物资的原账面余额,借记"业务活动费用"科目,按照物资发出时登记在"政府储备物资"科目所属"发出"明细科目中的余额,贷记"政府储备物资"科目(发出)。

3. 无偿调出政府储备物资

将政府储备物资调拨给其他主体的,按照无偿调出政府储备物资的账面余额,借记"无偿调拨净资产"科目,贷记"政府储备物资"科目。

4. 对外销售政府储备物资

对外销售政府储备物资并将销售收入纳入单位预算统一管理的,发出物资时,按照发出物资的账面余额,借记"业务活动费用"科目,贷记"政府储备物资"科目;实现销售收入时,按照确认的收入金额,借记"银行存款""应收账款"等科目,贷记"事业收入"等科目。

对外销售政府储备物资并按照规定将销售净收入上缴财政的,发出物资时,按照发出物资的账面余额,借记"资产处置费用"科目,贷记"政府储备物资"科目。取得销售价款时,按照实际收到的款项金额,借记"银行存款"等科目,按照发生的相关税费,贷记"银行存款"等科目,按照销售价款大于所承担的相关税费后的差额,贷记"应缴财政款"科目。

政府部门应当根据实际情况采用先进先出法、加权平均法或个别计价法确定政府储备物资发出的成本。计价方法一经确定,不得随意变更。对于不能替代使用的政府储备物资、为特定项目专门购入或加工的政府储备物资,单位通常应采用个别计价法确定发出物资的成本。

政府部门采取销售采购方式对政府储备物资进行更新(轮换)的,应当将物资轮出视为物资销售,将物资轮入视为物资采购,并按相应规定进行账务处理。

【例 3-40】 甲行政单位因动用而发出一批无须收回的政府储备物资,该批政府储备物资的成本为 46 200 元。该行政单位应编制如下会计分录:

借:业务活动费用 46 200
　贷:政府储备物资 46 200

(四)政府储备物资的盘盈、盘亏或毁损、报废

政府部门应当定期对政府储备物资进行清查盘点,每年至少盘点一次。对于发生的政府储备物资盘盈、盘亏或者报废、毁损,应当先记入"待处理财产损溢"科目,按照规定报经批准后及时进行后续账务处理。

盘盈的政府储备物资,按照确定的入账成本,借记"政府储备物资"科目,贷记"待处理财产损溢"科目。盘亏或者毁损、报废的政府储备物资,按照待处理政府储备物资的账面余额,借记"待处理财产损溢"科目,贷记"政府储备物资"科目。

盘盈的政府储备物资,其成本按照有关凭据注明的金额确定;没有相关凭据,但按规定经过资产评估的,其成本按照评估价值确定;没有相关凭据也未经资产评估的,其成本按照重置成本确定。

按照规定,政府储备物资报废、毁损的,单位应当按规定报经批准后将报废、毁损的政府储备物资的账面余额予以转销,确认应收款项(确定追究相关赔偿责任的)或计入当期费用(因储存年限到期报废或非人为因素致使报废、毁损的)。同时,将报废、毁损过程中取得的残值变价收入扣除单位承担的相关费用后的差额按规定做应缴款项处理(差额为净收益时)或计入当期费用(差额为净损失时),政府储备物资盘亏的,单位应当按规定报经批准后将盘亏的政府储备物资的账面余额予以转销,确定追究相关赔偿责任的,确认应收款项;属于正常耗费或不可抗力因素造成的,计入当期费用。

三、文物文化资产

(一) 文物文化资产的概念和核算科目设置

文物文化资产,是指政府部门为满足社会公共需求而控制的历史文物、艺术品以及其他具有历史或文化价值并作长期或永久保存的典藏等。政府部门为满足自身开展业务活动或其他活动需要而控制的文物和陈列品,属于单位的固定资产,不属于文物文化资产。

为核算文物文化资产业务,需设置"文物文化资产"总账科目。该科目核算单位为满足社会公共需求而控制的文物文化资产的成本。该科目应当按照文物文化资产的类别、项目等进行明细核算。

(二) 文物文化资产的取得

文物文化资产在取得时,应当按照其成本入账。

1. 外购的文物文化资产

外购的文物文化资产,按照确定的成本,借记"文物文化资产"科目,贷记"财政拨款收入""零余额账户用款额度""银行存款"等科目。

外购的文物文化资产,其成本包括购买价款、相关税费以及可归属于该项资产达到预定用途前所发生的其他支出(如运输费、安装费、装卸费等)。

2. 无偿调入的文物文化资产

无偿调入的文物文化资产,按照确定的成本,借记"文物文化资产"科目,按照发生的归属于调入方的相关费用,贷记"零余额账户用款额度""银行存款"等科目,按照其差额,贷记"无偿调拨净资产"科目。

接受其他单位无偿调入的文物文化资产,其成本按照该项资产在调出方的账面价值加上归属于调入方的相关费用确定。

无偿调入的文物文化资产成本无法可靠取得的,按照发生的归属于调入方的相关费用,借记"其他费用"科目,贷记"零余额账户用款额度""银行存款"等科目。

3. 接受捐赠的文物文化资产

接受捐赠的文物文化资产,按照确定的成本,借记"文物文化资产"科目,按照发生的相关税费、运输费等金额,贷记"零余额账户用款额度""银行存款"等科目,按照其差额,贷记"捐赠收入"科目。

接受捐赠的文物文化资产,其成本按照有关凭据注明的金额加上相关费用确定;没有相关凭据可供取得,但按照规定经过资产评估的,其成本按照评估价值加上相关费用确定;没有相关凭据可供取得,也未经评估的,其成本比照同类或类似资产的市场价格加上相关费用确定。接受捐赠的文物文化资产成本无法可靠取得的,按照发生的相关税费、运输费等金额,借记"其他费用"科目,贷记"零余额账户用款额度""银行存款"等科目。

成本无法可靠取得的文物文化资产单位应设置备查簿进行登记,待成本能够可靠确定后按照规定及时入账。

【例3-41】 甲事业单位接受捐赠的一项文物文化资产,经过资产评估,评估价值为78 800元。接受捐赠过程中发生相关费用500元,款项通过单位零余额账户用款额度支付。会计分录如下:

借:文物文化资产 79 300
　　贷:捐赠收入 78 800
　　　　零余额账户用款额度 500

(三)文物文化资产的后续支出

与文物文化资产有关的后续支出,参照公共基础设施后续支出的相关规定进行处理。

(四)文物文化资产的处置

按照规定报经批准处置文物文化资产,应当分别按照以下情况处理:

报经批准对外捐赠文物文化资产,按照被处置文物文化资产账面余额和捐赠过程中发生的归属于捐出方的相关费用合计数,借记"资产处置费用"科目,按照被处置文物文化资产账面余额,借记"文物文化资产"科目,按照捐赠过程中发生的归属于捐出方的相关费用,贷记"银行存款"等科目。

报经批准无偿调出文物文化资产,按照被处置文物文化资产账面余额,借记"无偿调拨净资产"科目,贷记"文物文化资产"科目;同时,按照无偿调出过程中发生的归属于调出方的相关费用,借记"资产处置费用"科目,贷记"银行存款"等科目。

(五)文物文化资产的盘盈、盘亏或毁损、报废

政府部门应当定期对文物文化资产进行清查盘点,每年至少盘点一次。对于发生的文物文化资产盘盈、盘亏、毁损或报废等,按照公共基础设施盘盈、盘亏或毁损、报废的相关规定进行账务处理。

四、保障性住房

(一)保障性住房的概念和核算科目设置

保障性住房是指行政事业单位为满足社会公共需求而控制的用于居住保障目的的住房,如用于向低收入居民出租的廉租住房、用于向符合特定条件的居民出租的公共租赁住房、人才公寓等。

为核算保障性住房业务,应设置"保障性住房"总账科目。该科目核算保障性住房的原值。该科目应当按照保障性住房的类别、项目等进行明细核算。

（二）保障性住房的取得

保障性住房在取得时,应当按其成本入账。

1. 外购的保障性住房

外购的保障性住房,其成本包括购买价款、相关税费以及可归属于该项资产达到预定用途前所发生的其他支出。

外购的保障性住房,按照确定的成本,借记"保障性住房"科目,贷记"财政拨款收入""零余额账户用款额度""银行存款"等科目。

2. 自行建造的保障性住房

自行建造的保障性住房已交付使用但尚未办理竣工决算手续的保障性住房,按照估计价值入账,待办理竣工决算后再按照实际成本调整原来的暂估价值。

自行建造的保障性住房交付使用时,按照在建工程成本,借记"保障性住房"科目,贷记"在建工程"科目。

3. 无偿调入的保障性住房

接受其他单位无偿调入的保障性住房,其成本按照该项资产在调出方的账面价值加上归属于调入方的相关费用确定。

无偿调入的保障性住房,按照确定的成本,借记"保障性住房"科目,按照发生的归属于调入方的相关费用,贷记"零余额账户用款额度""银行存款"等科目,按照其差额,贷记"无偿调拨净资产"科目。

4. 接受捐赠和融资租赁取得的保障性住房

接受捐赠和融资租赁取得的保障性住房,参照固定资产相应业务的相关规定进行处理。

【例3-42】 甲行政单位自行建造一幢保障性住房,建造完工并交付使用,在建工程成本为965 000元。该行政单位应编制如下会计分录:

借:保障性住房 965 000

  贷:在建工程 965 000

（三）保障性住房的后续支出

保障性住房的后续支出,参照固定资产后续支出的相关规定进行处理。

（四）保障性住房的出租

行政事业单位按照规定出租保障性住房并将出租收入上缴同级财政,按照收取的租金金额,借记"银行存款"等科目,贷记"应缴财政款"科目。

【例3-43】 甲行政单位出租一幢保障性住房,收到租金30 000元,款项已存入开户银行。按规定,该租金应当上缴同级财政。该行政单位应编制如下会计分录:

借:银行存款 30 000

  贷:应缴财政款 30 000

（五）保障性住房的折旧

政府部门应当参照《企业会计准则第3号——固定资产》及其应用指南的相关规定,按月对其控制的保障性住房计提折旧。

为核算保障性住房折旧业务,应设置"保障性住房累计折旧"总账科目,按照所对应保障性住房的类别进行明细核算。该科目期末贷方余额,反映单位计提的保障性住房折旧累计数。

单位按月计提保障性住房折旧时,按照应计提的折旧额,借记"业务活动费用"科目,贷记该科目。报经批准处置保障性住房时,按照所处置保障性住房的账面价值,借记"资产处置费用""无偿调拨净资产""待处理财产损溢"等科目,按照已计提折旧,借记该科目,按照保障性住房的账面余额,贷记"保障性住房"科目。

【例 3 - 44】 甲行政单位对控制的一幢保障性住房计提折旧 120 000 元。该行政单位应编制如下会计分录:

借:业务活动费用	120 000
贷:保障性住房累计折旧	120 000

(六)保障性住房的处置

按照规定报经批准处置保障性住房,应当分别按以下情况处理:

报经批准无偿调出保障性住房,按照保障性住房已计提的折旧,借记"保障性住房累计折旧"科目,按照被处置保障性住房账面余额,贷记"保障性住房"科目,按照其差额,借记"无偿调拨净资产"科目;同时,按照无偿调出过程中发生的归属于调出方的相关费用,借记"资产处置费用"科目,贷记"银行存款"等科目。

报经批准出售保障性住房,按照被出售保障性住房的账面价值,借记"资产处置费用"科目,按照保障性住房已计提的折旧,借记"保障性住房累计折旧"科目,按照保障性住房账面余额,贷记"保障性住房"科目;同时,按照收到的价款,借记"银行存款"等科目,按照出售过程中发生的相关费用,贷记"银行存款"等科目,按照其差额,贷记"应缴财政款"科目。

【例 3 - 45】 甲行政单位报经批准无偿调出一幢保障性住房,该幢保障性住房的账面余额为 985 000 元,已计提折旧 65 000 元,账面价值为 920 000 元(=985 000-65 000)。该行政单位应编制如下会计分录:

借:保障性住房累计折旧	65 000
无偿调拨净资产	920 000
贷:保障性住房	985 000

(七)保障性住房的盘盈、盘亏或毁损、报废

应当定期对保障性住房进行清查盘点。对于发生的保障性住房盘盈、盘亏、毁损或报废等,参照固定资产相应业务的相关规定进行账务处理。

五、受托代理资产

(一)受托代理资产的概念和核算科目设置

受托代理资产是指行政事业单位接受委托方委托管理的各项资产,包括受托指定转赠的物资、受托存储保管的物资等。

为核算受托代理资产业务,应设置"受托代理资产"总账科目。该科目核算单位接受委托方委托管理的各项资产的成本。单位管理的罚没物资应当通过该科目核算。单位收到的受托代理资产为现金和银行存款的,不通过该科目核算,应当通过"库存现金""银行存款"科目进行核算,该科目应当按照资产的种类和委托人进行明细核算;属于转赠资产的,还应当按照受赠人进行明细核算。

(二)受托转赠物资

单位接受委托人委托需要转赠给受赠人的物资,其成本按照有关凭据注明的金额确定。

接受委托转赠的物资验收入库,按照确定的成本,借记"受托代理资产"科目,贷记"受托代理负债"科目。受托协议约定由受托方承担相关税费、运输费等费用的,还应当按照实际支付的相关税费、运输费等费用的金额,借记"其他费用"科目,贷记"银行存款"等科目。

单位将受托转赠物资交付受赠人时,按照转赠物资的成本,借记"受托代理负债"科目,贷记"受托代理资产"科目。

转赠物资的委托人取消了对捐赠物资的转赠要求,且不再收回捐赠物资的,应当将转赠物资转为单位的存货、固定资产等。按照转赠物资的成本,借记"受托代理负债"科目,贷记"受托代理资产"科目;同时借记"库存物品""固定资产"等科目,贷记"其他收入"科目。

【例3-46】　甲行政单位接受一批委托转赠物资,按照有关凭据注明的金额,该批物资的成本为36 600元。数日后,该行政单位按照委托人的要求,将该批物资转赠给了相关的受赠人。该行政单位应编制如下会计分录:

(1)收到受托转赠物资时,

借:受托代理资产　　　　　　　　　　　　　　　　　　　36 600

　　贷:受托代理负债　　　　　　　　　　　　　　　　　　36 600

(2)受托转赠物资交付受赠人时,

借:受托代理负债　　　　　　　　　　　　　　　　　　　36 600

　　贷:受托代理资产　　　　　　　　　　　　　　　　　　36 600

(三)受托存储保管物资

单位接受委托人委托存储保管的物资,其成本按照有关凭据注明的金额确定。接受委托储存的物资验收入库,按照确定的成本,借记"受托代理资产"科目,贷记"受托代理负债"科目。

单位发生由受托单位承担的与受托存储保管的物资相关的运输费、保管费等费用时,按照实际发生的费用金额,借记"其他费用"等科目,贷记"银行存款"等科目。单位根据委托人要求交付或发出受托存储保管的物资时,按照发出物资的成本,借记"受托代理负债"科目,贷记"受托代理资产"科目。

【例3-47】　甲事业单位接受委托人委托存储保管一批物资,有关凭据注明的金额为95 500元。数月后,该事业单位根据委托人要求交付一部分受托存储保管的物资,成本金额为65 000元。会计分录如下:

(1)收到受托存储保管物资时,

借:受托代理资产　　　　　　　　　　　　　　　　　　　95 500

　　贷:受托代理负债　　　　　　　　　　　　　　　　　　95 500

(2)交付一部分受托存储保管物资时,

借:受托代理负债　　　　　　　　　　　　　　　　　　　65 000

　　贷:受托代理资产　　　　　　　　　　　　　　　　　　65 000

(四)罚没物资

单位取得罚没物资时,其成本按照有关凭据注明的金额确定。罚没物资验收入库,按照确定的成本,借记"受托代理资产"科目,贷记"受托代理负债"科目。罚没物资成本无法可靠确定的,单位应设置备查簿进行登记。

单位按照规定处置或移交罚没物资时,按照罚没物资的成本,借记"受托代理负债"科目,贷记"受托代理资产"科目。处置时取得款项的,按照实际取得的款项金额,借记"银行存款"等科目,贷记"应缴财政款"等科目。

单位受托代理的其他实物资产,参照"受托代理资产"科目有关受托转赠物资、受托存储保管物资的规定进行账务处理。

六、待摊费用

待摊费用是指政府部门已经支付,但应当由本期和以后各期分别负担的、分摊期在1年以内(含1年)的各项费用,如预付航空保险费、预付租金等。

为核算待摊费用业务,应设置"待摊费用"总账科目,按照待摊费用种类进行明细核算。该科目期末借方余额,反映单位各种已支付但尚未摊销的分摊期在1年以内(含1年)的费用。

摊销期限在1年以上的租入固定资产改良支出和其他费用,应当通过"长期待摊费用"科目核算,不通过该科目核算。

待摊费用应当在其受益期限内分期平均摊销,如预付航空保险费应在保险期的有效期内、预付租金应在租赁期内分期平均摊销,计入当期费用。单位发生待摊费用时,按照实际预付的金额,借记该科目,贷记"财政拨款收入""零余额账户用款额度""银行存款"等科目。按照受益期限分期平均摊销时,按照摊销金额,借记"业务活动费用""单位管理费用""经营费用"等科目,贷记该科目。如果某项待摊费用已经不能使单位受益,应当将其摊余金额一次全部转入当期费用。按照摊销金额,借记"业务活动费用""单位管理费用""经营费用"等科目,贷记该科目。

【例3-48】 甲事业单位在开展专业业务活动过程中租用一套房屋,租用时以银行存款预付一年的租金240 000元。每月平均分摊租金数额20 000元(=240 000÷12)。会计分录如下:

(1) 预付一年的租金时,

借:待摊费用 240 000
　　贷:银行存款 240 000

(2) 每月平均分摊租金数额时,

借:业务活动费用 20 000
　　贷:待摊费用 20 000

七、长期待摊费用

长期待摊费用是指行政事业单位已经支出,但应由本期和以后各期分别负担的、分摊期限在1年以上(不含1年)的各项费用,如以经营租赁方式租入的固定资产发生的改良支出等。

为核算长期待摊费用业务,应设置"长期待摊费用"总账科目,按照费用项目进行明细核算。该科目期末借方余额,反映单位尚未摊销完毕的长期待摊费用。

单位发生长期待摊费用时,按照支出金额,借记"长期待摊费用"科目,贷记"财政拨款收入""零余额账户用款额度""银行存款"等科目。按照受益期间摊销长期待摊费用时,按照摊销金额,借记"业务活动费用""单位管理费用""经营费用"等科目,贷记"长期待摊费用"科目。如果某项长期待摊费用已经不能使单位受益,应当将其摊余金额一次全部转入当期费用。按照摊销金额,借记"业务活动费用""单位管理费用""经营费用"等科目,贷记"长期待摊费用"科目。

【例3-49】 甲行政单位以经营租赁方式租入办公用房,合约租期为5年。为适合办公需要,该行政单位对租入的办公用房进行装修改良,并通过财政直接支付的方式支付相应的装修改良支出150 000元形成长期待摊费用。之后,按合约租期每年摊销长期待摊费用30 000元(=150 000÷5)。该行政单位应编制如下会计分录:

(1)发生装修改良支出时,

借:长期待摊费用   150 000

　　贷:财政拨款收入   150 000

(2)每年摊销长期待摊费用时,

借:业务活动费用   30 000

　　贷:长期待摊费用   30 000

八、待处理财产损溢

(一)待处理财产损溢的概念和核算科目设置

待处理财产损溢,是指政府部门在资产清查过程中查明的各种资产盘盈、盘亏和报废、毁损的价值。

为核算待处理财产损溢业务,应设置"待处理财产损溢"总账科目,按照待处理的资产项目进行明细核算;对于在资产处理过程中取得收入或发生相关费用的项目,还应当设置"待处理财产价值""处理净收入"明细科目进行明细核算。该科目期末如为借方余额,反映尚未处理完毕的各种资产的净损失;期末如为贷方余额,反映尚未处理完毕的各种资产净溢余。年末,经批准处理后该科目一般应无余额。

单位资产清查中查明的资产盘盈、盘亏、报废和毁损,一般应当先记入该科目,按照规定报经批准后及时进行账务处理。年末结账前一般应处理完毕。

(二)账款核对时发现的库存现金短缺或溢余

每日账款核对中发现现金短缺或溢余,属于现金短缺的,按照实际短缺的金额,借记"待处理财产损溢"科目,贷记"库存现金"科目;属于现金溢余的,按照实际溢余的金额,借记"库存现金"科目,贷记"待处理财产损溢"科目。

如为现金短缺,属于应由责任人赔偿或向有关人员追回的,借记"其他应收款"科目,贷记"待处理财产损溢"科目;属于无法查明原因的,报经批准核销时,借记"资产处置费用"科目,贷记"待处理财产损溢"科目。

如为现金溢余,属于应支付给有关人员或单位的,借记"待处理财产损溢"科目,贷记"其他应付款"科目;属于无法查明原因的,报经批准后,借记"待处理财产损溢"科目,贷记"其他收入"科目。

(三)资产清查过程中发现的各种资产盘盈、盘亏或报废、毁损

1. 盘盈的各类资产

转入待处理资产时,按照确定的成本,借记"库存物品""固定资产""无形资产""公共基础设施""政府储备物资""文物文化资产""保障性住房"等科目,贷记"待处理财产损溢"科目。

按照规定报经批准后处理时,对于盘盈的流动资产,借记"待处理财产损溢"科目,贷记"单位管理费用"(事业单位)或"业务活动费用"(行政单位)科目。对于盘盈的非流动资产,

如属于本年度取得的,按照当年新取得的相关资产进行账务处理;如属于以前年度取得的,按照前期差错处理,借记"待处理财产损溢"科目,贷记"以前年度盈余调整"科目。

2. 盘亏或者毁损、报废的各类资产

转入待处理资产时,借记"待处理财产损溢——待处理财产价值"科目(盘亏、毁损、报废固定资产、无形资产、公共基础设施、保障性住房的,还应借记"固定资产累计折旧""无形资产累计摊销""公共基础设施累计折旧(摊销)""保障性住房累计折旧"科目),贷记"库存物品""固定资产""无形资产""公共基础设施""政府储备物资""文物文化资产""保障性住房""在建工程"等科目。涉及增值税业务的,还应进行相应的账务处理。报经批准处理时,借记"资产处置费用"科目,贷记"待处理财产损溢——待处理财产价值"科目。

处理毁损、报废实物资产过程中取得的残值或残值变价收入、保险理赔和过失人赔偿等,借记"库存现金""银行存款""库存物品""其他应收款"等科目,贷记"待处理财产损溢——处理净收入"科目;处理毁损、报废实物资产过程中发生的相关费用,借记"待处理财产损溢——处理净收入"科目,贷记"库存现金""银行存款"等科目。

处理收支结清,如果处理收入大于相关费用的,按照处理收入减去相关费用后的净收入,借记"待处理财产损溢——处理净收入"科目,贷记"应缴财政款"等科目;如果处理收入小于相关费用的,按照相关费用减去处理收入后的净支出,借记"资产处置费用"科目,贷记"待处理财产损溢——处理净收入"科目。

【例3-50】 甲事业单位在资产清查过程中发现一批已毁损的库存物品。该批库存物品的账面余额为2 100元。该事业单位将其转入待处理财产。报经批准后,该事业单位将相应的待处理财产价值转入资产处置费用。该事业单位在处理该批库存物品的过程中,取得变价收入等处理收入1 800元,发生清理费用等相关费用100元,款项均以银行存款收付。按照规定,该批库存物品的处理净收入应当上缴财政。该事业单位按规定结清该处理净收入。暂不考虑增值税业务。会计分录如下:

(1) 将毁损的库存物品转入待处理财产时,

借:待处理财产损溢(待处理财产价值) 2 100

　　贷:库存物品 2 100

(2) 将待处理财产价值转入资产处置费用时,

借:资产处置费用 2 100

　　贷:待处理财产损溢(待处理财产价值) 2 100

(3) 取得变价收入等处理收入时,

借:银行存款 1 800

　　贷:待处理财产损溢(处理净收入) 1 800

(4) 发生清理费用等相关费用时,

借:待处理财产损溢(处理净收入) 100

　　贷:银行存款 100

(5) 结清处理净收入时,

借:待处理财产损溢(处理净收入) 1 700

　　贷:应缴财政款 1 700

关键术语

货币资金　零余额账户用款额度　财政应返还额度　应收账款　预付账款　存货
对外投资　固定资产　在建工程　无形资产　公共基础设施　政府储备物资　文化文物资产
保障性住房　受托代理资产　待摊费用　待处理财产损溢

应知考核

一、单项选择题

1. 政府部门的资产按照流动性,分为(　　)。

A. 流动资产和非流动资产　　　　　　B. 长期资产和短期资产

C. 速动资产和非速动资产　　　　　　D. 以上均不对

2. 政府部门在对资产进行计量时,一般应当采用(　　)。

A. 现值　　　　　　B. 历史成本　　　　　　C. 公允价值　　　　　　D. 重置成本

3. (　　)科目核算实行国库集中支付的单位应收财政返还的资金额度,包括可以使用
的以前年度财政直接支付资金额度和财政应返还的财政授权支付资金额度。

A. 零余额账户用款额度　　　　　　B. 财政应返还额度

C. 资金结存　　　　　　　　　　　D. 财政拨款结转

4. 政府部门购入的政府储备物资,其成本不包括(　　)。

A. 购买价款　　　B. 运输费　　　C. 保险费　　　D. 增值税

5. 单位应当定期对无形资产进行清查盘点,(　　)至少盘点一次。

A. 每月　　　　　　B. 每季度　　　　　　C. 每半年　　　　　　D. 每年

二、多项选择题

1. 以下关于政府资产的表述正确的有(　　)。

A. 与该经济资源相关的服务潜力很可能实现或者经济利益很可能流入政府部门

B. 该经济资源的成本或者价值能够可靠地计量

C. 由政府部门过去的经济业务或者事项形成的

D. 由政府部门控制的

2. 政府储备物资应当按照政府储备物资的(　　)等进行明细核算。

A. 价格　　　　　　B. 种类　　　　　　C. 品种　　　　　　D. 存放地点

3. 在政府会计中,以下属于固定资产的有(　　)。

A. 房屋　　　　　　B. 专用设备　　　　　　C. 图书　　　　　　D. 动植物

4. 关于政府储备物资的后续计量,以下表述中,正确的有(　　)。

A. 对于不能替代使用的政府储备物资、为特定项目专门购入或加工的政府储备物资,
政府部门通常应采用个别计价法确定发出物资的成本

B. 因动用而发出无须收回的政府储备物资的,政府部门应当在发出物资时将其账面余
额予以转销,计入当期费用

C. 因动用而发出需要收回或者预期可能收回的政府储备物资的,政府部门应当在按规

定的质量验收标准收回物资时,将未收回物资的账面余额予以转销,计入当期费用

    D. 因行政管理主体变动等原因而将政府储备物资调拨给其他主体的,政府部门应当在发出物资时将其账面余额予以转销

5. 政府部门应当对固定资产计提折旧,但下列各项固定资产中不计提折旧的有(　　)。

    A. 文物和陈列品　　　　　　　　　　B. 动植物

    C. 图书、档案　　　　　　　　　　　D. 单独计价入账的土地

6. 无形资产,是指政府部门控制的,没有实物形态的,可辨认的非货币性资产,如(　　)等。

    A. 专利权　　　　B. 商标权　　　　C. 著作权　　　　D. 土地使用权

7. 对于使用年限有限的无形资产,政府部门应当按照(　　)原则确定无形资产的摊销年限。

    A. 法律规定了有效年限的,按照法律规定的有效年限作为摊销年限

    B. 法律没有规定有效年限的,按照相关合同或单位申请书中的受益年限作为摊销年限

    C. 法律没有规定有效年限、相关合同或单位申请书也没有规定受益年限的,应当根据无形资产为政府部门带来服务潜力或经济利益的实际情况,预计其使用年限

    D. 非大批量购入、单价小于1 000元的无形资产,可以于购买的当期将其成本一次性全部转销

8. 对于应当确认但尚未入账的存量政府储备物资,政府部门应当在本准则首次执行日,按照(　　)原则确定其初始入账成本。

    A. 可以取得相关原始凭据的,其成本按照有关原始凭据注明的金额确定

    B. 没有相关凭据可供取得,但按规定经过资产评估的,其成本按照评估价值确定

    C. 没有相关凭据可供取得也未经资产评估的,其成本按照重置成本确定

    D. 以上均正确

9. 库存物品是指本科目核算单位在开展业务活动及其他活动中为耗用或出售而储存的各种(　　)。

    A. 材料　　　　　B. 产品　　　　　C. 包装物　　　　D. 低值易耗品

三、判断题

1. 公共基础设施在取得时应当按照成本进行初始计量。　　　　　　　　　　(　　)

2. 政府会计中,单位随买随用的零星办公用品,可以在购进时直接列作费用,不通过"库存物品"核算。　　　　　　　　　　　　　　　　　　　　　　　　　　　(　　)

3. 盘盈的库存物品,其成本按照有关凭据注明的金额确定;没有相关凭据但按照规定经过资产评估的,其成本按照评估价值确定;没有相关凭据也未经过评估的,其成本按照重置成本确定。　　　　　　　　　　　　　　　　　　　　　　　　　(　　)

4. 对于已发出的存货,应当将其成本结转为当期费用或者计入相关资产成本。(　　)

5. 政府部门应当采用一次转销法或者五五摊销法对低值易耗品、包装物进行摊销,将其成本计入当期费用或者相关资产成本。　　　　　　　　　　　　　　　　(　　)

6. 存货计价方法一经确定,不得变更。　　　　　　　　　　　　　　　　(　　)

7. 存货盘亏造成的损失,按规定报经批准后应当计入当期费用。　　　　　(　　)

8. 在成本法下,长期股权投资的账面余额通常保持不变,但追加或收回投资时,应当相应调整其账面余额。　　　　　　　　　　　　　　　　　　　　　　　　(　　)

9. 政府部门按规定出售或到期收回短期投资,应当将收到的价款扣除短期投资账面余

额和相关税费后的差额计入投资损益。　　　　　　　　　　　　　　（　　）

10. 短期投资,是指政府部门取得的持有时间超过1年(含1年)的投资。（　　）

11. 成本法是指投资按照投资成本计量的方法。　　　　　　　　　　（　　）

12. 固定资产在取得时应当按照成本进行初始计量。　　　　　　　　（　　）

13. 以一笔款项购入多项没有单独标价的固定资产,应当按照各项固定资产同类或类似资产市场价格的比例对总成本进行分配,分别确定各项固定资产的成本。　　（　　）

14. 政府部门无偿调入的固定资产,其成本按照调出方账面价值加上相关税费、运输费等确定。　　　　　　　　　　　　　　　　　　　　　　　　　　　　（　　）

15. 政府部门盘盈的固定资产,按规定经过资产评估的,其成本按照评估价值确定;未经资产评估的,其成本按照公允价值确定。　　　　　　　　　　　　　　（　　）

四、简答题

1. 何为政府部门的资产? 政府部门的资产主要包括哪些种类?

2. 何为政府部门的零余额账户用款额度? 政府部门的零余额账户用款额度与银行存款有什么不同?

3. 何为政府部门的财政应返还额度? 政府部门的"财政应返还额度"总账科目应设置哪两个明细科目?

4. 何为事业单位的长期股权投资? 事业单位应当如何核算长期股权投资?

5. 何为政府部门的存货? 政府部门的存货在取得和发出时应当如何核算?

6. 何为政府部门的固定资产? 政府部门的固定资产在取得和计提折旧时应当如何核算?

7. 何为政府部门的无形资产? 政府部门的无形资产在取得和计提摊销时应当如何核算?

8. 何为政府部门的公共基础设施和政府储备物资? 政府部门应当如何核算公共基础设施和政府储备物资?

9. 何为政府部门的文物文化资产和保障性住房? 政府部门应当如何核算文物文化资产和保障性住房?

10. 何为政府部门的受托代理资产? 政府部门应当如何核算受托代理资产?

应会考核

2017年12月31日,某事业单位经与代理银行提供的对账单核对无误后,将150万元零余额账户用款额度予以注销。另外,本年度财政授权支付预算指标数大于零余额账户用款额度下达数,未下达的用款额度为200万元。2018年年初,该单位收到代理银行提供的额度恢复到账通知书及财政部门批复的上年末未下达零余额账户用款额度。该事业单位账务处理不正确的是(　　　)。

A. 2017年12月31日注销额度时应增加"财政应返还额度"并冲减"零余额账户用款额度"150万元

B. 2018年初恢复额度时应增加"零余额账户用款额度"并冲减"财政应返还额度"150万元

C. 2017年12月31日补记指标数,应增加"财政应返还额度"并确认"财政拨款收入"200万元

D. 2018年初收到财政部门批复的上年末未下达的额度时不再进行会计处理

项目四

负债的核算

知识目标

1. 明确行政事业单位负债的具体构成；
2. 熟悉行政事业单位各项负债的核算内容；
3. 掌握行政事业单位短期借款与应缴款项的核算；
4. 掌握行政事业单位应付款项的核算方法；
5. 掌握行政事业单位长期借款与长期应付款的核算方法。

技能目标

熟悉科目口径，正确进行行政事业单位负债的核算。

知识准备

负债是指政府部门过去的经济业务或者事项形成的，预期会导致经济资源流出政府部门的现时义务。政府部门的负债按照流动性，分为流动负债和非流动负债。流动负债是指预计在1年内(含1年)偿还的负债，包括应付及预收款项、应付职工薪酬、应缴款项等。非流动负债是指流动负债以外的负债，包括长期应付款、应付政府债券和政府依法担保形成的债务等。

政府部门对符合负债定义的债务，应当在确定承担偿债责任(履行该义务很可能导致含有服务潜力或者经济利益的经济资源流出政府部门)并且能够可靠地进行货币计量时确认。

负债的计量属性主要包括历史成本、现值和公允价值。在历史成本计量下，负债按照因承担现时义务而实际支付的款项或者资产的金额，或者承担现时义务的合同金额，或者按照为偿还负债预期需要支付的现金计量。在现值计量下，负债按照预计期限内需要偿还的未来净现金流出量的折现金额计量。在公允价值计量下，负债按照市场参与者在计量日发生的有序交易中，转移负债所需支付的价格计量。政府部门在对负债进行计量时，一般应当采用历史成本。采用现值、公允价值计量的，应当保证所确定的负债金额能够持续、可靠计量。

任务一　流动负债

流动负债是指预计在 1 年内(含 1 年)偿还的负债。政府部门的流动负债包括短期借款、应交税费、应缴财政款、应付职工薪酬、应付及预收款项、应付政府补贴款等。

一、短期借款

短期借款是指事业单位经批准向银行或其他金融机构等借入的期限在 1 年内(含 1 年)的各种借款。行政单位没有短期借款业务。为核算短期借款业务,事业单位应设置"短期借款"总账科目。该科目应当按照债权人和借款种类进行明细核算。

单位借入各种短期借款时,按照实际借入的金额,借记"银行存款"科目,贷记"短期借款"科目。银行承兑汇票到期,本单位无力支付票款的,按照应付票据的账面余额,借记"应付票据"科目,贷记"短期借款"科目。归还短期借款时,借记"短期借款"科目,贷记"银行存款"科目。该科目期末贷方余额,反映事业单位尚未偿还的短期借款本金。

【例 4-1】　甲事业单位经批准向银行借入一笔短期借款,借款金额为 50 000 元,借款期限为 3 个月,到期一次偿还借款本金 50 000 元,并支付借款利息 500 元。会计分录如下:

(1)借入短期借款时,

借:银行存款	50 000
贷:短期借款	50 000

(2)偿付借款本金并支付借款利息时,

借:短期借款	50 000
其他费用	500
贷:银行存款	50 500

二、应交增值税

(一)增值税概述

在我国境内销售货物或者加工、修理修配劳务,销售服务、无形资产、不动产以及进口货物的单位和个人,为增值税的纳税人。根据规定,纳税人销售货物、劳务、服务、无形资产、不动产(可统称为应税销售行为),除了规定的进项税额不得从销项税额中抵扣的情形外,应纳税额为当期销项税额抵扣当期进项税额后的余额。用公式表示如下:

$$应纳税额＝当期销项税额－当期进项税额$$

纳税人购进货物、劳务、服务、无形资产、不动产支付或者负担的增值税额,为进项税额。规定的进项税额不得从销项税额中抵扣的情形,如用于简易计税方法计税项目、免征增值税项目、集体福利或者个人消费的购进货物、劳务、服务、无形资产和不动产等。增值税税率根据情况分别为 13%、9%、6%三档税率及 5%、3%两档征收率。纳税人出口货物,税率为零。

相对于一般纳税人,小规模纳税人发生应税销售行为,实行按照销售额和征收率计算应纳税额的简易办法,并不得抵扣进项税额。小规模纳税人的增值税征收率为 3%,小规模纳税人应纳税额的计算公式如下：

$$应纳税额＝销售额×征收率$$

（二）应交增值税核算科目的设置

为核算应交增值税业务，应设置"应交增值税"总账科目。属于增值税一般纳税人的单位，应当在该科目下设置"应交税金""未交税金""预交税金""待抵扣进项税额""待认证进项税额""待转销项税额""简易计税""转让金融商品应交增值税""代扣代交增值税"等明细科目。"应交增值税"总账科目期末贷方余额，反映单位应交未交的增值税；期末如为借方余额，反映单位尚未抵扣或多交的增值税。

属于增值税小规模纳税人的单位只需在"应交增值税"总账科目下设置"转让金融商品应交增值税""代扣代交增值税"明细科目。

相关明细科目的核算内容如下。

1."应交税金"明细科目

该明细科目内应当设置"进项税额""已交税金""转出未交增值税""减免税款""销项税额""进项税额转出""转出多交增值税"等专栏。

"进项税额"专栏，记录单位购进货物、加工修理修配劳务、服务、无形资产或不动产而支付或负担的、准予从当期销项税额中抵扣的增值税额。

"已交税金"专栏，记录单位当月已缴纳的应交增值税额。

"转出未交增值税"和"转出多交增值税"专栏，分别记录一般纳税人月度终了转出当月应交未交或多交的增值税额。

"减免税款"专栏，记录单位按照增值税制度规定，准予减免的增值税额。

"销项税额"专栏，记录单位销售货物、加工修理修配劳务、服务、无形资产或不动产应收取的增值税额。

"进项税额转出"专栏，记录单位购进货物、加工、修理、修配、劳务、服务、无形资产或不动产时，因发生非正常损失，或者由于其他原因而不应从销项税额中抵扣、按照规定转出的进项税额。

2."未交税金"明细科目

该明细科目核算单位月度终了从"应交税金""预交税金"明细科目转入当月应交未交、多交或预缴的增值税额，以及当月缴纳以前期间未交的增值税额。

3."预交税金"明细科目

该明细科目核算单位转让不动产，提供不动产经营租赁服务或建筑服务，采用预收款方式销售自行开发房地产项目等，以及其他按现行增值税制度规定，预缴的增值税额。

4."待抵扣进项税额"明细科目

该明细科目核算单位已取得增值税扣税凭证并经税务机关认证，按照增值税制度规定准予以后期间从销项税额中抵扣的进项税额。

5."待认证进项税额"明细科目

该明细科目核算单位由于未经税务机关认证而不得从当期销项税额中抵扣的进项税额。包括一般纳税人已取得增值税扣税凭证并按规定准予从销项税额中抵扣，但尚未经税务机关认证的进项税额；一般纳税人已申请稽核但尚未取得稽核相符结果的海关缴款书进项税额。

6. "待转销项税额"明细科目

该明细科目核算单位销售货物、加工修理修配劳务、服务、无形资产或不动产,已确认相关收入(或利得)但尚未发生增值税纳税义务而需于以后期间确认为销项税额的增值税额。

7. "简易计税"明细科目

该明细科目核算单位采用简易计税方法发生的增值税计提、扣减、预缴、缴纳等业务。

8. "转让金融商品应交增值税"明细科目

该明细科目核算单位转让金融商品发生的增值税额。

9. "代扣代交增值税"明细科目

该明细科目核算单位购进在境内未设经营机构的境外单位或个人在境内的应税行为代扣代缴的增值税。

(三) 应交增值税的账务处理

1. 单位取得资产或接受劳务

(1) 采购等业务进项税额允许抵扣。

单位购买用于增值税应税项目的资产或服务等时,按照应计入相关成本费用或资产的金额,借记"业务活动费用""在途物品""库存物品""工程物资""在建工程""固定资产""无形资产"等科目,按照当月已认证的可抵扣增值税额,借记"应交增值税"科目(应交税金——进项税额),按照当月未认证的可抵扣增值税额,借记"应交增值税"科目(待认证进项税额),按照应付或实际支付的金额,贷记"应付账款""应付票据""银行存款""零余额账户用款额度"等科目。发生退货的,如原增值税专用发票已做认证,应根据税务机关开具的红字增值税专用发票做相反的会计分录;如原增值税专用发票未做认证,应将发票退回并做相反的会计分录。

小规模纳税人购买资产或服务等时不能抵扣增值税,发生的增值税计入资产成本或相关成本费用。

(2) 采购等业务进项税额不得抵扣。

单位购进资产或服务等,用于简易计税方法计税项目、免征增值税项目、集体福利或个人消费等,其进项税额,按照制度规定不得从销项税额中抵扣的,取得增值税专用发票时,应按照增值税发票注明的金额,借记相关成本费用或资产科目,按照待认证的增值税进项税额,借记"应交增值税——待认证进项税额"科目,按照实际支付或应付的金额,贷记"银行存款""应付账款""零余额账户用款额度"等科目。经税务机关认证为不可抵扣进项税时,借记"应交增值税——应交税金——进项税额"科目,贷记"应交增值税——待认证进项税额"科目。同时,将进项税额转出,借记相关成本费用科目,贷记"应交增值税——应交税金——进项税额转出"科目。

(3) 购进不动产或不动产在建工程,按照规定进项税额分年抵扣。

单位取得应税项目为不动产或者不动产在建工程,按照制度规定其进项税额自取得之日起分 2 年从销项税额中抵扣的,应当按照取得成本,借记"固定资产""在建工程"等科目,按照当期可抵扣的增值税额,借记"应交增值税——应交税金——进项税额"科目,按照以后期间可抵扣的增值税额,借记"应交增值税——待抵扣进项税额"科目,按照应付或实际支付的金额,贷记"应付账款""应付票据""银行存款""零余额账户用款额度"等科目。尚未抵扣的进项税额待以后期间允许抵扣时,按照允许抵扣的金额,借记"应交增值税——应交税金——进项税额"科目,贷记"应交增值税——待抵扣进项税额"科目。

(4)进项税额抵扣情况发生改变。

单位因发生非正常损失或改变用途等,原已计入进项税额、待抵扣进项税额或待认证进项税额,但按照现行增值税制度规定不得从销项税额中抵扣的,借记"待处理财产损溢""固定资产""无形资产"等科目,贷记"应交增值税——应交税金——进项税额转出""应交增值税——待抵扣进项税额"或"应交增值税——待认证进项税额"科目;原不得抵扣且未抵扣进项税额的固定资产、无形资产等,因改变用途等用于允许抵扣进项税额的应税项目的,应按照允许抵扣的进项税额,借记"应交增值税——应交税金——进项税额"科目,贷记"固定资产""无形资产"等科目。固定资产、无形资产等经上述调整后,应按照调整后的账面价值在剩余尚可使用年限内计提折旧或摊销。

单位购进时已全额计入进项税额的货物或服务等转用于不动产在建工程的,对于结转以后期间的进项税额,应借记"应交增值税——待抵扣进项税额"科目,贷记"应交增值税——应交税金——进项税额转出"科目。

(5)购买方作为扣缴义务人。

按照现行增值税制度规定,境外单位或个人在境内发生应税行为,在境内未设有经营机构的,以购买方为增值税扣缴义务人。境内一般纳税人购进服务或资产时,按照应计入相关成本费用或资产的金额,借记"业务活动费用""在途物品""库存物品""工程物资""在建工程""固定资产""无形资产"等科目,按照可抵扣的增值税额,借记"应交增值税——应交税金——进项税额"科目(小规模纳税人应借记相关成本费用或资产科目),按照应付或实际支付的金额,贷记"银行存款""应付账款"等科目,按照应代扣代缴的增值税额,贷记"应交增值税——代扣代交增值税"科目。实际缴纳代扣代缴增值税时,按照代扣代缴的增值税额,借记"应交增值税——代扣代交增值税"科目,贷记"银行存款""零余额账户用款额度"等科目。

2.单位销售资产或提供服务等业务

(1)销售资产或提供服务业务。

单位销售货物或提供服务,应当按照应收或已收的金额,借记"应收账款""应收票据""银行存款"等科目。按照确认的收入金额,贷记"经营收入""事业收入"等科目,按照增值税制度规定计算的销项税额(或采用简易计税方法计算的应纳增值税额),贷记"应交增值税——应交税金——销项税额"科目或"应交增值税——简易计税"科目(小规模纳税人应贷记"应交增值税"科目)。发生销售退回的,应根据按照规定开具的红字增值税专用发票做相反的会计分录。

按照相关政府会计准则或政府会计制度确认收入的时点早于按照增值税制度确认增值税纳税义务发生时点的,应将相关销项税额计入"应交增值税——待转销项税额"科目,待实际发生纳税义务时,再转入"应交增值税——应交税金——销项税额"科目或"应交增值税——简易计税"科目。

按照增值税制度确认增值税纳税义务发生时点早于按照相关政府会计准则或政府会计制度确认收入的时点的,应按照应纳增值税额,借记"应收账款"科目,贷记"应交增值税——应交税金——销项税额"科目或"应交增值税——简易计税"科目。

(2)金融商品转让按照规定以盈亏相抵后的余额作为销售额。

金融商品实际转让的月末,如产生转让收益,则按照应纳税额,借记"投资收益"科目,贷记"应交增值税——转让金融商品应交增值税"科目;如产生转让损失,则按照可结转下月抵扣税额,借记"应交增值税——转让金融商品应交增值税"科目,贷记"投资收益"科目。交纳增值税时,应借记"应交增值税——转让金融商品应交增值税"科目,贷记"银行存款"等科目。年末,"应交增值税——转让金融商品应交增值税"科目如有借方余额,则借记"投资收益"科目,贷记"应交增值税——转让金融商品应交增值税"科目。

3. 月末转出多交增值税和未交增值税

月度终了,单位应当将当月应交未交或多交的增值税自"应交税金"明细科目转入"未交税金"明细科目。对于当月应交未交的增值税,借记"应交增值税——应交税金——转出未交增值税"科目,贷记"应交增值税——未交税金"科目;对于当月多交的增值税,借记"应交增值税——未交税金"科目,贷记"应交增值税——应交税金——转出多交增值税"科目。

4. 交纳增值税

(1)交纳当月应交增值税。

单位交纳当月应交的增值税,借记"应交增值税——应交税金——已交税金"科目(小规模纳税人借记"应交增值税"科目),贷记"银行存款"等科目。

(2)交纳以前期间未交增值税。

单位交纳以前期间未交的增值税,借记"应交增值税——未交税金"科目(小规模纳税人借记"应交增值税"科目),贷记"银行存款"等科目。

(3)预交增值税。

单位预交增值税时,借记"应交增值税——预交税金"科目,贷记"银行存款"等科目。月末,单位应将"预交税金"明细科目余额转入"未交税金"明细科目,借记"应交增值税——未交税金"科目,贷记"应交增值税——预交税金"科目。

(4)减免增值税。

对于当期直接减免的增值税,借记"应交增值税——应交税金——减免税款"科目,贷记"业务活动费用""经营费用"等科目。按照现行增值税制度规定,单位初次购买增值税税控系统专用设备支付的费用,以及缴纳的技术维护费,允许在增值税应纳税额中全额抵减的,按照规定抵减的增值税应纳税额,借记"应交增值税——应交税金——减免税款"科目(小规模纳税人借记"应交增值税"科目),贷记"业务活动费用""经营费用"等科目。

【例4-2】 甲事业单位为增值税一般纳税人,在开展非独立核算经营活动中购入一批货品10 000元,当月已认证的可抵扣增值税额为1 600元,款项合计11 600元(=10 000+1 600),以银行存款支付,货品已验收入库。

该事业单位在开展非独立核算经营活动中还销售一批货品,取得经营收入12 000元,按规定计算的销项税额为1 920元,款项合计13 920元(=12 000+1 920)已收到并存入开户银行。

当月末,该事业单位将当月应交未交的增值税320元自"应交税金"明细科目转入"未交税金"明细科目。次月,该事业单位以银行存款交纳上月未交的增值税320元。会计分录如下:

(1)购入货品时,

借:库存物品	10 000
应交增值税——应交税金——进项税额	1 600
贷:银行存款	11 600

（2）销售货品时，

借：银行存款   13 920

    贷：经营收入   12 000

        应交增值税——应交税金——销项税额   1 920

（3）月末，将当月应交未交的增值税自"应交税金"明细科目转入"未交税金"明细科目时，

借：应交增值税——应交税金——转出未交增值税   320

    贷：应交增值税——未交税金   320

（4）次月，以银行存款交纳上月未交的增值税时，

借：应交增值税——未交税金   320

    贷：银行存款   320

事业单位的增值税业务主要涉及经营活动，而经营活动在事业单位中是少量的和小规模的，在公益一类事业单位及行政单位中没有经营活动。由于事业单位属于公益组织，根据国家税法的规定可以享受税收优惠。例如，对公立医院提供的医疗服务免征增值税，对公立医院自产自用的制剂免征增值税。公立学校、图书馆、博物馆、文化馆、美术馆、科技馆、体育馆、科学院等的情况类似。

【例4-3】 甲事业单位为增值税一般纳税人，报经批准出售一项无形资产。该项无形资产的账面余额为30 000元，已计提摊销5 000元，账面价值为25 000元（＝30 000－5 000），出售价格为28 000元，出售收入按规定纳入单位预算管理，不上缴财政，按增值税制度规定计算的增值税销项税额为1 680元，款项合计29 680元（＝28 000＋1 680）已收到并存入开户银行。会计分录如下：

（1）注销无形资产账面价值时，

借：资产处置费用   25 000

    无形资产累计摊销   5 000

    贷：无形资产   30 000

（2）收到出售价款并确认应交增值税时，

借：银行存款   29 680

    贷：应交增值税——应交税金——销项税额   1 680

        其他收入   28 000

三、其他应交税费

其他应交税费，是指行政事业单位按照税法等规定计算应交纳的除增值税以外的各种税费，包括城市维护建设税、教育费附加、地方教育费附加、车船税、房产税、城镇土地使用税和企业所得税等。

为核算其他应交税费业务，应设置"其他应交税费"总账科目，应当按照应交纳的税费种类进行明细核算。单位代扣代缴的个人所得税，也通过该科目核算。该科目期末贷方余额，反映单位应交未交的除增值税以外的税费金额；期末如为借方余额，反映单位多交纳的除增值税以外的税费金额。单位应交纳的印花税不需要预提应交税费，直接通过"业务活动费用""单位管理费用""经营费用"等科目核算，不通过该科目核算。

单位发生城市维护建设税、教育费附加、地方教育费附加、车船税、房产税、城镇土地使用税等纳税义务的,按照税法规定计算的应缴税费金额,借记"业务活动费用""单位管理费用""经营费用"等科目,贷记该科目(应交城市维护建设税、应交教育费附加、应交地方教育费附加、应交车船税、应交房产税、应交城镇土地使用税等)。

按照税法规定计算应代扣代缴职工(含长期聘用人员)的个人所得税,借记"应付职工薪酬"科目,贷记该科目(应交个人所得税)。按照税法规定计算应代扣代缴支付给职工(含长期聘用人员)以外人员劳务费的个人所得税,借记"业务活动费用""单位管理费用"等科目,贷记该科目(应交个人所得税)。

发生企业所得税纳税义务的,按照税法规定计算的应交所得税额,借记"所得税费用"科目,贷记该科目(单位应交所得税)。

单位实际交纳上述各种税费时,借记该科目(应交城市维护建设税、应交教育费附加、应交地方教育费附加、应交车船税、应交房产税、应交城镇土地使用税、应交个人所得税、单位应交所得税等),贷记"财政拨款收入""零余额账户用款额度""银行存款"等科目。

【例4-4】 甲事业单位在开展专业业务活动中按税法规定发生应交城市维护建设税500元,教育费附加300元,两项税费金额合计800元(=500+300),按规定应计入业务活动费用。会计分录如下:

借:业务活动费用　　　　　　　　　　　　　　　　　　800
　贷:其他应交税费　　　　　　　　　　　　　　　　　　　　800

如同增值税的情况,公立医院自用的房产免征房产税。公立学校、图书馆、博物馆、文化馆、美术馆、科技馆、体育馆、科学院等的情况也类似。事业单位的企业所得税业务也主要涉及经营活动,行政单位没有企业所得税业务。根据税法规定,国家机关自用的房产免征房产税。相关行政事业单位的出租房产以及非自身业务使用的生产、营业用房,不属于房产税免税范围。车船税、城镇土地使用税等的情况也类似。

四、应缴财政款

应缴财政款,是指行政事业单位取得或应收的按照规定应当上缴财政的款项,包括应缴国库的款项和应缴财政专户的款项。按照国家税法等有关规定,单位应当缴纳的各种税费不属于应缴财政款,而属于应交税费。

为核算应缴财政款业务,应设置"应缴财政款"总账科目,按应缴财政款项的类别进行明细核算。按照税法应当缴纳的各种税费,通过"应交增值税""其他应交税费"科目核算,不通过该科目核算。

单位取得或应收按照规定应缴财政的款项时,借记"银行存款""应收账款"等科目,贷记该科目。单位处置资产取得应上缴财政的处置净收入时,借记"待处理财产损溢——处理净收入"科目,贷记该科目。单位上缴应缴财政的款项时,按照实际上缴的金额,借记该科目,贷记"银行存款"科目。该科目期末贷方余额,反映单位应当上缴财政但尚未缴纳的款项。年终清缴后,该科目一般应无余额。

【例4-5】 甲事业单位出租一项资产,收到租金24 200元,款项已存入开户银行,该租金按规定应当上缴财政。数日后,该事业单位将收到的租金24 200元上缴财政。会计分录如下:

（1）收到租金时，

借：银行存款　　　　　　　　　　　　　　　　　　　　　24 200

　　贷：应缴财政款　　　　　　　　　　　　　　　　　　　　　　24 200

（2）租金上缴财政时，

借：应缴财政款　　　　　　　　　　　　　　　　　　　　　24 200

　　贷：银行存款　　　　　　　　　　　　　　　　　　　　　　24 200

在财政国库集中收付制度下，缴款人应将应缴财政的款项直接缴入财政国库或财政专户，不通过行政事业单位的银行存款账户过渡。在这种情况下，行政事业单位的职责是监督缴款人依法将应缴财政的款项及时上缴财政，单位不需要对相应的缴款业务做正式的会计分录。对于一些零星的难以实行国库集中收缴制度的政府非税收入，行政事业单位在直接收取后，应当及时上缴财政。

五、应付职工薪酬

应付职工薪酬，是指行政事业单位按照有关规定应付给职工（含长期聘用人员）及为职工支付的各种薪酬，包括基本工资、国家统一规定的津贴补贴、规范津贴补贴（绩效工资）、改革性补贴、社会保险费（如职工基本养老保险费、职业年金、基本医疗保险费等）、住房公积金等。

为核算应付职工薪酬业务，应设置"应付职工薪酬"总账科目，下设"基本工资"（含离退休费）"国家统一规定的津贴补贴""规范津贴补贴（绩效工资）""改革性补贴""社会保险费""住房公积金""其他个人收入"等明细科目进行明细核算。其中，"社会保险费""住房公积金"明细科目核算的内容包括单位从职工工资中代扣代缴的社会保险费、住房公积金，以及单位为职工计算缴纳的社会保险费、住房公积金。本科目期末贷方余额，反映单位应付未付的职工薪酬。

单位计算确认当期应付职工薪酬（包括单位为职工计算缴纳的社会保险费、住房公积金）时，计提从事专业及其辅助活动人员的职工薪酬，借记"业务活动费用""单位管理费用"科目，贷记该科目。计提应由在建工程、加工物品、自行研发无形资产负担的职工薪酬，借记"在建工程""加工物品""研发支出"科目，贷记该科目。计提从事专业及其辅助活动之外的经营活动人员的职工薪酬，借记"经营费用"科目，贷记该科目。因解除与职工的劳动关系而给予的补偿，借记"单位管理费用"等科目，贷记该科目。

单位向职工支付工资、津贴补贴等薪酬时，按照实际支付的金额，借记该科目，贷记"财政拨款收入""零余额账户用款额度""银行存款"等科目。

单位按照税法规定代扣职工个人所得税时，借记该科目（基本工资），贷记"其他应交税费——应交个人所得税"科目。从应付职工薪酬中代扣为职工垫付的水电费、房租等费用时，按照实际扣除的金额，借记该科目（基本工资），贷记"其他应收款"等科目。从应付职工薪酬中代扣社会保险费和住房公积金，按照代扣的金额，借记该科目（基本工资），贷记该科目（社会保险费、住房公积金）。

单位按照国家有关规定缴纳职工社会保险费和住房公积金时，按照实际支付的金额，借记该科目（社会保险费、住房公积金），贷记"财政拨款收入""零余额账户用款额度""银行存款"等科目。从应付职工薪酬中支付的其他款项，借记该科目，贷记"零余额账户用款额度""银行存款"等科目。

【例4-6】　甲行政单位计提当月职工薪酬共计 568 500 元（其中包含了职工基本工资

422 000 元,国家统一规定的津贴补贴 43 500 元,单位应为职工计算缴纳的社会保险费 68 000 元和住房公积金 35 000 元),代扣的社会保险费和住房公积金合计 97 000 元(应从职工基本工资中代扣的社会保险费 65 000 元和住房公积金 32 000 元),单位按税法规定应从职工基本工资中代扣的职工个人所得税 7 800 元。在当月职工薪酬中,社会保险费合计 133 000 元(=65 000+68 000),住房公积金合计 67 000 元(=32 000+35 000)。数日后,该行政单位通过财政直接支付的方式向职工支付基本工资 317 200 元(=422 000−65 000−32 000−7 800)和津贴补贴 43 500 元,两项款项合计 360 700 元(=317 200+43 500)。按照规定向相关机构缴纳职工社会保险费 133 000 元和住房公积金 67 000 元,两项款项合计 200 000 元(=133 000+67 000)。通过财政直接支付方式支付。会计分录如下:

(1) 计提职工薪酬时,

借:业务活动费用		568 500
贷:应付职工薪酬——基本工资		422 000
国家统一规定的津贴补贴		43 500
社会保险费		68 000
住房公积金		35 000

(2) 按税法规定代扣职工个人所得税时,

借:应付职工薪酬——基本工资		7 800
贷:其他应交税费——应交个人所得税		7 800

(3) 从应付职工薪酬中代扣社会保险费和住房公积金时,

借:应付职工薪酬——基本工资		97 000
贷:应付职工薪酬——社会保险费		65 000
住房公积金		32 000

(4) 向职工支付基本工资和津贴补贴时,

借:应付职工薪酬——基本工资		317 200
国家统一规定的津贴补贴		43 500
贷:财政拨款收入		360 700

(5) 向相关机构缴纳职工社会保险费和住房公积金时,

借:应付职工薪酬——社会保险费		133 000
——住房公积金		67 000
贷:财政拨款收入		200 000

行政事业单位从应付职工薪酬中代扣代缴的社会保险费、住房公积金以及个人所得税,减少应付职工薪酬中基本工资的数额,即减少实际需要向职工个人支付的薪酬数额。为职工计算缴纳的社会保险费和住房公积金,不减少应付职工薪酬中基本工资的数额,即该部分职工薪酬本来就不向职工个人支付。职工的社会保险费和住房公积金,由单位以及职工个人分别向社会保险经办机构和住房公积金管理机构缴纳,各自承担一部分。社会保险基金的另一项重要来源是财政补助。

六、应付及预收款项

应付及预收款项,是指行政事业单位在开展业务活动中发生的各项债务,包括应付票据、应付账款、应付政府补贴款、应付利息、预收账款、其他应付款等。

(一) 应付票据

应付票据是指事业单位因购买材料、物资等而开出、承兑的商业汇票,包括银行承兑汇票和商业承兑汇票。

为核算应付票据业务,事业单位应设置"应付票据"总账科目,按照债权人进行明细核算。该科目期末贷方余额,反映事业单位开出、承兑的尚未到期的应付票据金额。事业单位应付票据的业务内容和核算方法与企业应付票据的相应内容类似。

单位开出、承兑商业汇票时,借记"库存物品""固定资产"等科目,贷记"应付票据"科目。涉及增值税业务的,还应进行相应的会计处理。以商业汇票抵付应付账款时,借记"应付账款"科目,贷记"应付票据"科目。支付银行承兑汇票的手续费时,借记"业务活动费用""经营费用"等科目,贷记"银行存款""零余额账户用款额度"等科目。

商业汇票到期时,应当分别按以下情况处理:① 收到银行支付到期票据的付款通知时,借记该科目,贷记"银行存款"科目。② 银行承兑汇票到期,单位无力支付票款的,按照应付票据账面余额,借记该科目,贷记"短期借款"科目。③ 商业承兑汇票到期,单位无力支付票款的,按照应付票据账面余额,借记"应付票据"科目,贷记"应付账款"科目。

事业单位应当设置应付票据备查簿,详细登记每一笔应付票据的种类、号数、出票日期、到期日、票面金额、交易合同号、收款人姓名或单位名称,以及付款日期和金额等。应付票据到期结清票款后,应当在备查簿内逐笔注销。

(二) 应付账款

应付账款,是行政事业单位因购买物资、接受服务、开展工程建设等而应付的偿还期限在1年以内(含1年)的款项。

为核算应付账款业务,应设置"应付账款"总账科目,按照债权人进行明细核算。对于建设项目,还应设置"应付器材款""应付工程款"等明细科目,并按照具体项目进行明细核算。该科目期末贷方余额,反映单位尚未支付的应付账款金额。

单位收到所购材料、物资、设备或服务以及确认完成工程进度但尚未付款时,根据发票及账单等有关凭证,按照应付未付款项的金额,借记"库存物品""固定资产""在建工程"等科目,贷记"应付账款"科目。涉及增值税业务的,还应进行相应的会计处理。偿付应付账款时,按照实际支付的金额,借记"应付账款"科目,贷记"财政拨款收入""零余额账户用款额度""银行存款"等科目。

事业单位开出、承兑商业汇票抵付应付账款时,借记"应付账款"科目,贷记"应付票据"科目。单位无法偿付或债权人豁免偿还的应付账款应当按照规定报经批准后进行账务处理。经批准核销时,借记"应付账款"科目,贷记"其他收入"科目。核销的应付账款应在备查簿中保留登记。

【例4-7】 甲事业单位购买一批物品18 900元,物品已验收入库,款项尚未支付。数日后,该事业单位以零余额账户用款额度偿付了购买该批物品的款项18 900元。暂不考虑增值税业务。会计分录如下:

(1) 收到购买物品时,

借:库存物品 18 900

    贷:应付账款 18 900

（2）以零余额账户用款额度偿付应付账款时，

借：应付账款	18 900
贷：零余额账户用款额度	18 900

（三）应付政府补贴款

应付政府补贴款，是指负责发放政府补贴的行政单位，按照规定应当支付给政府补贴接受者的各种政府补贴款。如有关行政单位根据职能划分向农民发放农机购置补贴，向使用清洁能源的单位和个人发放使用清洁能源补贴，向购买节能电器的单位和个人发放节能补贴，向职业培训和职业介绍机构发放职业培训和职业介绍补贴等。

为核算应付政府补贴款业务，行政单位应设置"应付政府补贴款"总账科目。该科目应当按照应支付的政府补贴种类进行明细核算。单位还应当根据补贴接受者进行明细核算，或者建立备查簿对补贴接受者予以登记。该科目期末贷方余额，反映行政单位应付未付的政府补贴金额。

行政单位发生应付政府补贴时，按照规定计算确定的应付政府补贴金额，借记"业务活动费用"科目，贷记该科目。支付应付政府补贴款时，按照支付金额，借记该科目，贷记"零余额账户用款额度""银行存款"等科目。

【例4-8】 甲行政单位发生一项应付政府补贴业务，按照规定计算确定的应付政府补贴金额为58 500元。数日后，该行政单位通过零余额账户用款额度，向政府补贴接受者支付了该项政府补贴款项58 500元。会计分录如下：

（1）发生应付政府补贴时，

借：业务活动费用	58 500
贷：应付政府补贴款	58 500

（2）通过零余额账户用款额度支付应付政府补贴时，

借：应付政府补贴款	58 500
贷：零余额账户用款额度	58 500

（四）应付利息

应付利息，是指事业单位按照合同约定应支付的借款利息，包括短期借款、分期付息到期还本的长期借款等应支付的利息。

为核算应付利息业务，事业单位应设置"应付利息"总账科目，按照债权人等进行明细核算。该科目期末贷方余额，反映事业单位应付未付的利息金额。

单位为建造固定资产、公共基础设施等借入的专门借款的利息，属于建设期间发生的，按期计提利息费用时，按照计算确定的金额，借记"在建工程"科目，贷记该科目；不属于建设期间发生的，按期计提利息费用时，按照计算确定的金额，借记"其他费用"科目，贷记该科目。对于其他借款，按期计提利息费用时，按照计算确定的金额，借记"其他费用"科目，贷记该科目。单位实际支付应付利息时，按照支付的金额，借记该科目，贷记"银行存款"等科目。

【例4-9】 甲事业单位经批准向银行借入一笔短期借款，年末计提借款利息费用450元。会计分录如下：

借：其他费用	450
贷：应付利息	450

由于行政单位没有短期借款和长期借款的业务，因此，也没有应付利息的业务。

（五）预收账款

预收账款，是指事业单位预先收取但尚未结算的款项。为核算预收账款业务，事业单位应设置"预收账款"总账科目，应当按照债权人进行明细核算。该科目期末贷方余额，反映事业单位预收但尚未结算的款项金额。

单位从付款方预收款项时，按照实际预收的金额，借记"银行存款"等科目，贷记该科目。确认有关收入时，按照预收账款账面余额，借记该科目，按照应确认的收入金额，贷记"事业收入""经营收入"等科目，按照付款方补付或退回付款方的金额，借记或贷记"银行存款"等科目。涉及增值税业务的，还应进行相应的会计处理。单位无法偿付或债权人豁免偿还的预收账款应当按照规定报经批准后进行账务处理。经批准核销时，借记"预收账款"科目，贷记"其他收入"科目。核销的预收账款应在备查簿中保留登记。

【例4-10】 甲事业单位从付款方预收一笔款项5 000元，款项已存入开户银行。相应的专业业务活动结束后，该事业单位应确认事业收入6 280元，付款方通过银行转账方式补付款项1 280元。会计分录如下：

（1）从付款方预收款项时，

借：银行存款   5 000

  贷：预收账款   5 000

（2）确认收入并收到补付款项时，

借：银行存款   1 280

  预收账款   5 000

  贷：事业收入   6 280

行政单位没有预收账款的业务。事业单位的预收账款，如公立医院的预收医疗款，科研院所和高等学校的预收科研经费，事业单位在开展经营活动中预收的款项等。

（六）其他应付款

其他应付款，是指单位除应交增值税、其他应交税费、应缴财政款、应付职工薪酬、应付票据、应付账款、应付政府补贴款、应付利息、预收账款以外，其他各项偿还期限在1年内（含1年）的应付及暂收款项，如收取的押金存入保证金、已经报销但尚未偿还银行的本单位公务卡欠款等。

为核算其他应付款业务，应设置"其他应付款"总账科目，按照其他应付款的类别以及债权人等进行明细核算。同级政府财政部门预拨的下期预算款和没有纳入预算的暂付款项，以及采用实拨资金方式通过本单位转拨给下属单位的财政拨款，也通过该科目核算。该科目期末贷方余额，反映单位尚未支付的其他应付款金额。

单位发生其他应付及暂收款项时，借记"银行存款"等科目，贷记该科目。支付（或退回）其他应付及暂收款项时，借记该科目，贷记"银行存款"等科目。将暂收款项转为收入时，借记该科目，贷记"事业收入"等科目。

单位收到同级政府财政部门预拨的下期预算款和没有纳入预算的暂付款项，按照实际收到的金额，借记"银行存款"等科目，贷记该科目；待到下一预算期或批准纳入预算时，借记该科目，贷记"财政拨款收入"科目。采用实拨资金方式通过本单位转拨给下属单位的财政拨款，按照实际收到的金额，借记"银行存款"科目，贷记该科目；向下属单位转拨财政拨款时，按照转拨的金额，借记该科目，贷记"银行存款"科目。

本单位公务卡持卡人报销时,按照审核报销的金额,借记"业务活动费用""单位管理费用"等科目,贷记该科目;偿还公务卡欠款时,借记该科目,贷记"零余额账户用款额度"等科目。

涉及质保金形成其他应付款的,相关账务处理参见固定资产核算的相关业务。

无法偿付或债权人豁免偿还的其他应付款项,应当按照规定报经批准后进行账务处理。经批准核销时,借记该科目,贷记"其他收入"科目。核销的其他应付款应在备查簿中保留登记。

【例 4-11】　甲行政单位公务卡持卡人报销,审核报销的金额为 15 600 元。数日后,该行政单位通过财政授权支付方式向银行偿还了该项公务卡欠款 15 600 元。会计分录如下:

(1) 公务卡持卡人报销时,

借:业务活动费用　　　　　　　　　　　　　　　　　　　　　　　15 600

　　贷:其他应付款　　　　　　　　　　　　　　　　　　　　　　　15 600

(2) 向银行偿还公务卡欠款时,

借:其他应付款　　　　　　　　　　　　　　　　　　　　　　　　15 600

　　贷:零余额账户用款额度　　　　　　　　　　　　　　　　　　　15 600

七、预提费用

预提费用,是指行政事业单位预先提取的已经发生但尚未支付的费用,如预提租金费用等。

为核算预提费用业务,应设置"预提费用"总账科目,按照预提费用的种类进行明细核算。事业单位按规定从科研项目收入中提取的项目间接费用或管理费用,也通过该科目核算。事业单位计提的借款利息费用,通过"应付利息""长期借款"科目核算,不通过该科目核算。对于提取的项目间接费用或管理费用,应当在该科目下设置"项目间接费用或管理费用"明细科目,并按项目进行明细核算。

该科目期末贷方余额,反映单位已预提但尚未支付的各项费用。

对于项目间接费用或管理费用,事业单位按规定从科研项目收入中提取项目间接费用或管理费用时,按照提取的金额,借记"单位管理费用"科目,贷记该科目(项目间接费用或管理费用)。实际使用计提的项目间接费用或管理费用时,按照实际支付的金额,借记该科目(项目间接费用或管理费用),贷记"银行存款""库存现金"等科目。

对于其他预提费用,单位按期预提租金等费用时,按照预提的金额,借记"业务活动费用""单位管理费用""经营费用"等科目,贷记该科目。实际支付款项时,按照支付金额,借记该科目,贷记"零余额账户用款额度""银行存款"等科目。

【例 4-12】　甲事业单位按规定从某项科研项目收入中提取项目管理费用 5 000 元。在项目日常管理中,该事业单位实际使用计提的该项目管理费用 1 200 元,款项以银行存款支付。会计分录如下:

(1) 从科研项目收入中提取项目管理费用时,

借:单位管理费用　　　　　　　　　　　　　　　　　　　　　　　5 000

　　贷:预提费用——项目间接费用或管理费用　　　　　　　　　　　5 000

(2) 实际使用计提的项目管理费用时,

借:预提费用——项目间接费用或管理费用　　　　　　　　　　　　1 200

　　贷:银行存款　　　　　　　　　　　　　　　　　　　　　　　　1 200

任务二　非流动负债

非流动负债是指除流动负债以外的负债。政府部门的非流动负债包括长期借款、长期应付款和预计负债等。

一、长期借款

长期借款，是指事业单位经批准向银行或其他金融机构等借入的期限超过 1 年（不含 1 年）的各种借款本息。

为核算长期借款业务，事业单位应设置"长期借款"总账科目，下设"本金"和"应计利息"明细科目，并按照贷款单位和贷款种类进行明细核算。对于建设项目借款，还应按照具体项目进行明细核算。该科目期末贷方余额，反映事业单位尚未偿还的长期借款本息金额。

单位借入各项长期借款时，按照实际借入的金额，借记"银行存款"科目，贷记"长期借款——本金"科目。

为建造固定资产、公共基础设施等应支付的专门借款利息，按期计提利息时，分别按照以下情况处理：① 属于工程项目建设期间发生的利息，计入工程成本，按照计算确定的应支付的利息金额，借记"在建工程"科目，分期付息、到期还本借款的利息，贷记"应付利息"科目，到期一次还本付息借款的利息，贷记"长期借款——应计利息"科目。② 属于工程项目完工交付使用后发生的利息，计入当期费用。按照计算确定的应支付的利息金额，借记"其他费用"科目，分期付息、到期还本借款的利息，贷记"应付利息"科目，到期一次还本付息借款的利息，贷记"长期借款——应计利息"科目。

按期计提其他长期借款的利息时，按照计算确定的应支付的利息金额，借记"其他费用"科目，贷记"应付利息"科目（分期付息、到期还本借款的利息）或"长期借款——应计利息"科目（到期一次还本付息借款的利息）。

到期归还长期借款本金、利息时，借记"长期借款"科目（本金、应计利息），贷记"银行存款"科目。

【例 4-13】　甲事业单位为建造一项固定资产经批准专门向银行借入一笔款项 800 000 元，借款期限为五年，每年支付借款利息 45 000 元，本金到期一次偿还。工程建造期限为两年，两年后固定资产如期建造完成并交付使用。五年后，该事业单位如期偿还借款本金 800 000 元，并支付最后一年的借款利息 45 000 元。以上相应借款的本息均通过银行存款支付。会计分录如下：

(1) 向银行借入专门款项时，

借:银行存款　　　　　　　　　　　　　　　　800 000
　　贷:长期借款——本金　　　　　　　　　　　　　800 000

(2) 前两年工程在建期间，计算确定专门借款利息时，

借:在建工程　　　　　　　　　　　　　　　　45 000
　　贷:应付利息　　　　　　　　　　　　　　　　45 000

(3) 支付前两年专门借款利息时，

借:应付利息　　　　　　　　　　　　　　　　45 000

贷:银行存款	45 000

（4）第三至五年工程完工后，计算确定专门借款利息时，

借:其他费用	45 000
贷:应付利息	45 000

（5）支付第三至五年专门借款利息时，

借:应付利息	45 000
贷:银行存款	45 000

（6）五年后，偿还专门借款本金时，

借:长期借款——本金	800 000
贷:银行存款	800 000

二、长期应付款

长期应付款，是指行政事业单位发生的偿还期限超过 1 年(不含 1 年)的应付款项，如以融资租赁方式取得固定资产应付的租赁费等。

为核算长期应付款业务，应设置"长期应付款"总账科目，按照长期应付款的类别以及债权人进行明细核算。该科目期末贷方余额，反映单位尚未支付的长期应付款金额。

单位发生长期应付款时，借记"固定资产""在建工程"等科目，贷记该科目。支付长期应付款时，按照实际支付的金额，借记该科目，贷记"财政拨款收入""零余额账户用款额度""银行存款"等科目。涉及增值税业务的，还应进行相应的会计处理。无法偿付或债权人豁免偿还的长期应付款，应当按照规定报经批准后进行账务处理。经批准核销时，借记该科目，贷记"其他收入"科目。核销的长期应付款应在备查簿中保留登记。

涉及质保金形成长期应付款的，相关账务处理参见固定资产核算的业务。

【例 4-14】　甲事业单位融资租入一项固定资产，租赁合同约定，该事业单位每年年末向出租方支付租金 15 000 元，连续支付 4 年。租入该项固定资产时，该事业单位发生运输费 400 元，款项以银行存款支付。该项固定资产确定的成本为 60 400 元(＝15 000×4＋400)。每年年末，该单位通过零余额账户用款额度向出租方支付租金 15 000 元。暂不考虑增值税业务。会计分录如下：

（1）融资租入固定资产时，

借:固定资产	60 400
贷:长期应付款	60 000
银行存款	400

（2）每年年末支付租金时，

借:长期应付款	15 000
贷:零余额账户用款额度	15 000

除融资租入固定资产的业务外，跨年度分期付款购入固定资产也是形成长期应付款的一项主要业务。

三、预计负债

预计负债，是指行政事业单位对因或有事项所产生的现时义务而确认的负债，如对未决

诉讼等确认的负债。

应设置"预计负债"总账科目,按照预计负债的项目对预计负债业务进行明细核算。该科目期末贷方余额,反映单位已确认但尚未支付的预计负债金额。

单位确认预计负债时,按照预计的金额,借记"业务活动费用""经营费用""其他费用"等科目,贷记该科目。实际偿付预计负债时按照偿付的金额,借记该科目,贷记"银行存款""零余额账户用款额度"等科目。根据确凿证据需要对已确认的预计负债账面余额进行调整的,按照调整增加的金额,借记有关科目,贷记该科目;按照调整减少的金额,借记该科目,贷记有关科目。

【例4-15】 甲事业单位在开展业务活动中因违约而被其他利益相关方在法院提起诉讼。年末,案件尚在审理中,法院尚未做出判决。该单位在咨询了法律顾问后认为,本单位在该案件中处于不利地位,很可能需要赔款28 000元。次年,经法院判决,该事业单位需要向其他利益相关方赔款27 500元,甲事业单位以银行存款支付了赔款,赔款按规定应计入业务活动费用。会计分录如下:

(1)年末,确认预计负债时,

借:业务活动费用　　　　　　　　　　　　　　　　　　　　28 000

　　贷:预计负债　　　　　　　　　　　　　　　　　　　　　　28 000

(2)次年,法院判决时,

借:预计负债　　　　　　　　　　　　　　　　　　　　　　28 000

　　贷:银行存款　　　　　　　　　　　　　　　　　　　　　　27 500

　　　　业务活动费用　　　　　　　　　　　　　　　　　　　　　500

任务三　受托代理负债

受托代理负债,是指行政事业单位接受委托,取得受托代理资产时形成的负债。行政单位应加强受托代理负债的管理,按照有关规定认真履行本单位承担的受托代理义务,保证受托管理资产的安全完整。

为核算和监督行政单位接受委托取得受托管理资产时形成的负债,应设置"受托代理负债"总账科目。该科目属于负债类科目,贷方记录行政单位实际发生的受托代理负债,借方记录受托代理负债的偿付或核销。该科目期末贷方余额,反映单位尚未交付或发出受托代理资产形成的受托代理负债金额。该科目应按照委托人等进行明细核算。属于指定转赠物资和资金的,还应按照指定受赠人进行明细核算。

"受托代理负债"科目的账务处理参见"受托代理资产""库存现金""银行存款"等科目。

关键术语

短期借款　应交增值税　其他应交税费　应缴财政款　应付职工薪酬　应付票据应付账款　应付政府补贴款　应付利息　预收账款　其他应付款　预提费用　长期借款长期应付款　预计负债　受托代理负债

应知考核

一、单项选择题

1. 以下属于政府会计中流动负债要素的是( )。

A. 长期应付款
B. 应付政府证券
C. 政府依法担保形成的债务
D. 应付职工薪酬

2. 以下不属于政府性债务的是( )。

A. 政府储备资产
B. 担保债务
C. 救助责任
D. 政府债务

3. 以下不属于增值税明细科目的是( )。

A. 应交税金
B. 未交税金
C. 预交税金
D. 已抵扣进项税额

4. 以下属于负债类财务会计科目的是( )。

A. 应付票据
B. 受托代理资产
C. 保障性住房
D. 待处理财产损溢

5. 对于一级政府用于公益性资本支出所发行的政府债券,如收费公路专项债券等,负债准则未要求将相关借款费用资本化,而是计入( )。

A. 当期费用
B. 工程成本
B. 固定资产
B. 营业外支出

二、多项选择题

1. 应收票据:本科目核算事业单位因开展经营活动销售产品、提供有偿服务等而收到的商业汇票,包括( )。

A. 银行本票
B. 银行承兑汇票
C. 商业承兑汇票
D. 支票

2. 政府负债的计量属性主要包括( )。

A. 历史成本
B. 现值
C. 公允价值
D. 以上均正确

3. "应交税金"明细账内应当设置下列专栏:( )。

A. "进项税额"专栏,记录单位购进货物、加工修理修配劳务、服务、无形资产或不动产而支付或负担的、准予从当期销项税额中抵扣的增值税额

B. "已交税金"专栏,记录单位当月已缴纳的应交增值税额

C. "转出未交增值税"和"转出多交增值税"专栏,分别记录一般纳税人月度终了转出当月应交未交或多交的增值税额

D. "减免税款"专栏,记录单位按照现行增值税制度规定准予减免的增值税额

4. 借款费用,是指政府部门因举借债务而发生的利息及其他相关费用,包括( )。

A. 辅助费用
B. 借款本金
C. 借款利息
D. 因外币借款而发生的汇兑差额

三、判断题

1. 负债准则规定,政府部门不应当将与或有事项相关的潜在义务或与或有事项相关的不满足负债准则第三条规定的负债确认条件的现时义务确认为负债,但应当按照准则规定

进行披露。   （ ）

2. 确认预计负债时,财务会计不做处理,只有偿付时才做预算会计处理,预计负债账面调整时,也不做财务会计处理。   （ ）

3. 单位代扣代缴的个人所得税,通过"其他应交税费"科目核算。   （ ）

4. 暂收性负债是指政府部门暂时收取,随后应做上缴、退回、转拨等处理的款项。
                                                                    （ ）

5. 政府部门应当将与或有事项相关且满足本准则规定条件的现时义务确认为预计负债。
                                                                    （ ）

四、简答题

1. 何为政府部门的负债? 政府部门的负债包括哪些种类?

2. 何为政府部门的应缴财政款? 应缴财政款与应交税费有什么不同?

3. 何为政府部门的应付职工薪酬?"应付职工薪酬"总账科目应当设置哪些明细科目?

4. 何为行政单位的应付政府补贴款? 应付政府补贴款应当在什么时候确认?

5. 何为政府部门的应付票据、应付账款和预收账款? 其中,哪两个会计科目只在事业单位中使用?

6. 何为事业单位的短期借款、长期借款和应付利息? 行政单位是否使用这些会计科目?

7. 何为政府部门的预提费用? 形成预提费用的主要业务有哪些?

8. 何为政府部门的长期应付款? 形成长期应付款的业务主要有哪些?

9. 何为政府部门的预计负债? 它与其他应付款或长期应付款有什么不同?

10. 何为政府部门的受托代理负债?"受托代理负债"科目的主要对应科目有哪些?

应会考核

某单位工资实行财政直接支付方式。某月 20 日向在编管理人员发放基本工资 42 000 元(其中,应当代扣代交个人所得税 15 000 元)。财务会计已经编制的下列会计分录是否正确? 为什么?

(1) 借:单位管理费用   42 000.00
　　　贷:应付职工薪酬——基本工资   42 000.00

(2) 借:应付职工薪酬——基本工资   42 000.00
　　　贷:其他应付款——代扣代交个人所得税   15 000.00
　　　　　银行存款   27 000.00

(3) 借:其他应付款——代扣代交个人所得税   15 000.00
　　　贷:银行存款   15 000.00

项目五

净资产的核算

1. 理解行政事业单位净资产的涵义与特征;
2. 掌握行政事业单位净资产七个科目的核算口径;
3. 掌握行政事业单位净资产的确认和计量原则;
4. 掌握行政事业单位净资产的具体核算方法。

技能目标

1. 能够分析判断净资产的构成;
2. 能够理解各项净资产的概念;
3. 能够进行各项净资产的账务处理。

知识准备

行政事业单位净资产是行政事业单位资产扣除负债后的净额。其主要特征就是"资产扣除负债以后最终还剩多少"。行政事业单位会计主体不同于企业会计主体,它没有"所有者权益"的概念。对行政事业单位会计主体的财政拨款或补助如同捐赠一样,其捐赠者是名义所有者,不要求获得和求偿。

行政事业单位净资产主要分为盈余类、基金类和调整类三大类。其中盈余类包括本期盈余、本年盈余分配、累计盈余;基金类只包括专用基金;调整类主要包括权益法调整、无偿调拨净资产、以前年度盈余调整。在上述7个净资产项目中,专用基金和权益法调整属于事业单位特有的净资产项目,其他均属于行政单位和事业单位共有的净资产项目。为了对这些净资产项目进行分类核算,设置"累计盈余""专用基金""权益法调整""本期盈余""本年盈余分配""无偿调拨净资产"和"以前年度盈余调整"7个会计科目。净资产分类情况与其会计科目、报表项目之间的关系等内容如下表所示。

净资产分类

编　号	净资产项目与会计科目	特指用途	报表项目	净资产分类
3301	本期盈余		月报	盈余类
3302	本期盈余分配		中转科目	

续 表

编 号	净资产项目与会计科目	特指用途	报表项目	净资产分类
3001	累计盈余		月报、年报	
3101	专用基金	事业单位	月报、年报	基金类
3201	权益法调整	事业单位	月报、年报	调整类
3401	无偿调拨净资产		月报、中转	
3501	以前年度盈余调整		中转科目	

任务一　本期盈余

一、本期盈余的概念

盈余是行政事业单位收入和费用相抵后的余额,是构成净资产的主要来源。盈余主要包括本期盈余和累计盈余。其中本期盈余是本期各项收入与费用相抵后的余额,其计算公式如下:

$$本期盈余＝本期收入－本期费用$$

其中,

本期收入＝财政拨款收入＋事业收入＋上级补助收入＋附属单位上缴收入＋经营收入＋
非同级财政拨款收入＋投资收益＋捐赠收益＋利息收入＋租金收入＋其他收入

本期费用＝业务活动费用＋单位管理费用＋经营费用＋资产处置费用＋
上缴上级费用＋对附属单位补助费用＋所得税费用＋其他费用

本期收入合计大于本期费用合计为盈余;否则,为亏损。

二、本期盈余的核算

行政事业单位应当设置"本期盈余"科目,核算单位各项收入费用相抵后的余额。年末结账后,本科目应无余额。本期盈余的主要账务处理如下:

(1) 期末,将各类收入科目的本期发生额转入本期盈余。

借:财政拨款收入/事业收入/上级补助收入/附属单位上缴收入/经营收入/非同级财政
拨款收入/投资收益/捐赠收益/利息收入/租金收入/其他收入

　　贷:本期盈余

(2) 期末,将各类费用科目的本期发生额转入本期盈余。

借:本期盈余

　　贷:业务活动费用/单位管理费用/经营费用/资产处置费用/上缴上级费用/对附属
单位补助费用/所得税费用/其他费用

(3) 年末,在完成上述结转后,将"本期盈余"科目余额结转到"本年盈余分配"科目,年末结账后,"本期盈余"科目应无余额。

①"本期盈余"科目期末如为贷方余额,反映单位自年初至当期期末累计实现的盈余,结转时:

借:本期盈余

　　贷:本年盈余分配

②"本期盈余"科目期末如为借方余额,反映单位自年初至当期期末累计发生的亏损,结转时:

借:本年盈余分配

　　贷:本期盈余

【例5-1】 某事业单位2019年"本期盈余"科目12月初的余额为1 200元。12月份各收入和费用的发生额如表5-1所示。

表5-1 12月份收入和费用发生额

单位:元

收入项目	贷方发生额	费用类项目	借方发生额
财政拨款收入	300 000	业务活动费用	290 000
事业收入	200 000	单位管理费用	223 000
上级补助收入	10 000	经营费用	4 000
附属单位上缴收入	8 000	所得税费用	200
经营收入	5 000	资产处置费用	8 000
非同级财政拨款收入	9 000	上缴上级费用	4 000
投资收益	1 000	对附属单位补助费用	7 000
捐赠收入	3 000	其他费用	1 000
利息收入	900		
租金收入	2 000		
其他收入	1 500		
合计	540 400		537 200

(1)将各类收入科目的本期发生额转入本期盈余,该单位编制的会计分录为:

借:财政拨款收入　　　　　　　　　　　　　　　　　　300 000

　　事业收入　　　　　　　　　　　　　　　　　　　　200 000

　　上级补助收入　　　　　　　　　　　　　　　　　　 10 000

　　附属单位上缴收入　　　　　　　　　　　　　　　　　8 000

　　经营收入　　　　　　　　　　　　　　　　　　　　　5 000

　　非同级财政拨款收入　　　　　　　　　　　　　　　　9 000

　　投资收益　　　　　　　　　　　　　　　　　　　　　1 000

　　捐赠收入　　　　　　　　　　　　　　　　　　　　　3 000

　　利息收入　　　　　　　　　　　　　　　　　　　　　　900

　　租金收入　　　　　　　　　　　　　　　　　　　　　2 000

　　其他收入　　　　　　　　　　　　　　　　　　　　　1 500

贷:本期盈余	540 400

（2）将各类费用本期费用科目本期发生额转入本期盈余,该单位编制的会计分录为:

借:本期盈余	537 200
贷:业务活动费用	290 000
单位管理费用	223 000
经营费用	4 000
所得税费用	200
资产处置费用	8 000
上缴上级费用	4 000
对附属单位补助费用	7 000
其他费用	1 000

（3）年终,将"本年盈余"科目的余额 4 400 元转入"本年盈余分配",该单位会计应编制的会计分录为:

借:本年盈余	4 400
贷:本年盈余分配	4 400

任务二　本年盈余分配

一、本年盈余分配的概念

在行政事业单位,本年盈余分配是在本期盈余的基础上,考虑对专用基金计提的情况,用来反映单位本年度盈余分配的情况和结果。

二、本年盈余分配的核算

行政事业单位应当设置"本年盈余分配"科目,用来核算单位本年度盈余分配的情况和结果。"本年盈余分配"科目只有年末才能使用。年末,将该科目的余额结转至"累计盈余"科目,年末结转后,本科目应无余额。本年盈余分配的主要账务处理如下:

（1）年末,将"本期盈余"科目余额转入本科目,借记或贷记"本期盈余"科目,贷记或借记"本年盈余分配"科目。

（2）年末,根据有关规定从本年度非财政拨款结余或经营结余中提取专用基金的,按照预算会计下计算的提取金额,借记"本年盈余分配"科目,贷记"专用基金"科目。

（3）年末,按照规定完成上述处理后,将"本年盈余分配"科目余额转入累计盈余,借记或贷记"本年盈余分配"科目,贷记或借记"累计盈余"科目。年末结账后,"本年盈余分配"科目应无余额。

【例5-2】　承[例5-1],该事业单位根据有关规定从本年度非财政拨款结余或经营结余中提取职工福利基金,根据预算会计下计算的提取金额为 1 400 元。该单位编制的会计分录为:

（1）年末,提取职工福利基金时,

借:本年盈余分配	1 400

　　贷:专用基金——职工福利基金　　　　　　　　　　　　　　　　　1 400

　　(2)年末,将"本年盈余分配"科目的余额3 000元转入累计盈余时,

　　借:本年盈余分配　　　　　　　　　　　　　　　　　　　3 000

　　　　贷:累计盈余　　　　　　　　　　　　　　　　　　　　　　3 000

任务三　累计盈余

一、累计盈余的概念

　　资产及其相关业务是连续不断的,收支结转与盈亏结果也是连续不断、连年滚动、不断累计的。累计盈余是行政事业单位历年实现的盈余扣除盈余分配后滚存的资金,以及因无偿调入调出资产产生的净资产变动额。累计盈余是净资产的核心内容。

二、累计盈余的核算

　　行政事业单位应当设置"累计盈余"科目,用来核算单位历年实现的盈余扣除盈余分配后滚存的金额,以及因无偿调入调出资产产生的净资产变动额。按照规定上缴、缴回、单位间调剂结转结余资金产生的净资产变动额,以及对以前年度盈余的调整金额,也通过本科目核算。本科目期末余额,反映单位未分配盈余(或未弥补亏损)的累计数以及截至上年末无偿调拨净资产变动的累计数。本科目年末余额,反映单位未分配盈余(或未弥补亏损)以及无偿调拨净资产变动的累计数。累计盈余的主要账务处理如下:

　　(1)年末,将"本期盈余分配"科目的余额转入累计盈余,借记或贷记"本年盈余分配"科目,贷记或借记本科目。

　　(2)年末,将"无偿调拨净资产"科目的余额转入累计盈余,借记或贷记"无偿调拨净资产"科目,贷记或借记本科目。

　　(3)按照规定上缴财政拨款结转结余、缴回非财政拨款结转资金、向其他单位调出财政拨款结转资金时,按照实际上缴、缴回、调出资金数额,借记本科目,贷记"财政应返还额度""零余额账户用款额度""银行存款"等科目。按照规定从其他单位调入财政拨款结转资金时,按照实际调入金额,借记"零余额账户用款额度""银行存款"等科目,贷记本科目。

　　【例5-3】　某行政单位按照规定上缴财政拨款结余资金6 000元,相应数额的财政直接支付用款额度已经核销,该单位编制会计分录为:

　　借:累计盈余　　　　　　　　　　　　　　　　　　　　6 000

　　　　贷:财政应返还额度　　　　　　　　　　　　　　　　　　6 000

　　(4)将"以前年度盈余调整"科目的余额转入本科目,借记或贷记"以前年度盈余调整"科目,贷记或借记本科目。

　　(5)按照规定使用专用基金购置固定资产、无形资产的,按照固定资产、无形资产成本金额,借记"固定资产""无形资产"科目,贷记"银行存款"等科目;同时,按照专用基金使用金额,借记"专用基金"科目,贷记本科目。

任务四　专用基金

一、专用基金的概念

专用基金是事业单位按照规定提取或设置的具有专门用途的净资产,主要有修购基金、职工福利基金、医疗基金以及其他基金等。

专用基金是事业单位拥有的规定用途的净资产,是事业单位按照国家有关规定积累和使用的资金,其运动过程具有相对独立的特点,如专用基金的使用均属一次性消耗,没有循环周转,不可能通过专用基金支出直接取得补偿等。

为了规范专用基金的管理,发挥其促进事业发展的独特作用,事业单位专用基金的管理应遵循先提后用、收支平衡、专款专用的原则。

二、专用基金的核算

事业单位应当设置"专用基金"科目,核算事业单位按规定提取或设置的具有专门用途的资金。该科目应该按专用基金的类别进行明细核算。该科目的期末贷方余额反映事业单位累计提取的或设置的尚未使用的专用基金。

(一) 专用基金提取或设置的核算

1. 从本年度非财政拨款结余或经营结余中提取专用基金的核算

年末,根据有关规定从本年度非财政拨款结余或经营结余中提取专用基金的,按照预算会计(而不是财务会计)下计算的提取金额,借记"本年盈余分配"科目,贷记"专用基金"科目。

【例5-4】　某事业单位某年度非财政拨款结余150万元,若职工福利基金提取比例为20%,计算职工福利基金提取额并编制会计分录如下:

职工福利基金提取额=150×20%=30(万元)

借:本年盈余分配 300 000

　　贷:专用基金——职工福利基金 300 000

2. 从收入中提取专用基金并计入费用的核算

根据有关规定从收入中提取专用基金并计入费用的,一般按照预算会计(而不是财务会计)下基于预算收入计算提取的金额,借记"业务活动费用"等科目,贷记"专用基金"科目。国家另有规定的,从其规定。

【例5-5】　某事业单位本年度实现事业预算收入1 000 000元,该单位年末按事业预算收入的8%计提科技成果转换基金。计算科技成果转换基金提取额并编制会计分录如下:

科技成果转换基金提取额=1 000 000×8%=80 000(元)

借:业务活动费用 80 000

　　贷:专用基金——科技成果转化基金 80 000

3. 收到其他专用基金的核算

根据有关规定设置的其他专用基金,按照实际收到的基金金额,借记"银行存款"等科目,贷记"专用基金"科目。

(二) 专用基金使用的核算

专用基金的使用政策性很强,必须专款专用,如职工福利基金支出主要用于集体福利设施建设支出,包括职工食堂、职工浴室、理发室等职工福利设施的补助,以及按照国家规定可由职工福利基金开支的其他支出。专用基金使用的核算需要分以下两种情况进行:

(1) 使用专用基金的结果是费用化的。按照费用金额,借记"专用基金"科目,贷记"银行存款"等。

(2) 使用专用基金的结果是资本化的。如购置固定资产、无形资产等,按照固定资产、无形资产成本金额,借记"固定资产""无形资产"科目,贷记"银行存款"等科目;同时,按照专用基金使用金额,借记"专用基金"科目,贷记"累计盈余"科目。

【例5-6】 某单位以银行存款购入食堂专用设备一台,取得的增值税专用发票注明的设备价款100 000元,增值税税额13 000元。假设不考虑其他相关费用,该单位编制会计分录如下:

借:固定资产		113 000
贷:银行存款		113 000

同时,

借:专用基金——职工福利基金		113 000
贷:累计盈余		113 000

任务五　权益法调整

一、权益法调整的概念

权益法调整是指事业单位持有的长期股权投资采用权益法核算时,按照被投资单位除净损益和利润分配以外的所有者权益变动份额调整长期股权投资账面余额而计入净资产的金额。也就是投资方以初始投资成本计量后,在投资持有期间根据投资方享有被投资方所有者权益份额的变动对投资的账面价值进行调整的方法。

采用权益法核算的经济实质是体现投资的本质,核心内容是将长期股权理解为投资方在被投资单位拥有的净资产量,被投资方实现净利润、出现亏损、分派现金股利、资产公允价值变动都会引起投资方净资产量的相应变动。

二、权益法调整的核算

事业单位应当设置"权益法调整"科目,核算事业单位持有的长期股权投资。采用权益法核算时,按照被投资单位除净损益和利润分配以外的所有者权益变动份额调整长期股权投资账面余额而计入净资产的金额。该科目应当按照被投资单位进行明细核算。该科目的年末余额反映事业单位在被投资单位除净损益和利润分配以外的所有者权益变动中累计享受(或分担)的份额。

（1）资产负债表日被投资单位除净损益和利润分配以外的所有者权益的变动。

年末，按照被投资单位除净损益和利润分配以外的所有者权益变动应享有（或应分担）的份额，借记或贷记"长期股权投资——其他权益变动"科目，贷记或借记"权益法调整"科目。

【例5-7】 某事业单位2019年12月31日在被投资单位实现净利润100 000元，这项投资为该事业单位在三年前以一项专利技术出资联合其他单位共同设立，并持有该被投资单位60%的股权，采用权益法进行后续核算。2019年12月31日除净损益和利润分配以外的所有者权益的变动为5 000元，该单位编制会计分录如下：

借：长期股权投资——损益调整   60 000

      ——其他权益变动   3 000

 贷：投资收益   60 000

  权益法调整   3 000

（2）处置长期股权投资时，采用权益法核算的长期股权投资，因被投资单位除净损益和利润分配以外的所有者权益变动而将应享有（或应分担）的份额计入单位净资产的，处置该项投资时，按照原计入净资产的相应部分金额，借记或贷记"权益法调整"科目，贷记或借记"投资收益"科目。

任务六　无偿调拨净资产

一、无偿调拨净资产的概念

无偿调拨是指在不改变国有资产性质的前提下，以无偿转让的方式变更国有资产占有、使用权的行为。无偿调拨主要包括事业单位之间、事业单位与行政单位之间、事业单位与国有独资企业之间国有资产的无偿转移。

无偿调拨净资产是行政事业单位无偿调入或调出非现金资产所引起的净资产变动金额。

有偿与无偿都是单位取得资产的途径，其共同点都会引起资产增加从而最终导致净资产的增加。有偿取得资产直接增加"累计盈余"，无偿取得资产直接增加"无偿调拨净资产"后最终也会导致"累计盈余"的增加。

二、无偿调拨净资产的核算

单位应当设置"无偿调拨净资产"科目，核算单位无偿调入或调出非现金资产所引起的净资产变动金额。"无偿调拨净资产"科目年末余额结转到"累计盈余"科目，年末结账后，本科目应无余额。

（一）经批准无偿调入净资产

单位（调入方）接收其他政府部门无偿调入的存货、长期股权投资、固定资产、无形资产、公共基础设施、政府储备物资、文物文化资产、保障性住房等，按照确定的成本，借记"库存物品""长期股权投资""固定资产""无形资产""公共基础设施""政府储备物资""文物文化资产""保障性住房"等科目，按照调入过程中发生的归属于调入方的相关费用，贷记"零余额账户用款额度""银行存款"等科目,按照其差额,贷记"无偿调拨净资产"科目。同时,在预算会计中,按照支付的相关费用,借记"其他支出"科目,贷记"资金结存"科目。

(二)经批准无偿调出净资产

经批准无偿调出存货、长期股权投资、固定资产、无形资产、公共基础设施、政府储备物资、文物文化资产、保障性住房等,按照调出资产的账面价值或账面余额,借记"无偿调拨净资产"科目,按照固定资产累计折旧、无形资产累计摊销、公共基础设施累计折旧或摊销、保障性住房累计折旧金额,借记"固定资产累计折旧""无形资产累计摊销""公共基础设施累计折旧(摊销)"科目,按照调出资产的账面余额,贷记"库存物品""长期股权投资""固定资产""无形资产""公共基础设施""政府储备物资""文物文化资产""保障性住房"等科目;同时,按照调出过程中发生的归属于调出方的相关费用,借记"资产处置费用"科目,贷记"零余额账户用款额度""银行存款"等科目。

(三)年末余额结转

年末,将"无偿调拨净资产"科目余额转入累计盈余,借记或贷记"无偿调拨净资产"科目,贷记或借记"累计盈余"科目。

【例5-8】某事业单位无偿调入一批存货5 000元,固定资产20 000元,长期股权投资15 000元,政府储备物资20 000元,保障性住房30 000元,无偿调入资产发生的相关费用为1 000元;同时,经批准无偿调出无形资产原价为20 000元,已计提摊销3 000元,无偿调出长期股权投资6 000元,无偿调出固定资产原价10 000元,已计提折旧2 000元,无偿调出资产发生的处置费用为500元。该单位编制会计分录如下:

(1)取得无偿调入的净资产时,

财务会计分录:

借:库存物品	5 000	
固定资产	20 000	
长期股权投资	15 000	
政府储备物资	20 000	
保障性住房	30 000	
贷:无偿调拨净资产		89 000
银行存款		1 000

预算会计分录:

借:其他支出	1 000	
贷:资金结存		1 000

(2)无偿调出资产时,

财务会计分录:

借:无偿调拨净资产	31 000	
无形资产累计摊销	3 000	
固定资产累计折旧	2 000	
贷:无形资产		20 000
长期股权投资		6 000
固定资产		10 000

借:资产处置费用 500
   贷:银行存款 500
预算会计分录:
借:其他支出 500
   贷:资金结存 500
（3）结转无偿调拨净资产科目余额时,
借:无偿调拨净资产 58 000
   贷:累计盈余 58 000

任务七　以前年度盈余调整

一、以前年度盈余调整的概念

按照会计分期假设,任何单位都应当划分会计期间据以结算账目、编制财务报表,从而向有关方面提供会计信息,满足各方人员决策的需要。

为了简单、易于处理,我国政府会计采用当期调整法来处理前期调整事项。当期调整法是将前期损益调整的数额全部列入当期报表,不追溯调整前期会计报表。

因此,以前年度盈余调整是指行政事业单位本年度发生的调整以前年度盈余的事项,也就是对以前年度多计或少计的盈亏数额所进行的调整。以前年度由于某种原因多计、少计费用或多计、少计收益时,应通过"以前年度盈余调整"科目来代替原相关损益科目,对方科目不变,然后把"以前年度盈余调整"科目金额结转到"累计盈余"科目,最终不影响本期盈余。

二、以前年度盈余调整的核算

单位应当设置"以前年度盈余调整"科目,核算单位本年度发生的调整以前年度盈余的事项。年末结转后,本科目应无余额。

（1）以前年度收入调整。调整增加以前年度收入时,按照调整增加的金额,借记有关资产或负债科目,贷记"以前年度盈余调整"科目;调整减少的,做相反的会计分录。

（2）以前年度费用调整。调整增加以前年度费用时,按照调整增加的金额,借记"以前年度盈余调整"科目,贷记有关资产或负债科目;调整减少的,做相反的会计分录。

（3）盘盈非流动资产。盘盈的各种非流动资产报经批准后处理的,借记"待处理财产损溢"科目,贷记"以前年度盈余调整"科目。

（4）本科目余额的结转。经上述调整后,应将本科目的余额转入累计盈余,借记或贷记"累计盈余"科目,贷记或借记本科目。

【例5-9】　审计部门对某单位进行审计检查时发现,该单位上年度误将购入的一批已达到固定资产标准的办公设备记入"单位管理费用"科目,金额30 000元。

根据下达的审计意见书,单位编制以下会计分录:
借:固定资产 30 000
   贷:以前年度盈余调整 30 000

单位将"以前年度盈余调整"科目的余额转入"累计盈余"科目,应编制如下会计分录:

借:以前年度盈余调整　　　　　　　　　　　　　　　　　　　　30 000

　　贷:累计盈余　　　　　　　　　　　　　　　　　　　　　　　30 000

年末结账后,"以前年度盈余调整"科目应无余额。

═══════════════ **关键术语** ═══════════════

净资产　本期盈余　本年盈余分配　累计盈余　专用基金　权益法调整　无偿调拨净资产　以前年度盈余调整

═══════════════ **应知考核** ═══════════════

思考题

1. 什么是行政事业单位净资产?包括哪些内容?

2. 什么是本期盈余、本年盈余分配和累计盈余?它们三者有何内在联系?

3. 什么是专用基金?包括哪些项目?各项目来源是什么?

4. 什么是权益法调整?如何进行权益法调整的核算?

5. 有偿和无偿取得资产的核算与"累计盈余"核算有何关系?

6. 以前年度盈余调整的核算有何特点?

═══════════════ **应会考核** ═══════════════

目的:练习公共部门净资产的核算。

资料:某事业单位有关资料如下:

(1) 2019年11月30日"本期盈余"贷方余额为1 560 000元,同年12月发生各项收入和费用如下:

收入科目名称	12月发生额	费用科目名称	12月发生额
财政拨款收入	810 000	业务活动费用	920 000
非同级财政拨款收入	160 000	资产处置费用	20 000
捐赠收入	10 000	其他费用	10 000
利息收入	40 000		
租金收入	30 000		
其他收入	50 000		

(2) 2019年12月31日"无偿调拨资产"科目贷方余额为400 000元,"以前年度盈余调整"科目贷方余额150 000元。

要求:根据上述资料

(1) 结转12月各项收入和费用;

（2）年末，结转"本期盈余"科目余额；

（3）年末，结转"本期盈余分配"科目余额；

（4）年末，结转"无偿调拨净资产"科目余额；

（5）年末，结转"以前年度盈余调整"科目余额；

（6）计算"累计盈余"科目年末余额。

项目六

收入的核算

知识目标

1. 理解政府会计收入的基本涵义；
2. 掌握收入的分类及各科目的核算口径；
3. 掌握各收入项目的确认与计量原则。

知识目标

技能目标

1. 能够辨析上级补助收入和附属单位上缴收入之间的关系；
2. 能够确立事业收入的类别以及在不同管理方式下的事业收入的会计核算。

知识准备

行政事业单位收入是指报告期内导致政府会计主体净资产增加的、含有服务潜力或经济利益的经济资源的流入。收入分为补助收入、业务活动收入、其他活动收入三类，具体包括财政拨款收入、非同级财政拨款收入、事业收入和经营收入、上级补助收入和附属单位上缴收入、投资收益、捐赠收入和利息收入、租金收入和其他收入。其中，财政拨款收入、非同级财政拨款收入、利息收入、捐赠收入、租金收入和其他收入是行政事业单位通用科目，其余会计科目仅限于事业单位使用。

任务一 财政拨款收入

行政事业单位收入是指单位开展业务及其他活动依法取得的非偿还性资金。包括财政拨款收入、非同级财政拨款收入、事业收入与经营收入、上级补助收入与附属单位上缴收入、投资收益与利息收入、租金收入与捐赠收入、其他收入。

一、财政拨款收入的概念与确认

（一）财政拨款收入的概念

财政拨款收入是指单位按照核定的部门预算，直接从同级财政部门取得的各类财政拨款。财政拨款收入是行政单位主要的资金来源,是事业单位开展专业业务活动及其辅助活动的经常性资金来源。

按照部门预算管理要求,财政拨款收入分为基本支出和项目支出。基本支出是指单位为了保障其正常运转、完成日常工作任务而从同级财政部门取得的补助款项,包括人员经费和日常公用经费。项目支出是指单位为了完成特定工作任务和发展目标,在基本支出之外从同级财政部门取得的补助款项。行政事业单位从财政部门取得的项目支出必须专款专用、单独核算、专项结报。关于财政拨款收入的管理要求请详见财政拨款预算收入的核算。

(二)财政拨款收入的确认

财政拨款收入的确认要结合财政资金的支付方式,还要核算年终结余事项形成的财政拨款收入。财政拨款收入的方式有三种:一是财政直接支付方式;二是财政授权支付方式;三是实拨资金方式。

(1)在财政直接支付方式下,单位在收到财政部门委托财政零余额账户代理银行转来的"财政直接支付入账通知书"时确认财政拨款收入。在这种方式下,单位在确认财政拨款收入时,实际上已经使用了财政预算资金。

(2)在财政授权支付方式下,单位应在收到单位零余额账户代理银行转来的"财政授权支付额度到账通知书"时确认财政拨款收入。在财政授权支付方式下,单位在确认财政拨款收入时,还没有实际使用财政资金,单位收到的是一个用款额度,而不是实际的货币资金。

(3)在实拨资金方式下,单位应在收到开户银行转来的收款通知书时确认财政拨款收入,即实际收到货币资金。

(4)对于年终结余形成的财政拨款收入,单位应根据对账确认的本年度财政直接支付预算指标数与当年财政直接支付实际支出数的差额、本年度财政授权支付预算指标数与当年零余额账户用款额度下达数的差额予以确认。

二、财政拨款收入的核算

为了核算财政拨款收入业务,单位应设置"财政拨款收入"总账科目。本科目核算单位从同级政府财政部门取得的各类财政拨款。本科目可按照一般公共预算财政拨款、政府性基金预算财政拨款等拨款种类进行明细核算。期末,将本科目本期发生额转入本期盈余。结转后,本科目应无余额。

同级政府财政部门预拨的下期预算款和没有纳入预算的暂付款项,以及采用实拨资金方式通过本单位转拨给下属单位的财政拨款,通过"其他应付款"科目核算,不通过本科目核算。财政拨款收入的主要账务处理如下。

(一)财政直接支付方式

(1)财政直接支付方式下,根据收到的"财政直接支付入账通知书"及相关原始凭证,按照通知书中的直接支付入账金额,借记"库存物品""固定资产""业务活动费用""单位管理费用""应付职工薪酬"等科目,贷记"财政拨款收入"科目。

(2)年末,根据本年度财政直接支付预算指标数与当年财政直接支付实际支付数的差额,借记"财政应返还额度——财政直接支付"科目,贷记"财政拨款收入"科目。

【例6-1】 某行政单位收到"财政直接支付入账通知书"及原始凭证,列明采购专用设备支出23 400元,该设备直接投入使用。该单位财务会计应编制的会计分录为:

借:固定资产   23 400

   贷:财政拨款收入   23 400

【例6-2】 某行政单位通过财政直接支付方式向某社会组织支付一笔款项20 000元,收到财政部门委托代理银行转来的"财政直接支付入账通知书",具体内容为该行政单位向某民间食品检验机构支付了委托食品检验的费用。根据"财政直接支付入账通知书"及相关原始凭证,该单位财务会计应编制的会计分录为:

借:业务活动费用   20 000

   贷:财政拨款收入   20 000

【例6-3】 某行政单位通过财政直接支付方式向某社会组织支付一笔款项25 000元。收到财政部门委托代理银行转来的"财政直接支付入账通知书",具体内容为向某民间养老组织支付养老服务补贴款25 000元。根据"财政直接支付入账通知书"及相关原始凭证,该单位财务会计应编制的会计分录为:

借:业务活动费用   25 000

   贷:财政拨款收入   25 000

【例6-4】 某行政单位通过财政直接支付方式向某社会组织支付一笔款项21 000元。收到财政部门委托代理银行转来的"财政直接支付入账通知书",具体内容为向某物业管理公司支付物业管理费。根据"财政直接支付入账通知书"及相关原始凭证,该单位财务会计应编制的会计分录为:

借:业务活动费用   21 000

   贷:财政拨款收入   21 000

【例6-5】 某事业单位通过财政直接支付方式支付一笔款项15 000元。收到财政部门委托代理银行转来的"财政直接支付入账通知书",具体内容为向某物业管理公司支付物业管理费。根据"财政直接支付入账通知书"及相关原始凭证,该事业单位财务会计应编制的会计分录为:

借:单位管理费用   15 000

   贷:财政拨款收入   15 000

【例6-6】 某行政单位收到财政部门委托其代理银行转来的"财政直接支付入账通知书",其中包含财政部门为行政部门支付100 000元的日常活动经费、200 000元的在职人员工资、70 000元为开展某项专业业务活动所发生的费用。该行政单位财务会计应编制的会计分录为:

借:业务活动费用   170 000

   应付职工薪酬   200 000

   贷:财政拨款收入   370 000

【例6-7】 某行政单位通过财政直接支付方式支付一笔款项共计15 000元,收到财政部门委托代理银行转来"财政直接支付入账通知书",具体内容为向某建筑设计研究院有限责任公司预付某工程建设方案的部分设计费。根据"财政直接支付入账通知书"及相关原始凭证,该单位财务会计应编制的会计分录为:

借:预付账款   15 000

   贷:财政拨款收入   15 000

【例6-8】 某行政单位通过财政直接支付方式支付一笔款项共计5 000元,收到财政部门委托代理银行转来"财政直接支付入账通知书",具体内容为向某公司偿付购货款。该行政单位在之前是采用赊购方式购买的该批物品。物品在购入时即已验收入库。根据"财政直接支付入账通知书"及相关原始凭证,该单位财务会计应编制的会计分录为:

借:应付账款   5 000
  贷:财政拨款收入   5 000

【例6-9】 某行政单位本年度财政直接支付的基本支出拨款预算指标数为800 000元,当年财政直接支付的实际支出数为730 000元,预算指标数与实际支出数的差额为70 000元。年末,该行政单位财务会计应编制的会计分录为:

借:财政应返还额度——财政直接支付   70 000
  贷:财政拨款收入   70 000

(二)财政授权支付方式

(1)收到财政授权支付用款额度。在财政授权支付方式下,根据收到的"财政授权支付额度到账通知书",按照通知书中的授权支付额度,借记"零余额账户用款额度"科目,贷记"财政拨款收入"科目。

(2)年末确认财政应返还额度。年末,本年度财政授权支付预算指标数大于零余额账户用款额度下达数的,根据未下达的用款额度,借记"财政应返还额度——财政授权支付"科目,贷记"财政拨款收入"科目。

【例6-10】 某事业单位收到其代理银行转来的"财政授权支付额度到账通知书",收到财政部门拨入一笔财政授权支付用款额度50 000元,规定用于该单位的日常行政活动开支。其财务会计应编制的会计分录为:

借:零余额账户用款额度   50 000
  贷:财政拨款收入   50 000

【例6-11】 年末,事业单位本年度财政授权支付预算指标数为1 000 000元,当年零余额账户用款额度下达数为950 000元,本年度财政授权支付预算指标数与财政授权支付额度下达数的差额为50 000元。年末,该单位财务会计应编制会计分录为:

借:财政应返还额度——财政授权支付   50 000
  贷:财政拨款收入   50 000

(三)财政实拨资金方式下财政拨款收入的核算

实拨资金方式下收到财政拨款收入时,按照实际收到的金额,借记"银行存款"等科目,贷记"财政拨款收入"科目。

【例6-12】 某单位尚未纳入财政国库单一账户制度体系。该事业单位通过财政实拨资金方式收到财政部门拨来的经费300 000元。其财务会计应编制的会计分录为:

借:银行存款   300 000
  贷:财政拨款收入   300 000

(四)拨款退回

拨款退回可分为以前年度支付的款项退回和本年度支付的款项退回。如果是因差错更正或购货退回等发生国库支付款项直接退回的,通常为以前年度支付的款项退回;如果是本期的购货退回等,通常为本年度支付的款项退回。

因差错更正或购货退回等发生国库直接支付款项退回的,属于以前年度支付的款项,按照退回的金额,借记"财政应返还额度——财政直接支付"科目,贷记"以前年度盈余调整""库存物品"等科目;属于本年度支付的款项,按照退回金额,借记"财政拨款收入"科目,贷记"业务活动费用""库存物品"等科目。

【例6-13】　某行政单位本年度发生了一笔由购货退回引起的国库直接支付款项退回的业务,经相关人员查证,属于本年度支付的款项,退货物品的金额为3 000元。该单位财务会计应编制的会计分录为:

借:财政拨款收入　　　　　　　　　　　　　　　　　　　　　　3 000
　　贷:库存物品　　　　　　　　　　　　　　　　　　　　　　　　　3 000

【例6-14】　某事业单位收回一笔上年度通过财政直接支付方式支付给某物业公司的一笔款项5 000元,具体内容是因某物业管理公司违反合同规定退回物业管理费。该单位财务会计应编制的会计分录为:

借:财政应返还额度——财政直接支付　　　　　　　　　　　　5 000
　　贷:以前年度盈余调整　　　　　　　　　　　　　　　　　　　　5 000

(五)财政拨款收入期末结转的核算

期末,将"财政拨款收入"科目本期发生额转入本期盈余,借记"财政拨款收入"科目,贷记"本期盈余"科目。期末结账后,"财政拨款收入"科目余额为零。

【例6-15】　某单位期末结账"财政拨款收入"总账科目的本期发生额为780 000元,将其转入本期盈余。其财务会计应编制的会计分录为:

借:财政拨款收入　　　　　　　　　　　　　　　　　　　　　780 000
　　贷:本期盈余　　　　　　　　　　　　　　　　　　　　　　　　780 000

任务二　非同级财政拨款收入

一、非同级财政拨款收入的概念

非同级财政拨款收入是指单位从非同级政府财政部门取得的经费拨款,包括从同级政府其他部门取得的横向转拨财政款、从上级或下级政府财政部门取得的经费拨款等。行政单位从非同级财政部门取得的财政资金主要是一些实行垂直管理的行政单位从当地财政部门取得的财政拨款收入。

二、非同级财政拨款收入的核算

为了核算非同级财政拨款收入业务,单位应设置"非同级财政拨款收入"总账科目。本科目应当按照本级横向转拨财政款和非本级财政拨款进行明细核算,并按照收入来源进行明细核算。平时该科目贷方发生额反映非同级财政拨款收入累计数。年终结转时,将该科目贷方发生额全数转入"本期盈余"科目。期末结转后,本科目余额为零。

事业单位因开展科研及其辅助活动从非同级政府财政部门取得的经费拨款,应当通过"事业收入——非同级财政拨款"科目核算,不通过本科目核算。

行政单位从非同级财政部门、上级主管单位等取得的指定转给下级单位,且未纳入本单位预算管理的资金,应当通过"其他应付款"科目核算,不通过本科目核算。非同级财政拨款收入的主要账务处理如下:

(1) 单位确认非同级财政拨款收入时,按照应收或实际收到的金额,借记"其他应收款""银行存款"等科目,贷记"非同级财政拨款收入"科目。

(2) 期末,将本科目本期发生额转入本期盈余,借记"非同级财政拨款收入"科目,贷记"本期盈余"科目。

【例6-16】 某纳入市级财政部门预算范围的行政单位从当地区级财政部门获得一笔财政资金75 000元,具体内容为区政府给予的奖励性资金,没有用途规定,款项已存入该行政单位的银行存款账户。其财务会计应编制的会计分录为:

借:银行存款　　　　　　　　　　　　　　　　　　　　75 000
　　贷:非同级财政拨款收入　　　　　　　　　　　　　　　　75 000

【例6-17】 某纳入市级财政部门预算范围的行政单位从上级省级业务主管部门获得一笔财政资金5 000元,具体内容为上级主管部门委托其开展一项基层实务调研工作,款项已存入该行政单位的银行存款账户。其财务会计应编制的会计分录为:

借:银行存款　　　　　　　　　　　　　　　　　　　　5 000
　　贷:非同级财政拨款收入　　　　　　　　　　　　　　　　5 000

【例6-18】 某行政单位从上级主管部门取得一项科研项目的经费拨款100 000元,已存入银行。其财务会计应编制的会计分录为:

借:银行存款　　　　　　　　　　　　　　　　　　　　100 000
　　贷:非同级财政拨款收入　　　　　　　　　　　　　　　　100 000

【例6-19】 期末结账时,将"非同级财政拨款收入"科目本期发生额转入"本期盈余"科目。其财务会计应编制的会计分录为:

借:非同级财政拨款收入　　　　　　　　　　　　　　　180 000
　　贷:本期盈余　　　　　　　　　　　　　　　　　　　　180 000

同时,行政单位应当结清所有非同级财政拨款收入明细账的余额。

任务三　事业收入

一、事业收入的概念及分类

(一) 事业收入的概念

事业收入是指事业单位开展专业业务活动及辅助活动所取得的收入。所谓专业业务活动,是指事业单位根据本单位专业特点所从事或开展的主要业务活动,如文化单位的演出活动、教育事业单位的教学活动、科学事业单位的科研活动、卫生事业单位的医疗保健活动等。辅助活动是指与专业业务活动相关、直接为专业业务活动服务的单位行政管理活动、后勤服务活动及其他有关活动。

由于不同行业的事业单位开展的专业业务活动及其辅助活动的具体内容不尽相同,因此,不同行业事业单位事业收入的种类也存在差异。如高等学校的事业收入包括教育事业收入和科研事业收入;科学事业单位的事业收入包括科研收入、技术收入、学术活动收入、科普活动收入等。

（二）事业收入的分类

按照管理方式,事业收入分为财政专户返还的事业收入和其他事业收入。事业单位通过开展专业业务活动及辅助活动取得的资金,并不一定全部都确认为事业收入。其中,有些收入是事业单位利用政府权力、政府信誉、国家资源、国有资产,或者提供特定公共服务而取得的,如学校的学费收入、住宿费收入,出租国有资产的租金收入等,事业单位收到这类收入后应先上缴财政专户。只有当从财政专户返还部门款项时,事业单位才能将这部分返还款项确认为事业收入。因此,事业收入分为两部分:一是按照财政部门的规定由事业单位收取并使用且无须上缴财政专户的,可直接确认为事业收入;另一部分是按照财政部门的规定收取后需要先上缴财政专户,然后在收到财政专户返还拨款通知时,才可将该部分返还款确认为本单位的事业收入。

按照使用要求,事业收入分为专项资金收入和非专项资金收入。专项资金收入是指事业单位安排用于完成特定工作任务的事业收入,其使用必须坚持专款专用、单独核算、专项结报的原则。非专项资金收入是指事业单位用于保障其正常运转、完成日常工作任务的事业收入,其用途无限定性。

二、事业收入的核算

为了核算事业收入业务,事业单位应设置“事业收入”总账科目。本科目核算事业单位开展专业业务活动及其辅助活动实现的收入,不包括从同级政府财政部门取得的各类财政拨款。本科目应当按照事业收入的类别、来源等进行明细核算。该科目平时贷方余额反映事业收入的累计数额。期末,将本科目本期发生额转入本期盈余,期末结转后,本科目应无余额。

对于事业单位因开展科研及其辅助活动从非同级政府财政部门取得的经费拨款,应当在本科目下单设“非同级财政拨款”明细科目进行核算。

（一）采用财政专户返还方式管理的事业收入

按照国家有关规定,事业单位应当上缴国库或者财政专户的资金,不计入事业收入,应确认为负债;从财政专户核拨给事业单位的资金和经核准不上缴国库或者财政专户的资金,确认为事业收入。目前,采用财政专户返还方式管理的事业收入主要有教育收费、彩票发行和销售机构的业务费用等。财政部门可以根据情况和管理需要,对广播电视事业的广告收入采用财政专户返还方式进行管理。采用财政专户返还方式进行管理,有利于财政部门加强对有关事业收入的管理。

具体账务处理如下:

(1)事业单位实现应上缴财政专户的事业收入时,按照实际收到或应收的金额,借记“银行存款”“应收账款”等科目,贷记“应缴财政款”科目;

(2)向财政专户上缴款项时,按照实际上缴的款项金额,借记“应缴财政款”科目,贷记“银行存款”等科目;

(3)收到从财政专户返还的事业收入时,按照实际收到的返还金额,借记“银行存款”等科目,贷记“事业收入”科目。

【例6-20】 某事业单位收到一项应上缴财政专户的教育事业收入款10 000元,当日送存开户银行;之后按规定上缴财政专户;收到从财政专户返回的款项时确认事业收入。该事业单位财务会计应编制的会计分录为:

(1) 收到应上缴财政专户的教育事业收入款项时,

借:银行存款 10 000

　　贷:应缴财政款——行政事业性收费收入 10 000

(2) 按规定通过开户银行将上述款项上缴财政专户时,

借:应缴财政款——行政事业性收费收入 10 000

　　贷:银行存款 10 000

(3) 收到从财政专户返还的事业收入时,

借:银行存款 10 000

　　贷:事业收入——教育事业收入 10 000

(二) 采用预收款方式确认的事业收入

预收款是指事业单位向购货方预收的购货定金或部分货款。事业单位预收的货款待实际出售商品、产品或提供劳务时再进行冲减。预收款是以买卖双方协议或合同为依据,由购货方预先支付一部分(或全部)货款给供应方而发生的一项负债,这项负债要用以后的商品或劳务来偿还。具体账务处理如下:

(1) 事业单位实际收到预收款项时,按照收到的款项金额,借记“银行存款”等科目,贷记“预收账款”科目;

(2) 以合同完成进度确认事业收入时,按照基于合同完成进度计算的金额,借记“预收账款”科目,贷记“事业收入”科目。

【例6-21】 某事业单位成功申请一项社会科学基金项目,资助资金10 000元,存入单位银行存款账户。按科研项目完成进度确认归属本期的事业收入,金额为5 000元。其财务会计应编制的会计分录为:

(1) 收到资助款项时,

借:银行存款 10 000

　　贷:预收账款——社会科学基金项目款 10 000

(2) 确认归属于本期的事业收入时,

借:预收账款——社会科学基金项目款 5 000

　　贷:事业收入——科研收入——社会科学基金 5 000

科学事业单位从同级财政部门取得的各类财政拨款,包括科研拨款和非科研拨款等,在“财政拨款收入”总账科目核算,不在“事业收入”总账科目核算。

(三) 采用应收款方式确认的事业收入

应收款是指事业单位在正常的经营过程中因销售商品、提供劳务等业务,应向购买单位收取的款项,包括应由购买单位或接受劳务单位负担的税金、代购买方垫付的各种运杂费等。具体账务处理如下:

(1) 事业单位根据合同完成进度计算本期应收的款项,借记“应收账款”科目,贷记“事业收入”科目;

(2) 实际收到款项时,借记“银行存款”等科目,贷记“应收账款”科目。

【例6-22】　某事业单位开展咨询服务,咨询服务费2 000元,款项尚未收到。该事业单位财务会计应编制的会计分录为:

借:应收账款　　　　　　　　　　　　　　　　　　　　2 000

　　贷:事业收入　　　　　　　　　　　　　　　　　　　　　　2 000

(四) 其他方式下确认的事业收入

除采用财政专户返还方式、预收款方式和应收款方式外,其他方式确认的事业收入一般表现为收到银行存款或库存现金。

其他方式下确认的事业收入按照实际收到的金额,借记“银行存款”“库存现金”等科目,贷记“事业收入”科目。

【例6-23】　某事业单位收到一项不采用财政专户返还方式管理的事业收入,内容为门票收入5 000元,款项为现金。该事业单位财务会计应编制的会计分录为:

借:库存现金　　　　　　　　　　　　　　　　　　　　5 000

　　贷:事业收入——门票收入　　　　　　　　　　　　　　　　5 000

【例6-24】　某医疗卫生事业单位收到科技部门拨入一项科研项目经费55 000元,款项已存入开户银行。该事业单位财务会计应编制的会计分录为:

借:银行存款　　　　　　　　　　　　　　　　　　　　55 000

　　贷:事业收入——非同级财政拨款　　　　　　　　　　　　　55 000

(五) 事业收入期末结转的核算

期末,将“事业收入”科目本期发生额转入本期盈余,借记“事业收入”科目,贷记“本期盈余”科目。结转后,“事业收入”科目没有余额。

【例6-25】　某事业单位期末“事业收入”科目本期贷方发生额790 000元。期末将其转入本期盈余时,其财务会计应编制的会计分录为:

借:事业收入　　　　　　　　　　　　　　　　　　　　790 000

　　贷:本期盈余　　　　　　　　　　　　　　　　　　　　　790 000

任务四　经营收入

一、经营收入的概念

经营收入是指事业单位在专业业务活动及辅助活动之外开展非独立核算经营活动取得的收入。经营收入是一种有偿收入,以提供各项服务或商品为前提,是事业单位在经营活动中通过收费等方式取得的。事业单位开展经营活动的目的是通过经营活动获取一定的收入,来弥补事业经费的不足。经营收入具备以下两个特征:

第一,经营收入是来自专业业务活动及辅助活动以外取得的收入。例如,作为事业单位的影院,其附设的商品部销售商品为专业业务活动及辅助活动以外的活动,取得的销售收入则作为经营收入。第二,经营收入是非独立核算的经营活动取得的收入,而不是独立核算的经营业务取得的收入。例如,事业单位的食堂等后勤单位,财务上不实行独立核算,其对社会服务取得的收入由学校集中进行会计核算,这部分收入应当作为经营收入处理。一个收人事项同时具备以上两个条件方能确认为经营收入。

事业单位经营收入的内容或种类通常包括：一是销售收入，即事业单位非独立核算部门销售商品、对外加工取得的收入；二是经营服务收入，即事业单位非独立核算部门对外提供服务取得的收入；三是租赁收入，即事业单位对外出租房屋、场地和设备等取得的收入。

事业收入和经营收入的共同特征是，它们都是事业单位在开展业务活动过程中，从服务或货品的接受者处取得的收入，它们都体现事业单位与服务或货品的接受者之间的交换关系。只是经营收入体现经营活动的保本和获利原则，事业收入体现事业活动的公益和福利原则。

二、经营收入的核算

为了核算经营收入业务，事业单位应设置"经营收入"总账科目。本科目应当按照经营活动类别、项目和收入来源等进行明细核算。平时该科目贷方发生额反映经营收入累计数。期末结转时，将该科目贷方发生额转入"本期盈余"科目。结账后，该科目无余额。

经营收入应当在提供服务或发出存货，同时收讫价款或者取得索取价款的凭据时，按照实际收到或应收的金额予以确认。经营收入的主要账务处理如下：

（1）属于增值税小规模纳税人的事业单位确认经营收入时，按照实际出售价款，借记"银行存款""应收账款""应收票据"等科目，按照出售价款扣除增值税后的金额，贷记"经营收入"科目，按照应交增值税金额，贷记"应交增值税"科目。

（2）属于增值税一般纳税人的事业单位确认经营收入时，按照包含增值税的价款总额，借记"银行存款""应收账款""应收票据"等科目，按照扣除增值税销项税额后的价款金额，贷记"经营收入"科目，按照增值税专用发票上注明的增值税金额，贷记"应交增值税——应交税金（销项税额）"科目。

（3）期末，将本科目本期发生额转入本期盈余，借记"经营收入"科目，贷记"本期盈余"科目。

【例6-26】 某事业单位属于小规模纳税人，开展一项非独立核算的经营活动取得经营收入为5 150元（含税），内容为对外销售产品，款项为库存现金。其财务会计应编制的会计分录为：

借：库存现金 5 150
　　贷：经营收入——销售收入 5 000
　　　　应交增值税 150

【例6-27】 某事业单位属于增值税一般纳税人，该单位销售应税货物一批，增值税发票上列示的价款10 000元，增值税额1 300元，提货单和增值税专用发票移交给买方，款项以银行存款收到。其财务会计应编制的会计分录为：

借：银行存款 11 300
　　贷：经营收入——销售收入 10 000
　　　　应交增值税——应交税金——销项税额 1 300

【例6-28】 期末，将"经营收入"科目的本期贷方发生额转入"本期盈余"科目。其财务会计应编制的会计分录为：

借：经营收入 15 000
　　贷：本期盈余 15 000

任务五 上级补助收入与附属单位上缴收入

一、上级补助收入

(一)上级补助收入的概念

上级补助收入是事业单位从上级单位取得的非财政性资金补助收入。它是由事业单位的上级单位用自身组织的收入或集中下级单位的收入拨给事业单位的资金,是上级单位用于调剂附属单位资金收支余缺的机动财力。按照使用要求的不同,上级补助收入分为专项资金收入和非专项资金收入。

每个事业单位均有主管部门或上级单位,主管部门或上级单位可利用自身收入对所属单位给予补助,以调剂事业单位的资金余缺。上级补助收入与财政拨款收入的主要差别是,财政拨款收入来源于同级财政部门,资金性质为财政资金;上级补助收入来源于主管部门或上级单位,资金性质为非财政资金,如主管部门或上级单位自身组织的收入或集中下级单位的收入等。财政拨款收入属于事业单位的常规性收入,是事业单位开展业务活动的基本保证;上级补助收入属于事业单位的非常规性收入,主管部门或上级单位一般根据自身资金情况和事业单位的需要,向事业单位拨付上级补助资金。

(二)上级补助收入的核算

为了核算上级补助收入业务,事业单位应设置"上级补助收入"科目。本科目核算事业单位从主管部门和上级单位取得的非财政拨款收入。本科目应当按照发放补助单位、补助项目等进行明细核算。期末,将该科目本期发生额转入"本期盈余"科目。结转后,本科目应无余额。上级补助收入的主要账务处理如下:

(1)事业单位确认上级补助收入时,按照应收或实际收到的金额,借记"其他应收款""银行存款"等科目,贷记"上级补助收入"科目。实际收到应收的上级补助款时,按照实际收到的金额,借记"银行存款"等科目,贷记"其他应收款"科目。

(2)期末,将本科目本期发生额转入本期盈余,借记"上级补助收入"科目,贷记"本期盈余"科目。

【例6-29】 某事业单位收到主管部门拨来的补助款 70 000 元,款项已经到账。此款项是上级单位用其所集中的款项对附属单位基本支出进行的调剂。其财务会计应编制的会计分录为:

借:银行存款   70 000

  贷:上级补助收入——主管部门   70 000

【例6-30】 某事业单位收到上级单位拨入的非财政性资金补助款 300 000 元,其中用于科研项目研究的补助款为 200 000 元,安排用于弥补事业经费不足的补助款为 100 000 元。其财务会计应编制的会计分录为:

借:银行存款   300 000

  贷:上级补助收入——科研项目   200 000

       ——事业经费   100 000

【例6-31】 期末,该事业单位将"上级补助收入"科目的本期贷方发生额370 000元转入"本期盈余"科目。其财务会计应编制的会计分录为:

借:上级补助收入——主管部门　　　　　　　　　　　　　　70 000
　　　　　　　　——科研项目　　　　　　　　　　　　　　200 000
　　　　　　　　——事业经费　　　　　　　　　　　　　　100 000
　　贷:本期盈余　　　　　　　　　　　　　　　　　　　　　　　370 000

二、附属单位上缴收入

(一) 附属单位上缴收入的概念

附属单位上缴收入是指事业单位附属独立核算单位按规定标准或比例上缴的收入,包括附属的事业单位上缴的收入和利润等。所谓附属单位是指事业单位内部设立的,实行独立核算的下级单位,与上级单位存在一定的体制关系。附属独立核算的单位,一般是指有独立法人资格的单位,包括附属的事业单位和附属的企业。

事业单位经营收入与附属单位上缴收入的主要区别是:经营收入是事业单位开展非独立核算经营活动取得的收入,附属单位上缴收入是事业单位附属独立核算单位上缴的收入。事业单位开展的非独立核算经营活动应当是小规模的,不便或无法形成独立核算单位。如果相应的经营活动规模较大,应尽可能组建附属独立核算单位。之后,附属独立核算单位按规定向事业单位上缴款项,形成事业单位的附属单位上缴收入。

事业单位取得的附属单位上缴收入,是凭借特定的经济关系获得的,一旦取得,即为事业单位拥有,即可确认为收入。事业单位开展非独立核算经营活动取得的收入,应确认为经营收入,不作为附属单位上缴收入。事业单位对附属独立核算单位经营项目的投资所获得的投资收益,应确认为其他收入,不属于附属单位上缴收入。事业单位与其附属独立核算单位之间的业务往来款项,如事业单位向其附属独立核算单位提供专业服务而收到的款项,不属于事业单位的附属单位上缴收入,而属于事业单位的事业收入。

(二) 附属单位上缴收入的核算

为了核算附属单位上缴收入业务,事业单位应设置"附属单位上缴收入"总账科目。本科目核算事业单位取得的附属独立核算单位按照有关规定上缴的收入。本科目应当按照附属单位、缴款项目等进行明细核算。期末,将该科目本期发生额结转入"本期盈余"科目。结转后,该科目无余额。附属单位上缴收入的主要账务处理如下:

(1) 确认附属单位上缴收入时,按照应收或收到的金额,借记"其他应收款""银行存款"等科目,贷记"附属单位上缴收入"科目。实际收到应收附属单位上缴款时,按照实际收到的金额,借记"银行存款"等科目,贷记"其他应收款"科目。

(2) 期末,将本科目本期发生额转入本期盈余,借记"附属单位上缴收入"科目,贷记"本期盈余"科目。

【例6-32】 某事业单位下属的招待所为独立核算的附属单位。按事业单位与招待所签订的收入分配办法规定,2019年招待所应缴纳分成款80 000元,事业单位已收到招待所上缴的款项。其财务会计应编制的会计分录为:

借:银行存款　　　　　　　　　　　　　　　　　　　　　　　80 000
　　贷:附属单位上缴收入　　　　　　　　　　　　　　　　　　　　80 000

【例6-33】 某事业单位月末确认附属单位应上缴收入30 000元,并于下月初实际收到该笔上缴款,存入银行。其财务会计应编制的会计分录为:

(1) 确认附属单位上缴收入时,

借:其他应收款　　　　　　　　　　　　　　　　　　　30 000

　　贷:附属单位上缴收入　　　　　　　　　　　　　　　　　30 000

(2) 实际收到附属单位上缴收入时,

借:银行存款　　　　　　　　　　　　　　　　　　　　30 000

　　贷:其他应收款　　　　　　　　　　　　　　　　　　　　30 000

【例6-34】 期末,该事业单位将"附属单位上缴收入"科目本年贷方发生额110 000元,结转入"本期盈余"科目。其财务会计应编制的会计分录为:

借:附属单位上缴收入　　　　　　　　　　　　　　　　110 000

　　贷:本期盈余　　　　　　　　　　　　　　　　　　　　110 000

任务六　投资收益与利息收入

一、投资收益

投资收益是指事业单位股权投资和债券投资所实现的收益或发生的损失。

为了核算投资收益业务,事业单位应设置"投资收益"总账科目。本科目应当按照投资的种类等进行明细核算。期末结转时,将该科目贷方发生额全数转入"本期盈余"科目。结转后,本科目应无余额。投资收益的主要账务处理如下。

(一) 出售或到期收回短期债券本息

短期债券是为筹集短期资金而发行的债券。一般期限在1年以内。有些在市场上流通的中长期债券,其期限不足一年的,也视为短期债券。短期债券具有流动性强、风险低的优点。

出售或到期收回短期债券本息,按照实际收到的金额,借记"银行存款"科目,按照出售或收回短期投资的成本,贷记"短期投资"科目,按照其差额,贷记或借记"投资收益"科目。

【例6-35】 某事业单位一项短期国债投资到期兑付,其收到国债投资本息61 200元,其中短期投资成本60 000元,利息1 200元。账务处理如下:

借:银行存款　　　　　　　　　　　　　　　　　　　　61 200

　　贷:短期投资　　　　　　　　　　　　　　　　　　　　60 000

　　　　投资收益　　　　　　　　　　　　　　　　　　　　1 200

(二) 持有分期付息、一次还本的长期债券投资及持有的一次还本付息的长期债券投资

长期债券是发行者为筹集长期资金而发行的债券。各国对债权期限划分的标准不同。一般来说,偿还期限在10年以上的为长期债券。发行长期债券的目的,主要是筹集大型工程、市政设施及一些期限较长的建设项目的建设资金。持有的分期付息、一次还本的长期债券是指每期偿还一定金额的利息,到期再还本的长期债券。持有的一次还本付息的长期债券是指到期一次性偿还本金和利息的长期债券。

（1）持有分期付息、一次还本的长期债券投资，按期确认利息收入时，按照计算确定的应收未收利息，借记"应收利息"科目，贷记"投资收益"科目。

（2）持有的到期一次还本付息的债券投资，按期确认利息收入时，按照计算确定的应收未收利息，借记"长期债券投资——应计利息"科目，贷记"投资收益"科目。

【例6-36】 某事业单位投资了一项长期债券，采用的支付方式是分期付息，一次还本，每期应计的利息为3 000元，利息已收到。账务处理如下：

借：应收利息　　　　　　　　　　　　　　　　　　　　　　3 000
　　贷：投资收益　　　　　　　　　　　　　　　　　　　　　　　　　3 000
借：银行存款　　　　　　　　　　　　　　　　　　　　　　3 000
　　贷：应收利息　　　　　　　　　　　　　　　　　　　　　　　　　3 000

【例6-37】 某事业单位投资了一项长期债券，采用的是一次还本付息支付方式，当期应计利息为5 000元。账务处理如下：

借：长期债券投资——应计利息　　　　　　　　　　　　　　5 000
　　贷：投资收益　　　　　　　　　　　　　　　　　　　　　　　　　5 000

（三）出售长期债券投资或到期收回长期债券投资本息

出售长期债券投资或到期收回长期债券投资本息时，按照实际收到的金额，借记"银行存款"等科目，按照债券初始投资成本和已计未收利息金额，贷记"长期债券投资——成本、应计利息"科目（到期一次还本付息债券）或"长期债券投资""应收利息"科目（分期付息债券），按照其差额，贷记或借记"投资收益"科目。

【例6-38】 某教育事业单位收到到期兑付的长期债券投资的本息共计315 000元，款项已存入银行。内容为长期债券投资的成本300 000元，应计利息为13 500元。其会计分录为：

借：银行存款　　　　　　　　　　　　　　　　　　　　　315 000
　　贷：长期债券投资——成本　　　　　　　　　　　　　　　　　300 000
　　　　长期债券投资——应计利息　　　　　　　　　　　　　　　 13 500
　　　　投资收益　　　　　　　　　　　　　　　　　　　　　　　　1 500

（四）长期股权投资持有期间投资损益的确定

1. 成本法

成本法是指长期股权投资按投资的实际成本计价的方法。该方法要求当单位增加对外长期投资时才增加长期股权投资的账面价值。

采用成本法核算的长期股权投资持有期间，被投资单位宣告分派现金股利或利润时，按照宣告分派的现金股利或利润中属于单位应享有的份额，借记"应收股利"科目，贷记"投资收益"科目。

【例6-39】 某教育事业单位持有一项长期股权投资，被投资单位宣告分配现金股利90 000元，该教育事业单位应享有5%。该事业单位财务会计应编制会计分录为：

借：应收股利　　　　　　　　　　　　　　　　　　　　　　4 500
　　贷：投资收益　　　　　　　　　　　　　　　　　　　　　　　　　4 500

2. 权益法

权益法是指长期股权投资按投资单位在被投资单位权益资本中所占比例计价的方法。

长期股权投资采用权益法时,除增加、减少因股权影响长期股权投资而引起的账面价值的增减变动外,被投资单位发生利润或亏损,相应要增加或减少投资单位长期股权投资的账面价值。

采用权益法核算的长期股权投资持有期间,按照应享有或应分担的被投资单位实现的净损益的份额,借记或贷记"长期股权投资——损益调整"科目,贷记或借记"投资收益"科目;被投资单位发生净亏损,但以后年度又实现净利润的,单位在其收益分享额弥补未确认的亏损分担额后,恢复确认投资收益,借记"长期股权投资——损益调整"科目,贷记"投资收益"科目。

【例6-40】 某事业单位一项长期股权投资按权益法核算,年底被投资单位实现净利润70 000元,按投资份额计算,属于该事业单位享有的被投资单位净利润为35 000元。账务处理如下:

借:长期股权投资——损益调整   35 000
  贷:投资收益   35 000

被投资单位次年3月宣告分配股利30 000元,属于本单位享有的股利份额为22 000元,股利尚未收到。账务处理如下:

借:应收股利   22 000
  贷:长期股权投资——损益调整   22 000

(五)投资收益期末核算

期末,将"投资收益"科目本期发生额转入本期盈余,借记或贷记"投资收益"科目,贷记或借记"本期盈余"科目。

【例6-41】 某事业单位年终进行结账,"投资收益"科目贷方余额为100 000元。账务处理如下:

借:投资收益   100 000
  贷:本期盈余   100 000

二、利息收入

利息收入是指单位取得的银行存款利息收入。

为了核算利息收入业务,单位应设置"利息收入"总账科目。单位取得银行存款利息时,按照实际收到的金额,借记"银行存款"科目,贷记"利息收入"科目。

期末,将本科目本期发生额转入本期盈余,借记"利息收入"科目,贷记"本期盈余"科目。本科目余额为零。

【例6-42】 某事业单位本期取得银行存款利息收入5 500元。期末将其转入"本期盈余"科目。其财务会计应编制的会计分录为:

(1)取得银行存款利息时,

借:银行存款   5 500
  贷:利息收入   5 500

(2)期末,将利息收入本期发生额转入"本期盈余"时,

借:利息收入   5 500
  贷:本期盈余   5 500

任务七 捐赠收入和租金收入

一、捐赠收入

捐赠收入是指单位接受其他单位或者个人捐赠取得的收入。为了核算捐赠收入业务,单位应设置"捐赠收入"总账科目。本科目应当按照捐赠资产的用途和捐赠单位等进行明细核算。

(一)接受捐赠的货币资金

接受捐赠的货币资金,按照实际收到的金额,借记"银行存款""库存现金"等科目,贷记"捐赠收入"科目。

【例6-43】 某事业单位收到其他单位的未限定用途的货币资金捐赠收入30 000元,款项存入银行。其财务会计应编制的会计分录为:

借:银行存款 30 000
　贷:捐赠收入 30 000

(二)接受捐赠的存货、固定资产等

接受捐赠的存货、固定资产等非现金资产,按照确定的成本,借记"库存物品""固定资产"等科目,按照发生的相关税费、运输费等,贷记"银行存款"等科目,按照其差额,贷记"捐赠收入"科目。

【例6-44】 某单位收到了其他单位捐赠的固定资产,成本11 000元,其中发生的税费和运费为1 000元。账务处理如下:

借:固定资产 11 000
　贷:捐赠收入 10 000
　　银行存款 1 000

(三)捐赠收入的期末结转

期末,将"捐赠收入"科目本期发生额转入本期盈余,借记"捐赠收入"科目,贷记"本期盈余"科目。

二、租金收入

租金收入是指单位经批准利用国有资产出租取得并按照规定纳入本单位预算管理的租金收入。

为了核算租金收入业务,单位应设置"租金收入"总账科目。本科目应当按照出租国有资产类别和收入来源等进行明细核算。期末,将本科目本期发生额转入"本期盈余"科目。结转后,本科目应无余额。租金收入的主要账务处理如下。

(一)取得出租收入

1. 预收租金方式

预收租金是属于预收账款大类中的一种,是负债科目。单位在收到这笔租金时,不能作为收入入账,只能确认为一项负债。单位根据合同的履行情况,逐期将未实现收入转成已实现收入。国有资产出租收入,应当在租赁期内各个期间按照直线法予以确认。

采用预收租金方式的,预收租金时,按照收到的金额,借记"银行存款"等科目,贷记"预收账款"科目;分期确认租金收入时,按照各期租金金额,借记"预收账款"科目,贷记"租金收入"科目。

2. 后付租金方式

后付租金,即承租人在各付租间隔期的期末支付租金的方式。采用这种方法,能使租金支付时间向后推迟整整一个间隔期(半年或 1 年),对资金短缺的承租人有利。

采用后付租金方式的,每期确认租金收入时,按照各期租金金额,借记"应收账款"科目,贷记"租金收入"科目;收到租金时,按照实际收到的金额,借记"银行存款"等科目,贷记"应收账款"科目。

【例 6 - 45】 某单位和另一单位签订了一份办公楼租赁合同,约定租金支付方式为后付租金方式,租金总额为 60 000 元,租期为 6 个月,每期确认 10 000 元租金收入,款项尚未收到。每期账务处理如下:

借:应收账款　　　　　　　　　　　　　　　　　　　　　　10 000
　贷:租金收入　　　　　　　　　　　　　　　　　　　　　　　　10 000

3. 分期收取租金

分期收取租金是指出租人按合同或条款上规定的期间收取租金的方式。

采用分期收取租金方式的,每期收取租金时,按照租金金额,借记"银行存款"等科目,贷记"租金收入"科目。涉及增值税业务的,相关账务处理参见"应交增值税"科目。

【例 6 - 46】 某医疗卫生事业单位出租一项固定资产,租金采用后付方式收取,每季度一次性取 10 200 元,当月末确认本月租金收入 3 400 元(=10 200÷3)。该事业单位财务会计应编制的会计分录如下:

(1) 月末确认本月租金收入时,

借:应收账款——应收租金　　　　　　　　　　　　　　　3 400
　贷:其他收入——租金收入　　　　　　　　　　　　　　　　　3 400

(2) 季末收到本季租金收入时,

借:银行存款　　　　　　　　　　　　　　　　　　　　　　10 200
　贷:应收账款——应收租金　　　　　　　　　　　　　　　　　10 200

(二) 租金收入的期末结转

期末,将"租金收入"科目本期发生额转入"本期盈余"科目,借记"租金收入"科目,贷记"本期盈余"科目。

【例 6 - 47】 某单位期末"租金收入"科目本期贷方发生额 100 000 元,将其转入"本期盈余"科目。该单位财务会计应编制的会计分录为:

借:租金收入　　　　　　　　　　　　　　　　　　　　　100 000
　贷:本期盈余　　　　　　　　　　　　　　　　　　　　　　100 000

任务八　其他收入

其他收入是指单位取得的除财政拨款收入、事业收入、上级补助收入、附属单位上缴收入、经营收入、非同级财政拨款收入、投资收益、捐赠收入、利息收入、租金收入以外的各项收入，包括现金盘盈收入、按照规定纳入单位预算管理的科技成果转化收入、行政单位收回已核销的其他应收款、无法偿付的应付及预收款项、置换换出资产评估增值等。

为了核算其他收入业务，单位应设置"其他收入"总账科目。本科目应当按照其他收入的类别、来源等进行明细核算。期末，将本科目本期发生额转入"本期盈余"科目。结转后，本科目应无余额。其他收入的主要账务处理如下。

一、现金盘盈收入

现金盘盈是指实物数量比正确的账面记录的数量多，一般是由于单位管理制度的疏忽和收款人员的工作失误造成的，不存在恶意作弊的问题。

每日现金账款核对中发现的现金溢余，属于无法查明原因的部分，报经批准后，借记"待处理财产损溢"科目，贷记"其他收入"科目。

二、科技成果转化收入

科技成果转化，是指为提高生产力水平而对科学研究与技术开发所产生的具有实用价值的科技成果所进行的后续试验、开发、应用、推广直至形成新产品、新工艺、新材料，发展新产业等活动。科技成果转化收入即因科技成果转化实现的收入。

单位科技成果转化所取得的收入，按照规定留归本单位的，按照所取得收入扣除相关费用之后的净收益，借记"银行存款"等科目，贷记"其他收入"科目。

【例6-48】 某单位进行科技成果转化，取得转化收入50 000元，存入银行。账务处理如下：

借：银行存款   50 000
　　贷：其他收入   50 000

三、收回已核销的其他应收款

已核销的其他应收款是指单位某笔其他应收款确认无法收回，凭相关法律文书进行注销。收回已核销的其他应收款指其他应收款在以后期间收回。

行政单位已核销的其他应收款在以后期间收回的，按照实际收回的金额，借记"银行存款"等科目，贷记"其他收入"科目。

【例6-49】 某行政单位通过银行存款收到一笔款项5 500元，内容为收回已作为坏账处理的A单位的其他应收款又重新收回。其财务会计应编制的会计分录为：

借：银行存款   5 500
　　贷：其他收入   5 500

四、无法偿付的应付及预收款项

无法偿付的应付及预收款项是指单位确实无法偿付或者债权人豁免偿还应付及预收款项业务。

无法偿付或债权人豁免偿还的应付账款、预收账款、其他应付款及长期应付款，借记"应付账款""预收账款""其他应付款""长期应付款"等科目，贷记"其他收入"科目。

【例 6-50】 某单位年终资产负债清查中发现无法偿付丙单位的应付账款 800 元。其财务会计应编制的会计分录为:

借:应付账款——丙单位   800

    贷:其他收入   800

五、置换换出资产评估增值

单位在进行资产置换的过程中,可能会出现资产评估增值的情况。资产评估增值是指对单位的资产进行评估,并按资产评估确认的价值调整单位相应资产的原账面价值。

资产置换过程中,换出资产评估增值的,按照评估价值高于资产账面价值或账面余额的金额,借记有关科目,贷记"其他收入"科目。

以未入账的无形资产取得的长期股权投资,按照评估价值加相关税费作为投资成本,借记"长期股权投资"科目,按照发生的相关税费,贷记"银行存款""其他应交税费"等科目,按其差额,贷记"其他收入"科目。

【例 6-51】 某单位在进行固定资产置换过程中,换出的固定资产被评估增值高于账面价值 5 000 元,账务处理如下:

借:固定资产   5 000

    贷:其他收入   5 000

六、其他收入的期末结转

期末,将本科目本期发生额转入本期盈余,借记"其他收入"科目,贷记"本期盈余"科目。

【例 6-52】 某单位期末"其他收入"科目本期贷方发生额 55 000 元,将其转入"本期盈余"科目。该单位财务会计应编制的会计分录为:

借:其他收入   55 000

    贷:本期盈余   55 000

关键术语

财政拨款收入　非同级财政拨款收入　事业收入　经营收入　上级补助收入
附属单位上缴收入　投资收益　利息收入　捐赠收入　租金收入　其他收入

应知考核

一、单项选择题

1. 在财政直接支付方式下,年度终了,单位根据本年度财政直接支付预算指标数与当年财政直接支付实际支出数的差额,在财务会计中,应贷记(　　)。

A. 财政应返还额度   B. 财政拨款收入

C. 财政拨款预算收入   D. 资金结存

2. 在财政授权支付方式下,年度终了,单位依据代理银行提供的对账单作注销额度的相关账务处理,在财务会计中,应贷记(　　)。

A. 财政应返还额度   B. 财政拨款收入

C. 财政拨款预算收入   D. 零余额账户用款额度

二、多项选择题

1. 政府会计基本准则中对于收入确认需要同时满足一定条件,下列各项中,属于收入确认应满足的条件有( )。

A. 与收入有关的含有服务潜力或者经济利益的经济资源很可能流入政府会计主体

B. 含有服务潜力或者经济利益的经济资源流入会导致政府会计主体资产增加或者负债减少

C. 流入金额能够可靠计量

D. 已发生的费用能够可靠的计量

2. 事业单位接受捐赠、无偿调入的存货验收入库,按照确定的成本,借记"库存物品"科目,按照发生的相关税费、运输费及差额等,贷记( )。

A. "事业收入"科目   B. "银行存款"科目

C. "捐赠收入"科目   D. "财政补助收入"科目

三、判断题

1. 对于单位受托代理的现金以及应上缴财政的现金所涉及的收支业务,仅需要进行预算会计处理,不需要进行财务会计处理。 ( )

2. 期末,事业单位应当将"财政拨款收入"科目本期发生额转入"本期盈余",预算会计应当将"财政拨款预算收入"科目本期发生额转入"财政拨款结余"科目。 ( )

四、简答题

1. 什么是单位财政拨款收入? 财政拨款收入在财政直接支付、财政授权支付、实拨资金方式下,分别应当在什么时候确认?

2. 什么是事业单位的事业收入?

3. 什么是事业单位的经营收入? 它具有哪些基本特征?

4. 事业单位的事业收入和经营收入有什么共同的特征?

5. 什么是事业单位的上级补助收入? 上级补助收入与财政拨款收入有什么不同?

6. 什么是事业单位的附属单位上缴收入? 附属单位上缴收入与经营收入有什么不同?

7. 单位的其他收入主要包括哪些内容? 如何进行核算?

应会考核

业务处理

某教育事业单位 2019 年发生如下经济业务:

(1) 收到单位代理银行转来的"财政授权支付额度到账通知书",收到一笔财政授权支付用款额度 1 500 元,单位预算为基本支出预算日常公用经费。

(2) 收到财政部门委托其代理银行转来的"财政直接支付入账通知书",财政部门为单位支付了一笔款项 9 450 元,具体内容为职工基本工资以及津贴补贴,单位预算属于基本支出的人员经费。

(3) 收到财政部门委托其代理银行转来的"财政直接支付入账通知书",财政部门为单位支付了一笔款项 6 800 元,具体内容为教学设备采购,单位预算为项目支出预算。

(4) 收到一项应上缴财政专户的事业收入,内容为教育事业收入 15 600 元,具体为学费、学生住宿费等,款项已存入开户银行。

(5) 通过开户银行向财政专户上缴之前收到的一项教育事业收入 15 600 元。

(6) 收到从财政专户返还的一项事业收入,内容为教育事业收入 2 000 元,款项已存入开户银行。

(7) 收到从财政专户返还的一项事业收入,内容为教育事业收入 5 000 元,款项已存入开户银行,单位预算中属于项目支出预算,具体项目为学生宿舍维修维护。

(8) 收到一项不采用财政专户返还方式管理的事业收入,内容为教育事业收入 9 000 元,具体内容为培训费,款项已存入开户银行。

(9) 开展一项非独立核算的经营活动,取得款项 8 000 元,内容为对外出租场地取得租金收入,款项已收到并存入银行存款账户。

(10) 收到其他单位的未限定用途的货币资金捐赠收入 2 000 元,款项存入银行。

(11) 收到主管单位拨来的一笔非财政性的补助款项 90 000 元,专项用于教学改革。

(12) 每日现金账款核对中发现现金溢余 35 元,无法查明原因,报经批准后处理。

(13) 期末,将各项收入转入"本期盈余"科目。

要求:根据以上经济业务,为事业单位编制有关的会计分录。

项目七

费用的核算

知识目标

1. 掌握业务活动费、资产处置费和其它费用的概念和确认条件；
2. 掌握单位管理费用、经营费用、上缴上级费用、对附属单位补助费用、所得税费用的涵义和确认条件；
3. 掌握各项费用的核算方法。

技能目标

1. 能够分析判断费用的确认条件；
2. 能够理解各项费用的概念；
3. 能够进行各项费用的账务处理。

知识准备

费用是指报告期内导致政府部门净资产减少的,含有服务潜力或者含有经济利益的经济资源的流出。

政府会计确认的费用一般具有以下特征:① 费用属于开展业务及其他活动所发生的耗费,具有范围广、类型多等特征,不仅包括业务活动费用、单位管理费用、经营费用,而且包括资产处置费用、上缴上级费用、对附属单位补助费用、所得税费用和其他费用。② 费用作为一种经济资源的流出,包括服务潜力的丧失或经济利益的损失。没有发生资金耗费和流出,就不应当是费用。凡是"已经耗费的"才构成单位的费用。③ 费用的发生最终会导致本期净资产的减少。因为耗费可能表现为资产的减少(损耗)或负债的增加,或者两者兼而有之,最终都会导致本期净资产的减少。或者说,因为经济资源的流出是对经济资源流入的抵扣,所以会导致净资产的减少。

政府会计确认的费用应当同时满足以下条件:① 与费用相关的含有服务潜力或者经济利益的经济资源很可能流出政府部门;② 含有服务潜力或者经济利益的经济资源流出会导致政府部门资产减少或者负债增加;③ 流出金额能够可靠地计量。

政府单位按照功能将费用划分为业务活动费用、单位管理费用、经营费用、资产处置费用、上缴上级费用、对附属单位补助费用、所得税费用和其他费用8个类别。其中业务活动费用、资产处置费用和其他费用属于行政单位和事业单位共有的费用项目,单位管理费用、经营费用、上缴上级费用、对附属单位补助费用和所得税费用属于事业单位独有的费用项目。这8个费用项目与会计科目名称、特指用途与经济含义归纳如下表所示。

费用的划分及其基本解释

编　号	费用项目与会计科目	特指用途	基本含义
5001	业务活动费用		专业业务活动及辅助活动发生的各项费用
5101	单位管理费用	事业单位	行政及后勤管理活动发生的各项费用
5201	经营费用	事业单位	非独立核算经济活动发生的各项费用
5301	资产处置费用		经批准处置资产时发生的费用
5401	上缴上级费用	事业单位	上缴上级单位款项发生的费用
5501	对附属单位补助费用	事业单位	对附属单位补助发生的费用
5801	所得税费用	事业单位	按规定缴纳企业所得税所形成的费用
5901	其他费用		除上述费用以外的各项费用,包括利息费用、坏账损失、罚没支出、现金资产捐赠支出以及相关税费、运输费等。

任务一　业务活动费用

一、业务活动费用的概念

业务活动费用是指为实现其职能目标,依法履职或开展专业业务活动及其辅助活动所发生的各项费用。业务活动费用是行政事业单位完成事业计划和工作任务的重要条件,应重点予以保障,其核算应当按照权责发生制进行。

业务活动费用不仅与该单位的收入相关,而且应当与其业务活动、业务范围有关。单位按照业务范围是否涉及资质认可事项或执业许可事项,一般将业务活动分为监督管理类、社会公益类、中介服务类和生产经营类四类。

二、业务活动费用的核算

应当设置"业务活动费用"总账科目,核算单位为实现其职能目标,依法履行职责或开展专业业务活动及其辅助活动所发生的各项费用。该科目可按照项目、服务或者业务类别、支付对象等进行明细核算。为了满足成本核算需要,还可以按照"工资福利费用""商品和服务费用""对个人和家庭的补助费用""对企业补助费用""固定资产折旧费""无形资产摊销费""公共基础设施折旧(摊销)费""保障性住房折旧费""计提专用基金"等成本项目设置明细科目,归集能够直接计入业务活动或者采用一定方法计算后计入业务活动的费用。

在日常会计核算中,为履行或开展业务活动的本单位人员计提的薪酬,发生的外部人员劳务费;为履职或开展业务活动领用的库存物资,以及动用发出相关政府储备物资;为履职或开展业务活动所使用的固定资产、无形资产、公共基础设施、保障性住房等计提的折旧与摊销;为履职或开展业务活动发生的各项税费,为履职或开展业务活动发生的其他各项活动费用,按照费用确认金额,借记"业务活动费用"科目,贷记"应付职工薪酬""其他应付款""库存物品""固定资产累计折旧""无形资产累计摊销""公共基础设施累计折旧(摊销)""其他应交税费""财政拨款收入""零余额账户用款额度""银行存款"等相关科目。

如果因当年购货退回等业务,已计入本年费用的,应按照收回或应收的金额,借记"财政拨款收入""零余额账户用款额度""银行存款""其他应收款"等科目,贷记"业务活动经费"科目。

"业务活动费用"属于费用类科目,应当按期采用结账法核算。期末,将"业务活动费用"科目的本期发生额结转"本期盈余"科目后,"业务活动费用"期末应无余额。

【例7-1】 某行政单位2019年12月发生如下经济业务:

(1) 计提在编职工薪酬300 000元,代扣个人所得税15 000元;

(2) 计提12月固定资产折旧150 000元,公共基础设施折旧2 000 000元,无形资产摊销15 000元;

(3) 12月5日,为开展专业活动领用甲材料,账面余额为5 000元;

(4) 12月12日,购买办公用品一批,通过单位零余额账户支付款项9 000元;

(5) 12月20日,因上月购买的复印纸质量不合格发生当年退货,退货金额为10 000元,购买时已通过单位零余额账户支付,且该费用已计入本年业务活动费用。

该单位账务处理如下:

(1) 计提在编职工薪酬时,

借:业务活动费用——工资福利费用　　　　　　　　　315 000
　　贷:应付职工薪酬　　　　　　　　　　　　　　　　　　300 000
　　　　其他应交税费——应交个人所得税　　　　　　　　 15 000

(2) 计提固定资产折旧等费用时,

借:业务活动费用——固定资产折旧费　　　　　　　　150 000
　　　　　　　　——公共基础设施折旧费　　　　　 2 000 000
　　　　　　　　——无形资产摊销　　　　　　　　　 15 000
　　贷:固定资产累计折旧　　　　　　　　　　　　　　150 000
　　　　公共基础设施累计折旧　　　　　　　　　　 2 000 000
　　　　无形资产累计摊销　　　　　　　　　　　　　 15 000

(3) 领用甲材料时,

借:业务活动费用——商品和服务费用　　　　　　　　 5 000
　　贷:库存物品　　　　　　　　　　　　　　　　　　　 5 000

(4) 购买办公用品时,

借:业务活动费用——商品和服务费用　　　　　　　　 9 000
　　贷:零余额账户用款额度　　　　　　　　　　　　　　 9 000

(5) 发生当年退货时,

借:零余额账户用款额度　　　　　　　　　　　　　　 10 000
　　贷:业务活动费用——商品和服务费用　　　　　　　　 10 000

(6) 期末结转时,

借:本期盈余　　　　　　　　　　　　　　　　　　 2 484 000
　　贷:业务活动费用——工资福利费用　　　　　　　　 315 000

——固定资产折旧费	150 000
——公共基础设施折旧费	2 000 000
——无形资产摊销	15 000
——商品和服务费用	4 000

任务二　单位管理费用

一、单位管理费用的概念

单位管理费用是指事业单位行政及后勤管理部门开展管理活动发生的各项费用,包括单位行政及后勤管理部门发生的人员经费、公用经费、资产折旧(摊销)等费用,以及由单位统一负担的离退休人员经费、工会经费、诉讼费、中介费等。事业单位应当按照权责发生制对单位管理费用进行核算。

"单位管理费用"总账科目核算单位本级行政及后勤管理部门开展活动发生的各项费用。该科目应当按照项目、费用类别、支付对象等进行明细核算。为了满足成本核算的需要,还可以按照"工资福利费用""商品和服务费用""对个人和家庭的补助费用""固定资产折旧费""无形资产摊销费"等成本项目设置明细科目,归集能够直接计入单位管理活动或采用一定方法计算后计入单位管理活动的费用。

按照规定,行政单位不使用"单位管理费用"科目,其为实现其职能目标、依法履职发生的各项费用均计入"业务活动费用"科目。事业单位应当同时使用"业务活动费用"和"单位管理费用"科目,其业务部门开展专业业务活动及其辅助活动发生的各项费用计入"业务活动费用"科目,其本级行政及后勤管理部门发生的各项费用以及由单位统一负担的费用计入"单位管理费用"科目。

事业单位应当按照相关规定,结合本单位实际,确定本单位业务活动费用和单位管理费用划分的具体会计政策。

二、单位管理费用的核算

在日常会计核算中,为管理活动人员计提的薪酬,支付外部人员的劳务费,管理活动内部领用物品,使用固定资产、无形资产计提的折旧与摊销,应负担的税金及附加,发生的其他各项管理活动费用等,按照费用确认金额,借记"单位管理费用"科目,贷记"应付职工薪酬""其他应付款""库存物品""固定资产累计折旧""无形资产累计摊销""其他应交税费""财政拨款收入""零余额账户用款额度""银行存款"等相关科目。

如果因当年购货退回等业务,已计入本年费用的,应按照收回或应收的金额,借记"财政拨款收入""零余额账户用款额度""银行存款""其他应收款"等科目,贷记"单位管理费用"科目。

"单位管理费用"属于费用类科目,应当按期采用结账法核算。期末,将"单位管理费用"科目的本期发生额结转入"本期盈余"科目后,"单位管理费用"期末应无余额。

【例7-2】某事业单位2019年12月发生如下经济业务:

(1)计提当月在编行政及后勤管理部门职工薪酬190 000元,开展管理活动发生的外部

人员劳务费 20 000 元;

（2）计提行政及后勤管理部门所使用的固定资产折旧费 180 000 元;

（3）12 月 10 日,后勤管理部门为修理领取的修理材料甲,账面余额为 4 000 元;

（4）12 月 12 日,行政管理部门购买办公用品一批,价款 6 000 元,用银行存款支付;

（5）12 月 26 日,行政管理部门购买的办公用品因质量不合格发生当年退货,退货金额为 6 000 元,该办公用品已经计入单位管理费用,退货金额已经存入银行。

该单位账务处理如下:

（1）计提行政及后勤管理部门职工在编职工薪酬以及劳务费时,

借:单位管理费用——工资福利费用	210 000	
贷:应付职工薪酬		190 000
其他应付款		20 000

（2）计提固定资产折旧费用时,

借:单位管理费用——固定资产折旧费	180 000	
贷:固定资产累计折旧		180 000

（3）后勤管理部门领用修理材料甲时,

借:单位管理费用——商品和服务费用	4 000	
贷:库存物品		4 000

（4）行政管理部门购买办公用品时,

借:单位管理费用——商品和服务费用	6 000	
贷:银行存款		6 000

（5）发生当年退货时,

借:银行存款	6 000	
贷:单位管理费用——商品与服务费用		6 000

（6）期末结转时,

借:本期盈余	394 000	
贷:单位管理费用——工资福利费用		210 000
——固定资产折旧费		180 000
——商品和服务费用		4 000

任务三 经营费用

一、经营费用的概念

经营费用是事业单位在专业业务活动及其辅助活动之外开展非独立核算的经营活动所发生的费用。单位应当按照权责发生制进行核算。

经营费用的核算一般具有以下三个方面的特点:

（1）非独立核算性。事业单位开展的经营活动,有的是独立核算的,有的是非独立核算的。事业单位对独立核算的经营活动,应当按照《企业会计准则》或《小企业会计准则》单独进行核算,不在"经营费用"科目中反映。只有非独立核算的经营活动发生的费用才纳入"经营费用"核算的范围。也就是说,正确区分独立核算经营活动与非独立核算经营活动是经营费用核算的重要前提。

(2)费用经营性。列入"经营费用"科目核算范围的应当都是经营性的费用,所以,应当严格划分经营费用与业务活动费用的界限。业务活动费用应当列入单位的"业务活动经费"和"单位管理费用"项目,不得列入经营费用;应当列入经营费用的项目也不得列入"业务活动费用"和"单位管理费用"项目。凡是直接用于经营活动的材料、人工等费用,直接计入"经营费用";由单位统一垫支的各项费用,应当按照规定比例在"业务活动费用""单位管理费用""经营费用"之间合理分摊。

(3)收支配比性。事业单位开展非独立核算经营活动,主要是为了获得经济收益,用于补充事业发展所需资金。这就需要正确归集经营费用,与同期取得的经营收入对应计算,以获得单位开展非独立核算经营活动所取得的经营收益的真实情况;同时,经营费用必须与经营收入配比也是权责发生制核算的基本要求之一。对同一会计期间发生的各项经营支出,应按用途归集到经营费用的相关科目中。对于无法直接归集的,应按规定比例合理分摊。对经营活动占用单位的房屋、设备等固定资产,应当参照折旧制度的相关规定合理分摊折旧;对于发生的共同的修理费用,也应当进行合理分摊。

二、经营费用的核算

事业单位应当设置"经营费用"科目,核算在专业业务活动及其辅助活动之外开展非独立核算营利性活动发生的各项费用。该科目可按照经营活动类别、项目、支付对象等进行明细核算。为了满足成本核算需要,该科目下还可以按照"工资福利费用""商品与服务费用""对个人和家庭的补助费用""固定资产折旧费""无形资产摊销费"等成本项目设置明细科目,归集能够直接计入单位经营活动或采用一定方法计算后计入单位经营活动的费用。

在日常会计核算中,为经营活动人员计提的薪酬,领用的物品,使用固定资产、无形资产计提的折旧与摊销,应负担的税金及附加,发生的其他各项经营费用等,按照费用确认金额,借记"经营费用"科目,贷记"应付职工薪酬""库存物品""固定资产累计折旧""无形资产累计摊销""其他应交税费""财政拨款收入""零余额账户用款额度""银行存款"等相关科目。

因当年购货退回,按照收回或应收的金额,借记"银行存款""其他应收款"等科目,贷记"经营费用"科目。

"经营费用"属于费用类科目,应当按期采用结账法核算。期末,将"经营费用"科目的本期发生额结转入"本期盈余"科目后,"经营费用"期末应无余额。

【例7-3】　某事业单位2019年12月发生如下经济业务:

(1)当月计提从事经营活动人员薪酬40 000元;

(2)计提为经营活动所占用的固定资产折旧费10 000元;

(3)12月8日,该事业单位为开展经营活动领用乙材料,账面余额为8 000元;

(4)12月13日,从事经营活动部门购买办公用品一批,价款5 000元,用银行存款支付;

(5)12月27日,从事生产经营部门购买的一批办公用品因质量不合格发生当年退货,退货金额为5 000元,该办公用品已经计入经营费用,退货金额已经存入银行。

该单位账务处理如下:

(1) 计提从事经营活动人员薪酬时,

借:经营费用——工资福利费用   40 000

 贷:应付职工薪酬   40 000

(2) 计提固定资产折旧费用时,

借:经营费用——固定资产折旧费   10 000

 贷:固定资产累计折旧   10 000

(3) 该事业单位为开展经营活动领用乙材料时,

借:经营费用——商品和服务费用   8 000

 贷:库存物品   8 000

(4) 经营活动部门购买一批办公用品时,

借:经营费用——商品和服务费用   5 000

 贷:银行存款   5 000

(5) 发生当年退货时,

借:银行存款   5 000

 贷:经营费用——商品与服务费用   5 000

(6) 期末结转时,

借:本期盈余   58 000

 贷:经营费用——工资福利费用   40 000

    ——固定资产折旧费   10 000

    ——商品和服务费用   8 000

任务四   资产处置费用

一、资产处置费用的概念

资产处置费用是指单位经批准处置资产时发生的费用,包括转销的被处置资产价值,以及在处置过程中发生的相关费用或者处置收入小于相关费用形成的净支出。资产处置的形式按照规定包括无偿调拨、出售、出让、转让、置换、对外捐赠、报废、毁损以及货币性资产损失核销等。

通过对资产处置费用进行核算,一方面可以正确划分资产处置费用与除此以外的费用,便于准确计算成本;另一方面也是为了正确核算资产处置的净收益,以便于将净收益上缴财政。

二、资产处置费用的核算

单位应当设置"资产处置费用"科目,核算单位经批准处置资产时发生的费用,包括转销的被处置资产价值,以及在处置过程中发生的相关费用或者处置收入小于相关费用形成的净支出。该科目应当按照处置资产的类别、资产处置的形式等进行明细核算。期末,将该科目本期借方发生额结转入"本期盈余"科目。结转后,该科目应无余额。

单位在资产清查中查明的资产盘亏、毁损以及资产报废等,应当先通过"待处理财产损溢"科目进行核算,再将处理资产价值和处置净支出计入该科目。

短期投资、长期股权投资、长期债券投资的处置,按照相关资产科目的规定进行账务处理。资产处置费用的主要账务处理如下。

(一) 不通过"待处理财产损溢"科目核算的资产处置

(1)按照规定报经批准处置资产时,按照处置资产的账面价值,借记"资产处置费用"科目[处置固定资产、无形资产、公共基础设施、保障性住房的,还应借记"固定资产累计折旧""无形资产累计摊销""公共基础设施累计折旧(摊销)""保障性住房累计折旧"科目],按照处置资产的账面余额,贷记"库存物品""固定资产""无形资产""公共基础设施""政府储备物资""文物文化资产""保障性住房""其他应收款""在建工程"等科目。

(2)处置资产过程中仅发生相关费用的,按照实际发生金额,借记"资产处置费用"科目,贷记"银行存款""库存现金"等科目。

(3)处置资产过程中取得收入的,按照取得的价款,借记"银行存款""库存现金"等科目,按照处置资产过程中发生的相关费用,贷记"银行存款""库存现金"等科目,按照其差额,借记"资产处置费用"科目或贷记"应缴财政款"等科目。

(二) 通过"待处理财产损溢"科目核算的资产处置

单位账款核对中发现的现金短缺,属于无法查明原因的,报经批准核销时,借记"资产处置费用"科目,贷记"待处理财产损溢"科目。

单位资产清查过程中盘亏或者损毁、报废的存货、固定资产、无形资产、公共基础设施、政府储备物资、文物文化资产、保障性住房等,报经批准处理时,按照处置资产价值,借记"资产处置费用"科目,贷记"待处理财产损溢——待处理财产价值"科目。处理收支结清时,处理过程中所取得收入小于所发生的相关费用的,按照相关费用减去处理收入后的净支出,借记"资产处置费用"科目,贷记"待处理财产损溢——处理净收入"科目。

(三) 资产处置费用的期末结转

期末,将"资产处置费用"科目本期发生额转入本期盈余,借记"本期盈余"科目,贷记"资产处置费用"科目。结转后"资产处置费用"科目没有余额。

【例7-4】 期末,某事业单位"资产处置费用"科目借方余额为400 000元,有关明细科目的借方余额分别为:固定资产处置费用200 000元,无形资产处置费用100 000元,政府储备物资处置费用100 000元。期末结转时,该事业单位账务处理如下:

借:本期盈余　　　　　　　　　　　　　　　　　　400 000
　　贷:资产处置费用——固定资产处置费用　　　　200 000
　　　　　　　　——无形资产处置费用　　　　　　100 000
　　　　　　　　——政府储备物资处置费用　　　　100 000

任务五　上缴上级费用

一、上缴上级费用的概念

上缴上级费用是指事业单位按照财政部门和主管部门的规定上缴上级所发生的费用。

上缴上级费用具有以下三个特点：

（1）会同确定性。事业单位上缴上级费用必须由财政部门会同主管部门确定，也就是说，未经财政部门会同主管部门确定的，事业单位可以拒绝上缴。

（2）条件约定性。实行收入上缴办法是有条件约定的，不是所有事业单位都可以实行收入上缴办法的。一般情况下，事业单位收入数量有限，而且不够稳定，其收入应当主要用于本单位的事业发展，通常不实行收入上缴办法。只有少数事业单位非财政补助收入较多，而且超过其正常支出比较多，对这类单位可以按照财政部门和主管部门的规定实行收入上缴办法，由此发生的支出就相应地反映在上缴上级支出中。

（3）支出调剂性。上缴上级支出不构成本单位的正常支出，具有调剂性支出的性质。

二、上缴上级费用的核算

事业单位应当设置"上缴上级费用"科目，核算按照财政部门和上级主管部门的规定上缴上级单位款项发生的费用。该科目应当按照收款单位和项目等进行明细核算。

单位发生上缴上级支出的，按照实际上缴的金额或者按照规定计算出应当上缴上级单位的金额，借记"上缴上级费用"科目，贷记"银行存款""其他应付款"等科目。

期末，将"上缴上级费用"科目的本期发生额转入本期盈余，借记"本期盈余"科目，贷记"上缴上级费用"科目。结转后，本科目应无余额。

【例 7-5】 某公立医院按照财政部门和主管部门的规定，对于取得的医疗收入，按照一定的标准和比例上缴上级主管部门，经计算，上缴金额为 300 000 元，款项已经通过银行支付。该公立医院财务会计账务处理如下：

（1）发生上缴上级支出时，

借：上缴上级费用 300 000

    贷：银行存款 300 000

（2）期末结转时，

借：本期盈余 300 000

    贷：上缴上级费用 300 000

任务六 对附属单位补助费用

一、对附属单位补助费用的概念

对附属单位补助费用是指事业单位用财政收入之外的收入对附属单位进行补助所发生的费用。

对附属单位补助费用具有以下几个特点：

（1）资金来源的限定性。事业单位用于对附属单位进行补助所发生的费用不能来源于财政拨款收入，只能是除此之外的收入。所以，在政府会计制度中明确规定"上级补助收入"科目的核算内容是从上级主管部门和上级单位取得的非财政拨款收入。

（2）补助对象的独立核算性。"对附属单位补助费用"列支的对象一般是指事业单位所属独立核算的事业单位,如高校附属的中学、小学,科学院附属的研究院等。

（3）支出的补助性。"对附属单位补助费用"的本质特征是具有补助性,而不是转拨性。实行国库集中收付制度后,财政预算资金一般由国库支付执行机构直接拨付到所属预算单位,上级预算单位不再承担转拨任务。

对附属单位进行补助所发生的费用一般不构成单位的正常支出,而是一种具有调剂性的支出。

二、对附属单位补助费用的核算

事业单位应当设置"对附属单位补助费用"科目,核算用财政拨款之外的收入对附属单位补助发生的费用。该科目应当按照接受补助单位、补助项目等进行明细核算。

（1）单位发生对附属单位补助支出的,按照实际补助的金额或者按照规定计算出应当对附属单位补助的金额,借记"对附属单位补助费用"科目,贷记"银行存款""其他应付款"等科目。

（2）期末,将"对附属单位补助费用"科目的本期发生额转入本期盈余,借记"本期盈余"科目,贷记"对附属单位补助费用"科目,期末结转后应无余额。

【例7-6】　某科学院用一部分事业收入和其他收入对附属的研究院拨付一次性补助款100 000元,以进一步提升附属研究院的科研水平,款项通过银行存款支付。其财务会计账务处理如下:

（1）对附属研究院拨付款项时,

借:对附属单位补助费用　　　　　　　　　　　　　　100 000

　　贷:银行存款　　　　　　　　　　　　　　　　　　100 000

（2）期末结账时,

借:本期盈余　　　　　　　　　　　　　　　　　　　100 000

　　贷:对附属单位补助费用　　　　　　　　　　　　　100 000

任务七　所得税费用

一、所得税费用的概念

企业所得税是对一国境内的企业和其他经济组织在一定期间内的生产经营所得和其他所得等收入,在进行法定的生产成本、费用和损失等扣除后的余额（即应纳税所得额）所征收的一种税。

按照《中华人民共和国税收征收管理法》及其实施细则等有关规定,从事生产、经营的事业单位以及非专门从事生产经营而有应税收入的单位,应依法办理纳税登记,缴纳企业所得税。

所以,所得税费用是指有企业所得税纳税义务的事业单位按照规定缴纳企业所得税所形成的费用。

二、所得税费用的核算

单位应当设置"所得税费用"科目,核算有企业所得税缴纳义务的事业单位按照规定缴纳企业所得税所形成的费用。年末结转后,该科目应无余额。所得税费用的主要账务处理如下:

(1)发生企业所得税纳税义务的,按照税法规定计算应交税金数额,借记"所得税费用"科目,贷记"其他应交税费——单位应交所得税"科目。实际缴纳时,按照缴纳金额,借记"其他应交税费——单位应交所得税"科目,贷记"银行存款"科目。

(2)年末,将该科目本年发生额转入本期盈余,借记"本期盈余"科目,贷记"所得税费用"科目。

【例7-7】 某事业单位发生企业所得税纳税义务,按照税法规定计算,本年应缴纳企业所得税2 500元。其财务会计账务处理如下:

(1)年末计算应纳所得税时,

借:所得税费用 2 500

  贷:其他应交税费——单位应交所得税 2 500

(2)年末,将所得税费用结转本期盈余时,

借:本期盈余 2 500

  贷:所得税费用 2 500

(3)向税务机关缴纳所得税时,

借:其他应交税费——单位应交所得税 2 500

  贷:银行存款 2 500

任务八 其他费用

一、其他费用的概念

其他费用是指单位发生的除业务活动费用、单位管理费用、经营费用、资产处置费用、上缴上级费用、对附属单位补助费用、所得税费用以外的各项费用,包括利息费用、坏账准备、罚没支出、现金资产捐赠支出以及相关税费、运输费等。

二、其他费用的核算

"其他费用"科目用来核算其他费用业务。该科目应当按照其他费用的类别等进行明细核算。期末,将该科目借方发生额结转到"本期盈余"科目。结转后,该科目应无余额。单位发生利息费用较多的,可以单独设置"利息费用"科目。其他费用的主要账务处理如下。

(一)利息费用

按期计算确认借款利息费用时,按照计算确定的金额,借记"在建工程"科目或"其他费用"科目,贷记"应付利息""长期借款——应计利息"科目。

（二）坏账准备

年末,事业单位按照规定对收回后不需上缴财政的应收账款和其他应收款计提坏账准备时,按照计提金额,借记"其他费用"科目,贷记"坏账准备"科目;冲减多提的坏账准备时,按照冲减金额,借记"坏账准备"科目,贷记"其他费用"科目。

（三）罚没支出

单位发生罚没支出,按照实际缴纳或应当缴纳的金额,借记"其他费用"科目,贷记"银行存款"科目。

（四）现金资产捐赠

对外捐赠现金资产的,按照实际捐赠的金额,借记"其他费用"科目,贷记"银行存款""库存现金"等科目。

（五）其他相关费用

单位接受捐赠(或无偿调入)以名义金额计量的存货、固定资产、无形资产,以及成本无法可靠取得的公共基础设施、文物文化资产等发生的相关税费、运输费等,按照实际支付的金额,借记"其他费用"科目,贷记"财政拨款收入""零余额账户用款额度""银行存款""库存现金"等科目。

（六）其他费用的期末结转

期末,将"其他费用"科目本期发生额转入本期盈余,借记"本期盈余"科目,贷记"其他费用"科目。

关键术语

费用　业务活动费用　单位管理费用　经营费用　资产处置费用　上缴上级费用
对附属单位补助费用　所得税费用

应知考核

思考题

1. 什么是费用? 费用和支出有何区别?

2. 什么是业务活动费用、单位管理费用和经营费用? 它们三者有何区别?

3. 什么是经营费用? 有何特点?

4. 什么是资产处置费用? 资产处置包括哪几种形式?

5. 什么是上缴上级费用? 该费用有何特点?

6. 什么是对附属单位补助费用? 该费用有何特点?

应会考核

练习一

1. 目的:练习行政单位费用科目的核算。

2. 资料:某行政单位 2019 年 12 月发生的经济业务如下:

(1) 计提当月在编职工薪酬 250 000 元和外部劳务人员费用 30 000 元;

(2) 领用甲材料,账面价值 4 000 元;

(3) 计提本月固定资产折旧 15 000 元,保障性住房折旧 200 000 元,无形资产摊销 4 000 元;

(4) 购买办公用品,通过单位零余额账户支付款项 5 000 元;

(5) 经批准处置盘亏的专用材料,账面价值 6 000 元;

(6) 向受灾地区红十字会捐赠现金 100 000 元,已通过银行转账。

3. 要求:根据以上资料进行会计核算,编制会计分录。

练习二

1. 目的:练习事业单位费用科目的核算。

2. 资料:某事业单位 2019 年 12 月发生的经济业务如下:

(1) 计提本月在编职工薪酬 300 000 元,其中,行政及后勤部门人员薪酬 200 000 元,经营部门人员薪酬 100 000 元;

(2) 计提本月固定资产折旧 140 000 元,其中属于行政及后勤部门折旧 90 000 元,属于经营部门折旧 50 000 元;

(3) 后勤部门领用维修材料甲,账面价值 4 000 元;

(4) 专业活动部门领用材料乙,账面价值 6 000 元;

(5) 经营部门领用材料丙,账面价值 5 000 元;

(6) 购买办公文具一批,通过单位零余额账户支付款项 12 000 元,其中专业活动部门领用 6 000 元,行政管理部门领用 3 000 元,经营部门领用 3 000 元;

(7) 获得批准处置盘亏的专用材料,价值 3 000 元;

(8) 向地震灾区红十字会捐赠现金 100 000 元;

(9) 按核定的预算定额上缴上级单位款项 80 000 元;

(10) 用非财政拨款收入支付附属单位补助款项 150 000 元;

(11) 年末,按照税法规定计算应缴所得税税额 60 000 元。

3. 要求:根据以上资料进行会计核算,编制会计分录。

项目八

预算收入的核算

项目八

知识目标

1. 明确行政事业单位预算收入的构成内容；
2. 熟悉行政事业单位各项预算收入的确认标准；
3. 掌握行政事业单位事业预算收入和经营预算收入的核算方法；
4. 掌握行政事业单位上级补助预算收入与附属单位上缴预算收入的核算方法。

技能目标

1. 能够辨析财政拨款预算收入、非同级财政拨款预算收入、上级补助预算收入、附属单位上缴预算收入等不同预算收入的期末结账方法；
2. 能够确立不同行业的事业单位事业收入包含的种类。

知识准备

预算收入是指政府部门在预算年度内依法取得的并纳入预算管理的现金流入。包括拨款类预算收入与债务预算收入、事业预算收入与经营预算收入、上级补助预算收入与附属单位上缴预算收入和其他来源预算收入四类。单位预算收入是单位依法取得的非偿还性资金，一般在实际收到时予以确认，以实际收到的金额计量。财政拨款预算收入是指行政事业单位从同级财政部门取得的经费拨款，是单位的主要收入来源，占单位收入总额的比重较大，也是单位开展业务活动的基本财力保证。非同级财政拨款预算收入是指单位从非同级财政部门取得的经费拨款。这些收入是单位的部分重要资金来源，也是单位业务活动经费的补充。事业单位的收入相较行政单位的收入而言来源多，除财政拨款预算收入、非同级财政拨款预算收入以外，还包括事业预算收入，经营预算收入，上级补助预算收入和附属单位上缴预算收入，债务预算收入与投资预算收益等。相应的，事业单位的支出渠道也较多。

任务一　财政拨款预算收入

一、财政拨款预算收入

（一）财政拨款预算收入的概念

财政拨款预算收入是指单位从同级政府财政部门取得的各类财政拨款。财政拨款预算收入是纳入财政预算管理的资金。单位提供公共产品或服务的业务活动,其资金不能通过市场配置获取补偿,资金绝大部分也来源于财政拨款,包括一般公共预算财政拨款、政府性基金预算拨款等。财政拨款预算收入是单位从同级财政部门取得的。

（二）财政拨款预算收入的管理要求

财政拨款预算收入是单位主要甚至是全部的资金来源,是单位开展业务活动及其辅助活动的基本财力保证。单位取得的各项收入,应当符合国家规定,全部纳入单位预算,并按照财务管理的要求,分项如实核算,统一管理。

第一,按规定用途申请取得财政拨款预算收入,未经财政部门同意,不能随意改变财政拨款预算收入的用途。第二,按单位预算和用款计划取得财政拨款预算收入。不得申请无预算、无计划或超预算、超计划的拨款。第三,按规定的财政资金支付方式取得财政拨款预算收入。一般情况下,单位的工资支出、大额购买支出等采用财政直接支付方式,小额、零星支出等采用财政授权支付。第四,按业务活动进度和资金结余情况申请财政拨款预算收入,既要保证计划内所需资金及时供应,又要防止资金积压。第五,单位应当定期或不定期与财政部门、人民银行国库、单位零余额账户开户银行等相关部门或单位进行对账,确保单位财政部门、人民银行国库、单位零余额账户开户银行等与单位取得的相关财政拨款预算收入记录一致。

二、财政拨款预算收入的核算

为了核算财政拨款预算收入业务,单位应设"财政拨款预算收入"总账科目。本科目应当设置"基本支出"和"项目支出"两个明细科目,并按照《政府收支分类科目》中"支出功能分类科目"的项级科目进行明细核算;同时,在"基本支出"明细科目下按照"人员经费"和"日常公用经费"进行明细核算,在"项目支出"明细科目下按照具体项目进行明细核算。年末,将本科目本年发生额转入财政拨款结转。结转后,本科目应无余额。

财政拨款预算收入的主要账务处理如下。

（一）财政直接支付方式下财政拨款预算收入的核算

（1）财政部门以财政直接支付方式为行政事业单位支付相关的费用,包括工资福利支出、补贴补助支出、各种服务支出等。财政直接支付方式下,各单位根据财政国库支付执行机构委托代理银行转来的"财政直接支付入账通知书"及相关原始凭证,按照通知书中直接支付入账金额,借记"行政支出""事业支出"等有关科目,贷记"财政拨款预算收入"科目。

(2) 年度终了,根据本年度财政直接支付预算指标数与当年财政直接支付实际支出数的差额,借记"资金结存——财政应返还额度(财政直接支付)",贷记"财政拨款预算收入"。

(3) 因差错更正、购货退回等发生国库直接支付款项退回的,属于本年度支付的款项,按照返回金额,借记"财政拨款预算收入"科目,贷记"行政支出""事业支出"。属于以前年度支付的款项(财政拨款结转资金),借记"资金结存——财政应返还额度"科目,贷记"财政拨款结转——年初余额调整"科目。属于以前年度支付的款项(财政拨款结余资金),借记"资金结存——财政应返还额度"科目,贷记"财政拨款结余——年初余额调整"科目。

【例8-1】 某行政单位以政府集中采购的方式购入一批办公用品,价值总计12 000元。款项已经通过财政直接支付方式全额支付,办公用品已经由供货商交付给行政单位。根据"财政直接支付入账通知书"及相关原始凭证,该行政单位预算会计应编制的会计分录为:

借:行政支出 12 000
　　贷:财政拨款预算收入——基本支出 12 000

【例8-2】 某行政单位,收到财政部门委托代理银行转来的"财政直接支付入账通知书",具体内容为该行政单位向某食品检验机构支付了委托食品检验的费用40 000元。根据"财政直接支付入账通知书"及相关原始凭证,行政单位预算会计应编制的会计分录为:

借:行政支出 40 000
　　贷:财政拨款预算收入——项目支出 40 000

【例8-3】 某事业单位收到国库支付执行机构委托代理银行转来的"财政直接支付入账通知书"及原始凭证,财政部门通过财政直接支付方式为事业单位支付了一项技术开发费用共计90 000元。此款项为项目经费,专门用于事业单位的专业设备技术改造。根据"财政直接支付入账通知书"及相关原始凭证,该事业单位预算会计应编制的会计分录为:

借:事业支出 90 000
　　贷:财政拨款预算收入——项目支出 90 000

【例8-4】 某行政单位收到财政部门委托代理银行转来"财政直接支付入账通知书",具体内容为向某公司偿付购货款20 000元。该行政单位在之前是采用赊购方式购买的该批物品。物品在购入时即已验收入库。根据"财政直接支付入账通知书"及相关原始凭证,该行政单位预算会计应编制的会计分录为:

借:行政支出 20 000
　　贷:财政拨款预算收入——基本支出——日常公用经费 20 000

【例8-5】 某行政单位收到财政部门委托其代理银行转来的"财政直接支付入账通知书",财政部门为该行政单位支付了一笔款项,具体内容为向某物业公司支付物业管理费38 000元。根据"财政直接支付入账通知书"及相关原始凭证,该行政单位预算会计应编制的会计分录为:

借:行政支出 38 000
　　贷:财政拨款预算收入——基本支出 38 000

【例8-6】 某行政单位收到财政部门委托其代理银行转来的"财政直接支付入账通知

书",其中包含财政部门为行政部门支付100 000元的日常行政活动经费、200 000元的在职人员工资、70 000元为开展某项专业业务活动所发生的费用。账务处理如下:

　　借:行政支出　　　　　　　　　　　　　　　　　　　　　370 000
　　　　贷:财政拨款收入——基本支出　　　　　　　　　　　　　　　370 000

　　【例8-7】　某行政单位收到财政部门委托代理银行转来"财政直接支付入账通知书",具体内容为向某承包商预付的施工准备费用55 000元。根据"财政直接支付入账通知书"及相关原始凭证,该单位预算会计应编制的会计分录为:

　　借:行政支出　　　　　　　　　　　　　　　　　　　　　55 000
　　　　贷:财政拨款预算收入——项目支出　　　　　　　　　　　　　55 000

　　【例8-8】　某行政单位本年度财政直接支付的基本支出拨款预算指标数为800 000元,而当年财政直接支付实际支出数为730 000元,年末确认该行政单位应收财政返还的资金额度为70 000元。年末,该行政单位预算会计应编制的会计分录为:

　　借:资金结存——财政应返还额度　　　　　　　　　　　　70 000
　　　　贷:财政拨款预算收入　　　　　　　　　　　　　　　　　　70 000

　　【例8-9】　某质量技术监督与检验检疫行政单位收回一笔当年通过财政直接支付方式支付的款项20 500元,原因为当年购买的检验检疫专用设备(用于质量技术监督技术支持)在试用期内出现质量问题而已退货,该设备已入账。该行政单位预算会计应编制的会计分录为:

　　借:财政拨款预算收入——项目支出——质量技术监督技术支持　20 500
　　　　贷:行政支出　　　　　　　　　　　　　　　　　　　　　20 500

(二) 财政授权支付方式下财政拨款预算收入的核算

　　(1) 收到财政授权支付用款额度。在财政授权支付方式下,各单位根据代理银行转来的"财政授权支付额度到账通知书",按照通知书的授权支付额度,借记"资金结存——零余额账户用款额度"科目,贷记"财政拨款预算收入"科目。

　　(2) 年度终了,各单位本年度财政授权支付预算指标数大于零余额账户用款额度下达数的,根据未下达的用款额度,借记"资金结存——财政应返还额度(财政授权支付)"科目,贷记"财政拨款预算收入"科目。

　　【例8-10】　某事业单位收到代理银行转来的"财政授权支付额度到账通知书",本月事业单位财政授权支付额度为120 000元。已经下达到代理银行,其中基本支出拨款100 000元,项目支出拨款20 000元。其会计分录为:

　　借:资金结存——零余额账户用款额度　　　　　　　　　　120 000
　　　　贷:财政拨款预算收入——基本支出　　　　　　　　　　　　100 000
　　　　　　　　　　　　　　——项目支出　　　　　　　　　　　　 20 000

　　【例8-11】　某事业单位收到财政部门委托代理银行转来"财政授权支付额度到账通知书",财政部门为事业单位支付了一笔款项47 000元,具体内容为支付信息系统建设款项,单位预算中属于项目支出预算,具体科目为"项目支出——信息化建设"。其会计分录为:

　　借:资金结存——零余额账户用款额度　　　　　　　　　　47 000
　　　　贷:财政拨款预算收入——项目支出　　　　　　　　　　　　　47 000

　　【例8-12】　某事业单位本年度财政授权支付预算指标数为21 500元。年末,财政授权支付额度下达数为 11 500 元,本年度财政授权支付预算指标数与财政授权支付额度下达数的差额为 10 000 元。其中,基本支出中人员经费的差额为 5 000 元;项目支出的差额为5 000 元。年末,该事业单位应编制如下会计分录:

借:资金结存——财政应返还额度 10 000
　贷:财政拨款预算收入——基本支出——人员经费 5 000
　　　　　　　　　　　　——项目支出 5 000

(三) 财政实拨资金支付方式下财政拨款预算收入的核算

在国库集中支付制度下,财政直接支付和财政授权支付是两种重要的财政支付方式。除此之外,还存在财政实拨资金方式。在财政实拨资金方式下收到财政拨款预算收入时,按照实际收到的金额,借记"资金结存——货币资金"科目,贷记"财政拨款预算收入"科目。

【例 8-13】 某行政单位收到开户银行转来的"到账通知书",财政部门拨入的日常公用经费 50 000 元已经到账。其会计分录为:

借:资金结存——货币资金 50 000
　贷:财政拨款预算收入 50 000

【例 8-14】 某事业单位收到开户银行转来的收款通知,收到财政部门拨入的一笔专项文化事业活动预算经费 18 000 元,单位预算中属于项目支出预算。其会计分录为:

借:资金结存——货币资金 18 000
　贷:财政拨款预算收入——项目支出 18 000

(四) 财政拨款预算收入年末结转的核算

年末,将"财政拨款预算收入"科目本年发生额转入财政拨款结转,借记"财政拨款预算收入"科目,贷记"财政拨款结转——本年收支结转"科目。单位的财政拨款预算收入在平时不结转,到年终时才结转。因此,"财政拨款预算收入"总账科目平时的余额,反映事业单位年度预算的执行情况或执行进度。年终结账后,"财政拨款预算收入"科目应无余额。

【例 8-15】 年末,某行政单位"财政拨款预算收入"科目贷方余额 30 000 元,有关明细科目贷方余额为:基本支出 20 000 元、项目支出 10 000 元,进行年终结账。其预算会计应编制的会计分录为:

借:财政拨款预算收入——基本支出 20 000
　　　　　　　　　　　　——项目支出 10 000
　贷:财政拨款结转——本年收支结转 30 000

【例 8-16】 某行政单位年终"财政拨款预算收入——一般公共预算财政拨款"科目的本年发生额为 37 000 元,将其全数转入"财政拨款结转"科目。其预算会计应编制的会计分录为:

借:财政拨款预算收入——一般公共财政预算财政拨款 37 000
　贷:财政拨款结转——本年收支结转 37 000

任务二 非同级财政拨款预算收入

一、非同级财政拨款预算收入的概念

非同级财政拨款预算收入是指单位从非同级政府财政部门取得的财政拨款,包括本级横向转拨财政款和非本级财政拨款。

非同级财政拨款收入是指单位应缴未缴的行政事业性收费、罚没收入、用单位资产从事的经营服务性收入,上级主管部门直接下拨的款项、下属单位上缴收入等。单位应当根据实际收到或应收的款项,确认非同级财政拨款收入。对于因开展科研及其辅助活动从非同级政府财政部门取得的经费拨款,应当通过"事业预算收入——非同级财政拨款"科目进行核算,不通过本科目核算。

二、非同级财政拨款预算收入的核算

本科目应当按照非同级财政拨款预算收入类别进行核算,并且按照《政府收支分类科目》中"支出功能分类"的项级科目等进行明细核算。非同级财政拨款预算收入中如有专项资金收入,还应按具体项目进行明细核算。年末结账后,本科目应无余额。

非同级财政拨款预算收入的主要账务处理如下:

(1)取得非同级财政拨款预算收入时,按照实际收到的金额,借记"资金结存——货币资金"科目,贷记"非同级财政拨款预算收入"科目。

(2)年末,将本科目本年发生额中的专项资金收入转入非财政拨款结转,借记"非同级财政拨款预算收入"科目下各专项资金收入明细科目,贷记"非财政拨款结转——本年收支结转"科目;将本科目本年发生额中的非专项资金收入转入其他结余,借记"非同级财政拨款预算收入"科目下各非专项资金收入明细科目,贷记"其他结余"科目。

【例8-17】 某行政单位从上级省级财政部门获得一笔财政资金8 500元,具体内容为省政府给予的员工奖励性经费,款项已存入该行政单位的银行存款账户。其预算会计应当编制的会计分录为:

借:资金结存——货币资金　　　　　　　　　　　　　　　8 500
　　贷:非同级财政拨款预算收入——基本支出　　　　　　　　　8 500

【例8-18】 某教育事业单位收到下级市级财政部门拨来的教育经费90 000元,用于教学创新改革,款项已经到账。其预算会计应当编制的会计分录为:

借:资金结存——货币资金　　　　　　　　　　　　　　　90 000
　　贷:非同级财政拨款预算收入——项目支出　　　　　　　　　90 000

【例8-19】 期末,将上述"非同级财政拨款预算收入"科目余额分别转入"非财政拨款结转——本年收支结转"科目和"其他结余"科目。其预算会计应当编制的会计分录为:

借:非同级财政拨款预算收入　　　　　　　　　　　　　　90 000
　　贷:非财政拨款结转——本年收支结转　　　　　　　　　　　90 000

同时,

借:非同级财政拨款预算收入　　　　　　　　　　　　　　　　　　　8 500
　　贷:其他结余　　　　　　　　　　　　　　　　　　　　　　　　　　　8 500

任务三　事业预算收入

一、事业预算收入的概念和管理要求

事业预算收入是指事业单位开展专业业务活动及其辅助活动取得的现金流入,是事业单位的业务现金流入,包括提供服务取得的现金流入和销售商品取得的现金流入。事业预算收入是事业单位主要的资金来源之一,是事业单位开展专业业务活动及其辅助活动的财力补充和消耗直接补偿。

事业单位必须加强对事业预算收入的管理。具体来讲:第一,事业单位应当严格按照经国家批准的收费范围和收费标准进行收费,依法组织事业收入。事业单位不得擅自设立收费项目,自行确定收费标准。第二,对按照规定需要上缴国库或者财政专户的资金,应当按照国库集中收缴的有关规定及时足额上缴,不得隐瞒、滞留、截留、挪用和坐支。严禁设立小金库,严禁账外设账,严禁公款私存。第三,事业单位应当使用财政部门和税务部门统一印制的发票,取得的事业收入应当及时入账,并将各项事业收入全部纳入单位预算,统一核算,统一管理。对于有专项用途的事业收入,应当按专项用途使用,并按具体项目进行明细核算。第四,各项事业收入应当按规定及时存入开户银行,加强银行账户的统一管理,防止收入流失。

二、事业预算收入的核算

按照国家有关规定应当上缴国库或者财政专户的资金,不计入事业预算收入;从财政专户核拨给事业单位的资金和经核准不上缴国库或者财政专户的资金,计入事业预算收入。

为了核算事业预算收入业务,事业单位应设置"事业预算收入"总账科目。事业单位因开展科研及其辅助活动从非同级政府财政部门取得的经费拨款,也通过本科目核算。本科目应当按照事业预算收入类别、项目、来源、《政府收支分类科目》中"支出功能分类科目"的项级科目等进行明细核算。对于因开展科研及其辅助活动从非同级政府财政部门取得的经费拨款,应当在本科目下单设"非同级财政拨款"明细科目进行明细核算;事业预算收入中如有专项资金收入,还应按照具体项目进行明细核算。事业预算收入的主要账务处理如下。

(一)采用财政专户返还方式管理的事业预算收入

1. 业务概述

承担政府规定的社会公益性服务任务的事业单位,其面向社会提供的公益服务是无偿的,或只按政府指导价格收取部门费用,其事业收费需要纳入财政专户管理。

如果事业单位的某项事业收费纳入财政专户管理,事业收入需要按"收支两条线"的方式管理。在这种管理方式下,事业单位取得的各项事业型收费不能立即安排支出,需要上缴统计财政部门设立的财政资金专户,支出时同级财政部门按资金收支计划从财政专户中拨付。事业单位经过审核取得从财政专户核拨的款项时,方可确认事业收入。

2. 账务处理

(1)实现应上缴财政专户的事业收入时,按照实际收到或应收的金额,借记"银行存款""应收账款"等科目,贷记"应缴财政款"科目。

(2)向财政专户上缴款项时,按照实际上缴的款项金额,借记"应缴财政款"科目,贷记"银行存款"等科目。

(3)收到从财政专户返还的事业收入时,按照实际收到的返还金额,借记"银行存款"等科目,贷记"事业预算收入"科目。

【例8-20】 某教育事业单位收到从财政专户返还的事业收入80 000元,款项已存入银行,单位预算中属于基本支出预算的日常公用经费预算。其预算会计应编制如下会计分录:

借:资金结存——货币资金　　　　　　　　　　　　　　　　　　　　80 000
　　贷:事业预算收入——基本支出——日常公用经费　　　　　　　　　　80 000

(二)采用预收款方式、应收款方式及其他方式下实际收到事业预算收入款项的核算

对于不采用财政专户返还方式管理的其他事业预算收入,收到时,按照实际收到的款项金额,借记"资金结存——货币资金"科目,贷记"事业预算收入"科目。

【例8-21】 某事业单位体育馆,其专业业务活动为开展体育运动。当日展览取得体育馆门票收入8 500元,款项已存入开户银行,单位预算中属于基本支出预算。该事业单位预算会计应编制的会计分录为:

借:资金结存——货币资金　　　　　　　　　　　　　　　　　　　　8 500
　　贷:事业预算收入——基本支出　　　　　　　　　　　　　　　　　　8 500

【例8-22】 某医疗卫生事业单位实际收到住院病人的医疗收入款30 200元,单位预算中属于基本支出预算。该事业单位预算会计应编制的会计分录为:

借:资金结存——货币资金　　　　　　　　　　　　　　　　　　　　30 200
　　贷:事业预算收入——基本支出　　　　　　　　　　　　　　　　　　30 200

【例8-23】 某教育事业单位收到教育部门拨入一项科研项目经费80 000元,单位预算中属于项目支出预算,款项已存入开户银行。该事业单位预算会计应编制的会计分录为:

借:资金结存——货币资金　　　　　　　　　　　　　　　　　　　　80 000
　　贷:事业预算收入——项目支出　　　　　　　　　　　　　　　　　　80 000

(三)事业预算收入年末结转的核算

年末,将本科目本年发生额中的专项资金收入转入非财政拨款结转,借记"事业预算收入"科目下各专项资金收入明细科目,贷记"非财政拨款结转——本年收支结转"科目;将本科目本年发生额中的非专项资金收入转入其他结余,借记"事业预算收入"科目下各非专项资金收入明细科目,贷记"其他结余"科目。年末结转后,该科目应无余额。

【例8-24】 某事业单位年终"事业预算收入"科目贷方发生额165 000元,其中:"事业预算收入——基本支出"135 000元,将其转入"其他结余"科目;"事业预算收入——项目支出"30 000元,将其转入"非财政补助结转——本年收支结转"。年终结转事业预算收入时,其会计分录为:

```
借:事业预算收入——基本支出                                    135 000
    贷:其他结余                                               135 000
```
同时,
```
借:事业预算收入——项目支出                                     30 000
    贷:非财政补助结转——本年收支结转                            30 000
```
事业预算收入的期末结账方法与财政拨款预算收入的期末结算方法不同,而与非同级财政拨款预算收入的期末结算方法相同。

任务四　经营预算收入

一、经营预算收入的概念

经营预算收入是指事业单位在专业业务活动及其辅助活动之外开展非独立核算经营活动取得的现金流入。事业单位开展经营活动的目的是通过提供各项服务或商品来获取一定的收入,来弥补事业经费的不足。事业单位的经营预算收入,应当全部纳入单位预算,实行统一核算,统一管理。

二、经营预算收入的核算

为了核算经营预算收入业务,事业单位应设置“经营预算收入”总账科目。本科目应当按照经营活动类别、项目、《政府收支分类科目》中“支出功能分类科目”的项级科目等进行明细核算。年末,将本科目本年发生额转入经营结余。结转后,本科目应无余额。经营预算收入的主要账务处理如下:

(1)收到经营预算收入时,按照实际收到的金额,借记“资金结存——货币资金”科目,贷记“经营预算收入”科目。

(2)年末,将本科目本年发生额转入经营结余,借记“经营预算收入”科目,贷记“经营结余”科目,余额为零。

【例8-25】

(1)某事业单位附属的服务部提供打印服务应收取打印费1 000元,实际收到800元,款项已存入银行。该事业单位预算会计应编制如下会计分录:
```
借:资金结存——货币资金                                           800
    贷:经营预算收入                                              800
```
(2)年终,将“经营预算收入”科目本期发生额800元转入“经营结余”科目。该事业单位预算会计应编制如下会计分录:
```
借:经营预算收入                                                  800
    贷:经营结余                                                  800
```
同时,事业单位应当结清所有经营预算收入明细账的余额。

任务五　上级补助预算收入与附属单位上缴预算收入

一、上级补助预算收入

(一)上级补助预算收入的概念

上级补助预算收入是指事业单位从主管部门和上级单位取得的非财政补助现金流入。根据事业单位的管理体制,每个事业单位均有主管部门或上级单位,主管部门或上级单位可以利用自身的收入或集中的收入,对所属事业单位给予补助,以调剂事业单位的资金余缺。上级补助预算收入并不是单位的常规性收入,主管部门或上级单位一般根据自己的资金情况和事业单位的需要进行拨付。

(二)上级补助预算收入的核算

为了核算上级补助预算收入业务,事业单位预算会计应设置"上级补助预算收入"总账科目。本科目应当按照发放补助单位、补助项目、《政府收支分类科目》中"支出功能分类科目"的项级科目等进行明细核算。上级补助预算收入中如有专项资金收入,还应按照具体项目进行明细核算。上级补助预算收入的主要账务处理如下:

(1)收到上级补助预算收入时,按照实际收到的金额,借记"资金结存——货币资金"科目,贷记"上级补助预算收入"科目。

(2)年末,将本科目本年发生额中的专项资金收入转入非财政拨款结转,借记"上级补助预算收入"科目下各专项资金收入明细科目,贷记"非财政拨款结转——本年收支结转"科目;将本科目本年发生额中的非专项资金收入转入其他结余,借记"上级补助预算收入"科目下各非专项资金收入明细科目,贷记"其他结余"科目。

【例 8-26】 某事业单位收到主管单位某高校拨来一笔非财政性的补助款项 20 000元,单位预算中属于基本支出预算,具体科目为"基本支出——人员经费"。其会计分录为:

借:资金结存——货币资金　　　　　　　　　　　　20 000
　　贷:上级补助预算收入——基本支出——人员经费　　　　　　20 000

【例 8-27】 某事业单位收到上级单位拨来的一笔非财政性的补助款项 78 000 元,专项用于课题研究,单位预算中属于项目支出预算。其会计分录为:

借:资金结存——货币资金　　　　　　　　　　　　78 000
　　贷:上级补助预算收入——项目支出　　　　　　　　　　　78 000

【例 8-28】 年终,某事业单位将"上级补助预算收入"科目的专项资金本期发生额 78 000 元转入"非财政补助结转——本年收支结转"科目,将"上级补助预算收入"科目下的非专项资金收入的本期发生额 20 000 元全数转入"其他结余"科目。其会计分录为:

借:上级补助预算收入——基本支出——人员经费　　　　20 000
　　贷:其他结余　　　　　　　　　　　　　　　　　　20 000
同时,
借:上级补助预算收入——项目支出　　　　　　　　　78 000
　　贷:非财政补助结转——本年收支结转　　　　　　　　　78 000

二、附属单位上缴预算收入

附属单位上缴预算收入是指事业单位取得附属独立核算单位根据有关规定上缴的现金流入。所谓附属单位是指事业单位内部设立的,实行独立核算的下级单位,与上级单位存在一定的体制关系。附属单位缴款是事业单位收到的附属单位上缴的款项,事业单位与附属单位之间的往来款项,不通过"附属单位上缴预算收入"科目核算,事业单位对外投资获得的投资收益也不通过"附属单位上缴预算收入"科目核算。

附属单位上缴预算收入的主要账务处理如下:

(1)收到附属单位缴来款项时,按照实际收到的金额,借记"资金结存——货币资金"科目,贷记"附属单位上缴预算收入"科目。

(2)年末,将本科目本年发生额中的专项资金收入转入非财政拨款结转,借记"附属单位上缴预算收入"科目下各专项资金收入明细科目,贷记"非财政拨款结转——本年收支结转"科目;将本科目本年发生额中的非专项资金收入转入其他结余,借记"附属单位上缴预算收入"科目下各非专项资金收入明细科目,贷记"其他结余"科目。年末结账后,本科目应无余额。

【例 8-29】 某事业单位收到其附属独立核算单位按照规定上缴的一笔款项 15 000 元,该笔款项为事业单位的非专项资金收入,单位预算中属于基本支出预算,款项已存入银行。该事业单位预算会计应编制的会计分录为:

借:资金结存——货币资金　　　　　　　　　　　　　　　　　15 000
　　贷:附属单位上缴预算收入——基本支出　　　　　　　　　　　　15 000

【例 8-30】 某教育事业单位收到其附属独立核算的单位缴来的收益 50 000 元,该笔款项为事业单位的专项资金收入,单位预算中属于项目支出预算,款项已存入银行。该事业单位预算会计应编制的会计分录为:

借:资金结存——货币资金　　　　　　　　　　　　　　　　　50 000
　　贷:附属单位上缴预算收入——项目支出　　　　　　　　　　　　50 000

【例 8-31】 期末,某事业单位"附属单位上缴预算收入"科目本年贷方发生额为 65 000 元,其中,非专项资金收入 15 000 元,专项资金收入 50 000 元。该事业单位预算会计应编制的会计分录为:

借:附属单位上缴预算收入——基本支出　　　　　　　　　　　15 000
　　贷:其他结余　　　　　　　　　　　　　　　　　　　　　　　15 000

同时,

借:附属单位上缴预算收入——项目支出　　　　　　　　　　　50 000
　　贷:非财政补助结转——本年收支结转　　　　　　　　　　　　50 000

任务六　投资预算收益

投资预算收益是指事业单位取得股权投资收益,以及出售或收回债券投资所取得的收益。投资预算收益包括股权投资收益、出售或收回债券投资所取得的收益和债券投资利息收入。

为了核算投资预算收益业务,事业单位预算会计应设置"投资预算收益"总账科目。本科目应当按照《政府收支分类科目》中"支出功能分类科目"的项级科目等进行明细核算。年末,将本科目本年发生额转入其他结余。结转后,本科目应无余额。投资预算收益的主要账务处理如下。

一、出售或到期收回短期债券本息

出售或到期收回本年度取得的短期债券,按照实际取得的价款或实际收到的本息金额,借记"资金结存——货币资金"科目,按照取得债券时"投资支出"科目的发生额,贷记"投资支出"科目,按照其差额,贷记或借记"投资预算收益"科目。

【例 8-32】 某事业单位将本年度取得的短期债券出售,实际收到出售价款 97 600 元,原债券购买成本为 92 000 元。该事业单位预算会计应编制如下会计分录:

借:资金结存——货币资金　　　　　　　　　　　　　　　　 97 600
　　贷:投资支出　　　　　　　　　　　　　　　　　　　　　　 92 000
　　　　投资预算收益　　　　　　　　　　　　　　　　　　　　 5 600

二、持有的分期付息、一次还本的长期债券投资的利息

持有的分期付息、一次还本的长期债券投资收到利息时,按照实际收到的金额,借记"资金结存——货币资金"科目,贷记"投资预算收益"科目。

【例 8-33】 某事业单位收到分期付息、一次还本的长期债券利息收入 35 000 元,款项已经到账。该事业单位预算会计应编制如下会计分录:

借:资金结存 ——货币资金　　　　　　　　　　　　　　　　 35 000
　　贷:投资预算收益　　　　　　　　　　　　　　　　　　　　 35 000

三、持有长期股权投资取得被投资单位分派的现金股利或利润

持有长期股权投资取得被投资单位分派的现金股利或利润时,按照实际收到的金额,借记"资金结存——货币资金"科目,贷记"投资预算收益"科目。

【例 8-34】 某教育事业单位持有一项长期股权投资,收到相应的投资收益 9 600 元,款项已存入开户银行,内容为被投资单位宣告分派的利润,单位预算中属于基本支出预算。该事业单位预算会计应编制如下会计分录:

借:资金结存——货币资金　　　　　　　　　　　　　　　　 9 600
　　贷:投资预算收益——基本支出　　　　　　　　　　　　　　 9 600

四、出售长期债券投资或到期收回长期债券投资本息

出售长期债券投资或到期收回长期债券投资本息,按照实际取得的价款扣减支付的相关费用和应缴财政款后的余额(按照规定纳入单位预算管理的),借记"资金结存——货币资金"科目,贷记"投资预算收益"科目。

五、投资预算收益的年末结转

年末,将本科目本年发生额转入其他结余,借记或贷记"投资预算收益"科目,贷记或借记"其他结余"科目。

【例8-35】　年末,某事业单位"投资预算收益"科目贷方余额为180 000元,进行期末结账。

借:投资预算收益　　　　　　　　　　　　　　　　　　　180 000

　　贷:其他结余　　　　　　　　　　　　　　　　　　　　　　180 000

任务七　其他预算收入

其他预算收入是指单位除财政拨款预算收入、非同级财政拨款预算收入、事业预算收入、经营预算收入、上级补助预算收入、附属单位上缴预算收入、投资预算收益之外的纳入部门预算管理的现金流入,包括现金捐赠预算收入、利息预算收入、租金预算收入等。

为了核算其他预算收入业务,事业单位应设置"其他预算收入"总账科目。本科目应当按照其他收入类别、《政府收支分类科目》中"支出功能分类科目"的项级科目等进行明细核算。其他预算收入中如有专项资金收入,还应按照具体项目进行明细核算。年末,将本科目本年发生额中的专项资金收入转入非财政拨款结转;将本科目本年发生额中的非专项资金收入转入其他结余。年末结转后,本科目应无余额。

一、接受捐赠现金资产、收到银行存款利息、收到资产承租人支付的租金的核算

接受捐赠现金资产、收到银行存款利息、收到资产承租人支付的租金时,按照实际收到的金额,借记"资金结存——货币资金"科目,贷记"其他预算收入"科目。

【例8-36】　某单位和另一单位签订了一份办公楼租赁合同,约定租金支付方式为预收租金方式,当期预收款项为100 000元,租期为10个月。该笔现金收入作为其他预算收入管理,并没有指定用途,款项已存入银行账户。该事业单位预算会计应编制的会计分录为:

借:资金结存——货币资金　　　　　　　　　　　　　　　100 000

　　贷:其他预算收入——租金收入　　　　　　　　　　　　　100 000

二、现金溢余的核算

每日现金账款核对中如发现现金溢余,按照溢余的现金金额,借记"资金结存——货币资金"科目,贷记"其他预算收入"科目。经核实,属于应支付给有关个人和单位的部分,按照实际支付的金额,借记"其他预算收入"科目,贷记"资金结存——货币资金"科目。

【例8-37】　某行政单位在对现金进行清查时,发现溢余80元,现金溢余原因不明,经批准予以转销。

审批后,予以转销时,

借:资金结存——货币资金　　　　　　　　　　　　　　　　　　　80

贷:其他预算收入　　　　　　　　　　　　　　　　　　　　　　　　　　80

三、收到其他预算收入

收到其他预算收入时,按照收到的金额,借记"资金结存——货币资金"科目,贷记"其他预算收入"科目。

【例 8-38】 某事业单位以前年度出租设备收到押金 1 000 元,当年租赁到期设备未归还,本年确认没收的押金。该行政单位预算会计应编制的会计分录为:

借:资金结存——货币资金　　　　　　　　　　　　　　　　　　　1 000
　　贷:其他预算收入　　　　　　　　　　　　　　　　　　　　　　1 000

四、其他预算收入年末结转的核算

年末,将本科目本年发生额中的专项资金收入转入非财政拨款结转,借记"其他预算收入"科目下各专项资金收入明细科目,贷记"非财政拨款结转——本年收支结转"科目;将本科目本年发生额中的非专项资金收入转入其他结余,借"其他预算收入"本科目下各非专项资金收入明细科目,贷记"其他结余"科目。

【例 8-39】 假定某事业单位年末"其他预算收入"科目贷方发生额为 180 000 元,其中:"其他预算收入——基本支出"100 000 元,"其他预算收入——项目支出"80 000 元。结转其他收入时,该事业单位预算会计应编制的会计分录为:

借:其他预算收入——基本支出　　　　　　　　　　　　　　　100 000
　　　　　　　　——项目支出　　　　　　　　　　　　　　　 80 000
　　贷:其他结余　　　　　　　　　　　　　　　　　　　　　　100 000
　　　　非财政补助结转——本年收支结转　　　　　　　　　　 80 000

事业单位其他预算收入的期末结账方法与事业预算收入、上级补助预算收入、附属单位上缴预算收入的期末结账方法相同。

关键术语

财政拨款预算收入　非同级财政拨款预算收入　事业预算收入　经营预算收入
上级补助预算收入　附属单位上缴预算收入　债务预算收入与投资预算收益　其他预算收入

应知考核

一、单项选择题

1. 在预算会计中,单位期末应将"事业预算收入"科目本期发生额中的专项资金收入结转记入的会计科目是(　　)。

A. 非财政拨款结转　　　　　　　　B. 经营结余
C. 事业基金　　　　　　　　　　　D. 事业结余

2. 在预算会计中,事业单位将事业预算收入中非专项资金收入期末结转至(　　)。

A. 本期盈余　　　　　　　　　　　B. 其他结余

C. 非财政拨款结余　　　　　　　　D. 非财政拨款结转

3. 事业单位在财政授权支付方式下,根据财政部门批复的用款计划收到零余额账户用款额度时应增加(　　)。

A. 事业收入　　　　　　　　　　　B. 财政拨款收入

C. 其他收入　　　　　　　　　　　D. 上级补助收入

4. 下列各项中,单位会计期末应结转记入"其他结余"科目的是(　　)。

A. "其他预算收入"科目本期发生额中的非专项资金收入

B. "上级补助预算收入"科目本期发生额中的专项资金收入

C. "其他预算收入"科目本期发生额中的专项资金收入

D. "事业预算收入"科目本期发生额中的专项资金收入

5. 事业单位因开展科研及辅助活动从非同级政府财政部门取得的经费拨款,应当通过(　　)科目核算。

A. 事业(预算)收入　　　　　　　　B. 其他收入

C. 非同级财政拨款收入　　　　　　D. 非同级财政拨款预算收入

二、多项选择题

1. 事业单位在其他方式下收到财政拨款收入时,单位按照实际收到的金额应编制的会计分录正确的是(　　)。

A. 借记"银行存款"　　　　　　　　B. 贷记"财政拨款收入"

C. 借记"资金结存——货币资金"　　D. 贷记"财政拨款预算收入"

2. 下列各收入科目,年末需将其转入"非财政拨款结转——本年收支结转"科目贷方的有(　　)。

A. 财政拨款收入　　　　　　　　　B. 事业预算收入(专项资金)

C. 非同级财政拨款预算收入(专项资金)　D. 其他预算收入(专项资金)

三、判断题

1. 期末,事业单位应当将"财政拨款收入"科目本期发生额转入"本期盈余"科目,预算会计应当将"财政拨款预算收入"科目本期发生额转入"财政拨款结余"科目。(　　)

2. 在财政授权支付方式下,下年度单位收到财政部门批复的上年末未下达零余额账户用款额度时,借记"零余额账户用款额度"科目,贷记"财政应返还额度——财政授权支付"科目,同时在预算会计中借记"资金结存——零余额账户用款额度"科目,贷记"资金结存——财政应返还额度"科目。(　　)

四、简答题

1. 什么是单位的财政拨款预算收入?单位财政拨款预算收入的管理要求主要有哪些?

2. 什么是非同级财政拨款预算收入?如何核算?

3. 什么是事业单位的事业预算收入?举例说明不同行业事业单位事业收入主要包括的种类。

4. 什么是事业单位的上级补助预算收入?它与财政拨款预算收入有什么主要区别?

5. 单位财政拨款预算收入的期末结账方法与事业预算收入、上级补助预算收入、附属单位上缴预算收入、其他预算收入的期末结账方法有什么不同?

应会考核

某文化事业单位 2019 年发生如下经济业务:

(1) 收到单位零余额账户代理银行转来的"财政授权支付额度到账通知书",收到财政授权支付额度共计 5 000 元,单位预算中的预算情况为:基本支出中的人员经费 1 000 元,基本支出中的日常公用经费 2 000 元,项目支出 2 000 元。相关项目为图书馆专用设备采购、举办读书节活动等。

(2) 通过财政直接支付方式支付一笔款项共 4 500 元,具体内容包括为职工基本工资以及津贴补贴 4 500 元,单位预算中属于基本支出的人员经费。支付的相应款项在上一会计期间做过计提,记录在"应付职工薪酬"账户中。

(3) 通过财政直接支付方式支付一笔款项 15 000 元,内容为购买一批设备,单位预算中属于项目支出预算,设备已经投入使用。

(4) 通过财政直接支付方式支付一笔款项 70 000 元,内容为支付信息系统建设款项。目前尚未建设完成,单位预算中属于项目支出预算。

(5) 通过财政直接支付方式支付一笔款项 5 000 元,具体内容为向某公司预付购买一批低值易耗品的部分款项,单位预算中属于基本支出中的日常公用经费。

(6) 通过财政直接支付方式支付一笔款项 5 000 元,具体内容为向某公司补足购买一批低值易耗品的剩余款项,单位预算中属于基本支出中的日常公用经费。购买该批低值易耗品曾经预付的部分款项为 1 000 元,现已验收入库。

(7) 收到单位零余额账户代理银行转来的"财政授权支付额度到账通知书",收到财政授权支付额度 10 000 元,单位预算中属于项目支出预算,具体为一项公共文化研究项目。

(8) 年终将"财政拨款预算收入"科目的本年发生额全数转入"财政拨款结转"科目。

要求:根据以上经济业务,为该事业单位编制有关的会计分录。

项目九

预算支出的核算

知识目标

1. 明确行政事业单位各项预算支出的构成内容；
2. 掌握行政事业单位行政支出与事业支出的核算方法；
3. 掌握行政事业单位上缴上级支出与对附属单位补助支出的核算方法。

技能目标

1. 能够辨析事业支出与经营支出的区别，并建立健全的支出管理制度；
2. 确立不同预算支出类型的资金性质和支出用途，提供相应的预算支出数据，多角度提供预算支出的信息，以满足信息使用者的不同信息要求。

知识准备

    预算支出是指政府部门在预算年度内依法发生并纳入预算管理的现金流出。预算支出一般在实际支付时予以确认，并以实际支付的金额计量。行政事业单位的预算支出分为业务活动支出和其他活动支出两类，具体包括行政支出、事业支出、经营支出、投资支出、上缴上级支出，对附属单位补助支出，债务还本支出和其他支出。行政支出包括基本支出和项目支出，需要进行分类管理和核算。这些支出是行政单位为保障机构正常运转、完成日常工作任务而必须发生的各项资金耗费，也是行政单位对财政拨款预算收入和非同级财政拨款预算收入统筹安排使用的结果。事业支出与事业收入相对应，是事业单位支出的核心内容。单位会计的支出可以通过财政直接支付、财政授权支付和实拨资金等方式进行核算。

任务一　行政支出

一、行政支出的概念及分类

（一）行政支出的概念

行政支出是指行政单位履行其职责实际发生的各项现金流出。其含义需要明确以下两点：一是行政单位自身业务活动发生的支出属于行政支出，行政单位拨付给所属单位的非同级财政拨款资金不属于行政支出；二是行政单位使用财政拨款资金和其他资金发生的支出均属于行政支出。

行政支出是行政单位为实现社会管理职能，完成行政任务所必须发生的各项资金耗费，是行政单位各项收入综合安排使用的结果，是行政单位最主要的支出，其经济性质属于非生产性支出。行政单位的行政支出包括基本支出和项目支出，需要对其进行分类管理与核算。

（二）行政支出的分类

为全面反映行政单位各项行政支出的内容，便于分析和考核各项行政支出的实际发生情况及其效果，行政单位有必要对行政支出按照一定的标准进行适当的分类。

1. 按不同经费性质进行的分类

按照不同经费的性质，行政单位的行政支出可以分成财政拨款支出和其他资金支出两类。同时有一般公共预算财政拨款和政府性基金预算财政拨款的行政单位，财政拨款支出还可以区分为一般公共预算财政拨款支出和政府性基金预算财政拨款支出。

（1）财政拨款支出是指使用财政拨款预算收入发生的支出。如果使用的是一般公共预算财政拨款收入而发生的支出，为一般公共预算财政拨款支出；如果使用的是政府性基金预算财政拨款收入而发生的支出，为政府性基金预算财政拨款支出。

（2）其他资金支出，即行政单位使用除财政拨款预算收入以外的资金安排的行政支出，如使用非同级财政拨款预算收入和其他预算收入发生的支出。

2. 按照政府支出经济分类科目进行的分类

按政府收支经济分类科目的要求，行政支出需要进行功能分类和经济分类。

（1）支出的功能分类主要反映政府的职能，设置类、款、项三级预算科目。功能类别包括一般公共服务支出、公共安全支出、教育支出、科学技术支出、节能环保支出、城乡社区支出、交通运输支出、金融支出等。

（2）支出的经济分类主要反映政府支出的经济性质和具体用途，设置类、款两级预算科目。经济类别主要包括工资福利支出、商品和服务支出、对个人和家庭的补助、基本建设支出、其他资本性支出、其他支出等。

3. 按照单位预算的要求进行的分类

按照单位预算的要求，行政单位的行政支出可分为基本支出和项目支出两大类。

（1）基本支出是指行政单位为保障机构正常运转和完成日常工作任务发生的支出，包括人员经费支出和日常公用经费支出。

人员经费支出是指为保证机构正常运转和完成日常工作任务而发生的可归集到个人的各项支出。人员经费支出的具体科目包括《政府收支分类科目》中的"工资福利支出"科目以及"对个人和家庭的补助支出"科目。日常公用经费支出，是指为保障机构正常运转和完成日常工作任务而发生的不能归集到个人的各项支出。日常公用经费支出的具体科目包括《政府收支分类科目》中的"商品和服务支出"科目和"资本性支出"科目。

（2）项目支出是指行政单位为完成特定的工作任务，在基本支出之外发生的各项支出。项目支出因各行政单位情况不同而有所区别，主要包括专项业务费支出、专项会议费支出、专项修缮费支出、专项设备购置费支出等。

二、行政支出的管理要求

行政单位必须严格按照有关规定,采取切实可行的办法加强对行政支出的管理。行政单位行政支出的一般管理要求主要是:

第一,严格项目支出的管理。行政单位的项目支出应当保证专款专用,不得任意改变项目内容或扩大使用范围。第二,严格按照预算确定的用途和数额支用各项行政支出。行政单位的行政支出必须严格按照预算规定的用途支用,不得办理无预算、超预算范围的行政支出。同时,行政单位的行政支出必须严格按照预算规定的开支标准支用,不得任意改变经费开支标准。第三,建立健全行政支出的内部管理制度。行政单位应当建立健全各项行政支出全部由单位财务部门统一管理的制度,不允许在单位财务部门之外设立账外账或"小金库"。第四,保证单位基本支出的需要。行政单位应当保证人员经费和单位日常公用经费开支的需要。

三、行政支出的核算

为了核算行政支出业务,行政单位应设置"行政支出"总账科目。本科目应当分别按照"财政拨款支出""非财政专项资金支出"和"其他资金支出","基本支出"和"项目支出"等进行明细核算,并按照《政府收支分类科目》中"支出功能分类科目"的项级科目进行明细核算;"基本支出"和"项目支出"明细科目下应当按照《政府收支分类科目》中"部门预算支出经济分类科目"的款级科目进行明细核算,同时在"项目支出"明细科目下按照具体项目进行明细核算。

对于预付款项,可通过在本科目下设置"待处理"明细科目进行核算,待确认具体支出项目后再转入本科目下相关明细科目。年末结账前,应将本科目"待处理"明细科目余额全部转入本科目下相关明细科目。有一般公共预算财政拨款、政府性基金预算财政拨款等两种或两种以上财政拨款的行政单位,还应当在"财政拨款支出"明细科目下按照财政拨款的种类进行明细核算。

行政支出的主要账务处理如下所述。

(一) 支付单位职工薪酬及外部人员劳务费

向单位职工个人及外部人员支付薪酬时,按照实际支付的金额,借记"行政支出"科目,贷记"财政拨款预算收入""资金结存"科目。按照规定代扣代缴个人所得税时,按照实际缴纳的金额,借记"行政支出"科目,贷记"财政拨款预算收入""资金结存"科目。

【例9-1】　某行政单位通过财政直接支付向职工支付本月工资、津贴补贴。按税法规定,代缴个人所得税21 500元,应由职工个人承担的社会保险费11 760元,应由职工个人承担的住房公积金26 600元。扣除社会保险费、住房公积金、个人所得税后,本月实际支付在职人员工资、津贴补贴、其他个人收入共计245 120元,款项已经转入职工个人账户。

该行政单位预算会计应编制的会计分录为:

借:行政支出——财政拨款支出——基本支出　　　　　　　　245 120
　　贷:财政拨款预算收入　　　　　　　　　　　　　　　　　　245 120

【例9-2】　某行政单位通过财政直接支付方式向某审计组织支付一笔款项35 000元,具体内容为委托部分业务审计费,单位预算为项目支出预算。该行政单位预算会计应编制的会计分录为：

借：行政支出——财政拨款支出——项目支出　　　　　　　　35 000

　　贷：财政拨款预算收入　　　　　　　　　　　　　　　　　　35 000

【例9-3】 某行政单位通过零余额账户，代缴本月职工个人所得税20 000元。

借：行政支出——财政拨款支出——基本支出　　　　　　　　20 000

　　贷：资金结存——零余额账户用款额度　　　　　　　　　　　20 000

【例9-4】 某行政单位为临时聘用人员支付本月劳务费用。经计算，应付临时聘用人员的劳务费用总额为68 000元，代扣代缴个人所得税的金额为8 160元。行政单位已经通过开户银行将实付款项59 840元转入临时聘用人员的账户中，所用资金为非财政拨款资金。该行政单位预算会计应编制的会计分录为：

(1) 支付临时聘用人员劳务费时，

借：行政支出——其他资金支出——基本支出　　　　　　　　59 840

　　贷：资金结存——货币资金　　　　　　　　　　　　　　　　59 840

(2) 代扣代缴个人所得税时，

借：行政支出——其他资金支出——基本支出　　　　　　　　8 160

　　贷：资金结存——货币资金　　　　　　　　　　　　　　　　8 160

(二) 为购买存货、固定资产、无形资产等以及在建工程支付相关款项的核算

为购买存货、固定资产、无形资产等以及在建工程支付相关款项时，按照实际支付的金额，借记"行政支出"科目，贷记"财政拨款预算收入""资金结存"科目。

【例9-5】 某行政单位购入不需要安装的设备一台，用于开展业务活动，设备价格为800 000元，运费及保险费为100 000元，全部价款使用财政直接支付方式进行支付。该办公设备购置费属于基本支出日常公用经费预算项目，并且由发展和改革部门安排资金购买。具体科目为"财政拨款支出——基本支出——基本建设支出"。该行政单位预算会计应编制的会计分录为：

借：行政支出——财政拨款支出——基本支出　　　　　　　　900 000

　　贷：财政拨款预算收入　　　　　　　　　　　　　　　　　　900 000

(三) 为履职或开展业务活动发生的预付款项

发生预付账款时，按照预付金额，借记"行政支出"科目，贷记"财政拨款预算收入""资金结存"科目；待结算时，按照补付的金额，借记"行政支出"科目，贷记"财政拨款预算收入""资金结存"科目。

对于暂付款项，在支付款项时可不做预算会计处理，待结算或报销时，按照结算或报销的金额，借记"行政支出"科目，贷记"资金结存"科目。

【例9-6】 某行政单位与A公司签订与业务相关的劳务合同，约定一个月内完成，价款共50 000元，该行政单位先使用财政授权支付方式预付30%的款项，A公司收到预付款后开始提供劳务，一个月后该项目结束，行政单位支付剩余70%的价款。单位预算为项目支出预算。该行政单位预算会计应编制的会计分录为：

(1) 预付30%价款时，

借：行政支出——财政拨款支出——项目支出　　　　　　　　15 000

　　贷：资金结存——零余额账户用款额度　　　　　　　　　　　15 000

（2）验货后支付剩余 70％价款时，

借：行政支出——财政拨款支出——项目支出　　　　　　　　　35 000

　　贷：资金结存——零余额账户用款额度　　　　　　　　　　　35 000

（四）因购货退回等发生款项退回

因购货退回等发生款项退回，或者发生差错更正的，属于当年支出收回的，按照收回或更正金额，借记"财政拨款预算收入""资金结存"科目，贷记"行政支出"科目。

【例 9-7】　某行政单位已领用的部分库存物品存在质量问题，价值 3 000 元，系当年用财政授权支付方式购入的存货，领用当时记入行政支出，已做退回处理，收到来自供应商的退款。

单位预算为基本支出预算经费。该行政单位预算会计应编制的会计分录为：

借：资金结存——零余额账户用款额度　　　　　　　　　　　3 000

　　贷：行政支出——财政拨款支出——基本支出　　　　　　　　3 000

（五）为履职或开展业务活动发生的其他各项费用

发生其他各项支出时，按照实际支付的金额，借记"行政支出"科目，贷记"财政拨款预算收入""资金结存"科目。

【例 9-8】　某行政单位用于开展业务的固定资产发生日常维修费用 1 000 元，该费用不计入固定资产成本，用财政授权支付方式进行支付。单位预算为基本支出预算。该行政单位预算会计应编制的会计分录为：

借：行政支出——财政拨款支出——基本支出　　　　　　　　1 000

　　贷：资金结存——零余额账户用款额度　　　　　　　　　　　1 000

【例 9-9】　某行政单位通过财政授权支付方式支付一笔款项 3 800 元，具体内容为支付一项公务接待费，单位预算为基本支出预算经费。该行政单位预算会计应编制的会计分录为：

借：行政支出——财政拨款支出——基本支出　　　　　　　　3 800

　　贷：资金结存——零余额账户用款额度　　　　　　　　　　　3 800

【例 9-10】　某行政单位通过财政授权支付一笔项目支出预算经费 9 700 元，具体内容为大型专项会议，单位预算为项目支出预算经费，具体科目为"行政支出——财政拨款支出——项目支出"。该行政单位预算会计应编制的会计分录为：

借：行政支出——财政拨款支出——项目支出　　　　　　　　9 700

　　贷：资金结存——零余额账户用款额度　　　　　　　　　　　9 700

【例 9-11】　某行政单位使用上级主管部门拨入的专项资金支付一笔款项 5 500 元，具体内容是为完成一项专项任务发生的咨询费，款项以银行存款支付，单位预算为项目支出预算经费，具体科目为"行政支出——非财政专项资金支出——项目支出"。该行政单位预算会计应编制的会计分录为：

借：行政支出——非财政专项资金支出——项目支出　　　　　5 500

　　贷：资金结存——货币资金　　　　　　　　　　　　　　　　5 500

【例 9-12】　某行政单位通过使用银行存款账户中的其他收入资金支付一笔款项 1 000元，具体内容为支付一项办公费，单位预算为基本支出预算，具体科目为"行政支出——其他资金支出——基本支出"。该行政单位预算会计应编制的会计分录为：

借:行政支出——其他资金支出——基本支出   1 000

    贷:资金结存——货币资金   1 000

(六) 行政支出年末结转的核算

(1)年末,将本科目本年发生额中的财政拨款支出转入财政拨款结转,借记"财政拨款结转——本年收支结转"科目,贷记"行政支出"科目下各财政拨款支出明细科目。

(2) 将本科目本年发生额中的非财政专项资金支出转入非财政拨款结转,借记"非财政拨款结转——本年收支结转"科目,贷记"行政支出"科目下各非财政专项资金支出明细科目。

(3) 将本科目本年发生额中的其他资金支出(非财政非专项资金支出)转入其他结余,借记"其他结余"科目,贷记"行政支出"科目下其他资金支出明细科目。

【例9-13】 年末,某行政单位行政支出共计200 000元,其中财政拨款支出为100 000元,非同级财政专项资金支出为60 000元,非同级财政、非专项资金支出为40 000元。该行政单位年末结转预算会计应编制的会计分录为:

借:财政拨款结转——本年收支结转   100 000

  非财政拨款结转——本年收支结转   60 000

  其他结余   40 000

  贷:行政支出   200 000

任务二　事业支出

一、事业支出的概念

事业支出是指事业单位开展专业业务活动及其辅助活动实际发生的各项现金流出,包括基本支出和项目支出。事业支出与事业收入相对应,是事业单位支出的核心内容。事业单位是提供各种社会服务的公益性组织,在提供专业服务和辅助服务活动时,必然会发生一定的耗费。事业单位活动的领域不同,事业支出的内容也有所不同,如教育事业支出、科研事业支出、医疗事业支出、文化事业支出、展览事业支出、环境保护事业支出、福利事业支出等。

事业支出是事业单位统筹使用各项事业活动收入发生的支出。即事业单位应当根据财政拨款预算收入、事业预算收入、上级补助预算收入、附属单位上缴预算收入和其他预算收入等情况统筹安排事业支出。事业支出既需要反映相应种类专业业务活动的支出数额,又需要区分使用的资金性质,如使用的是财政拨款资金还是非财政拨款资金,还需要反映单位预算的执行情况,如使用的是基本支出预算资金还是项目支出预算资金。

事业支出是事业单位的最主要支出。对于没有经营支出的事业单位,如义务教育阶段的中小学校、基层医疗卫生机构等,事业支出是唯一的业务活动支出。

二、事业支出的分类

为全面反映事业单位各项事业支出的内容,便于分析和考核各项事业支出的实际发生情况及其效果,事业单位有必要对事业支出按照一定的要求进行适当的分类。

(一) 按照政府支出经济分类科目进行的分类

根据《政府收支分类科目》的规定,事业支出需要按照其经济内容分设类、款两级预算科目,并分别对人员经费支出和日常公用经费支出进行核算。

(1) 人员经费支出,是指用于事业单位人员方面的事业支出,主要是《政府收支分类科目》中的"工资福利支出"和"对个人和家庭的补助"类别的具体款项。

(2) 日常公用经费支出,是用于事业单位日常公务活动的经费支出,主要是《政府收支分类科目》中的"商品和服务支出"和"基本建设支出"类别的具体款项。

(二) 按照单位预算管理要求进行的分类

按照单位预算管理的要求,事业单位的事业支出可分为基本支出和项目支出两大类。

(1) 基本支出是指事业单位为了保障其正常运转、完成日常工作任务而发生的支出,包括人员经费支出和日常公用经费支出。

(2) 项目支出是指单位为了完成特定工作任务和事业发展目标,在基本支出之外所发生的支出。

(三) 按不同资金性质分类

按照不同的资金性质,事业单位的事业支出可分为财政拨款支出和非财政拨款支出两大类。同时有一般公共预算财政拨款和政府性基金预算财政拨款的事业单位,财政拨款支出还可以区分为一般公共预算财政拨款支出和政府性基金预算财政拨款支出两类。

1. 财政拨款支出

财政拨款支出是指事业单位使用财政拨款预算收入发生的支出。在事业单位的预算报表中,事业单位通常需要单独编制财政拨款支出预算表。财政拨款支出预算表通常分别反映基本支出和项目支出,同时按照支出功能分类科目和支出经济分类科目对照反映。

2. 非财政拨款支出

非财政拨款支出是指事业单位使用除财政拨款预算收入之外的资金发生的支出。非财政拨款支出需要按照项目支出(非财政专项资金支出)和非项目支出(非财政非专项资金支出,即其他资金支出)分别反映,以分别与项目收入和非项目收入对应。

三、事业支出的核算

为了核算事业支出业务,行政单位应设置"事业支出"总账科目。"事业支出"科目应按经费性质、部门预算管理的要求和《政府收支分类科目》的规定设置明细科目。

(1)"事业支出"科目应当按照经费的性质设置"财政拨款支出""非财政专项资金支出"和"其他资金支出"三个明细科目。

(2) 事业支出在按经费性质设置明细科目后,应当分别在上述明细科目下设置"基本支出"和"项目支出"两个次级明细科目,分别核算事业单位的基本支出和项目支出的数额,并按照《政府收支分类科目》中"支出功能分类科目"的项级科目进行明细核算。其中,"基本支出"明细科目下设置"人员经费支出"和"日常公用经费支出"两个明细科目;"项目支出"明细科目下按照具体项目设置明细科目,再按"支出经济分类"进行明细核算。

(3) 对于预付款项,可通过在本科目下设置"待处理"明细科目进行明细核算,待确认具体支出项目后再转入本科目下相关明细科目。年末结账前,应将本科目"待处理"明细科目余额全部转入本科目下相关明细科目。

　　单位发生教育、科研、医疗、行政管理、后勤保障等活动的,可在本科目下设置相应的明细科目进行核算,或单设"7201 教育支出""7202 科研支出""7203 医疗支出""7204 行政管理支出""7205 后勤保障支出"等一级会计科目进行核算。

　　(一) 支付单位职工(经营部门职工除外)薪酬的核算

　　向单位职工个人支付薪酬(经营部门职工除外),以及按规定代扣代缴个人所得税或缴纳职工社会保险费、住房公积金时,按照实际缴纳的金额,借记"事业支出"科目,贷记"财政拨款预算收入""资金结存"科目。

　　【例 9-14】 某事业单位 2 月份为从事专业业务活动及其辅助活动人员实际支付职工薪酬 200 000 元,具体内容包括如下两项:一是职工基本工资 140 000 元,单位预算中属于基本支出预算,使用的资金性质为财政预算拨款资金;二是职工绩效工资 60 000 元,单位预算中属于基本支出预算,使用的资金性质为非财政非专项资金。该事业单位预算会计应编制的会计分录为:

　　借:事业支出——财政拨款支出——基本支出　　　　　　　　　　140 000
　　　　贷:财政拨款预算收入　　　　　　　　　　　　　　　　　　　　　140 000
　　借:事业支出——其他资金支出——基本支出　　　　　　　　　　60 000
　　　　贷:资金结存——货币资金　　　　　　　　　　　　　　　　　　　60 000

　　【例 9-15】 某事业单位为从事专业业务活动及其辅助活动人员通过财政直接支付方式实际支付代扣代缴职工个人所得税以及社会保险费、住房公积金共计 47 000 元,具体内容包括如下两项:一是职工个人所得税 7 000 元,;二是基本养老保险费 10 000 元;三是住房公积金 30 000 元。相应的职工薪酬在单位预算中均属于基本支出预算,使用的资金性质为财政直接支付的财政拨款资金。该事业单位预算会计应编制的会计分录为:

　　借:事业支出　　　　　　　　　　　　　　　　　　　　　　　　47 000
　　　　贷:财政拨款预算收入　　　　　　　　　　　　　　　　　　　　　47 000
　　同时,在"事业支出"明细科目的借方登记如下:
　　财政拨款支出——基本支出——工资福利支出——基本工资　7 000
　　财政拨款支出——基本支出——工资福利支出——社会保障缴费　10 000
　　财政拨款支出——基本支出——对个人和家庭的补助——住房公积金　30 000

　　(二) 为购买存货、固定资产、无形资产等以及在建工程支付相关款项的核算

　　开展专业业务活动及其辅助活动过程中为购买存货、固定资产、无形资产等以及在建工程支付相关款项时,按照实际支付的金额,借记"事业支出"科目,贷记"财政拨款预算收入""资金结存"科目。

　　【例 9-16】 某事业单位为开展专业业务活动及其辅助活动购入一批货物,具体为专用设备,实际成本为 35 000 元,单位预算中属于项目支出预算。该批设备是使用主管部门提供的非财政专项科研资金购入的。该事业单位预算会计应编制的会计分录为:

　　借:事业支出——非财政专项资金支出——项目支出　　　　　　35 000
　　　　贷:资金结存——货币资金　　　　　　　　　　　　　　　　　　　35 000

　　【例 9-17】 某事业单位为购买从事专业业务活动及其辅助活动所需要的计算机及其相关软件,支付一笔款项 15 000 元,单位预算中属于项目支出预算。购买的计算机及其相关软件已经验收并投入使用,作为固定资产管理。该固定资产是使用主管部门提供的非财政专项科研资金购入的。该事业单位预算会计应编制的会计分录为:

  借:事业支出——非财政专项资金支出——项目支出   15 000
    贷:资金结存——货币资金   15 000

(三) 发生预付账款的核算

开展专业业务活动及其辅助活动过程中发生预付账款时,按照实际支付的金额,借记"事业支出"科目,贷记"财政拨款预算收入""资金结存"科目。

【例 9-18】 某事业单位通过银行存款账户预付一笔款项 28 000 元,具体内容为购买一项事业活动用固定资产。该项事业活动用固定资产是使用财政授权支付的财政拨款资金购入的,单位预算中属于项目支出预算。该事业单位预算会计应编制如下会计分录:

  借:事业支出——财政拨款支出——项目支出   28 000
    贷:资金结存——零余额账户用款额度   28 000

(四) 缴纳的相关税费以及发生的其他各项支出的核算

开展专业业务活动及其辅助活动过程中缴纳的相关税费以及发生的其他各项支出,按照实际支付的金额,借记"事业支出"科目,贷记"财政拨款预算收入""资金结存"科目。

【例 9-19】 某事业单位租用某宾馆综合厅举办工作会议,发生会议费 2 000 元,以银行存款支付,所付款项为财政部门当年拨入的基本经费。单位预算中属于基本支出预算。该事业单位预算会计应编制的会计分录为:

  借:事业支出——财政拨款支出——基本支出   2 000
    贷:资金结存——货币资金   2 000

【例 9-20】 某事业单位通过开户银行支付一笔款项 500 元,内容为支付随买随用的零星办公用品,单位预算中属于基本支出预算,使用的资金性质为非财政非专项事业收入资金,即其他资金。该事业单位预算会计应编制的会计分录为:

  借:事业支出——其他资金支出——基本支出   500
    贷:资金结存——货币资金   500

【例 9-21】 某事业单位使用上级主管部门拨入的课题研究经费(非财政专项资金),以银行存款转账方式支付项目调研费 5 000 元。单位预算中均属于项目支出预算。其会计分录为:

  借:事业支出——非财政专项资金支出——项目支出   5 000
    贷:资金结存——货币资金   5 000

(五) 因购货退回等发生款项退回的核算

开展专业业务活动及其辅助活动过程中因购货退回等发生款项退回,或者发生差错更正的,属于当年支出收回的,按照收回或更正金额,借记"财政拨款预算收入""资金结存"科目,贷记"事业支出"科目。

(六) 事业支出结转的核算

年末,将本科目本年发生额中的财政拨款支出转入财政拨款结转,借记"财政拨款结转——本年收支结转"科目,贷记本科目下各财政拨款支出明细科目;将本科目本年发生额中的非财政专项资金支出转入非财政拨款结转,借记"非财政拨款结转——本年收支结转"科目,贷记本科目下各非财政专项资金支出明细科目;将本科目本年发生额中的其他资金支出(非财政非专项资金支出)转入其他结余,借记"其他结余"科目,贷记本科目下其他资金支出明细科目。

【例9-22】 年终,某事业单位"事业支出"科目借方余额为1 250 000元,有关明细科目借方余额为:财政拨款支出800 000元,其他资金支出——基本支出280 000元,非财政专项资金支出——项目支出170 000元,进行期末结账。其会计分录为:

借:财政拨款结转——本年收支结转	800 000	
非财政拨款结转——本年收支结转	280 000	
其他结余	170 000	
贷:事业支出——财政拨款支出		800 000
——其他资金支出——基本支出		280 000
——非财政专项资金支出——项目支出		170 000

任务三 经营支出

一、经营支出的概念

经营支出是指事业单位在专业业务活动及其辅助活动之外开展非独立核算经营活动实际发生的各项现金流出。经营支出与事业支出不同之处:一是经营支出应当与经营预算收入相配比,经营支出需要有经营活动收入补偿;二是经营支出是事业单位开展非独立核算的经营性业务而发生的款项流出。

二、经营支出的核算

为了核算经营支出业务,行政单位应设置"经营支出"总账科目。本科目应当按照经营活动类别、项目、《政府收支分类科目》中"支出功能分类科目"的项级科目和"部门预算支出经济分类科目"的款级科目等进行明细核算。年末,将本科目本年发生额转入经营结余。年末结转后,本科目应无余额。

对于预付款项,可通过在本科目下设置"待处理"明细科目进行明细核算,待确认具体支出项目后再转入本科目下相关明细科目。年末结账前,应将本科目"待处理"明细科目余额全部转入本科目下相关明细科目。

经营支出的主要账务处理如下:

(1)支付经营部门职工薪酬及为经营活动支付外部人员劳务费。向职工个人支付薪酬或为经营活动支付外部人员劳务费时,按照实际支付的金额,借记"经营支出"科目,贷记"资金结存"科目。按照规定代扣代缴个人所得税时,按照实际缴纳的金额,借记"经营支出"科目,贷记"资金结存"科目。按规定代扣代缴或为职工缴纳社会保险费、住房公积金时,按照实际缴纳的金额,借记"经营支出"科目,贷记"资金结存"科目。

【例9-23】 某事业单位,下设复印服务部为客户服务,其业务没有实行独立核算。也不要求进行内部成本核算,现以银行存款支付本月临时聘用人员劳务费用2 000元。该事业单位预算会计应编制如下会计分录:

```
    借:经营支出——复印部                                        2 000
        贷:结存资金——货币资金                                          2 000
```

（2）开展经营活动过程中为购买存货、固定资产、无形资产等以及在建工程支付相关款项时，按照实际支付的金额，借记"经营支出"科目，贷记"资金结存"科目。

【例9-24】　某环境保护事业单位，向社会提供家庭装修污染检测服务，其业务没有实行独立核算，也不要求进行内部成本核算。某日以6 000元购置检测用品，以银行存款支付3 000元，其余款尚未支付。该事业单位预算会计应编制如下会计分录：

```
    借:经营支出——检测服务                                      3 000
        贷:资金结存——货币资金                                        3 000
```

【例9-25】　某文物事业单位开展一项非独立核算的经营活动，内容为对外采购旅游纪念用品，通过单位银行存款账户向供货单位支付货款2 000元，使用的资金为非财政非专项资金。该事业单位预算会计应编制如下会计分录：

```
    借:经营支出——销售商品                                      2 000
        贷:结存资金——货币资金                                        2 000
```

（3）开展经营活动过程中发生预付账款时，按照实际支付的金额，借记"经营支出——待处理"科目，贷记"资金结存"科目。等确认具体支出项目和金额时，借记"经营支出"，贷记"经营支出——待处理"科目，按照补付的金额，借记"经营支出"科目，贷记"资金结存"科目。

【例9-26】　某事业单位采购甲材料，按照合同约定采用预付款方式，首先预付4 000元，半个月后收到购买材料并验收入库，补付余款6 000元，均以银行存款支付。该事业单位预算会计应编制如下会计分录：

（1）按合同约定预付4 000元时，

```
    借:经营支出——待处理                                        4 000
        贷:资金结存——货币资金                                        4 000
```

（2）收到购买材料，补付余款时，

```
    借:经营支出                                                4 000
        贷:经营支出——待处理                                          4 000
    借:经营支出                                                6 000
        贷:资金结存——货币资金                                        6 000
```

（4）因开展经营活动缴纳的相关税费以及发生的其他各项支出，按照实际支付的金额，借记"经营支出"科目，贷记"资金结存"科目。

【例9-27】　某事业单位开展一项非独立核算的经营活动，内容为缴纳相关税费，通过单位银行存款账户向税务部门缴纳税款4 200元，使用的资金为非财政非专项资金。该事业单位预算会计应编制如下会计分录：

```
    借:经营支出——商品和服务——税金及附加费用                    4 200
        贷:资金结存——货币资金                                          4 200
```

（5）开展经营活动中因购货退回等发生款项退回，或者发生差错更正的，属于当年支出收回的，按照收回或更正金额，借记"资金结存"科目，贷记"经营支出"科目。属于以前年度的，通过"经营结余"科目。不通过本科目核算。

【例9-28】　某文物事业单位开展一项非独立核算的经营活动，内容为因质量问题退回

当年购入旅游纪念品,通过单位银行存款账户收到退货款项25 000元。该事业单位预算会计应编制如下会计分录:

借:资金结存——货币资金   25 000

  贷:经营支出   25 000

(6) 年末,将本科目本年发生额转入经营结余,年末无余额。借记"经营结余"科目,贷记"经营支出"科目。

【例9-29】 某文物事业单位年终结账,将"经营支出"科目借方发生额11 000元转入"经营结余"科目。该事业单位预算会计应编制如下会计分录:

借:经营结余   11 000

  贷:经营支出   11 000

任务四 上缴上级支出

一、上缴上级支出的概念

上缴上级支出是指事业单位按照财政部门和主管部门的规定上缴上级单位款项发生的现金流出。

此类业务所涉及的款项属于非财政资金。有上缴上级支出的事业单位是实行独立核算并附属于上级单位的事业单位,根据本单位与上级单位之间的体制安排,事业单位取得的各项收入,如事业预算收入、经营预算收入和其他预算收入等,应当按规定的标准或比例上缴上级单位,形成事业单位的上缴上级支出。

事业单位返还上级单位在其事业支出中垫付的工资、水电费、房租、住房公积金和福利费等各种费用时,记入相应支出,不能作为上缴上级支出处理。

二、上缴上级支出的核算

为了核算上缴上级支出业务,行政单位应设置"上缴上级支出"总账科目。本科目应当按照收缴款项单位、缴款项目、《政府收支分类科目》中"支出功能分类科目"的项级科目和"部门预算支出经济分类科目"的款级科目等进行明细核算。年末,将本科目本年发生额转入其他结余。结转后,本科目应无余额。上缴上级支出的主要账务处理如下:

(1) 按照规定将款项上缴上级单位的,按照实际上缴的金额,借记"上缴上级支出"科目,贷记"资金结存"科目。

(2) 年末,将本科目本年发生额转入其他结余,借记"其他结余"科目,贷记"上缴上级支出"科目。

【例9-30】

(1) 某事业单位根据本年收入情况,对于取得的有关事业收入,按照相应的标准和比例上缴上级单位,经计算,上缴金额为15 000元,款项已通过银行支付。该单位预算会计应编制的会计分录为:

借:上缴上级支出   15 000

　　贷:资金结存——货币资金　　　　　　　　　　　　　　　　　15 000

　　(2) 期末,将某事业单位"上缴上级支出"科目借方余额15 000元,全数转入"其他结余"科目。该单位预算会计应编制的会计分录为:

　　借:其他结余　　　　　　　　　　　　　　　　　　　　　15 000

　　　贷:上缴上级支出　　　　　　　　　　　　　　　　　　　　15 000

　　同时,结清上缴上级支出明细账的余额。

任务五　对附属单位补助支出

一、对附属单位补助支出的概念

　　对附属单位补助支出是指事业单位用财政拨款预算收入之外的收入对附属单位补助发生的现金流出。事业单位不能用其自身取得的财政拨款预算收入拨付给附属单位,作为对附属单位的补助支出。对附属单位补助支出的款项是非财政性资金,是预算以外的资金。

　　对附属单位补助支出与上级补助预算收入在上下级单位之间的业务内容上存在对应关系。当上级单位对下级单位进行补助时,上级单位确认对附属单位补助支出,下级单位确认上级补助收入。同样,上缴上级支出与附属单位上缴预算收入在上下级单位之间的业务内容上也形成对应关系。事业单位不可以使用其自身取得的财政拨款预算收入作为上缴上级支出。

二、对附属单位补助支出的核算

　　为了核算对附属单位补助支出业务,行政单位应设置"对附属单位补助支出"总账科目。本科目应当按照接受补助单位、补助项目、《政府收支分类科目》中"支出功能分类科目"的项级科目和"部门预算支出经济分类科目"的款级科目等进行明细核算。年末结转后,本科目应无余额。对附属单位补助支出的主要账务处理如下:

　　(1) 发生对附属单位补助支出的,按照实际补助的金额,借记"对附属单位补助支出"科目,贷记"资金结存"科目。

　　(2) 年末,将本科目本年发生额转入其他结余,借记"其他结余"科目,贷记"对附属单位补助支出"科目。

【例9-31】

　　(1) 某事业单位用自有资金,对所属独立核算的工厂补助10 000元,以银行存款支付。该单位预算会计应编制的会计分录为:

　　借:对附属单位补助支出　　　　　　　　　　　　　　　　10 000

　　　贷:资金结存——货币资金　　　　　　　　　　　　　　　　10 000

　　(2) 期末,某事业单位将"对附属单位补助支出"科目借方发生额10 000元全数转入"其他结余"科目。该单位预算会计应编制的会计分录为:

　　借:其他结余　　　　　　　　　　　　　　　　　　　　　10 000

　　　贷:对附属单位补助支出　　　　　　　　　　　　　　　　　10 000

任务六 投资支出

投资支出是指事业单位以货币资金对外投资发生的现金流出。事业单位不能用其自身取得的财政拨款预算收入作为投资支出。

为了核算投资支出业务,行政单位应设置"投资支出"总账科目。本科目应当按照投资类型、投资对象、《政府收支分类科目》中"支出功能分类科目"的项级科目和"部门预算支出经济分类科目"的款级科目等进行明细核算。年末,将本科目本年发生额转入其他结余。结转后,本科目应无余额。投资支出的主要账务处理如下:

(1) 以货币资金对外投资时,按照投资金额和所支付的相关税费金额的合计数,借记"投资支出"科目,贷记"资金结存"科目。

(2) 出售、对外转让或到期收回本年度以货币资金取得的对外投资的,如果按规定将投资收益纳入单位预算,按照实际收到的金额,借记"资金结存"科目,按照取得投资时"投资支出"科目的发生额,贷记"投资支出"科目,按照其差额,贷记或借记"投资预算收益"科目;如果按规定将投资收益上缴财政的,按照取得投资时"投资支出"科目的发生额,借记"资金结存"科目,贷记"投资支出"科目。

(3) 年末,将本科目本年发生额转入其他结余,借记"其他结余"科目,贷记"投资支出"科目。

【例9-32】 某事业单位购入国债30 000元,1年期,票面利率3‰,以银行存款支付国债款项,并于当年年末到期收回国债本息。该单位预算会计应编制的会计分录为:

(1) 以银行存款购买国债时,

借:投资支出——国债 30 000

　　贷:资金结存——货币资金 30 000

(2) 到期收回国债本息时,

借:资金结存——货币资金 30 900

　　贷:投资支出——国债 30 000

　　　　投资预算收益 900

【例9-33】 期末,某事业单位"投资支出"科目借方余额为350 000元,进行期末结账。应编制的会计分录为:

借:其他结余 350 000

　　贷:投资支出 350 000

任务七 其他支出

一、其他支出的概念

其他支出是指行政事业单位除行政支出、事业支出、经营支出、上缴上级支出、对附属单位补助支出、投资支出、债务还本支出以外的各项现金流出,包括利息支出、对外捐赠现金支出、现金盘亏损失、接受捐赠（调入）和对外捐赠（调出）非现金资产发生的税费支出、资产置换过程中发生的相关税费支出、罚没支出等。

二、其他支出的核算

为了核算其他支出业务,单位应设置"其他支出"总账科目。本科目应当按照其他支出的类别,"财政拨款支出""非财政专项资金支出"和"其他资金支出",《政府收支分类科目》中"支出功能分类科目"的项级科目和"部门预算支出经济分类科目"的款级科目等进行明细核算。其他支出中如有专项资金支出,还应按照具体项目进行明细核算。年末结转后,本科目应无余额。

单位发生利息支出、捐赠支出等其他支出金额较大或业务较多的,可单独设置"7902 利息支出""7903 捐赠支出"等科目。

（一）利息支出

支付银行借款利息时,按照实际支付金额,借记"其他支出"科目,贷记"资金结存"科目。

【例 9-34】　某事业单位以银行存款支付一笔短期借款本息共 5 000 元。单位预算属于基本支出预算,使用的资金性质为其他资金。该事业单位预算会计应编制的会计分录为:

借:其他支出——其他资金支出——利息支出　　　　　　　　　　5 000
　　贷:资金结存——货币资金　　　　　　　　　　　　　　　　　　5 000

（二）现金盘亏损失

每日现金账款核对中如发现现金短缺,按照短缺的现金金额,借记"其他支出"科目,贷记"资金结存——货币资金"科目。经核实,属于应当由有关人员赔偿的,按照收到的赔偿金额,借记"资金结存——货币资金"科目,贷记"其他支出"科目。

【例 9-35】　某事业单位在对现金进行清查时,发现现金短缺 100 元,无法查明原因。该事业单位预算会计应编制的会计分录为:

借:其他支出——现金短缺　　　　　　　　　　　　　　　　　100
　　贷:资金结存——货币资金　　　　　　　　　　　　　　　　　100

（三）对外捐赠现金支出

对外捐赠现金资产时,按照捐赠金额,借记"其他支出"科目,贷记"资金结存——货币资金"科目。

（四）接受捐赠（无偿调入）和对外捐赠（无偿调出）非现金资产发生的税费支出

接受捐赠（无偿调入）非现金资产发生的归属于捐入方（调入方）的相关税费、运输费等,以及对外捐赠（无偿调出）非现金资产发生的归属于捐出方（调出方）的相关税费、运输费等,按照实际支付金额,借记"其他支出"科目,贷记"资金结存"科目。

（五）资产置换过程中发生的相关税费支出

资产置换过程中发生的相关税费,按照实际支付金额,借记"其他支出"科目,贷记"资金结存"科目。

【例 9-36】　某行政单位接受某单位捐赠电脑一批,按规定以银行存款缴纳税费 6 850 元。

借:其他支出——税费支出　　　　　　　　　　　　　　　　6 850

贷:资金结存——货币资金　　　　　　　　　　　　　　　　6 850

(六) 发生罚没等其他支出

发生罚没等其他支出时,按照实际支出金额,借记"其他支出"科目,贷记"资金结存"科目。

(七) 其他支出的年末结转

(1) 年末,将本科目本年发生额中的财政拨款支出转入财政拨款结转,借记"财政拨款结转——本年收支结转"科目,贷记"其他支出"科目下各财政拨款支出明细科目;

(2) 将本科目本年发生额中的非财政专项资金支出转入非财政拨款结转,借记"非财政拨款结转——本年收支结转"科目,贷记"其他支出"科目下各非财政专项资金支出明细科目;

(3) 将本科目本年发生额中的其他资金支出(非财政非专项资金支出)转入其他结余,借记"其他结余"科目,贷记"其他支出"科目下各其他资金支出明细科目。

【例9-37】 年末,某事业单位"其他支出"总账科目的本年发生额为68 000元,其中属于财政拨款支出25 000元,非财政专项资金支出23 000元,非财政非专项资金支出20 000元。该事业单位预算会计应编制的会计分录为:

借:财政拨款结转——本年收支结转　　　　　　　　　　25 000
　　非财政拨款结转——本年收支结转　　　　　　　　　23 000
　　其他结余　　　　　　　　　　　　　　　　　　　　20 000
　　贷:其他支出——财政拨款支出　　　　　　　　　　　　　25 000
　　　　　　——非财政专项资金支出　　　　　　　　　　　23 000
　　　　　　——其他资金支出　　　　　　　　　　　　　　20 000

▨▨▨▨▨▨▨▨▨▨▨▨▨▨ **关键术语** ▨▨▨▨▨▨▨▨▨▨▨▨▨▨

行政支出　事业支出　经营支出　上缴上级支出　对附属单位补助支出　投资支出
债务还本支出　其他支出

▨▨▨▨▨▨▨▨▨▨▨▨▨▨ **应知考核** ▨▨▨▨▨▨▨▨▨▨▨▨▨▨

一、单项选择题

1. 在财政直接支付方式下,事业单位向职工实际支付工资、津贴等薪酬时的预算会计的处理为( )。

A. 借:事业支出　　　　　　　　　　B. 借:经营支出
　　贷:财政拨款预算收入　　　　　　　　贷:财政拨款收入

C. 借:事业支出　　　　　　　　　　D. 借:事业支出
　　贷:零余额账户用款额度　　　　　　　贷:资金结存

2. 在财政直接支付方式下,年末,根据本年度财政直接支付预算指标数与当年财政直接支付实际支付数的差额应编制的会计分录为( )。

A. 借:财政应返还额度   B. 借:财政应返还额度

     贷:财政拨款收入   贷:零余额账户用款额度

C. 借:财政应返还额度   D. 借:财政应返还额度

     贷:财政拨款预算收入   贷:事业收入

3. 事业单位为履职或开展业务活动及其辅助活动发生的各种税费,在财务会计中应记入( )。

A. 业务活动费用   B. 经营支出   C. 其他支出   D. 经营费用

4. 除财政拨款收支、非同级财政拨款收支和经营收支以外各项收支相抵后的余额,事业单位在预算会计中通过( )核算。

A. 财政拨款结余   B. 非财政拨款结余   C. 经营结余   D. 其他结余

二、多项选择题

1. 下列各项中,属于事业单位支出的有( )。

A. 行政支出   B. 事业支出   C. 经营支出   D. 其他费用

2. 某事业单位系增值税一般纳税人,2019 年 7 月 1 日经批准购入一台不需要安装就能投入使用的检测专用设备,取得的增值税专用发票上注明的设备价款为 100 万元,增值税税额为 16 万元。该单位以银行存款支付了相关款项。关于此项业务的会计核算正确的是( )。

A. 增加固定资产 116 万元   B. 减少银行存款 116 万元

C. 增加事业支出 116 万元   D. 减少资金结存 116 万元

三、判断题

1. 对于单位受托代理的现金以及应缴财政款的现金所涉及的收支业务,仅需要进行预算会计处理,不需要进行财务会计处理。 ( )

2. 行政支出按照单位预算管理的要求分为财政拨款支出和其他资金支出。 ( )

四、简答题

1. 什么是行政支出? 按照政府支出经济分类科目,经费支出可以分为哪几个种类?

2. 什么是事业支出? 它应当按照哪些要求进行分类? 不同要求下事业支出可以分成哪些主要的种类?

3. 什么是事业单位的上缴上级支出? 它与附属单位上缴收入在上下级单位间的业务内容上有什么关系?

4. 什么是事业单位的对附属单位补助支出? 它与上级补助收入在上下级单位间的业务内容上有什么关系?

5. 什么是事业单位的经营支出? 它与对附属单位补助支出有什么主要的区别?

应会考核

1. 某行政单位 2019 年发生如下经济业务:

(1) 收到单位零余额账户代理银行转来的"财政授权支付额度到账通知书",收到财政授权支付额度共计 90 000 元,具体内容为日常公用经费 30 000 元,项目支出 60 000 元。

(2) 计提单位职工薪酬总计 5 700 元。具体内容包括如下两项:一是职工工资福利共计 5 200 元,包括职工基本工资 5 000 元、津贴补贴 100 元、社会保障缴费 100 元;二是职工住房公积金缴款 500 元。

(3) 通过财政直接支付方式支付一笔款项总计 5 700 元。具体内容包括如下两项：一是职工工资福利共计 5 200 元，包括职工基本工资 5 000 元、津贴补贴 100 元、社会保障缴费 100 元；二是职工房公积金缴款 500 元。

(4) 通过财政直接支付方式支付一笔款项 1 370 元，具体内容为购买信息网络设备。购入的信息网络设备作为固定资产管理。

要求：根据以上经济业务，为该行政单位编制有关的会计分录。

2. 某教育事业单位 2019 年发生如下经济业务：

(1) 为从事专业业务活动及其辅助活动人员计提职工薪酬，具体内容为职工绩效工资 18 000 元，单位预算中属于基本支出预算，使用的资金性质为非专项事业收入资金，即其他资金。

(2) 教学部门为开展教学活动购入办公设备，实际成本为 5 200 元，款项以银行存款支付，单位预算中属于基本支出预算，使用的资金性质为非专项事业收入资金，即其他资金。购入的办公设备已投入使用，作为固定资产管理。

(3) 行政管理部门人员出差发生差旅费 3 520 元，出差前曾预借差旅费 3 500 元，以现金向其补付差额 20 元，使用的资金性质为非专项事业收入资金，即其他资金。

(4) 教学辅助部门图书馆为开展教学辅助活动购入一批复印设备，实际成本为 20 200 元，款项以银行存款支付，单位预算中属于项目支出预算，使用的资金性质为非财政专项资金。购入的复印设备已投入使用，作为固定资产管理。

(5) 按照财政部门和主管部门的规定，对于取得的有关事业收入，按照相应的标准和比例上缴上级单位，经计算，上缴金额为 26 500 元，款项以银行存款上缴。

(6) 使用一部分事业收入和其他收入共计 5 300 元对附属单位进行补助，以进一步促进附属单位事业的发展，款项以银行存款支付。

(7) 年终，将上述各项支出进行结转。

要求：根据以上经济业务，为该事业单位编制有关的会计分录。

项目十

预算结余的核算

知识目标

1. 明确行政事业单位预算结转结余的构成内容；
2. 明确行政事业单位各项预算结转结余的计算思路；
3. 掌握行政事业单位资金结存与财政拨款结转结余的核算方法；
4. 掌握行政事业单位非财政拨款结转结余及结余分配的核算方法；
5. 掌握行政事业单位专用结余与经营结余的核算方法。

能力目标

1. 能够掌握行政事业单位资金结存的概念和核算；
2. 能够掌握行政事业单位结转结余资金核算；
3. 能够掌握行政事业单位其他结余及结余分配的核算。

知识准备

预算结余是指政府部门预算年度内预算收入扣除预算支出后的资金余额，以及历年滚存的资金余额，体现行政事业单位所拥有的结余资金，包括结余资金和结转资金。结转资金是指预算安排项目的支出年终尚未执行完毕或者因故未执行，且下年需要按原用途继续使用的资金。行政事业单位的预算结余具体包括资金结存、财政拨款结转、财政拨款结余、非财政拨款结转、非财政拨款结余、非财政拨款结余分配、专用结余、其他结余、经营结余等。

任务一　行政事业单位资金结存与财政拨款结转结余的核算

一、资金结存

（一）资金结存的概念与核算会计科目的设置

资金结存是核算单位纳入部门预算管理的资金的流入、流出、调整和滚存的结余数额。为了核算资金结存业务，核算单位应设置"资金结存"总账科目。本科目年末借方余额，反映

单位预算资金的累计滚存情况。本科目应当设置下列明细科目:

(1)"零余额账户用款额度":本明细科目核算实行国库集中支付的单位根据财政部门批复的用款计划收到和支用的零余额账户用款额度。年末结账后,本明细科目应无余额。

(2)"货币资金":本明细科目核算单位以库存现金、银行存款、其他货币资金形态存在的资金。本明细科目年末借方余额,反映单位尚未使用的货币资金。

(3)"财政应返还额度":本明细科目核算实行国库集中支付的单位可以使用的以前年度财政直接支付资金额度和财政应返还的财政授权支付资金额度。本明细科目下可设置"财政直接支付""财政授权支付"两个明细科目进行明细核算。本明细科目年末借方余额,反映单位应收财政返还的资金额度。

(二) 资金结存的核算

资金结存的主要账务处理如下:

(1)财政授权支付方式下,单位根据代理银行转来的"财政授权支付额度到账通知书",按照通知书中的授权支付额度,借记"资金结存"科目(零余额账户用款额度),贷记"财政拨款预算收入"科目。

以国库集中支付以外的其他支付方式取得预算收入时,按照实际收到的金额,借记"资金结存"科目(货币资金),贷记"财政拨款预算收入""事业预算收入""经营预算收入"等科目。

【例 10-1】 某行政单位收到单位零余额账户代理银行转来的"财政授权支付额度到账通知书",获得财政授权支付额度 100 000 元。该行政单位预算会计应编制的会计分录为:

借:资金结存——零余额账户用款额度　　　　　　　　　　　　100 000

　　贷:财政拨款预算收入　　　　　　　　　　　　　　　　　　　　　100 000

【例 10-2】 某行政单位从银行存款账户取得一笔款项 8 000 元,具体为非同级财政部门拨付用于完成委托的专项任务的款项。该行政单位预算会计应编制的会计分录为:

借:资金结存——货币资金　　　　　　　　　　　　　　　　　8 000

　　贷:非同级财政拨款预算收入　　　　　　　　　　　　　　　　　　8 000

(2)财政授权支付方式下,发生相关支出时,按照实际支付的金额,借记"行政支出""事业支出"等科目,贷记"资金结存"科目(零余额账户用款额度)。

从零余额账户提取现金时,借记"资金结存"科目(货币资金),贷记"资金结存"科目(零余额账户用款额度)。退回现金时,做相反的会计分录。

使用以前年度财政直接支付额度发生支出时,按照实际支付金额,借记"行政支出""事业支出"等科目,贷记"资金结存"科目(财政应返还额度)。

国库集中支付以外的其他支付方式下,发生相关支出时,按照实际支付的金额,借记"事业支出""经营支出"等科目,贷记"资金结存"科目(货币资金)。

【例 10-3】 某行政单位从单位零余额账户中提取现金 1 000 元,以备日常零星使用。该行政单位预算会计应编制的会计分录为:

借:资金结存——货币资金　　　　　　　　　　　　　　　　　1 000

　　贷:资金结存——零余额账户用款额度　　　　　　　　　　　　　　1 000

【例 10-4】 某事业单位以库存现金支付一笔款项 100 元,具体内容为日常业务活动发生的邮电费。该事业单位预算会计应编制的会计分录为:

借:事业支出　　　　　　　　　　　　　　　　　　　　　　　100

　　贷:资金结存——货币资金　　　　　　　　　　　　　　　　　　100

（3）购买存货、固定资产、无形资产等,支付基本建设、修缮等工程款时,单位根据实际支付的款项金额,借记"行政支出""事业支出"等科目,贷记"资金结存"科目(零余额账户用款额度、货币资金等)。

行政事业单位按规定应当使用财政拨款经批准支付质量保证金时,借记"行政支出""事业支出"等科目,贷记"资金结存"科目(财政应返还额度——财政直接支付、零余额账户用款额度、货币资金等)。

【例10-5】 某事业单位购入一批计算机设备,价值10 000元,设备不需要安装,已经通过验收。根据购买合同,取得该设备时通过单位的零余额账户支付总价款的80%,共计8 000元。其余款项为扣留的质量保证金,如设备无质量问题则在3个月后支付。该单位预算会计应编制的会计分录为:

（1）购入计算机设备时,

借:事业支出——财政拨款支出——基本支出　　　　　　　　8 000

　　贷:资金结存——货币资金　　　　　　　　　　　　　　　　8 000

（2）支付质量保证金时,

借:事业支出——财政拨款支出——基本支出　　　　　　　　2 000

　　贷:资金结存——货币资金　　　　　　　　　　　　　　　　2 000

（4）按照规定上缴财政拨款结转结余资金或注销财政拨款结转结余资金额度的,按照实际上缴资金数额或注销的资金额度数额,借记"财政拨款结转——归集上缴"或"财政拨款结余——归集上缴"科目,贷记"资金结存"科目(财政应返还额度、零余额账户用款额度、货币资金)。

按规定向原资金拨入单位缴回非财政拨款结转资金的,按照实际缴回资金数额,借记"非财政拨款结转——缴回资金"科目,贷记"资金结存"科目(货币资金)。

收到从其他单位调入的财政拨款结转资金的,按照实际调入资金数额,借记"资金结存"科目(财政应返还额度、零余额账户用款额度、货币资金),贷记"财政拨款结转——归集调入"科目。

（5）按照规定使用专用基金时,按照实际支付金额,借记"专用结余"科目(从非财政拨款结余中提取的专用基金)或"事业支出"等科目(从预算收入中计提的专用基金),贷记"资金结存"科目(货币资金)。

（6）因购货退回、发生差错更正等退回国库直接支付、授权支付款项,或者收回货币资金的,属于本年度支付的,借记"财政拨款预算收入"科目或"资金结存"科目(财政应返还额度、零余额账户用款额度、货币资金),贷记相关支出科目;属于以前年度支付的,借记"资金结存"科目(财政应返还额度、零余额账户用款额度、货币资金),贷记"财政拨款结转""财政拨款结余""非财政拨款结转""非财政拨款结余"科目。

（7）有企业所得税缴纳义务的事业单位缴纳所得税时,按照实际缴纳金额,借记"非财政拨款结余——累计结余"科目,贷记"资金结存"科目(货币资金)。

（8）年末,根据本年度财政直接支付预算指标数与当年财政直接支付实际支出数的差额,借记"资金结存"科目(财政应返还额度),贷记"财政拨款预算收入"科目。

（9）年末，单位依据代理银行提供的对账单作注销额度的相关账务处理，借记"资金结存"科目（财政应返还额度），贷记"资金结存"科目（零余额账户用款额度）；本年度财政授权支付预算指标数大于零余额账户用款额度下达数的，根据未下达的用款额度，借记"资金结存"科目（财政应返还额度），贷记"财政拨款预算收入"科目。

下年初，单位依据代理银行提供的额度恢复到账通知书，作恢复额度的相关账务处理，借记"资金结存"科目（零余额账户用款额度），贷记"资金结存"科目（财政应返还额度）。单位收到财政部门批复的上年末未下达零余额账户用款额度的，借记"资金结存"科目（零余额账户用款额度），贷记"资金结存"科目（财政应返还额度）。

二、财政拨款结转

（一）财政拨款结转的概念与核算会计科目设置

财政拨款结转是指单位当年预算已执行但尚未完成，或因故未执行，下一年度需要按照原用途继续使用的财政拨款滚存资金。财政拨款结转包括基本支出结转、项目支出结转。

为了核算财政拨款结转业务，单位应设置"财政拨款结转"总账科目。本科目核算单位取得的同级财政拨款结转资金的调整、结转和滚存情况。本科目还应当设置"基本支出结转""项目支出结转"两个明细科目，并在"基本支出结转"明细科目下按照"人员经费""日常公用经费"进行明细核算，在"项目支出结转"明细科目下按照具体项目进行明细核算；同时，本科目还应按照《政府收支分类科目》中"支出功能分类科目"的相关科目进行明细核算。有一般公共预算财政拨款、政府性基金预算财政拨款等两种或两种以上财政拨款的，还应当在本科目下按照财政拨款的种类进行明细核算。本科目年末贷方余额，反映单位滚存的财政拨款结转资金数额。

该科目还可以根据管理需要按照财政拨款结转变动原因设置下列明细科目。

1. 与会计差错更正、以前年度支出收回相关的明细科目

"年初余额调整"：本明细科目核算因发生会计差错更正、以前年度支出收回等原因，需要调整财政拨款结转的金额。年末结账后，本明细科目应无余额。

2. 与财政拨款调拨业务相关的明细科目

（1）"归集调入"：本明细科目核算按照规定从其他单位调入财政拨款结转资金时，实际调增的额度数额或调入的资金数额。年末结账后，本明细科目应无余额。

（2）"归集调出"：本明细科目核算按照规定向其他单位调出财政拨款结转资金时，实际调减的额度数额或调出的资金数额。年末结账后，本明细科目应无余额。

（3）"归集上缴"：本明细科目核算按照规定上缴财政拨款结转资金时，实际核销的额度数额或上缴的资金数额。年末结账后，本明细科目应无余额。

（4）"单位内部调剂"：本明细科目核算经财政部门批准对财政拨款结余资金改变用途，调整用于本单位其他未完成项目等的调整金额。年末结账后，本明细科目应无余额。

3. 与年末财政拨款结转业务相关的明细科目

（1）"本年收支结转"：本明细科目核算单位本年度财政拨款收支相抵后的余额。年末结账后，本明细科目应无余额。

（2）"累计结转"：本明细科目核算单位滚存的财政拨款结转资金。本明细科目年末贷方余额，反映单位财政拨款滚存的结转资金数额。

(二) 财政拨款结转的核算

1. 与会计差错更正、以前年度支出收回相关的账务处理

(1) 因发生会计差错更正退回以前年度国库直接支付、授权支付款项或财政性货币资金,或者因发生会计差错更正增加以前年度国库直接支付、授权支付支出或财政性货币资金支出,属于以前年度财政拨款结转资金的,借记或贷记"资金结存——财政应返还额度、零余额账户用款额度、货币资金"科目,贷记或借记"财政拨款结转"科目(年初余额调整)。

【例 10-6】 某行政单位收回上一年度因计算错误多支付的物业管理费 20 000 元,款项已经存入单位的银行账户,此事项需要调整上年度的财政拨款结转资金。其预算会计应编制的会计分录为:

借:资金结存——货币资金 20 000
　　贷:财政拨款结转——年初余额调整——基本支出结转 20 000

(2) 因购货退回、预付款项收回等发生以前年度支出又收回国库直接支付、授权支付款项或收回财政性货币资金,属于以前年度财政拨款结转资金的,借记"资金结存——财政应返还额度、零余额账户用款额度、货币资金"科目,贷记"财政拨款结转——年初余额调整"科目。

【例 10-7】 某税务行政单位发生以前年度预付账款退回 8 000 元,原因是以前年度为开展专门业务活动而订购的某项无形资产至今尚未收到,退回款项增加单位零余额账户用款额度,并继续按原用途使用。该单位预算会计应编制如下会计分录:

借:资金结存——零余额账户用款额度 8 000
　　贷:财政拨款结转——年初余额调整 8 000

2. 与财政拨款结转结余资金调整业务相关的账务处理

(1) 按照规定从其他单位调入财政拨款结转资金的,按照实际调增的额度数额或调入的资金数额,借记"资金结存——财政应返还额度、零余额账户用款额度、货币资金"科目,贷记"财政拨款结转——归集调入"科目。

【例 10-8】 某税务行政单位按规定从上级税务行政单位收到调入的财政拨款结转资金 4 000 元,用于补充本单位的公用经费支出,此款项已经转入单位的零余额账户。则该单位预算会计应编制的会计分录为:

借:资金结存——零余额账户用款额度 4 000
　　贷:财政拨款结转——归集调入——基本支出结转 4 000

(2) 按照规定向其他单位调出财政拨款结转资金的,按照实际调减的额度数额或调出的资金数额,借记"财政拨款结转——归集调出"科目,贷记"资金结存——财政应返还额度、零余额账户用款额度、货币资金"科目。

(3) 按照规定上缴财政拨款结转资金或注销财政拨款结转资金额度的,按照实际上缴资金数额或注销的资金额度数额,借记"财政拨款结转——归集上缴"科目,贷记"资金结存——财政应返还额度、零余额账户用款额度、货币资金"科目。

【例 10-9】 某行政单位根据上级单位的统筹安排,将尚未使用的财政应返还额度(财政直接支付)10 000 元上缴上级单位。该单位预算会计应编制的会计分录为:

借:财政拨款结转——归集上缴——基本支出结转 10 000
　　贷:资金结存——零余额账户用款额度 10 000

（4）经财政部门批准对财政拨款结余资金改变用途，调整用于本单位基本支出或其他未完成项目支出的，按照批准调剂的金额，借记"财政拨款结余——单位内部调剂"科目，贷记"财政拨款结转——单位内部调剂"科目。

【例10-10】 某税务行政单位经财政部门批准，将税务宣传专项结余资金1 000元调整用于税务办案。该单位预算会计应编制的会计分录为：

借：财政拨款结余——单位内部调剂	1 000
贷：财政拨款结转——单位内部调剂	1 000

3. 与年末财政拨款结转和结余业务相关的账务处理

（1）年末，将财政拨款预算收入本年发生额转入本科目，借记"财政拨款预算收入"科目，贷记"财政拨款结转"科目（本年收支结转）；将各项支出中财政拨款支出本年发生额转入"财政拨款结转"科目，借记"财政拨款结转"科目（本年收支结转），贷记各项支出（财政拨款支出）科目。

【例10-11】 2019年12月31日，某税务行政单位各收支科目余额如下（单位：元）：

财政拨款预算收入——基本支出	51 000（贷）
财政拨款预算收入——项目支出（税务办案）	68 000（贷）
财政拨款预算收入——项目支出（税务宣传）	20 000（贷）
财政拨款预算收入——项目支出（信息化建设）	70 000（贷）
行政支出——财政拨款支出——基本支出	51 500（借）
行政支出——财政拨款支出——项目支出（税务办案）	67 800（借）
行政支出——财政拨款支出——项目支出（税务宣传）	20 600（借）
行政支出——财政拨款支出——项目支出（信息化建设）	50 000（借）

该行政单位将"财政拨款预算收入"本年发生额、"行政支出——财政拨款支出"本年发生额分别进行结转。其预算会计应编制的会计分录为：

借：财政拨款预算收入——基本支出	51 000
——项目支出（税务办案）	68 000
——项目支出（税务宣传）	20 000
——项目支出（信息化建设）	70 000
贷：财政拨款结转（本年收支结转）——基本支出结转	51 000
——项目支出结转（税务办案）	68 000
——项目支出结转（税务宣传）	20 000
——项目支出结转（信息化建设）	70 000

同时，

借：财政拨款结转（本年收支结转）——基本支出结转	51 500
——项目支出结转（税务办案）	67 800
——项目支出结转（税务宣传）	20 600
——项目支出结转（信息化建设）	50 000
贷：行政支出——财政拨款支出——基本支出	51 500
——项目支出（税务办案）	67 800
——项目支出（税务宣传）	20 600
——项目支出（信息化建设）	50 000

（2）年末冲销有关明细科目余额。将"财政拨款结转"科目（年初余额调整、归集调入、归集调出、归集上缴、单位内部调剂、本年收支结转）余额转入"财政拨款结转"科目（累计结转）。结转后，"财政拨款结转"科目除"累计结转"明细科目外，其他明细科目应无余额。

（3）年末完成结转后，应当对财政拨款结转各明细项目执行情况进行分析，按照有关规定将符合财政拨款结余性质的项目余额转入财政拨款结余，借记"财政拨款结转"科目（累计结转），贷记"财政拨款结余——结转转入"科目。

【例 10-12】　某行政单位年终完成财政拨款收支转账，在对各项目执行情况进行分析后，当年预算目标已经完成的项目及其相应的财政拨款结转余额情况为：项目支出结转 10 000元，基本支出结转 15 000 元。行政单位将这些符合财政拨款结余性质的项目余额转入财政拨款结余。该行政单位应编制如下会计分录：

借：财政拨款结转——累计结转——项目支出结转　　　　　　10 000
　　　　　　　　　　　　　　——项目支出结转　　　　　　　15 000
　　贷：财政拨款结余——结转转入——项目支出结余　　　　　10 000
　　　　　　　　　　　　　　——项目支出结余　　　　　　　15 000

财政拨款结转的余额应当由行政单位按原用途规定继续使用，而财政拨款结余的余额则可以由财政部门统筹安排使用。行政单位的基本支出结转应当由行政单位按原用途规定继续使用，因此，基本支出结转的余额不能转入财政拨款结余。财政拨款结余仅包括项目支出结余。

三、财政拨款结余

（一）财政拨款结余的概念与核算会计科目设置

财政拨款结余是指单位当年预算工作目标已完成，或因故终止，剩余的财政拨款滚存资金。财政拨款结余是财政拨款项目支出结余资金，而基本支出应当结转下期使用，故没有结余资金。

为了核算财政拨款结余业务，单位应设置"财政拨款结余"总账科目。本科目核算单位取得的同级财政拨款项目支出结余资金的调整、结转和滚存情况。本科目还应当按照具体项目、《政府收支分类科目》中"支出功能分类科目"的相关科目等进行明细核算。有一般公共预算财政拨款、政府性基金预算财政拨款等两种或两种以上财政拨款的，还应当在本科目下按照财政拨款的种类进行明细核算。本科目年末贷方余额，反映单位滚存的财政拨款结余资金数额。

本科目应当设置下列明细科目。

1. 与会计差错更正、以前年度支出收回相关的明细科目

"年初余额调整"：本明细科目核算因发生会计差错更正、以前年度支出收回等原因，需要调整财政拨款结余的金额。年末结账后，本明细科目应无余额。

2. 与财政拨款结余资金调整业务相关的明细科目

（1）"归集上缴"：本明细科目核算按照规定上缴财政拨款结余资金时，实际核销的额度数额或上缴的资金数额。年末结账后，本明细科目应无余额。

（2）"单位内部调剂"：本明细科目核算经财政部门批准对财政拨款结余资金改变用途，调整用于本单位其他未完成项目等的调整金额。年末结账后，本明细科目应无余额。

3. 与年末财政拨款结余业务相关的明细科目

(1)"结转转入":本明细科目核算单位按照规定转入财政拨款结余的财政拨款结转资金。年末结账后,本明细科目应无余额。

(2)"累计结余":本明细科目核算单位滚存的财政拨款结余资金。本明细科目年末贷方余额,反映单位财政拨款滚存的结余资金数额。

(二)财政拨款结余的核算

1. 与会计差错更正、以前年度支出收回相关的账务处理

(1)因发生会计差错更正退回以前年度国库直接支付、授权支付款项或财政性货币资金,或者因发生会计差错更正增加以前年度国库直接支付、授权支付支出或财政性货币资金支出,属于以前年度财政拨款结余资金的,借记或贷记"资金结存——财政应返还额度、零余额账户用款额度、货币资金"科目,贷记或借记"财政拨款结余——年初余额调整"科目。

【例 10-13】 某审计行政单位今年发现,去年在使用以前年度财政直接支付额度发生一项项目支出 8 000 元时,做了借记"行政支出"科目、贷记"财政拨款预算收入"科目的会计处理,而正确的会计处理应当是借记"行政支出"科目、贷记"财政应返还额度"科目。本次支付款项适用的政府支出功能分类科目为"一般公共服务支出——审计事务——信息化建设",相应项目在去年年末前已经建设完成。由此,该行政单位去年年末同时多记录财政拨款预算收入和财政应返还额度;去年年末结账时,财政拨款结余的数额多记录 8 000 元。该行政单位对去年发生的这一差错进行更正。该单位预算会计应编制的会计分录为:

借:财政拨款结余——年初余额调整——项目支出结余　　　　　　8 000
　　贷:资金结存——财政应返还额度　　　　　　　　　　　　　　　　8 000

(2)因购货退回、预付款项收回等发生以前年度支出又收回国库直接支付、授权支付款项或收回财政性货币资金,属于以前年度财政拨款结余资金的,借记"资金结存——财政应返还额度、零余额账户用款额度、货币资金"科目,贷记"财政拨款结余——年初余额调整"科目。

2. 与财政拨款结余资金调整业务相关的账务处理

(1)经财政部门批准对财政拨款结余资金改变用途,调整用于本单位基本支出或其他未完成项目支出的,按照批准调剂的金额,借记"财政拨款结余——单位内部调剂"科目,贷记"财政拨款结转——单位内部调剂"科目。

(2)按照规定上缴财政拨款结余资金或注销财政拨款结余资金额度的,按照实际上缴资金数额或注销的资金额度数额,借记"财政拨款结余——归集上缴"科目,贷记"资金结存——财政应返还额度、零余额账户用款额度、货币资金"科目。

【例 10-14】 某事业单位通过单位零余额账户,按规定归集上缴上级单位 B 项目结余的资金 10 000 元。其会计分录为:

借:财政拨款结余——归集上缴　　　　　　　　　　　　10 000
　　贷:资金结存——零余额账户用款额度　　　　　　　　　　10 000

3. 与年末财政拨款结转和结余业务相关的账务处理

(1)年末,对财政拨款结转各明细项目执行情况进行分析,按照有关规定将符合财政拨款结余性质的项目余额转入财政拨款结余,借记"财政拨款结转——累计结转"科目,贷记"财政拨款结余"科目(结转转入)。

（2）年末冲销有关明细科目余额。将本科目（年初余额调整、归集上缴、单位内部调剂、结转转入）余额转入本科目（累计结余）。结转后，本科目除"累计结余"明细科目外，其他明细科目应无余额。

【例 10-15】 某行政单位年终完成财政拨款收支转账，在对各项目执行情况进行分析后，当年预算目标已经完成的项目及其相应的财政拨款结转结余额情况为：项目支出结转（审计业务）800 元，项目支出结转（审计管理）200 元，项目支出结转（信息化建设）3 000 元。行政单位将这些符合财政拨款结余性质的项目余额转入财政拨款结余。其会计分录为：

借：财政拨款结转——累计结转——项目支出结转（审计业务）　　　800
　　　　　　　　　　　　——项目支出结转（审计管理）　　　200
　　　　　　　　　　　　——项目支出结转（信息化建设）　3 000
　　贷：财政拨款结余——结转转入——项目支出结转（审计业务）　　　800
　　　　　　　　　　　　——项目支出结转（审计管理）　　　200
　　　　　　　　　　　　——项目支出结转（信息化建设）　3 000

任务二　行政事业单位非财政拨款结转结余及结余分配的核算

一、非财政拨款结转

（一）非财政拨款结转的概念与核算会计科目的设置

非财政拨款结转是指单位滚存的非同级财政拨款专项结转资金数额，即单位除财政拨款收支、经营收支以外各非同级财政拨款专项资金的调整、结转和滚存情况。

为了核算非财政拨款结转业务，单位应设置"非财政拨款结转"总账科目。本科目还应当按照具体项目、《政府收支分类科目》中"支出功能分类科目"的相关科目等进行明细核算。本科目年末贷方余额，反映单位滚存的非同级财政拨款专项结转资金数额。本科目应当设置下列明细科目：

（1）"年初余额调整"：本明细科目核算因发生会计差错更正、以前年度支出收回等原因，需要调整非财政拨款结转的资金。年末结账后，本明细科目应无余额。

（2）"缴回资金"：本明细科目核算按照规定缴回非财政拨款结转资金时，实际缴回的资金数额。年末结账后，本明细科目应无余额。

（3）"项目间接费用或管理费"：本明细科目核算单位取得的科研项目预算收入中，按照规定计提项目间接费用或管理费的数额。年末结账后，本明细科目应无余额。

（4）"本年收支结转"：本明细科目核算单位本年度非同级财政拨款专项收支相抵后的余额。年末结账后，本明细科目应无余额。

（5）"累计结转"：本明细科目核算单位滚存的非同级财政拨款专项结转资金。本明细科目年末贷方余额，反映单位非同级财政拨款滚存的专项结转资金数额。

（二）非财政拨款结转的核算

（1）按照规定从科研项目预算收入中提取项目管理费或间接费用时，按照提取金额，借记"非财政拨款结转"科目（项目间接费用或管理费），贷记"非财政拨款结余——项目间接费用或管理费"科目。

(2) 因会计差错更正收到或支出非同级财政拨款货币资金,属于非财政拨款结转资金的,按照收到或支出的金额,借记或贷记"资金结存——货币资金"科目,贷记或借记"非财政拨款结转"科目(年初余额调整)。

因收回以前年度支出等收到非同级财政拨款货币资金,属于非财政拨款结转资金的,按照收到的金额,借记"资金结存——货币资金"科目,贷记"非财政拨款结转"科目(年初余额调整)。

(3) 按照规定缴回非财政拨款结转资金的,按照实际缴回资金数额,借记"非财政拨款结转"科目(缴回资金),贷记"资金结存——货币资金"科目。

(4) 年末,将事业预算收入、上级补助预算收入、附属单位上缴预算收入、非同级财政拨款预算收入、债务预算收入、其他预算收入本年发生额中的专项资金收入转入本科目,借记"事业预算收入""上级补助预算收入""附属单位上缴预算收入""非同级财政拨款预算收入""债务预算收入""其他预算收入"科目下各专项资金收入明细科目,贷记"非财政拨款结转"科目(本年收支结转);将行政支出、事业支出、其他支出本年发生额中的非财政拨款专项资金支出转入本科目,借记"非财政拨款结转"科目(本年收支结转),贷记"行政支出""事业支出""其他支出"科目下各非财政拨款专项资金支出明细科目。

(5) 年末冲销有关明细科目余额。将本科目(年初余额调整、项目间接费用或管理费、缴回资金、本年收支结转)余额转入本科目(累计结转)。结转后,本科目除"累计结转"明细科目外,其他明细科目应无余额。

(6) 年末完成上述结转后,应当对非财政拨款专项结转资金各项目情况进行分析,将留归本单位使用的非财政拨款专项(项目已完成)剩余资金转入非财政拨款结余,借记"非财政拨款结转"科目(累计结转),贷记"非财政拨款结余——结转转入"科目。

【例 10-16】 某事业单位年终有关非财政拨款专项资金收入与非财政拨款专项资金支出本年发生额的情况如表 10-1 所示。

表 10-1　非财政拨款专项资金收入与非财政拨款专项资金支出本年发生额

金额:元

收入项目	金　额	支出项目	金　额
事业预算收入——项目支出(A项目)	20 000	事业支出——非财政拨款专用资金支出——A项目	20 000
上级补助预算收入——项目支出(B项目)	16 800	事业支出——非财政拨款专用资金支出——B项目	16 900
其他预算收入——项目支出(C项目)	1 800	事业支出——非财政拨款专用资金支出——C项目	1 800

(1) 该事业单位进行年终结账,将有关非财政专项资金收支科目的本年发生额转入"非财政拨款结转"科目,该单位预算会计应编制的会计分录为:

借:事业预算收入——项目支出(A项目)　　　　　　　　20 000
　　上级补助预算收入——项目支出(B项目)　　　　　　16 800
　　其他预算收入——项目支出(C项目)　　　　　　　　1 800
　贷:非财政拨款结转——本年收支结转——A项目　　　　20 000

			B 项目	16 800
			C 项目	1 800

同时,

借:非财政拨款结转——A 项目　　　　　　　　　　20 000

　　　　　　　　——B 项目　　　　　　　　　　16 900

　　　　　　　　——C 项目　　　　　　　　　　1 800

　　贷:事业支出——非财政拨款专项资金支出——A 项目　20 000

　　　　　　　　　　　　　　　　　　　　——B 项目　16 900

　　　　　　　　　　　　　　　　　　　　——C 项目　1 800

　　该事业单位预算收支转账后非财政拨款结转(本年收支结转)科目所属明细科目情况如表 10-2 所示。

表 10-2　非财政拨款结转(本年收支结转)科目所属明细科目情况表

金额单位:元

非财政拨款结转(本年收支结转)所属明细科目	期初余额	借方发生额	贷方发生额	期末余额
A 项目		20 000	20 000	0
B 项目	200	16 900	16 800	100
C 项目	100	1 700	1 800	200
合计	300	38 600	38 600	300

　　(2) 年末有关非财政拨款专项资金收支已结转,经分析查明,A 项目已完成,项目资金结余 0 元;B 项目已完成,结余资金 100 元应缴回原专项资金拨入单位,款项以银行存款缴回;C 项目已完成,结余资金 200 元,按规定留归单位使用。该单位预算会计应编制的会计分录为:

将 B 项目资金缴回原单位:

借:非财政拨款结转——缴回资金——B 项目　　　　　100

　　贷:结存资金——银行存款　　　　　　　　　　　100

同时,

借:非财政拨款结转——本年收支结转——C 项目　　　200

　　　　　　　　　　　　　　　　　——B 项目　　　100

　　贷:非财政拨款结转——缴回资金——B 项目　　　100

　　　　非财政拨款结转——累计结转——C 项目　　　200

同时,

借:非财政拨款结转——累计结转——C 项目　　　　　200

　　贷:非财政拨款结余——结转转入——C 项目　　　200

二、非财政拨款结余

(一) 非财政拨款结余的概念和核算会计科目设置

非财政拨款结余是单位历年滚存的非限定用途的非同级财政拨款结余资金,主要为非财政拨款结余扣除结余分配后滚存的金额。

为了核算单位的非财政拨款结余业务,单位应设置"非财政拨款结余"总账科目。本科目还应当按《政府收支分类科目》中"支出功能分类科目"的相关科目进行明细核算。本科目应当设置下列明细科目:

(1)"年初余额调整":本明细科目核算因发生会计差错更正、以前年度支出收回等原因,需要调整非财政拨款结余的资金。年末结账后,本明细科目应无余额。

(2)"项目间接费用或管理费":本明细科目核算单位取得的科研项目预算收入中,按照规定计提的项目间接费用或管理费数额。年末结账后,本明细科目应无余额。

(3)"结转转入":本明细科目核算按照规定留归单位使用,由单位统筹调配,纳入单位非财政拨款结余的非同级财政拨款专项剩余资金。年末结账后,本明细科目应无余额。

(4)"累计结余":本明细科目核算单位历年滚存的非同级财政拨款、非专项结余资金。本明细科目年末贷方余额,反映单位非同级财政拨款滚存的非专项结余资金数额。

"非财政拨款结余"科目年末贷方余额,反映单位非同级财政拨款结余资金的累计滚存数额。

(二)非财政拨款结余的核算

(1)按照规定从科研项目预算收入中提取项目管理费或间接费用时,借记"非财政拨款结转——项目间接费用或管理费"科目,贷记"非财政拨款结余"科目(项目间接费用或管理费)。

【例10‑17】 某医疗卫生事业单位按照规定从科研项目的预算收入中提取管理费20 000元。该单位预算会计应编制的会计分录为:

借:非财政拨款结转——项目间接费用或管理费 20 000
　贷:非财政拨款结余——项目间接费用或管理费 20 000

(2)有企业所得税缴纳义务的事业单位实际缴纳企业所得税时,按照缴纳金额,借记"非财政拨款结余"科目(累计结余),贷记"资金结存——货币资金"科目。

(3)因会计差错更正收到或支出非同级财政拨款货币资金,属于非财政拨款结余资金的,按照收到或支出的金额,借记或贷记"资金结存——货币资金"科目,贷记或借记"非财政拨款结余"科目(年初余额调整)。

因收回以前年度支出等收到非同级财政拨款货币资金,属于非财政拨款结余资金的,按照收到的金额,借记"资金结存——货币资金"科目,贷记"非财政拨款结余"科目(年初余额调整)。

【例10‑18】 某事业单位在对上一年度报表审计时发现,其中经营业务中有一项预收账款5 000元,已经提供了相应的服务,但是会计人员尚未将其作为经营预算收入。该行政单位应编制如下会计分录:

借:资金结存——货币资金 5 000
　贷:非财政拨款结余——年初余额调整 5 000

(4)年末,将留归本单位使用的非财政拨款专项(项目已完成)剩余资金转入本科目,借记"非财政拨款结转——累计结转"科目,贷记"非财政拨款结余"科目(结转转入)。

(5)年末冲销有关明细科目余额。将"非财政拨款结余"科目(年初余额调整、项目间接费用或管理费、结转转入)余额结转入"非财政拨款结余"科目(累计结余)。结转后,本科目除"累计结余"明细科目外,其他明细科目应无余额。

（6）年末，事业单位将"非财政拨款结余分配"科目余额转入非财政拨款结余。"非财政拨款结余分配"科目为借方余额的，借记"非财政拨款结余"科目（累计结余），贷记"非财政拨款结余分配"科目；"非财政拨款结余分配"科目为贷方余额的，借记"非财政拨款结余分配"科目，贷记"非财政拨款结余"科目（累计结余）。

年末，行政单位将"其他结余"科目余额转入非财政拨款结余。"其他结余"科目为借方余额的，借记"非财政拨款结余"科目（累计结余），贷记"其他结余"科目；"其他结余"科目为贷方余额的，借记"其他结余"科目，贷记"非财政拨款结余"科目（累计结余）。

【例 10-19】　2019 年 12 月 31 日，某行政事业单位按规定提取职工福利基金后，"非财政拨款结余分配"科目贷方余额为 20 000 元，按规定转入非财政拨款结余。该行政单位应编制如下会计分录：

借：非财政拨款结余分配　　　　　　　　　　　　　20 000
　　贷：非财政拨款结余——累计结余　　　　　　　　　　　　20 000

三、非财政拨款结余分配

为了核算事业单位的非财政拨款结余分配业务，单位应设置"非财政拨款结余分配"总账科目。本科目核算事业单位本年度非财政拨款结余分配的情况和结果。年末结账后，本科目应无余额。

非财政拨款结余分配的主要账务处理如下：

（1）年末，将"其他结余"科目余额转入本科目，当"其他结余"科目为贷方余额时，借记"其他结余"科目，贷记"非财政拨款结余分配"科目；当"其他结余"科目为借方余额时，借记"非财政拨款结余分配"科目，贷记"其他结余"科目。

年末，将"经营结余"科目贷方余额转入本科目，借记"经营结余"科目，贷记"非财政拨款结余分配"科目。

（2）根据有关规定提取专用基金的，按照提取的金额，借记"非财政拨款结余分配"科目，贷记"专用结余"科目。

（3）年末，按照规定完成上述（1）和（2）账务处理后，将本科目余额转入非财政拨款结余。当本科目为借方余额时，借记"非财政拨款结余——累计结余"科目，贷记"非财政拨款结余分配"科目；当本科目为贷方余额时，借记"非财政拨款结余分配"科目，贷记"非财政拨款结余——累计结余"科目。

任务三　经营结余、其他结余和专用结余的核算

一、经营结余的概念及核算

经营结余是指事业单位本年度经营活动收支相抵后余额弥补以前年度经营亏损后的余额。为了核算单位的经营结余业务，单位应设置"经营结余"总账科目。本科目可以按照经营活动类别进行明细核算。年末结账后，本科目一般无余额；如为借方余额，反映事业单位累计发生的经营亏损。经营结余的主要账务处理如下：

（1）年末，将经营预算收入本年发生额转入本科目，借记"经营预算收入"科目，贷记"经营结余"科目；将经营支出本年发生额转入本科目，借记"经营结余"科目，贷记"经营支出"科目。

（2）年末，完成上述（1）结转后，如本科目为贷方余额，将本科目贷方余额转入"非财政拨款结余分配"科目，借记"经营结余"科目，贷记"非财政拨款结余分配"科目；如本科目为借方余额，为经营亏损，不予结转。

【例 10-20】 某行政事业单位年终结账。有关经营活动预算收入总账科目的贷方发生额为"经营预算收入"20 000 元；有关经营活动支出总账科目的借方发生额为"经营支出"8 000 元。将以上有关经营活动预算收支科目的发生额结转至"经营结余"科目，会计处理如下：

（1）结转经营预算收入，其会计分录为：

借：经营预算收入   20 000

  贷：经营结余   20 000

（2）结转经营支出，其会计分录为：

借：经营结余   8 000

  贷：经营支出   8 000

（3）将当年实现的经营结余 12 000 元（＝20 000－8 000）全数转入"非财政拨款结余分配"科目，其会计分录为：

借：经营结余   12 000

  贷：非财政拨款结余分配   12 000

二、其他结余的概念及核算

其他结余是指单位本年度除财政拨款收支、非同级财政专项资金收支和经营收支以外各项收支相抵后的余额。

为了核算单位的其他结余业务，单位应设置"其他结余"总账科目。其他结余的主要账务处理如下：

（1）年末，将事业预算收入、上级补助预算收入、附属单位上缴预算收入、非同级财政拨款预算收入、债务预算收入、其他预算收入本年发生额中的非专项资金收入以及投资预算收益本年发生额转入本科目，借记"事业预算收入""上级补助预算收入""附属单位上缴预算收入""非同级财政拨款预算收入""债务预算收入""其他预算收入"科目下各非专项资金收入明细科目和"投资预算收益"科目，贷记"其他结余"科目（"投资预算收益"科目本年发生额为借方净额时，借记"其他结余"科目，贷记"投资预算收益"科目）；将行政支出、事业支出、其他支出本年发生额中的非同级财政、非专项资金支出，以及上缴上级支出、对附属单位补助支出、投资支出、债务还本支出本年发生额转入本科目，借记"其他结余"科目，贷记"行政支出""事业支出""其他支出"科目下各非同级财政、非专项资金支出明细科目和"上缴上级支出""对附属单位补助支出""投资支出""债务还本支出"科目。

（2）年末，完成上述（1）结转后，行政单位将本科目余额转入"非财政拨款结余——累计结余"科目；事业单位将本科目余额转入"非财政拨款结余分配"科目。当本科目为贷方余额时，借记"其他结余"科目，贷记"非财政拨款结余——累计结余"或"非财政拨款结余分配"科目;当本科目为借方余额时,借记"非财政拨款结余——累计结余"或"非财政拨款结余分配"科目,贷记"其他结余"科目。

三、专用结余的概念及核算

专用结余是指事业单位按照规定从非财政拨款结余中提取的具有专门用途的资金。为了核算专用结余业务,事业单位应设置"专用结余"总账科目。本科目应当按照专用结余的类别进行明细核算。本科目年末贷方余额,反映事业单位从非同级财政拨款结余中提取的专用基金的累计滚存数额。

专用结余的主要账务处理如下:

(1) 根据有关规定从本年度非财政拨款结余或经营结余中提取资金的,按照提取金额,借记"非财政拨款结余分配"科目,贷记"专用结余"科目。

(2) 根据规定使用从非财政拨款结余或经营结余中提取的专用资金时,按照使用金额,借记"专用结余"科目,贷记"资金结存——货币资金"科目。

【例 10-21】 某事业单位按照事业单位预算收入和经营预算收入的 5% 比例提取专用资金。其中本期经营结余为 200 000 元。会计处理如下:

借:非财政拨款结余分配   10 000

   贷:专用结余   10 000

【例 10-22】 年终,某事业单位从非财政拨款结余中提取职工福利基金 35 000 元。会计处理如下:

借:非财政拨款结余分配   35 000

   贷:专用结余   35 000

【例 10-23】 某行政事业单位从非财政拨款结余中提取的职工福利基金支付职工福利开支 20 000 元,款项已用银行存款支付。会计处理如下:

借:专用结余   20 000

   贷:资金结存——货币资金   20 000

关键术语

预算结余 结余资金 结转资金 财政拨款结转 财政拨款结余 非财政拨款结转非财政拨款结余 非财政拨款结余分配 经营结余 其他结余

应知考核

一、单项选择题

1. 事业单位年终结账时,下列各项结余科目的余额,不应转入"结余分配"科目的是( )。

A. "事业结余"科目借方余额   B. "事业结余"科目贷方余额

C. "经营结余"科目借方余额   D. "经营结余"科目贷方余额

2. 事业单位在期末应将财政拨款收入和对应的事业支出——财政拨款支出进行结转,涉及的会计科目是( )。

A. 非财政拨款结转　　　　　　　　　　B. 财政拨款结转

C. 累计盈余　　　　　　　　　　　　　D. 财政拨款结余

3. 年末,完成非财政拨款专项资金结转后,留归本单位使用的非财政拨款结转计入(　　　)。

A. 本期盈余　　　　　　　　　　　　　B. 银行存款

C. 专用基金　　　　　　　　　　　　　D. 非财政拨款结转——结转转入

4. 年末,事业单位冲销有关明细科目,将财政拨款余额的年度余额调整、归集上缴、单位内部调剂、结转转入明细科目余额转入(　　　)明细科目。

A. 财政拨款结余——累计结余

B. 财政拨款结余——本年盈余

C. 财政拨款结转——累计盈余

D. 财政拨款结转——累计结余

二、多项选择题

1. 事业单位的预算结余包括(　　　)。

A. 资金结存　　　　　　　　　　　　　B. 财政拨款结转

C. 财政拨款结转　　　　　　　　　　　D. 经营结余

2. "资金结存"科目的明细科目有(　　　)。

A. 零余额账户用款额度　　　　　　　　B. 货币资金

C. 财政应返还额度　　　　　　　　　　D. 经营预算收入

三、判断题

1. 基本支出结转时行政事业单位项目支出拨款与其支出相抵后余额的累计,是下一年度需要继续用于完成特定任务的财政拨款滚存资金。　　　　　　　　　　　　　　　(　　　)

2. 财政拨款结转结余是指行政事业单位各项财政拨款收入与其相关支出相抵后剩余的滚存资金,包括财政拨款结转和非财政拨款结余。　　　　　　　　　　　　　　　　(　　　)

四、简答题

1. 什么是单位的预算结余? 具体包括哪些内容?

2. 什么是资金结存? 如何进行核算?

3. 什么是单位的财政拨款结转与结余?

4. 什么是非财政拨款结转? 主要账务处理有哪些?

5. 什么是非财政拨款结余? 主要账务处理有哪些?

6. 什么是事业单位的其他结余?

7. 什么是事业单位的经营结余?

8. 什么是事业单位的非财政拨款结余分配?

9. 什么是事业单位的专用结余?

应会考核

某税务行政事业单位年终财政拨款结转所属有关明细科目余额情况,如表10-3所示。请结合案例分析其预算会计如何编制会计分录。

表 10-3　财政拨款结转所属有关明细科目余额情况表

编制单位:某税务行政单位　　　　　　　2019 年度　　　　　　　　金额单位:元

财政拨款结转所属明细科目	年初余额调整	归集调入	归集上缴	单位内部调剂	本年收支转账
基本支出结转	5 000(贷方)		1 800(借方)		1 600(贷方)
项目支出结转(税务办案)				100(贷方)	600(贷方)
项目支出结转(税务宣传)					800(贷方)
项目支出结转(信息化建设)		4 000(贷方)			1 100(借方)
合计	5 000(贷方)	4 000(贷方)	1 800(借方)	100(贷方)	1 900(贷方)

项目十一

政府部门会计报表

知识目标

1. 明确公共部门会计报表的构成内容；
2. 熟悉财务会计报表的编制要求；
3. 掌握资产负债表的格式与编制方法；
4. 掌握收入费用表的格式与编制方法；
5. 熟悉预算会计报表的编制要求；
6. 掌握预算收入支出表的格式与编制方法。

能力目标

1. 能够掌握现金流量表的格式与编制方法；
2. 能够掌握预算会计报表的格式和编制方法；
3. 能够掌握预算结转结余变动表的格式和编制方法；
4. 能够掌握财政拨款预算收入支出表的格式与编制方法。

知识准备

新的公共部门会计制度的创新点之一在于其"双报告"的特点。所谓"双报告"即通过财务会计核算形成财务报告，通过预算会计核算形成决算报告。公共部门财务会计报表是反映单位一定时期财务状况、收支情况和现金流量的书面文件，是上级部门了解单位情况，指导其预算执行工作的重要资料，也是编制下年度财务收支计划的依据。公共部门预算会计报表是反映单位财务状况和预算执行结果的书面文件，是根据日常核算资料，通过整理、汇总而编制的用以反映会计主体一定时期的财务状况和预算执行结果的书面文件。编制和分析预算会计报表是公共部门会计工作的一个重要环节。

任务一　政府部门会计报表的构成和编制要求

一、政府部门会计报表的构成

政府部门会计报表由财务会计报表和预算会计报表两大类型的报表及报表附注、附表和报表说明书构成。

（一）财务会计报表

政府部门财务会计报表是反映单位一定时期财务状况、收支情况和现金流量的书面文件，是上级部门了解单位情况，指导其预算执行工作的重要资料，也是编制下年度财务收支计划的依据。编制和分析会计报表是会计工作的一个重要环节。财务会计报表主要由资产负债表、收入费用表、净资产变动表和现金流量表等四张表及报表附注构成。

附注是对在会计报表中列示的项目所作的进一步说明，以及对未能在会计报表中列示的项目的说明。附注是会计报表的重要组成部分。

（二）预算会计报表

政府部门预算会计报表，是根据日常核算资料，通过整理、汇总而编制的用以反映会计主体一定时期的财务状况和预算执行结果的书面文件，综合、系统、全面地反映预算收支活动的情况。预算会计报表主要由预算收入支出表、预算结转结余变动表和财政拨款预算收入支出表及附表构成。

附表是指根据财政部门或主管会计单位的要求编报的补充性报表，如基本数字表等。附表按财政部门和上级单位规定的项目列示。

（三）报表说明书

报表说明书包括报表编制技术说明和报表分析说明。报表编制技术说明主要包括采用的主要会计处理方法，特殊事项的会计处理方法，会计处理方法的变更情况、变更原因以及对收支情况和结果的影响等。报表分析说明一般包括基本情况，影响预算执行、资金活动的原因，经费支出，资金活动的趋势，管理中存在的问题和改进措施，对上级会计单位工作的意见和建议。

二、年终清理

年终清理结算和结账，是单位编报年度决算的一个很重要环节，也是保证单位决算报表数字准确、真实、完整的一项基本工作。各单位在年度终了前，应根据财政部门或上级主管部门的决算编审工作要求，对各项收支项目、往来款项、货币资金及财产物资进行全面的年终清理结算，并在此基础上办理年度结算，编报决算。

年终清理是对单位全年预算资金收支、其他资金收支活动进行全面的清查、核对、整理和结算的工作。对任何一个单位来说，年终清理都包括对本单位财产全面清理及会计、财务活动的总清理。年终清理主要包括以下几方面：

（一）清理核对年度预算收支数字和预算领拨款数字

年终前,财政机关、上级单位和所属各单位之间,应当认真清理核对全年预算数。同时要逐笔清理核对上、下级之间预算拨款和预算缴款数字,按核定的预算或调整的预算,该拨付的拨付,该交回的交回,保证上、下级之间的年度预算数、领拨款经费数和上交、下拨数一致。

为了保证会计年度按公历年制划期,凡属本年的应拨、应交款项,必须在12月31日前汇达对方。主管会计单位对所属各单位的预算拨款,截至12月25日,逾期一般不再下拨。凡是预拨下年度的款项,应注明款项所属年度,以免造成跨年错账。

（二）清理核对各项收支款项

凡属本年的各项收入,都要及时入账。本年的各项应缴预算收入和应上缴上级的款项,要在年终前全部上缴。属于本年的各项支出,要按规定的支出渠道如实列报。年度单位支出决算,一律以基层用款单位截至12月31日止的本年实际支出数为准,不得将年终前预拨下一年度预算拨款列入本年的支出,也不得以上级会计单位的拨款数代替基层会计单位实际支出数。

（三）清理各项往来款项

对单位的各种暂存、暂付等往来款项,要按照"严格控制,及时结算"的原则,分类清理。对各项应收款和应付款,原则上不宜跨年度挂账,做到人欠收回,欠人归还;对外单位委托代办业务,凡拖办业务已经结束的,要及时向委托单位清算结报,委托单位不得以拨代支,受托单位不得以领代报。应转为各项收入和应列支出的往来款项,要及时转入有关收支账户,编入本年决算。对没有合法手续的各种往来款项,要查明原因采取措施,该追回的追回,该退还的退还。

（四）清查货币资金和财产物资

年终要及时同开户银行对账。银行存款账面余额要同银行对账单的余额核对相符;现金的账面余额要同库存现金核对相符;有价证券账面数字要同实存的有价证券相符。各种财产物资年终都必须全部入账,各单位应配备专人对全部财产物资进行全面的清查盘点。固定资产和材料的盘点结果和账面数如有差异,在年终结账前应查明原因,并按规定做出处理,调整账务,做到账账、账实相符。

三、政府部门会计报表的编制要求

为了充分发挥会计报表的应有作用,单位必须按照财政部门和主管部门统一规定的格式、内容和编制方法编制会计报表,做到数字真实、内容完整、报送及时。

（1）单位会计报表必须真实可靠、数字准确,如实反映单位预算执行情况。编报时要以核对无误的会计账簿数字为依据,而不能以估计数为依据,计划书的填报更不能弄虚作假,不能篡改和伪造会计数据,也不能由上级单位以估计数代编。因此,各单位必须按期结账,一般不能为赶编报表而提前结账。编报之前,要认真核对有关账目,切实做到账表相符、账证相符、账账相符和账实相符,保证会计报表的真实性。

（2）单位会计报表必须内容完整,按照统一规定的报表种类、格式和内容编报齐全,不能漏报。规定的格式栏次不论是表内项目还是补充资料,应填的项目,内容要填列齐全,不能任意取舍,使之成为一套完整的指标体系,以保证会计报表满足在本部门、本地区以及全国的逐级汇总分析的需要。各级主管部门可以根据本系统内的特殊情况和特殊要求,规定增加一些报表或项目,但不得影响国家统一规定的报表和报表项目的编报。

(3) 单位会计报表必须按照国家或上级机关规定的期限和程序,在保证报表真实、完整的前提下,在规定的期限内报送上级单位。如果一个单位的会计报表不及时报送,就会影响主管单位、财政部门乃至全国的逐级汇总,影响全局对会计信息的分析。因此,应当科学合理地组织好日常的会计核算工作,加强会计部门内部及会计部门与有关部门的协作与配合,以便尽快编制出会计报表,满足预算管理和财务管理的需要。

任务二　资产负债表

一、资产负债表的概念及作用

资产负债表是反映单位某一特定日期财务状况的报表,反映单位在某一特定日期的全部资产、负债和净资产的情况。

资产负债表是会计报表的重要组成部分,可以提供反映会计期末单位占有或使用的资源、承担的债务和形成的净资产情况的会计信息。单位应当定期编制资产负债表,披露单位在会计期末的财务状况。资产负债表是单位会计报表体系中的主要报表,它能反映单位在某一时间点占有或使用的经济资源和负担的债务情况,以及单位的偿还能力和财务前景。资产负债表的作用主要表现在以下几个方面:

(1) 提供某一特定日期资产总额及其构成情况的信息,如提供某一特定日期的资产总额、流动资产总额、非流动资产总额等信息。

(2) 提供某一特定日期负债总额及其构成情况的信息,如提供某一特定日期的负债总额、流动负债总额、非流动负债总额等信息。

(3) 提供某一特定日期净资产总额及其构成情况的信息,如提供某一特定日期的净资产总额、累计盈余、专用基金数额、权益法调整的数额、无偿调拨净资产的数额、本期盈余的数额等信息。

二、资产负债表的格式

单位资产负债表以"资产=负债+净资产"的会计平衡等式为编制依据,采用账户格式,左边为资产,右边为负债和净资产,项目排列按流动性列示,即资产和负债应当分别按照流动资产和非流动资产、流动负债和非流动负债列示。表中数据分为期末余额和年初余额两栏,表中"资产总计"项目期末(年初)余额应当与"负债和净资产总计"项目期末(年初)余额相等。由此,单位资产负债表的格式如表 11-1 所示。

表 11-1　资产负债表

编制单位:××单位　　　　　　　　2019 年 12 月 31 日　　　　　　　　单位:元

资　　产	期末余额	年初余额	负债和净资产	期末余额	年初余额
流动资产:			流动负债:		

公共部门会计

资　产	期末余额	年初余额	负债和净资产	期末余额	年初余额
货币资金			短期借款		
短期投资			应交增值税		
财政应返还额度			其他应交税费		
应收票据			应缴财政款		
应收账款净额			应付职工薪酬		
预付账款			应付票据		
应收股利			应付账款		
应收利息			应付公共部门补贴款		
其他应收款净额			应付利息		
存货			预收账款		
待摊费用			其他应付款		
一年内到期的非流动资产			预提费用		
其他流动资产			一年内到期的非流动负债		
流动资产合计			其他流动负债		
非流动资产：			流动负债合计		
长期股权投资			非流动负债：		
长期债券投资			长期借款		
固定资产原值			长期应付款		
减:固定资产累计折旧			预计负债		
固定资产净值			其他非流动负债		
工程物资			非流动负债合计		
在建工程			受托代理负债		
无形资产原值			负债合计		
减:无形资产累计摊销					
无形资产净值					
研发支出					
公共基础设施原值					
减:公共基础设施累计折旧(摊销)					
公共基础设施净值					
公共部门储备物资					
文物文化资产					

资　产	期末余额	年初余额	负债和净资产	期末余额	年初余额
保障性住房原值					
减:保障性住房累计折旧			净资产:		
保障性住房净值			累计盈余		
长期待摊费用			专用基金		
待处理财产损溢			权益法调整		
其他非流动资产			无偿调拨净资产		
非流动资产合计			本期盈余		
受托代理资产			净资产合计		
资产总计			负债和净资产总计		

按照规定,单位的资产负债表应当按照月度和年度编制。月度资产负债表的"无偿调拨净资产"和"本期盈余"项目有余额。年终转账时,将两者余额转入"累计盈余"科目,转账后两科目没有余额,故年度资产负债表中"无偿调拨净资产"和"本期盈余"两个项目没有余额。

三、资产负债表的编制方法

资产负债表"年初余额"栏内各项数字,应当根据上年年末资产负债表"期末余额"栏内数字填列。如果本年度资产负债表规定的项目的名称和内容同上年度不一致,应当对上年年末资产负债表项目的名称和数字按照本年度的规定进行调整,将调整后的数字填入本年资产负债表"年初余额"栏内。如果本年度单位发生了因前期差错更正、会计政策变更等调整以前年度盈余的事项,还应当对"年初余额"栏中的有关项目金额进行相应调整。资产负债表"期末余额"栏各项目的内容和填列方法如下所述。

(一)资产类项目

1. 根据期末借方余额直接填列的资产项目

根据期末借方余额直接填列的资产项目主要包括"短期投资""财政应返还额度""应收票据""预付账款""应收股利""应收利息""待摊费用""长期股权投资""固定资产原值""固定资产累计折旧""工程物资""在建工程""无形资产原值""无形资产累计摊销""公共基础设施原值""公共基础设施累计折旧(摊销)""公共部门储备物资""保障性住房原值""保障性住房累计折旧""文物文化资产""长期待摊费用"等。

2. 根据期末余额分析计算填列的资产项目

(1)"货币资金"项目。本项目应当根据"库存现金""银行存款""零余额账户用款额度""其他货币资金"科目的期末余额的合计数填列;若单位存在通过"库存现金""银行存款"科目核算的受托代理资产还应当按照前述合计数扣减"库存现金""银行存款"科目下"受托代理资产"明细科目的期末余额后的金额填列。

(2)"应收账款净额"项目。本项目应当根据"应收账款"科目的期末余额,减去"坏账准备"科目中对应收账款计提的坏账准备的期末余额后的金额填列。

(3)"其他应收款净额"项目。本项目应当根据"其他应收款"科目的期末余额减去"坏账准备"科目中对其他应收款计提的坏账准备的期末余额后的金额填列。

(4)"存货"项目。本项目应当根据"在途物品""库存物品""加工物品"科目的期末余额的合计数填列。

(5)"一年内到期的非流动资产"项目。本项目应当根据"长期债券投资"等科目的明细科目的期末余额分析填列。

(6)"其他流动资产"项目。本项目应当根据有关科目期末余额的合计数填列。

(7)"流动资产合计"项目。本项目应当根据本表中各流动资产项目金额的合计数填列。

(8)"长期债券投资"项目。本项目应当根据"长期债券投资"科目的期末余额减去其中将于1年内(含1年)到期的长期债券投资余额后的金额填列。

(9)"固定资产净值"项目。本项目应当根据"固定资产"科目期末余额减去"固定资产累计折旧"科目期末余额后的金额填列。

(10)"无形资产净值"项目。本项目应当根据"无形资产"科目期末余额减去"无形资产累计摊销"科目期末余额后的金额填列。

(11)"研发支出"项目。本项目应当根据"研发支出"科目的期末余额填列。

(12)"公共基础设施净值"项目。本项目应当根据"公共基础设施"科目的期末余额减去"公共基础设施累计折旧(摊销)"科目期末余额后的金额填列。

(13)"保障性住房净值"项目。本项目应当根据"保障性住房"科目的期末余额减去"保障性住房累计折旧"科目余额后的金额填列。

(14)"待处理财产损溢"科目。本项目应当根据"待处理财产损溢"科目期末借方余额填列。例如,"待处理财产损溢"科目期末为贷方余额,以"一"号列示。

(15)"其他非流动资产"项目。本项目应当根据有关科目的期末余额合计数填列。

(16)"非流动资产合计"项目。本项目应当根据本表非流动资产项目金额的合计数填列。

(17)"受托代理资产"项目。本项目应当根据"受托代理资产"科目的期末余额与"库存现金""银行存款"科目下"受托代理资产"明细科目的期末余额的合计数填列。

(18)"资产总计"项目。本项目应当根据本表中"流动资产合计""非流动资产合计""受托代理资产"项目金额的合计数填列。

(二) 负债类项目

1. 根据期末贷方余额直接填列的负债项目

根据期末贷方余额直接填列的负债项目主要包括"短期借款""应缴财政款""应付职工薪酬""应付票据""应付账款""应付公共部门补贴款""应付利息""预收账款""其他应付款""预提费用"。

2. 根据期末贷方余额分析填列的负债项目

(1)"应交增值税"项目。本项目应当根据"应交增值税"科目的期末余额填列;如"应交增值税"科目期末为借方余额,以"一"号填列。

(2)"其他应交税费"科目。本项目应当根据"其他应交税费"科目的期末余额填列;如"其他应交税费"科目期末为借方余额,以"一"号填列。

(3)"预计负债"项目。本项目应当根据"预计负债"科目的期末余额填列。

(4)"一年内到期的非流动负债"项目。本项目应当根据"长期应付款""长期借款"等科目的明细科目的期末余额分析填列。

(5)"其他流动负债"项目。本项目应当根据有关科目的期末余额的合计数填列。

(6)"流动负债合计"项目。本项目应当根据本表中流动负债项目金额的合计数填列。

(7)"长期借款"项目。本项目应当根据"长期借款"科目的期末余额减去其中将于1年内(含1年)到期的长期借款余额后的金额填列。

(8)"长期应付款"项目。本项目应当根据"长期应付款"科目的期末余额减去其中将于1年内(含1年)到期的长期应付款余额后的金额填列。

(9)"其他非流动负债"项目。本项目应当根据有关科目的期末余额的合计数填列。

(10)"非流动负债合计"项目。本项目应当根据本表中"长期借款""长期应付款""预计负债""其他非流动负债"项目金额的合计数填列。

(11)"受托代理负债"项目。本项目应当根据"受托代理负债"科目的期末余额填列。

(12)"负债"项目。本项目应当根据本表中"流动负债合计""非流动负债合计""受托代理负债"项目金额的合计数填列。

(三)净资产项目

(1)"累计盈余"项目。本项目应当根据"累计盈余"科目的期末余额填列。

(2)"专用基金"项目。本项目应当根据"专用基金"科目的期末余额填列。

(3)"权益法调整"项目。本项目应当根据"权益法调整"科目的期末余额填列;如"权益法调整"科目期末为借方余额,以"一"号填列。

(4)"无偿调拨净资产"项目。本项目仅在月度报表中列示,年度报表中不列示。月度报表中本项目应当根据"无偿调拨净资产"科目的期末余额填列;"无偿调拨净资产"科目期末为借方余额时,以"一"号填列。

(5)"本期盈余"项目。本项目仅在月度报表中列示,年度报表中不列示。月度报表中本项目应当根据"本期盈余"科目的期末余额填列;"本期盈余"科目期末为借方余额时,以"一"号填列。

(6)"净资产合计"项目。本项目应当根据本表中"累计盈余""专用基金""权益法调整""无偿调拨净资产"(月度报表)"本期盈余"(月度报表)项目金额的合计数填列。

(7)"负债和净资产总计"项目。应当按照本表中"负债合计""净资产合计"项目金额的合计数填列。

任务三　收入费用表

一、收入费用表的性质和作用

收入费用表是反映单位在某一会计期间内发生的收入、费用及当期盈余情况的报表。收入费用表的作用主要表现在以下几个方面:

(1)反映某一会计期间各项收入的总额及其构成情况的信息。如单位实现的收入总额以及财政拨款收入等11项收入的构成情况。

（2）反映某一会计期间各项费用的总额及其构成情况的信息。如耗费的费用总额以及业务活动费用等8项费用的构成情况。

（3）反映某一会计期间经各项收入总额与各项费用总额配比的结果，即本期业务活动的成果、本期盈余情况的信息。

按照规定，单位收入费用表应当按照月度和年度编制。

二、收入费用表的格式

单位收入费用表采用单步式格式，即采用基本的计算公式：收入－费用＝盈余。收入费用表还就各项目再分为"本月数"和"本年累计数"两栏分别列示。由此，收入费用表的格式如表11－2所示。

表11－2　收入费用表

编制单位：某单位　　　　　　　　2019年6月　　　　　　　　单位：元

项　目	本月数	本年累计数
一、本期收入		
（一）财政拨款收入		
其中：公共部门性基金收入		
（二）事业收入		
（三）上级补助收入		
（四）附属单位上缴收入		
（五）经营收入		
（六）非同级财政拨款收入		
（七）投资收益		
（八）捐赠收入		
（九）利息收入		
（十）租金收入		
（十一）其他收入		
二、本期费用		
（一）业务活动费用		
（二）单位管理费用		
（三）经营费用		
（四）资产处置费用		
（五）上缴上级费用		
（六）对附属单位补助费用		
（七）所得税费用		
（八）其他费用		
三、本期盈余		

三、收入费用表的编制方法

（一）收入费用表"本月数"栏与"本年累计数"栏的名称与反映内容

收入费用表"本月数"栏反映各项目的本月实际发生数。编制年度收入费用表时，应当将本栏改为"本年数"，反映本年度各项目的实际发生数。

收入费用表"本年累计数"栏反映各项目自年初至报告期期末的累计实际发生数。编制年度收入费用表时，应当将本栏改为"上年数"，反映上年度各项目的实际发生数，"上年数"栏应当根据上年年度收入费用表中"本年数"栏内所列数字填列。

如果本年度收入费用表规定的项目的名称和内容同上年度不一致，应当对上年度收入费用表项目的名称和数字按照本年度的规定进行调整，将调整后的金额填入本年度收入费用表的"上年数"栏内。

如果本年度单位发生了因前期差错更正、会计政策变更等调整以前年度盈余的事项，还应当对年度收入费用表中"上年数"栏中的有关项目金额进行相应调整。

（二）收入费用表"本月数"栏各项目的内容和填列方法

（1）"本期收入"项目，反映单位本期收入总额。本项目应当根据本表中收入项目金额的合计数填列。上述各个收入项目应当根据各个收入科目的本期发生额填列。

（2）"本期费用"项目，反映单位本期费用总额。本项目应当根据本表中费用项目金额的合计数填列。上述各个费用项目应当根据各个费用科目的本期发生额填列。

（3）"本期盈余"项目，反映单位本期收入扣除本期费用后的净额。本项目应当根据本表中"本期收入"项目金额减去"本期费用"项目金额后的金额填列；如为负数，以"－"号填列。

任务四　净资产变动表

一、净资产变动表的性质和作用

净资产变动表是反映单位在某一会计年度内净资产各项目增减变动情况的报表。净资产变动表不仅包括净资产总量的增减变动，还包括净资产增减变动的重要结构性信息，让报表使用者准确理解净资产增减变动的根源。

净资产变动表的作用主要表现在以下几个方面：反映某一会计年度内累计盈余增减变动情况的信息；反映某一会计年度内专用基金增减变动情况的信息；反映某一会计年度权益法调整增减变动情况的信息；反映某一会计年度净资产总量增减变动情况的信息。

按照规定，净资产变动表应当按照年度编制。

二、净资产变动表的格式

为了清楚地表明构成净资产的各组成部分当期的增减变动情况，净资产变动表以矩阵的形式列示：一方面，列示导致净资产变动的业务活动；另一方面，按照净资产各组成部分（包括累计盈余、专用基金、权益法调整等）及其总额列示业务活动对净资产的影响。此外，还需要提供比较净资产变动表，净资产变动表还就各项目再分为"本年数"和"上年数"两栏分别填列。净资产变动表的具体格式如表 11 - 3 所示。

表 11 - 3 净资产变动表

编制单位:某单位   2019 年 6 月   单位:元

项 目	本年数				上年数			
	累计盈余	专用基金	权益法调整	净资产合计	累计盈余	专用基金	权益法调整	净资产合计
一、上年年末余额								
二、以前年度盈余调整（减少以"－"填列）		—	—			—	—	
三、本年年初余额								
四、本年变动金额（减少以"－"号填列）								
（一）本年盈余		—	—			—	—	
（二）无偿调拨净资产								
（三）归集调整预算结转结余			—				—	
（四）提取或设置专用基金		—				—		
其中:从预算收入中提取	—		—		—		—	
从预算结余中提取			—				—	
设置的专用基金			—				—	
（五）使用专用基金		—				—		
（六）权益法调整	—	—			—	—		
五、本年年末余额								

注:"—"标识单元格不需填列。

三、净资产变动表编制方法

（一）净资产变动表"上年数"栏的名称和反映内容

净资产变动表"本年数"栏反映本年度各项目的实际变动数。本表"上年数"栏反映上年度各项目的实际变动数,应当根据上年度净资产变动表中"本年数"栏内所列数字填列。

如果上年度净资产变动表规定的项目的名称和内容与本年度不一致,应对上年度净资产变动表项目的名称和数字按照本年度的规定进行调整,将调整后的金额填入本年度净资产变动表"上年数"栏内。

（二）净资产变动表"本年数"栏各项目的内容和填列方法

（1）"上年年末余额"行，反映单位净资产各项目上年年末的余额。本行各项目应当根据"累计盈余""专用基金""权益法调整"科目上年年末余额填列。

（2）"以前年度盈余调整"行，反映单位本年度调整以前年度盈余的事项对累计盈余进行调整的金额。本行"累计盈余"项目应当根据本年度"以前年度盈余调整"科目转入"累计盈余"科目的金额填列；如调整减少累计盈余，以"－"号填列。

（3）"本年年初余额"行，反映经过以前年度盈余调整后，单位净资产各项目的本年年初余额。本行"累计盈余""专用基金""权益法调整"项目应当根据其各自在"本年年初余额"和"以前年度盈余调整"行对应项目金额的合计数填列。

（4）"本年变动金额"行，反映单位净资产各项目本年变动总金额。本行"累计盈余""专用基金""权益法调整"项目应当根据其各自在"本年盈余""无偿调拨净资产""归集调整预算结转结余""提取或设置专用基金""使用专用基金""权益法调整"行对应项目金额的合计数填列。

（5）"本年盈余"行，反映单位本年发生的收入、费用对净资产的影响。本行"累计盈余"项目应当根据本年末由"本期盈余"科目转入"本年盈余分配"科目的金额填列；如转入时借记"本年盈余分配"科目，则以"－"号填列。

（6）"无偿调拨净资产"行，反映单位本年无偿调入、调出非现金资产事项对净资产的影响。本行"累计盈余"项目应当根据年末由"无偿调拨净资产"科目转入"累计盈余"科目的金额填列；如转入时借记"累计盈余"科目，则以"－"号填列。

（7）"归集调整预算结转结余"行，反映单位本年财政拨款结转结余资金归基金调入、归集上缴或调出，以及非财政拨款结转资金缴回对净资产的影响。本行"累计盈余"项目应当根据"累计盈余"科目明细账记录分析填列；如归集调整减少预算结转结余，则以"－"号填列。

（8）"提取或设置专用基金"，反映单位本年提取或设置专用基金对净资产的影响。本年"累计盈余"项目应当根据"从预算结余中提取"行"累计盈余"项目的金额填列。本行"专用基金"项目应当根据"从预算收入中提取""从预算结余中提取""设置专用基金"行"专用基金"项目金额的合计数填列。

"从预算收入中提取"行，反映单位本年从预算收入中提取专用基金对净资产的影响。本行"专用基金"项目应当通过对"专用基金"科目明细账记录的分析，根据本年按有关规定从预算收入中提起基金的金额填列。

"从预算结余中提取"行，反映单位本年根据有关规定从本年度非财政拨款结余或经营结余中提取专用基金对净资产的影响。本行"累计盈余""专用基金"项目应当通过对"专用基金"科目明细账记录的分析，根据本年按有关规定从本年度非财政拨款结余或经营结余中提取专用基金的金额填列；本行"累计盈余"项目以"－"号填列。

"设置的专用基金"行，反映单位本年根据有关规定设置的其他专用基金对净资产的影响。本行"专用基金"项目应当通过对"专用基金"科目明细账记录的分析，根据本年按有关规定设置的其他专用基金的金额填列。

（9）"使用专用基金"行，反映单位本年按规定使用专用基金对净资产的影响。本行"累计盈余""专用基金"项目应当通过对"专用基金"科目明细账记录的分析，根据本年按规定使用专用基金的金额填列;本行"专用基金"项目以"－"号填列。

(10)"权益法调整"行,反映单位本年按照被投资单位除净损益和利润分配以外的所有者权益变动份额而调整长期股权投资账面余额对净资产的影响。本行"权益法调整"项目应当根据"权益法调整"科目本年发生额填列;若本年净资产发生额为借方时,以"－"号填列。

(11)"本年年末余额"行,反映单位本年各净资产项目的年末余额。本行"累计盈余""专用基金""权益法调整"项目应当根据其各自在"本年年初余额""本年变动金额"行对应项目金额的合计数填列。

(12)本表各行"净资产合计"项目,应当根据所在行"累计盈余""专用基金""权益法调整"项目金额的合计数填列。

任务五 现金流量表

一、现金流量表的性质和作用

现金流量表是反映单位在某一会计年度内现金流入和流出的信息的报表。从编制原则上看,现金流量表按照收付实现制原则编制,将权责发生制下的盈余信息调整为收付实现制下的现金流量信息,便于信息使用者了解单位盈余的质量;从内容上看,现金流量表被划分为日常活动、投资活动和筹资活动三个部分,每类活动又分为各个具体项目,这些项目从不同角度反映单位业务活动的现金流入与流出,弥补了资产负债表和收入费用表提供信息的不足。通过现金流量表,报表使用者能够了解现金流量的各个影响因素。

二、现金流量表的格式

在现金流量表中,现金是指单位的库存现金以及其他可以随时用于支付的款项,包括库存现金、可以随时用于支付的银行存款、其他货币资金、零余额账户用款额度、财政应返还额度,以及通过财政直接支付方式支付的款项。现金流量表所指的现金流量,是指现金的流入和流出。

在现金流量表中,现金被视为一个整体,单位现金形式的转换不会产生现金的流入和流出。例如,单位从银行或零余额账户提取现金,是单位现金存放形式的转换,并未流出单位,不构成现金流量。根据单位业务活动的性质和现金流量的来源,现金流量表在结构上将单位一定期间产生的现金流量分为三类:日常活动产生的现金流量、投资活动产生的现金流量和筹资活动产生的现金流量,并考虑汇率变动对现金的影响。现金流量表的具体格式如表11-4所示。

表 11-4 现金流量表

编制单位:　　　　　　　　　　2019 年　　　　　　　　　　单位:元

项　　目	本年金额	上年金额
一、日常活动产生的现金流量:		
财政基本支出拨款收到的现金		

项　目	本年金额	上年金额
财政非资本性项目拨款收到的现金		
事业活动收到的除财政拨款以外的现金		
收到的其他与日常活动有关的现金		
日常活动的现金流入小计		
购买商品、接受劳务支付的现金		
支付给职工以及为职工支付的现金		
支付的各项税费		
支付的其他与日常活动有关的现金		
日常活动的现金流出小计		
日常活动产生的现金流量净额		
二、投资活动产生的现金流量：		
收回投资所收到的现金		
取得投资收益所收到的现金		
处置固定资产、无形资产、公共基础设施等收回的现金净额		
收到的其他与投资活动有关的现金		
投资活动的现金流入小计		
购建固定资产、无形资产、公共基础设施等支付的现金		
对外投资支付的现金		
上缴处置固定资产、无形资产、公共基础设施等净收入支付的现金		
支付的其他与投资活动有关的现金		
投资活动的现金流出小计		
投资活动产生的现金流量净额		
三、筹资活动产生的现金流量：		
财政资本性项目拨款收到的现金		
取得借款收到的现金		
收到的其他与筹资活动有关的现金		
筹资活动的现金流入小计		
偿还借款支付的现金		
偿还利息支付的现金		
支付的其他与筹资活动有关的现金		

续　表

项　目	本年金额	上年金额
筹资活动的现金流出小计		
筹资活动产生的现金流量净额		
四、汇率变动对现金的影响额		
五、现金增加净额		

三、现金流量表编制方法与编制说明

(一)编制方法

编制现金流量表时,列报日常活动现金流量的方法有两种:一是直接法;二是间接法。在直接法下,一般是以收入费用表中的收入为起算点,调节与日常活动有关的项目的增减变动,然后计算出日常活动产生的现金流量。在间接法下,将本期盈余调节为日常活动现金流量,实际上就是将按权责发生制原则确定的本期盈余调整为现金净流入,并剔除投资活动和筹资活动对现金流量的影响。

采用直接法编报的现金流量表,便于分析单位日常活动产生的现金流量的来源和用途;采用间接法编报的现金流量表,便于将本期盈余与日常活动产生的现金流量净额进行比较,了解本期盈余与日常活动产生的现金流量差异的原因。因此,我国公共部门会计准则规定单位应当采用直接法编制现金流量表,同时要求在附注中提供以本期盈余为基础调节到日常活动现金流量的信息。

(二)编制说明

现金流量表"上年金额"栏反映各项目的上年实际发生数,应当根据上年现金流量表中"本年金额"栏内所列数字填列。"本年金额"栏反映各项目的本年实际发生数。"本年金额"栏各项目的填列方法如下。

1. 日常活动产生的现金流量

(1)"财政基本支出拨款收到的现金"项目,反映单位本年接受财政基本支出拨款取得的现金。本项目应当根据"零余额账户用款额度""财政拨款收入""银行存款"等科目及其所属明细科目的记录分析填列。

(2)"财政非资本性项目拨款收到的现金"项目,反映单位本年接受除用于购建固定资产、无形资产、公共基础设施等资产性项目以外的财政项目拨款取得的现金。本项目应当根据"银行存款""零余额账户用款额度""财政拨款收入"等科目及其所属明细科目的记录分析填列。

(3)"事业活动收到的除财政拨款以外的现金"项目,反映单位本年开展专业业务活动及其辅助活动取得的除财政拨款以外的现金。本项目应当根据"库存现金""银行存款""其他货币资金""应收账款""应收票据""预收账款""事业收入"等科目及其所属明细科目的记录分析填列。

(4)"收到的其他与日常活动有关的现金"项目,反映单位本年收到的除以上项目之外的与日常活动有关的现金。本项目应当根据"库存现金""银行存款""其他货币资金""上级

补助收入""附属单位上缴收入""经营收入""非同级财政拨款收入""捐赠收入""利息收入""租金收入""其他收入"等科目及其所属明细科目的记录分析填列。

(5)"日常活动的现金流入小计"项目,反映单位本年日常活动产生的现金流入的合计数。本项目应当根据表中"财政基本支出拨款收到的现金""财政非资本性项目拨款收到的现金""事业活动收到的除财政拨款以外的现金""收到的其他与日常活动有关的现金"项目金额的合计数填列。

(6)"购买商品、接受劳务支付的现金"项目,反映单位本年在日常活动中用于购买商品、接受劳务支付的现金。本项目应当根据"库存现金""银行存款""零余额账户用款额度""财政拨款收入""预付账款""在途物品""应付账款""应付票据""业务活动费用""单位管理费用""经营费用"等科目及其所属明细科目的记录分析填列。

(7)"支付给职工以及为职工支付的现金"项目,反映单位本年支付给职工以及为职工支付的现金。本项目应当根据"库存现金""银行存款""零余额账户用款额度""财政拨款收入""应付职工薪酬""业务活动费用""单位管理费用""经营费用"等科目及其所属明细科目的记录分析填列。

(8)"支付的各项税费"项目,反映单位本年用于缴纳日常活动相关税费而支付的现金。本项目应当根据"库存现金""银行存款""零余额账户用款额度""应交增值税""其他应交税费""业务活动费用""单位管理费用""经营费用""所得税费用"等科目及其所属明细科目的记录分析填列。

(9)"支付的其他与日常活动有关的现金"项目,反映单位本年支付的除上述项目之外与日常活动有关的现金。本项目应当根据"库存现金""银行存款""零余额账户用款额度""财政拨款收入""其他应付款""业务活动费用""单位管理费用""经营费用""其他费用"等科目及其所属明细科目的记录分析填列。

(10)"日常活动的现金流出小计"项目,反映单位本年日常活动产生的现金流出的合计数。本项目应当根据该表中"购买商品、接受劳务支付的现金""支付给职工以及为职工支付的现金""支付的各项税费""支付的其他与日常活动有关的现金"项目金额的合计数填列。

(11)"日常活动产生的现金流量净额"项目,应当根据该表中"日常活动的现金流入小计"项目金额减去"日常活动的现金流出小计"项目金额后的金额填列;如为负数,以"一"号填列。

2.投资活动产生的现金流量

(1)"收回投资所收到的现金"项目,反映单位出售、转让或到期收回除现金等价物以外的短期投资、长期股权投资而收到的现金,以及收回长期债权投资本金而收到的现金。不包括长期债权投资收回的利息,以及收回的非现金资产。

(2)"取得投资收益所收到的现金"项目,反映单位因各种投资而分得的现金股利、利润、利息等。

(3)"处置固定资产、无形资产、公共基础设施等收回的现金净额"项目,反映单位处置固定资产、无形资产和公共基础设施等非流动资产所取得的现金,扣除为处置这些资产而支付的有关费用后的净额。由于自然灾害所造成的固定资产等长期资产损失而收到的保险赔偿收入,也在本项目反映。

(4)"收到的其他与投资活动有关的现金"项目,反映单位除了上述各项以外,收到的其他与投资活动有关的现金流入。其他现金流入如价值较大的,应单列项目反映。

（5）"购建固定资产、无形资产、公共基础设施等支付的现金"项目,反映单位购买、建造固定资产、取得无形资产和公共基础设施等非流动资产所支付的现金,不包括为购建固定资产而发生的借款利息资本化的部分,以及融资租入固定资产支付的租赁费、借款利息和融资租入固定资产支付的租赁费,在筹资活动产生的现金流量中单独反映。单位以分期付款方式购建的固定资产,其首次付款支付的现金作为投资活动的现金流出,以后各期支付的现金作为筹资活动的现金流出。

（6）"对外投资支付的现金"项目,反映单位进行各种性质的投资所支付的现金,包括单位取得的除现金等价物以外的短期股票投资、长期股权投资支付的现金、长期债券投资支付的现金,以及支付的佣金、手续费等附加费用。

（7）"上缴处置固定资产、无形资产、公共基础设施等净收入支付的现金"项目,反映单位将处置固定资产、无形资产、公共基础设施等非流动资产所收回的现金净额予以上缴财政所支付的现金。

（8）"支付的其他与投资活动有关的现金"项目,反映单位除了上述各项以外,支付的其他与投资活动有关的现金流量。其他现金流出如价值较大的,应单列项目反映。

3. 筹资活动产生的现金流量

（1）"财政资本性项目拨款收到的现金"项目,反映单位本年接受用于构建固定资产、无形资产、公共基础设施等资本性项目的财政项目拨款取得的现金。本项目应当根据"银行存款""零余额账户用款额度""财政拨款收入"等科目及其所属明细科目的记录分析填列。

（2）"取得借款收到的现金"项目,反映单位本年举借短期、长期借款所收到的现金。本项目应当根据"库存现金""银行存款""短期借款""长期借款"等科目记录分析填列。

（3）"收到的其他与筹资活动有关的现金"项目,反映单位本年收到的除上述项目之外与筹资活动有关的现金。对于金额较大的现金流入,应当单列项目反映。本项目应根据"库存现金""银行存款"等有关科目的记录分析填列。

（4）"筹资活动的现金流入小计"项目,反映单位本年筹资活动产生的现金流入的合计数。本项目应当根据表中"财政资本性项目拨款收到的现金""取得借款收到的现金""收到的其他与筹资活动有关的现金"项目金额的合计数填列。

（5）"偿还借款支付的现金"项目,反映单位本年偿还借款本金所支付的现金。本项目应当根据"库存现金""银行存款""短期借款""长期存款"等科目的记录分析填列。

（6）"偿还利息支付的现金"项目,反映单位本年支付的借款利息等。本项目应当根据"库存现金""银行存款""应付利息""长期借款"等科目的记录分析填列。

（7）"支付的其他与筹资活动有关的现金"项目,反映单位本年支付的除上述项目之外与筹资活动有关的现金,如融资租入固定资产所支付的租赁费。本项目应当根据"库存现金""银行存款""长期应付款"等科目的记录分析填列。

（8）"筹资活动的现金流出小计"项目,反映单位本年筹资活动产生的现金流出的合计数。本项目应当根据本表中"偿还借款支付的现金""偿还利息支付的现金""支付的其他与筹资活动有关的现金"项目金额的合计数填列。

（9）"筹资活动产生的现金流量净额"项目,应当按照该表中"筹资活动的现金流入小计"项目金额减去"筹资活动的现金流出小计"金额后的金额填列;如为负数,以"一"号填列。

4. 汇率变动对现金的影响额

"汇率变动对现金的影响额"项目,反映单位本年外币现金流量折算为人民币时,所采用的现金流量发生日的汇率折算的人民币金额与外币现金流量净额按期末汇率折算的人民币金额之间的差额。

5. 现金增加净额

"现金增加净额"项目,反映单位本年现金变动的净额。本项目应当根据本表中"日常活动产生的现金流量净额""投资活动产生的现金流量净额""筹资活动产生的现金流量净额"和"汇率变动对现金的影响额"项目金额的合计数填列;如为负数,以"一"号填列。

任务六　预算收入支出表

一、预算收入支出表的概念与作用

预算收入支出表是反映单位在某一会计年度内各项预算收入、预算支出和预算收支差额的情况的报表。预算收入支出表中的数据与经批准的单位收支预算数据进行比较,可以全面了解和评价单位收支预算执行情况。预算收入支出表的作用主要表现在以下几个方面:

(1) 反映某一会计期间各项预算收入的总额及其构成情况的信息。

(2) 反映某一会计期间各项预算支出的总额及其构成情况的信息,如各项支出总额以及行政支出或事业支出和其他等项支出的构成情况。

(3) 反映某一会计期间经各项预算收入总额与各项预算支出总额配比的结果,即本期业务活动预算收支差额情况的信息。

按照规定,单位预算收入支出表应当按照年度编制。

二、预算收入支出表的格式

预算收入支出表采用单步式格式,即采用基本的计算公式:本年预算收入一本年预算支出=本年预算收支差额。预算收入支出表还就各项目再分为"本年数"和"上年数"两栏分别列示。该表"本年数"栏,反映本年度各项目的实际发生数。预算收入支出表的格式如表 11 - 5 所示。

表 11 - 5　预算收入支出表

会政预 01 表

编制单位:××单位　　　　　　　2019 年 12 月　　　　　　　　　　　　　单位:元

项　　目	本年数	上年数
一、本年预算收入		
(一) 财政拨款预算收入		
其中:公共部门性基金收入		

项　目	本年数	上年数
（二）事业预算收入		
（三）上级补助预算收入		
（四）附属单位上缴预算收入		
（五）经营预算收入		
（六）债务预算收入		
（七）非同级财政拨款预算收入		
（八）投资预算收益		
（九）其他预算收入		
其中:利息预算收入		
捐赠预算收入		
租金预算收入		
二、本年预算支出		
（一）行政支出		
（二）事业支出		
（三）经营支出		
（四）上缴上级支出		
（五）对附属单位补助支出		
（六）投资支出		
（七）债务还本支出		
（八）其他支出		
其中:利息支出		
捐赠支出		
三、本年预算收支差额		

三、预算收入支出表编制方法

（一）预算收入支出表"上年数"栏反映的内容和填列方法

预算收入支出表"本年数"栏反映各项目的本年实际发生数。本表"上年数"栏反映各项目上年度的实际发生数,应当根据上年度预算收入支出表中"本年数"栏内所列数字填列。

如果本年度预算收入支出表规定的项目的名称和内容同上年度不一致,应当对上年度预算收入支出表项目的名称和数字按照本年度的规定进行调整,将调整后的金额填入本年度预算收入支出表的"上年数"栏。

（二）预算收入支出表"本年数"栏各项目的内容和填列方法

（1）"本年预算收入"项目，反映本单位本年预算收入总额。本项目应当根据本表中各收入项目金额的合计数填列。本表中各收入项目金额应当根据各收入科目的本年发生额填列。

（2）"本年预算支出"项目，反映本单位本年预算支出总额。本项目应当根据本表中各支出项目金额的合计数填列。本表中各支出项目金额应当根据各支出科目的本年发生额填列。

（3）"本年预算收支差额"项目，反映单位本年各项预算收支相抵后的差额。本项目应当根据本表中"本期预算收入"项目金额减去"本期预算支出"项目金额后的金额填列；如相减后金额为负数，以"－"号填列。

任务七　预算结转结余变动表

一、预算结转结余变动表的概念

预算结转结余变动表是反映单位在某一会计年度内预算结转结余的变动情况的报表。预算结转结余变动表可以提供一定时期单位预算结转结余各个项目金额的变动情况。通过本表可以提供某一会计年度年初预算结转结余、年初余额调整、本年变动金额和年末预算结转结余等信息。这一信息可以与资产负债表中净资产的相应信息形成对照。

二、预算结转结余变动表的内容

单位的预算结转结余变动表是由表首标题和报表主体构成。报表主体部分包括编报项目、栏目与金额。

（一）表首标题

预算结转结余变动表的表首标题包括报表名称、编号、编制单位、编制时间和金额单位等内容。由于预算结转结余变动表反映单位在某一时期的资产情况，属于动态报表，因此需要注明报表所属的期间。

（二）编报项目

预算结转结余变动表应当将本年数、上年数等情况分项列示，按年初预算结转结存、年度余额调整、本年变动金额、年末预算结转结存等项目分层次排列。

（三）栏目和金额

预算结转结余变动表的各栏数额，应当根据相关账户的"上年数"和"本年数"的发生额填列，或经过计算、分析后填列。

三、预算结转结余变动表的格式

预算结转结余变动表采用的基本计算公式为：年末预算结转结余＝年初预算结转结余＋年初余额调整＋本年变动金额。预算结转结余变动表还就各项目再分为"本年数"和"上年数"两栏分别列示。由此，预算结转结余变动表的格式如表 11-6 所示。

表 11-6 预算结转结余变动表

会政预 02 表

编制单位:×××　　　　　　　　　　2019 年　　　　　　　　　　单位:元

项　目	本年数	上年数
一、年初预算结转结余		
（一）财政拨款结转结余		
（二）其他资金结转结余		
二、年初余额调整（减少以"－"号填列）		
（一）财政拨款结转结余		
（二）其他资金结转结余		
三、本年变动金额（减少以"－"号填列）		
（一）财政拨款结转结余		
1. 本年收支差额		
2. 归集调入		
3. 归集上缴或调出		
（二）其他资金结转结余		
1. 本年收支差额		
2. 缴回资金		
3. 使用专用结余		
4. 支付所得税		
四、年末预算结转结余		
（一）财政拨款结转结余		
1. 财政拨款结转		
2. 财政拨款结余		
（二）其他资金结转结余		
1. 非财政拨款结转		
2. 非财政拨款结余		
3. 专用结余		
4. 经营结余（如有余额,以"－"号填列）		

四、预算结转结余变动表编制方法

（一）预算结转结余变动表"上年数"栏反映各项目的内容和填列方法

预算结转结余变动表"本年数"栏反映各项目的本年实际发生数。本表"上年数"栏反映各项目的上年实际发生数,应当根据上年度预算结转结余变动表中"本年数"栏内所列数字填列。

如果本年度预算结转结余变动表规定的项目的名称和内容同上年度不一致,应当对上年度预算结转结余变动表项目的名称和数字按照本年度的规定进行调整,将调整后的金额填入本年度预算结转结余变动表的"上年数"栏。

(二) 预算结转结余变动表"本年数"栏各项目的内容和填列方法

1. 年初预算结转结余项目

"年初预算结转结余"项目,反映单位本年预算结转结余的年初余额。本项目应当根据本项目下"财政拨款结转结余""其他资金结转结余"项目金额的合计数填列。

(1)"财政拨款结转结余"项目,反映单位本年财政拨款结转结余资金的年初余额。本项目应当根据"财政拨款结转""财政拨款结余"科目本年年初余额的合计数填列。

(2)"其他资金结转结余"项目,反映单位本年其他资金结转结余的年初余额。本项目应当根据"非财政拨款结转""非财政拨款结余""专用结余""经营结余"科目本年年初余额的合计数填列。

2. 年初余额调整项目

"年初余额调整"项目,反映单位本年预算结转结余年初余额调整的金额。本项目应当根据本项目下"财政拨款结转结余""其他资金结转结余"项目金额的合计数填列。

(1)"财政拨款结转结余"项目,反映单位本年财政拨款结转结余资金的年初余额调整金额。本项目应当根据"财政拨款结转""财政拨款结余"科目下"年初余额调整"明细科目的本年发生额的合计数填列;如调整减少年初财政拨款结转结余,以"一"号填列。

(2)"其他资金结转结余"项目,反映单位本年其他资金结转结余的年初余额调整金额。本项目应当根据"非财政拨款结转""非财政拨款结余"科目下"年初余额调整"明细科目的本年发生额的合计数填列;如调整减少年初其他资金结转结余,以"一"号填列。

3. 本年变动金额项目

"本年变动金额"项目,反映单位本年预算结转结余变动的金额。本项目应当根据本项目下"财政拨款结转结余""其他资金结转结余"项目金额的合计数填列。

(1)"财政拨款结转结余"项目,反映单位本年财政拨款结转结余资金的变动。本项目应当根据本项目下"本年收支差额""归集调入""归集上缴或调出"项目金额的合计数填列。

(2)"其他资金结转结余"项目,反映单位本年其他资金结转结余的变动。本项目应当根据本项目下"本年收支差额""缴回资金""使用专用结余""支付所得税"项目金额的合计数填列。

4. 年末预算结转结余项目

"年末预算结转结余"项目,反映单位本年预算结转结余的年末余额。本项目应当根据本项目下"财政拨款结转结余""其他资金结转结余"项目金额的合计数填列。

(1)"财政拨款结转结余"项目,反映单位本年财政拨款结转结余的年末余额。本项目应当根据本项目下"财政拨款结转""财政拨款结余"项目金额的合计数填列。

本项目下"财政拨款结转""财政拨款结余"项目,应当分别根据"财政拨款结转""财政拨款结余"科目的本年年末余额填列。

(2)"其他资金结转结余"项目,反映单位本年其他资金结转结余的年末余额。本项目应当根据本项目下"非财政拨款结转""非财政拨款结余""专用结余""经营结余"项目金额的合计数填列。

本项目下"非财政拨款结转""非财政拨款结余""专用结余""经营结余"项目,应当分别根据"非财政拨款结转""非财政拨款结余""专用结余""经营结余"科目的本年年末余额填列。

任务八 财政拨款预算收入支出表

一、财政拨款预算收入支出表的概念与作用

财政拨款预算收入支出表是指反映单位在某一会计期间财政拨款预算收入、支出、结转及结余情况的报表。财政拨款预算收入支出表中的数据与预算结转结余变动表中的数据存在内在联系。财政拨款预算收入支出表中的数据是对预算结转结余变动表中的相关数据的详细展开。财政拨款预算收入支出表中的数据还与财政总预算会计中的相关支出数据存在内在联系。将财政拨款预算收入支出表中的数据与经批准的财政拨款预算收入支出预算数据进行比较,可以全面了解和评价单位财政拨款收支预算执行情况。

财政拨款预算收入支出表的作用主要表现在以下几个方面:

（1）可以详细提供某一会计期间财政拨款预算收入和财政拨款预算支出的信息。例如,可以详细提供某一会计期间一般公共预算财政拨款(基本支出、项目支出)收入与支出、公共部门性基金预算财政拨款(基本支出、项目支出)收入与支出等信息。

（2）可以详细提供某一会计期间各项资金增减变动原因的信息。例如,可以提供某一会计期间有关项目年初财政补助结转结余、本年归集调入或上缴结转结余、单位内部调剂、本年财政拨款预算收入、本年财政拨款支出、年末财政拨款结转结余等有关财政项目拨款资金增减变动的信息。按照规定,事业单位的财政拨款预算收入支出表应当按照年度编制。

二、财政拨款预算收入支出表的格式

单位财政拨款预算收入支出表需要详细反映各项财政补助资金由年初数额变化为年末数额的有关内容,其中包括年初数额的调整、本年归集调入、本年上缴、本年财政拨款预算收入、本年财政补助支出等内容。单位财政拨款预算收入支出表的格式如表11-7所示。

表 11-7 财政拨款预算收入支出表

会政预 03 表

编制单位:某单位　　　　　2019年　　　　　单位:元

项目	年初财政拨款结转结余		调整年初财政拨款结转结余	本年归集调入	本年归集上缴或调出	单位内部调剂		本年财政拨款收入	本年财政拨款支出	年末财政拨款结转结余	
	结转	结余				结转	结余			结转	结余
一、一般公共预算财政拨款											
（一）基本支出											
1. 人员经费											

项　目	年初财政拨款结转结余		调整年初财政拨款结转结余	本年归集调入	本年归集上缴或调出	单位内部调剂		本年财政拨款收入	本年财政拨款支出	年末财政拨款结转结余	
	结转	结余				结转	结余			结转	结余
2. 日常公用经费											
（二）项目支出											
1.××项目											
2.××项目											
二、公共部门性基金预算财政拨款											
（一）基本支出											
1.人员经费											
2. 日常公用经费											
（二）项目支出											
1.××项目											
2.××项目											
总计											

三、财政拨款预算收入支出表编制方法

（一）财政拨款预算收入支出表"项目"栏的设置

财政拨款预算收入支出表"项目"栏内各项目，应当根据单位取得的财政拨款种类分项设置。其中"项目支出"项目下，根据每个项目设置；单位取得除一般公共财政预算拨款和公共部门性基金预算拨款以外的其他财政拨款的，应当按照财政拨款种类增加相应的资金项目及其明细项目。

（二）财政拨款预算收入支出表各栏及其对应项目的内容和填列方法

（1）"年初财政拨款结转结余"栏中各项目，反映单位年初各项财政拨款结转结余的金额。各项目应当根据"财政拨款结转""财政拨款结余"及其明细科目的年初余额填列。本栏中各项目的数额应当与上年度财政拨款预算收入支出表中"年末财政拨款结转结余"栏中各项目的数额相等。

（2）"调整年初财政拨款结转结余"栏中各项目，反映单位对年初财政拨款结转结余的调整金额。各项目应当根据"财政拨款结转""财政拨款结余"科目下"年初余额调整"明细科目及其所属明细科目的本年发生额填列；如调整减少年初财政拨款结转结余，以"－"号填列。

（3）"本年归集调入"栏中各项目，反映单位本年按规定从其他单位调入的财政拨款结转资金金额。各项目应当根据"财政拨款结转"科目下"归集调入"明细科目及其所属明细科目的本年发生额填列。

(4)"本年归集上缴或调出"栏中各项目,反映单位本年按规定实际上缴的财政拨款结转结余资金,以及按照规定向其他单位调出的财政拨款结转资金金额。各项目应当根据"财政拨款结转""财政拨款结余"科目下"归集上缴"科目和"财政拨款结转"科目下"归集调出"明细科目,以及其所属明细科目的本年发生额填列,以"－"号填列。

(5)"单位内部调剂"栏中各项目,反映单位本年财政拨款结转结余资金在单位内部不同项目之间的调剂金额。各项目应当根据"财政拨款结转"和"财政拨款结余"科目下的"单位内部调剂"明细科目及其所属明细科目的本年发生额填列;对单位内部调剂减少的财政拨款结余金额,以"－"号填列。

(6)"本年财政拨款收入"栏中各项目,反映单位本年从同级财政部门取得的各类财政预算拨款金额。各项目应当根据"财政拨款预算收入"科目及其所属明细科目的本年发生额填列。

(7)"本年财政拨款支出"栏中各项目,反映单位本年发生的财政拨款支出金额。各项目应当根据"行政支出""事业支出"等科目及其所属明细科目本年发生额中的财政拨款支出数的合计数填列。

(8)"年末财政拨款结转结余"栏中各项目,反映单位年末财政拨款结转结余的金额。各项目应当根据"财政拨款结转""财政拨款结余"科目及其所属明细科目的年末余额填列。

任务九　附　注

一、附注的概念与作用

附注是对在会计报表中列示的项目所作的进一步说明,以及对未能在会计报表中列示项目的说明。附注是财务报表的重要组成部分。会计报表附注的作用主要表现在三个方面。

(一)可以对会计报表中数字的形成基础进行解释和说明

会计报表中的数字是依据相应的会计核算基础形成的。采用不同的会计核算基础可以得出不同的会计报表数字。因此,会计报表中的数字只有与其附注中的解释和说明配合在一起阅读,才更加富有意义。

(二)可以对会计报表中的重要项目作较为具体详细的信息披露

会计报表中的数字是经过分类与汇总后形成的高度浓缩的数字。会计报表使用者有时需要知道会计报表中有关重要项目的具体详细情况,此时,就需要依赖会计报表附注中的信息披露。

(三)可以对未能在会计报表中列示的项目作出说明

会计报表中列示的项目都是可以确认和计量的项目,都是可以以数字进行反映的项目。单位的有些信息尽管不符合会计确认的条件,或者难以以货币进行计量,但也属于重要的相关信息。这些信息也是理解单位会计报表所需的重要相关信息,单位应当按照规定进行披露。

二、会计报表附注的主要内容

(1)单位的基本情况。应当简要披露单位的基本情况,包括单位主要职能、主要业务活动、所在地、预算管理关系等。

(2) 会计报表编制基础。

(3) 遵循公共部门会计准则、制度的声明。

(4) 重要会计政策和会计估计。单位应当采用与其业务特点相适应的具体会计政策，并充分披露报告期内采用的重要会计政策和会计估计。主要包括以下内容：

① 会计期间。

② 记账本位币,外币折算汇率。

③ 坏账准备的计提方法。

④ 存货类别、发出存货的计价方法、存货的盘存制度,以及低值易耗品和包装物的摊销方法。

⑤ 长期股权投资的核算方法。

⑥ 固定资产分类、折旧方法、折旧年限和年折旧率;融资租入固定资产的计价和折旧方法。

⑦ 无形资产的计价方法;使用寿命有限的无形资产,其使用寿命估计情况;使用寿命不确定的无形资产,其使用寿命不确定的判断依据;单位内部研究开发项目划分研究阶段和开发阶段的具体标准。

⑧ 公共基础设施的分类、折旧(摊销)方法、折旧(摊销)年限,以及其确定依据。

⑨ 公共部门储备物资分类,以及确定其发出成本所采用的方法。

⑩ 保障性住房的分类、折旧方法、折旧年限。

⑪ 其他重要的会计政策和会计估计。

⑫ 本期发生重要会计政策和会计估计变更的,变更的内容和原因、受其重要影响的报表项目名称和金额、相关审批程序,以及会计估计变更开始适用的时点。

(5) 会计报表重要项目说明。

单位应当按照资产负债表和收入费用表项目列示顺序,采用文字和数据描述相结合的方式披露重要项目的明细信息。报表重要项目的明细金额合计,应当与报表项目金额相衔接。报表重要项目说明应包括但不限于下列内容：

① 货币资金的披露。

② 应收账款的披露。

③ 存货的披露。

④ 其他流动资产的披露。

⑤ 长期投资(长期债券投资、长期股权投资)的披露。

⑥ 固定资产的披露。

⑦ 在建工程的披露。

⑧ 无形资产的披露。

⑨ 公共基础设施的披露。

⑩ 公共部门储备物资的披露。

⑪ 受托代理资产的披露。

⑫ 应付账款的披露。

⑬ 其他流动负债的披露。

公共部门会计

⑭ 长期借款的披露。

⑮ 事业收入的披露。

⑯ 非同级财政拨款收入的披露。

⑰ 其他收入的披露。

⑱ 业务活动费用的披露。

⑲ 其他费用的披露。

⑳ 本期费用的披露。

（6）本年盈余与预算结余的差异情况说明。为了反映单位财务会计和预算会计因核算基础和核算范围不同所产生的本年盈余数与本年预算结余数之间的差异，单位应当按照重要性原则，对本年度发生的各类影响收入（预算收入）和费用（预算支出）的业务进行适度归并和分析，披露将年度预算收入支出表中"本年预算收支差额"调节为年度收入费用表中"本期盈余"的信息。本年盈余与预算结余的差异情况，如表 11-8 所示。

表 11-8　本年盈余与预算结余的差异情况表　　　　单位：元

项　目	金　额
一、本年预算结余(本年预算收支差额)	
二、差异调节	
（一）重要事项的差异	
加:1. 当期确认为收入但没有确认为预算收入	
（1）应收款项、预收款项确认的收入	
（2）接受非货币性资产捐赠确认的收入	
2. 当期确认为预算支出但没有确认为费用	
（1）支付应付款项、预算款项的支出	
（2）为取得存货、公共部门储备物资等计入物资成本的支出	
（3）为购建固定资产等的资本性支出	
（4）偿还借款本息支出	
减:1. 当期确认为预算收入但没有确认为收入	
（1）收到应收款项、预收账款确认的预算收入	
（2）取得借款确认的预算收入	
2. 当期确认为费用但没有确认为预算支出	
（1）发出存货、公共部门储备物资等确认的费用	
（2）计提的折旧费用和摊销费用	
（3）确认的资产处置费用(处置资产价值)	
（4）应付款项、预付账款确认的费用	
（二）其他事项差异	
三、本年盈余(本年收入与费用的差额)	

（7）其他重要事项说明：

① 资产负债表日存在的重要或有事项说明。没有重要或有事项的，也应说明。

② 以名义金额计量的资产名称、数量等情况，以及以名义金额计量理由的说明。

③ 通过债务资金形成的固定资产、公共基础设施、保障性住房等资产的账面价值、使用情况、收益情况及与此相关的债务偿还情况等的说明。

④ 重要资产置换、无偿调入（出）、捐入（出）、报废、重大毁损等情况的说明。

⑤ 事业单位将单位内部独立核算单位的会计信息纳入本单位财务报表情况的说明。

⑥ 公共部门会计具体准则中要求附注披露的其他内容。

⑦ 有助于理解和分析单位财务报表需要说明的其他事项。

关键术语

公共部门会计报表　预算收入支出表　预算结转结余变动表　财政拨款预算收入支出表

应知考核

一、单项选择题

1. 以下说法不正确的是（　　）。

A. 财务报表的编制主要以权责发生制为基础

B. 预算会计报表的编制主要以权责发生制为基础

C. 预算会计报表至少包括预算收入支出表、预算结转结余变动表和财政拨款预算收入支出表

D. 单位应当至少按照年度编制财务报表和预算会计报表

2. "本年预算收支差额"项目等于"本年预算收入"项目金额减去（　　）项目金额后的余额。

A. "本年预算支出"　　　　　　　　B. "投资支出"

C. "利息支出"　　　　　　　　　　D. "捐赠支出"

3. 反映事业单位在一定期间的收支结余及其分配情况的报表是（　　）。

A. 资产负债表　　　　　　　　　　B. 现金流量表

C. 支出明细表　　　　　　　　　　D. 收入支出表

4. 反映事业单位在一定期间预算结转结余变动情况的报表是（　　）。

A. 预算结转结余变动表　　　　　　B. 收入支出表

C. 资产负债表　　　　　　　　　　D. 现金流量表

5. 财政拨款预算收入支出表编制时，一般按照一般公共预算财政拨款和（　　）等项目分层次排列。

A. 公共部门性基金预算财政拨款　　B. 财政拨款结余

C. 财政拨款结转　　　　　　　　　D. 非财政拨款结余结转

二、多项选择题

1. 下列关于事业单位财务报表和预算会计报表说法正确的有( )。

A. 会计报表一般包括资产负债表、收入费用表和净资产变动表,单位可根据实际情况自行选择编制现金流量表

B. 事业单位应当至少按照年度编制财务报表和预算会计报表

C. 预算会计报表至少包括预算收入支出表、预算结转结余变动表和财政拨款预算收入支出表

D. 预算会计报表的编制主要以权责发生制为基础

2. 下列各项中,属于单位预算会计要素的有( )。

A. 预算收入   B. 预算支出   C. 预算结余   D. 预算基金

三、判断题

1. 预算结转结余变动表是反映单位本年财政拨款预算资金收入、支出及相关变动的具体情况的报表。   ( )

2. 预算收入支出表有表首标题和报表主体构成。   ( )

3. 公共部门预算会计报表是反映单位一定时期财务状况、收支情况和现金流量的书面文件,是编制下年度单位预算收支活动计划的依据。   ( )

四、简答题

1. 什么是公共部门会计报表?包括哪些具体内容?

2. 如何编制预算收入支出表?

3. 如何编制预算结转结余变动表?

4. 如何编制财政拨款预算收入支出表?

━━━━ **应会考核** ━━━━

某事业单位 2019 年有关收支会计科目的本年发生额情况如表 11-9 所示,请根据资料,编制该事业单位的预算收入支出表。

表 11-9　收支会计科目本年发生额表

单位:元

会计科目	本年发生额	
	借方	贷方
财政拨款预算收入		1 450 000
事业预算收入		300 000
非同级财政拨款预算收入		160 000
上级补助预算收入		200 000
附属单位上缴预算收入		100 000
经营预算收入		30 000

会 计 科 目	本年发生额	
其他预算收入(其中租金预算收入)		50 000(18 000)
投资预算收益		58 000
事业支出	1 300 000	
经营支出	30 000	
上缴上级支出	30 000	
对附属单位补助支出	21 500	
投资支出	600 000	
债务还本支出	235 000	
其他支出	31 400	
其中:利息支出	6 000	
捐赠支出	9 000	
合计	2 247 900	2 348 000

第三篇 民间非营利组织会计

项目十二

民间非营利组织会计概述

知识目标

1. 了解民间非营利组织会计制度的背景；
2. 理解民间非营利组织会计核算的主要特点。

技能目标

1. 了解民间非营利组织会计要素与企业会计要素的区别；
2. 掌握民间非营利组织适用的会计科目、记账方法、账务处理程序。

知识准备

财政部于 2004 年 8 月 18 日正式颁布《民间非营利组织会计制度》，并要求从 2005 年 1 月 1 日起在全国范围内实施。财政部财会〔2020〕9 号关于印发《〈民间非营利组织会计制度〉若干问题的解释》的通知，进一步明确民间非营利组织有关经济业务或事项的会计处理。总体而言，《民间非营利组织会计制度》的制定既借鉴了国际通行的惯例和企业会计的典型做法，也充分考虑了我国社会组织的具体情况，形成了以下主要特点：① 制度管理。该制度通过详尽具体的会计原则以及会计科目设置与使用说明，规范社会组织会计核算和财务报告行为。② 会计目标。会计核算所提供的信息应当能够满足捐赠人、会员、监管者等会计信息使用者的需要。这主要是因为社会组织的资源主要来自捐赠、会费、服务收费等。这些资源提供者不享有社会组织的所有权，所以不存在现有或潜在的投资者作为会计信息使用者。③ 会计要素。该制度设置了资产、负债、净资产、收入和费用五个会计要素，即没有预算会计中的支出会计要素，也没有企业会计中的所有者权益和利润会计要素。④ 会计核算基础。以权责发生制为基础，从而弥补收付实现制基础的不足，便于加强资产负债管理，做好成本费用核算，提高运营绩效。⑤ 收入确认。在确认收入时，应当区分交换交易收入和非交换交易收入，同时按照是否存在限定，区分为非限定性收入和限定性收入进行核算。⑥ 净资产分类。净资产分为限定性净资产和非限定性净资产。进行核算和列报,有助于如实反映社会组织的剩余资源及其使用上受到的限制等情况。

任务一 适用范围

在现行法律、行政法规体系中,对于"民间非营利组织"本身并没有明确的界定。为了对所有的民间非营利组织制定一套统一的会计制度,《民间非营利组织会计制度》规定,适用于《民间非营利组织会计制度》的民间非营利组织应当同时具备三个特征。

一、该组织不以营利为宗旨和目的

强调民间非营利组织的非营利性,以此与企业的营利性相区别。但是强调民间非营利组织的非营利性,并不排除其因提供商品或者社会服务而获取相应收入或者收取合理费用,只要这些营利活动的所得最终用于组织的非营利事业。

二、资源提供者向该组织投入资源不取得经济回报

强调民间非营利组织的资金或者其他资源提供者不能从民间非营利组织中获取回报,如果出资者等可以从组织中获取回报,应当将其视为企业看待,适用企业会计准则和企业会计制度。

三、资源提供者不享有该组织的所有权

强调资金或者其他资源提供者在将资源投入到民间非营利组织后不再享有相关所有者权益,如与所有者权益有关的资产出售、转让、处置权以及清算时剩余财产的分配权等。这一特征既将民间非营利组织与企业区分开来,也将其与政府及其各行政事业单位区分开来,因为政府及其各行政事业单位尽管也属于非营利组织,但是国家对这些组织及其净资产拥有所有权。

结合我国民间非营利组织的发展现状和上述对民间非营利组织的界定,《民间非营利组织会计制度》列举了我国民间非营利组织的具体组织形式,主要包括依照国家法律、行政法规登记的以下类型的组织:

① 社会团体;② 基金会;③ 民办非企业单位;④ 寺院、宫观、清真寺、教堂等宗教活动场所。

我国《社会团体登记管理条例》规定,社会团体,是指"中国公民自愿组成,为实现会员共同意愿,按照其章程开展活动的非营利性社会组织"。但是,以下团体则不包括在该条例规定的社会团体登记范围之内:① 参加中国人民政治协商会议的人民团体;② 由国务院机关编制管理机关核定,并经国务院批准免于登记的团体;③ 机关、团体、企业事业单位内部经本单位批准成立、在本单位内部活动的团体不属于该条例的规范范围。《社会团体登记管理条例》明确规定了社会团体是非营利性社会组织的性质,它"不得从事营利性经营活动""社会团体的经费,以及开展章程规定的活动按照国家有关规定所取得的合法收入,必须用于章程规定的业务活动,不得在会员中分配"等。

我国《基金会管理条例》规定,基金会,是指"利用自然人、法人或者其他组织捐赠的财产,以从事公益事业为目的,按照本条例的规定成立的非营利性法人"。基金会的性质属于非营利性法人,应当"为特定的公益目的而设立"。"基金会的章程必须明确基金会的公益性质,不得规定使特定自然人、法人或者其他组织受益的内容"。"基金会的财产及其他收入受法律保护,任何单位和个人不得私分、侵占、挪用"。"基金会注销后的剩余财产应当按照章程的规定用于公益目的;无法按照章程规定处理的,由登记管理机关组织捐赠给与基金会性质、宗旨相同的社会公益组织"等。

我国《民办非企业单位登记管理暂行条例》规定,民办非企业单位,是指"企业事业单位、社会团体和其他社会力量以及公民个人利用非国有资产举办的,从事非营利性社会服务活动的社会组织"。民办非企业单位按照国家规定取得的合法收入,必须用于章程规定的业务活动,"任何单位和个人不得侵占、私分或者挪用民办非企业单位的资产"。民办非企业单位的盈余和清算后的剩余财产也只能用于社会公益事业,不得在成员中分配等。

2020年颁布的制度解释规定,同时具备《民间非营利组织会计制度》第二条第二款所列三项特征的非营利性民办学校、医疗机构等社会服务机构,境外非政府组织在中国境内依法登记设立的代表机构应当按照《民间非营利组织会计制度》进行会计核算。

任务二 会 计 要 素

会计要素,是指会计核算对象的基本分类,是设定会计报表结构和内容的依据,也是进行确认和计量的依据。作为反映民间非营利组织财务状况和业务活动情况的基本单位,会计要素又是会计报表的基本构件。

考虑到民间非营利组织的资源提供者既不享有组织的所有权,也不从组织中取得经济回报,不存在像企业那样需要核算所有者权益和利润的问题,所以没有引入企业会计中的所有者权益和利润会计要素。同时,由于其会计核算基础为权责发生制,因此,也没有引入行政单位会计中的支出会计要素。

根据《民间非营利组织会计制度》的规定,民间非营利组织的会计要素可以划分为反映财务状况的会计要素和反映业务活动情况的会计要素。其中,反映财务状况的会计要素包括资产、负债和净资产,其会计等式为:资产－负债＝净资产;反映业务活动情况的会计要素包括收入和费用,其会计等式为:收入－费用＝净资产变动额。

一、反映财务状况的会计要素

财务状况,是指民间非营利组织一定时期的资产、负债及净资产的情况,是民间非营利组织资金活动相对静止状况的表现。一个民间非营利组织的账务状况可通过以下会计要素得以反映。

(一) 资产

资产是指过去的交易或者事项形成并由民间非营利组织拥有或者控制的资源。该资源预期会给民间非营利组织带来经济利益或者服务潜力。包括各种财产、债权和其他权利。

一般来说,资产具有三个方面的基本特征:① 资产的实质是经济资源;② 资产是由特定主体所占有或运用的;③ 资产必须能够用货币来计量。

在会计上,一般按资产的流动性将资产分为流动资产、长期投资、固定资产、无形资产和受托代理资产等。

1. 流动资产

流动资产是指预期可以在 1 年内(含 1 年)变现或者耗用的资产,包括现金、银行存款、短期投资、应收款项、预付账款、存货和待摊费用等。价值周转快、变现能力强以及实物形态不断变化是流动资产的主要特点。

2. 长期投资

长期投资是相对于短期投资而言的,即民间非营利组织不准备随时变现,并且持有时间在 1 年以上的投资。民间非营利组织的长期投资一般都不准备在短期内转让出去或作为调度资金的手段。

3. 固定资产

固定资产,是指民间非营利组织为行政管理、提供劳务、生产商品或者出租目的而持有的,预计使用年限超过 1 年、单位价值较高的有形资产,包括房屋和建筑物、一般设备、专用设备、交通工具、文物文化资产(陈列品、图书)和其他固定资产。单位价值虽未达到规定标准,但使用期限超过 1 年的大批同类物资,如馆藏图书,也可作为固定资产核算。从实物形态看,固定资产可以经过多个会计年度或参加多个生产周期而不影响或改变原有的实物形态。从价值形态看,民间非营利组织固定资产的价值是随着参加业务活动发生损耗而逐渐地、部分地转移到它所生产的产品或提供的劳务中去,构成产品或劳务成本的一部分,并通过产品价值或劳务价值的实现而得到补偿。

4. 无形资产

无形资产,是指民间非营利组织为开展业务活动、出租给他人或为管理目的而持有的、没有实物形态的非货币性长期资产,包括专利权、非专利技术、商标权、著作权、土地使用权等。不易变现、流动性较弱以及未来经济利益的高度不确定性是无形资产的基本特征。

5. 受托代理资产

受托代理资产,是指民间非营利组织接受委托方委托从事受托代理业务而收到的资产。在受托代理过程中,民间非营利组织通常只是从委托方收到受托资产,并按照委托人的意愿将资产转赠给指定的其他组织或者个人。民间非营利组织只是在委托代理过程中起中介作用,无权改变受托代理资产的用途或者变更受益人。

(二) 负债

负债是指过去的交易或者事项形成的现时义务,履行该义务预期会导致含有经济利益或者服务潜力的资源流出民间非营利组织,包括流动负债、长期负债和受托代理负债等。

1. 流动负债

流动负债是指将在 1 年内(含 1 年)偿还的债务,包括短期借款、应付款项、应付工资、应交税金、预收账款、预提费用和预计负债等。

2. 长期负债

长期负债是指偿还期限在 1 年以上(不含 1 年)的负债,包括长期借款、长期应付款和其他长期负债。

3. 受托代理负债

受托代理负债是指民间非营利组织因从事受托代理业务、接受委托代理资产而产生的负债。

（三）净资产

净资产是指民间非营利组织的资产减去负债后的余额，包括限定性净资产和非限定性净资产。

如果资产或者资产所产生的经济利益（如资产的投资收益和利息等）的使用受到资产提供者或者国家有关法律、行政法规所设置的时间限制或（和）用途限制，则由此形成的净资产即为限定性净资产，国家有关法律、行政法规对净资产的使用直接设置限制的，则该受限制的净资产也属于限定性净资产。除此之外的其他净资产，即为非限定性净资产。

二、反映业务成果的会计要素

业务成果，是指民间非营利组织在一定时期内从事业务活动所取得的最终成果，是资金活动显著变动状态的主要体现。一个民间非营利组织的业务成果可通过以下会计要素得以反映。

（一）收入

收入是指民间非营利组织开展业务活动取得的、导致本期净资产增加的经济利益或者服务潜力的流入。收入包括捐赠收入、会费收入、提供服务收入、政府补助收入、投资收益、商品销售收入等主要业务活动收入和其他收入。

1. 捐赠收入

捐赠收入是指民间非营利组织接受其他单位或者个人捐赠所取得的收入。

2. 会费收入

会费收入是指民间非营利组织根据章程等规定向会员收取的会费。

3. 提供服务收入

提供服务收入是指民间非营利组织根据章程等规定向其服务对象提供服务取得的收入，包括学费收入、医疗费收入、培训收入等。

4. 政府补助收入

政府补助收入是指民间非营利组织接受政府拨款或者政府机构给予的补助而取得的收入。

5. 商品销售收入

商品销售收入是指民间非营利组织销售商品（如出版物、药品等）等所形成的收入。

6. 投资收益

投资收益是指民间非营利组织因对外投资取得的投资净收益。

7. 其他收入

其他收入是指民间非营利组织除上述主要业务收入以外的其他收入，如固定资产处置净收入、无形资产处置净收入等。

（二）费用

费用是指民间非营利组织为开展业务活动所发生的、导致本期净资产减少的经济利益或者服务潜力的流出，包括业务活动成本、管理费用、筹资费用和其他费用等。

任务三 会计科目

会计科目的设置:民间非营利组织共设有 48 个会计科目,每个会计科目都有统一的名称、编号和核算内容。民间非营利组织可根据实际需要选择使用某些会计科目,但不得随意改变会计科目的名称和编号。除民间非营利组织会计制度有明确规定外,在不违反统一会计核算要求的前提下,民间非营利组织可根据需要自行确定明细科目。

制度统一规定的科目如表 12-1 所示。

表 12-1 民间非营利组织会计科目名称及核算内容

序　号	编　号	科目名称	核算内容
一、资产类			
1	1001	现金	核算单位库存的现金。收入时记借方,付出时记贷方。借方余额反映单位实际持有的库存现金
2	1002	银行存款	核算单位存入银行或其他金融机构的各种存款。存入时记借方,支付或提取时记贷方。借方余额反映单位实际存在银行或其他金融机构的款项
3	1009	其他货币资金	核算单位的外埠存款、银行汇票存款、银行本票存款、信用卡存款、信用证保证金存款、存出投资款等各种其他货币资金。存入时记借方,支付或提取时记贷方。期末借方余额反映民间非营利组织实际持有的其他货币资金
4	1101	短期投资	核算单位持有的能够随时变现并且持有时间不准备超过 1 年(含 1 年)的投资,包括股票、债券投资等。取得时按投资成本记借方,收到利息或现金股利、出售或到期收回债券本息按实际收到的金额记贷方。期末余额反映民间非营利组织持有的各种股票、债券等短期投资的成本
5	1102	短期投资跌价准备	核算单位提取的短期投资跌价准备。民间非营利组织应定期或在每年年终对短期投资是否发生减值进行检查,如期末市价低于账面价值,按其差额记入贷方,如期末市价高于账面价值,按其差额,在原已提跌价准备范围内记入借方,出售或收回短期投资,按已计提的跌价准备记入借方。期末贷方余额反映民间非营利组织已计提的短期投资跌价准备
6	1111	应收票据	核算单位因销售商品、提供服务等而收到的商业汇票,包括银行承兑汇票和商业承兑汇票。收到时记借方,向银行贴现、背书或到期收回时记贷方。如应收票据为带息票据,票据到期时按票面价值和确定的利率计算的利息记入借方。期末借方余额反映民间非营利组织的商业汇票的票面价值和应计利息

序　号	编　号	科目名称	核算内容
7	1121	应收账款	核算单位因销售商品、提供服务等主要业务活动,应当向会员、购买单位或接受服务单位等收取的,但尚未实际收到的款项。发生时借方,收回时记贷方。期末借方余额反映民间非营利组织尚未收回的应收账款
8	1122	其他应收款	核算单位除应收票据、应收账款以外的其他各项应收、暂付款项,包括应收股利、应收利息、应向职工收取的各种垫付款项、职工借款、应保险公司赔款等。发生时记借方,收回时记贷方。期末借方余额反映民间非营利组织尚未收回的其他应收账款
9	1131	坏账准备	核算单位提取的坏账准备。民间非营利组织应定期或在每年年终对应收款项进行全面检查,对预计可能产生的坏账损失计提坏账准备。计提时记贷方,冲减时记借方。期末贷方余额反映民间非营利组织已提取的坏账准备
10	1141	预付账款	核算单位预付给商品供应单位或者服务提供单位的款项。预付时记借方,实际结算时记贷方。期末借方余额反映民间非营利组织实际预付的款项
11	1201	存货	核算单位在日常业务活动中持有以备出售或捐赠的,或者为了出售或捐赠仍处于生产过程中的,或者将在生产、提供服务或日常管理过程中耗用的材料、物资、商品等,包括材料、库存商品、委托加工材料,以及达不到固定资产标准的工具、器具等。取得时,按成本记入借方,发出时按确定实际成本记入贷方。期末借方余额反映民间非营利组织存货实际库存价值
12	1202	存货跌价准备	核算单位提取的存货跌价准备。民间非营利组织应定期或在每年年终对存货是否发生减值进行检查,如期末市价低于账面价值,按其差额记入贷方,如期末市价高于账面价值,按其差额,在原已提跌价准备范围内记入借方。期末贷方余额反映民间非营利组织已计提的存货跌价准备
13	1301	待摊费用	核算单位已经支出,但应当由本期和以后各期分别负担的分摊期在1年以内(含1年)的各项费用,如预付保险费、预付租金等。发生时记借方,分摊时记贷方。期末借方余额反映民间非营利组织各种已支出但尚未推销的费用
14	1401	长期股权投资	核算单位持有的时间准备超过1年(不含1年)的各种股权性质的投资,包括长期股票投资和其他长期股权投资。取得时记借方,处置时记贷方。长期股权投资持有期间,按照应当享有或应当分担的被投资单位当年实现的净利润的份额记入借方,净亏损记入贷方。被投资单位宣告分派利润或现金股利时,记入贷方

序 号	编 号	科目名称	核算内容
15	1402	长期债权投资	核算单位购入的在 1 年内(不含 1 年)不能变现的或不准备随时变现的债券和其他债权投资。取得时,按实际成本记入借方,按票面利率计算利息收入时,可转换公司债券转换为股份时或者处置长期债权投资时记入贷方。当改变投资目的,将短期投资划转为长期债权投资时,按成本与市价孰低原则确定成本,记入借方。期末借方余额反映民间非营利组织持有的长期投资价值
16	1421	长期投资减值准备	核算单位提取的长期投资减值准备。民间非营利组织应定期或在每年年终对长期投资是否发生减值进行检查,如期末可收回金额低于账面价值,按其差额记入贷方。出售或收回,或者以其他方式处置长期投资时,同时结转已计提减值准备。期末贷方余额反映民间非营利组织已计提的长期投资减值准备
17	1501	固定资产	核算单位固定资产的原价。增加时记借方,减少时记贷方。期末借方余额反映民间非营利组织固定资产账面原价
18	1502	累计折旧	核算单位固定资产的累计折旧。按月计提时记入贷方,固定资产处置时,将相应提取的折旧记入借方。期末贷方余额反映民间非营利组织提取的固定资产折旧累计数
19	1505	在建工程	核算单位进行在建工程所发生的实际支出。支付各项费用(包括自营工程的直接材料、直接人工、直接机械使用费等;出包工程的工程价款,以及工程管理费、征地费、可行性研究费、借款费用等)时记入借方,结转固定资产或出售和以其他方式处置时记入贷方。期末借方余额反映民间非营利组织尚未完工的各项在建工程发生的实际支出
20	1506	文物文化资产	核算单位用于展览、教育或研究等目的历史文物、艺术品以及其他具有文化或者历史价值并作长期或者永久保存的典藏等。取得时按实际或确认的成本记入借方,出售或者处置时记入贷方。期末借方余额反映民间非营利组织期末文物文化资产价值
21	1509	固定资产清理	核算单位因出售、报废和毁损或其他处置等原因转入清理的固定资产价值及其清理过程中所发生的清理费用和清理收入。处置固定资产转入和支付相关清理费用时记入借方,收到清理收入和净收益转账时记入贷方。期末余额反映民间非营利组织尚未清理完毕的固定资产的价值以及清理净收入(清理收入减去清理费用)
22	1601	无形资产	核算单位为开展业务活动、出租给他人或为管理目的而持有的且没有实物形态的非货币性长期资产,包括专利权、非专利技术、商标权、著作权、土地使用权等。取得时按实际成本记入借方,按月摊销或出售、处置时记入贷方。期末借方余额反映民间非营利组织已入账但尚未摊销的无形资产的摊余价值

序　号	编　号	科目名称	核算内容
23	1701	受托代理资产	核算单位接受委托方委托从事受托代理业务而收到的资产。收到的代理资产记入借方,转赠或转出代理资产时记入贷方。期末借方余额反映民间非营利组织期末尚未转出的受托代理资产价值
		二、负债类	
24	2101	短期借款	核算单位向银行或其他金融机构等借入的期限在1年以下(含1年)的各种借款。借入时记入贷方,归还时记入借方,期末贷方余额反映民间非营利组织尚未偿还的短期借款本金
25	2201	应付票据	核算单位购买材料、商品和接受服务供应等而开出、承兑的商业汇票,包括银行承兑汇票和商业承兑汇票。开出、承兑和带息应付票据期末计算应付利息时记入贷方,到期支付或到期无力支付转账时记入借方。期末贷方余额反映民间非营利组织持有的尚未到期的应付票据本息
26	2202	应付账款	核算单位因购买材料、商品和接受服务供应等而应付给供应单位的款项。发生时记入贷方,偿付或确实无法偿付时记入借方。期末贷方余额反映民间非营利组织尚未支付的应付款项
27	2203	预收账款	核算单位向服务和商品购买单位预收的各种款项。预收时记入贷方,确认收入时记入借方。期末贷方余额反映民间非营利组织向购货单位预收的款项
28	2204	应付工资	核算单位应付职工的工资总额,包括工资总额内的各种工资、奖金、津贴等。支付时记入借方,期末分配时记入贷方。期末一般无余额,如应付工资大于实发工资,期末贷方余额反映尚未领取的工资余额
29	2206	应交税金	核算单位按照国家税法规定应当交纳的各种税费,如营业税、增值税、所得税、房产税、个人所得税。发生时记入贷方,交纳时记入借方。期末贷方余额反映民间非营利组织尚未交纳的税费;期末借方余额反映民间非营利组织多交的税费
30	2209	其他应付款	核算单位应付、暂收其他单位或个人的款项,如应付经营租入固定资产的租金等。发生时记入贷方,支付时记入借方,期末贷方余额反映尚未支付的其他应付款项
31	2301	预提费用	核算单位按照规定预先提取的已经发生的但尚未支付的费用,如预提的租金、保险费、借款利息等。预提时记入贷方,实际支出时记入借方。期末贷方余额反映民间非营利组织已预提但尚未支付的各项费用

序　号	编　号	科目名称	核算内容
32	2401	预计负债	核算单位因或有事项所产生的现时义务而确认的负债，包括因对外提供担保、商业承兑汇票贴现、未决诉讼等确认的负债。确认时记贷方，实际偿付或转回时记借方，期末贷方余额反映民间非营利组织已预计尚未支付的债务
33	2501	长期借款	核算单位向银行或其他金融机构借入期限在1年以上（不含1年）的各项借款。借入和借入后发生借款费用时记入贷方，归还时记入借方。期末贷方余额反映民间非营利组织尚未归还的长期借款本息
34	2502	长期应付款	核算单位的各项长期应付款项，如融资租入固定资产的租赁费等。发生时记入贷方，支付时记入借方。期末贷方余额反映民间非营利组织尚未支付的各种长期应付款项
35	2601	受托代理负债	核算单位因从事受托代理业务、接受受托代理资产而产生的负债。收到受托代理资产时记入贷方，转赠或者转出受托代理资产时记入借方。期末贷方余额反映民间非营利组织尚未清偿的受托代理负债
三、净资产类			
36	3101	非限定性净资产	核算单位净资产中除限定性净资产之外的其他净资产。期末结转各类收入中的非限定性收入或者限定性净资产的限制解除时记入贷方，结转各类费用时记入借方。期末贷方余额反映民间非营利组织历年积存的非限定性净资产
37	3102	限定性净资产	核算单位因资产或资产的投资收益的使用和处置受到资产提供者或者国家法律、法规所设置的时间限制或用途限制而形成的净资产。期末结转各类收入中的限定性收入时记入贷方，限定性净资产的限制解除时记入借方（按在相应期间之内或相应日期之后按照使用的相关资产金额或者实际发生的相关费用金额结转）。期末贷方余额反映民间非营利组织历年积存的限定性净资产
四、收入费用类			
38	4101	捐赠收入	核算单位接受其他单位或者个人捐赠所取得的收入。收到或确认时记贷方，期末结转时记借方。期末结转后，本科目应无余额。如捐赠者对捐赠资金的使用设定了时间限制或用途限制，则为限定性收入，除此之外，为非限定性收入
39	4201	会费收入	核算单位根据章程规定向会员收取的会费收入。收取时记贷方，期末结转时记借方。期末结转后，本科目应无余额。一般情况下，会费收入为非限定性收入
40	4301	提供服务收入	核算单位根据章程等规定向其服务对象提供服务取得的收入，包括学杂费收入、医疗收入、培训收入等。取得收入或确认时记贷方，期末结转时记借方。期末结转后，本科目应无余额。一般情况下，提供服务收入为非限定性收入

序 号	编 号	科目名称	核算内容
41	4401	政府补助收入	核算单位因为政府拨款或者政府机构给予的补助而取得的收入。收到或确认时记贷方,期末结转时记借方。期末结转后,本科目应无余额。如政府对补助的使用设定了时间限制或用途限制,则为限定性收入,除此之外,为非限定性收入
42	4501	商品销售收入	核算单位销售商品(如出版物、药品)等所形成的收入。收入确认时记贷方,已确认收入的商品退回或期末结转时记借方。期末结转后,本科目应无余额。一般情况下商品销售收入为非限定性收入
43	4601	投资收益	核算单位因对外投资取得的投资净收益。投资处置或被投资单位宣告发放现金股利或利润时记贷方,期末结转时记借方。期末结转后,本科目应无余额。一般情况下,投资收益为非限定性收入
44	4901	其他收入	核算单位除捐赠收入、会费收入、提供服务收入、商品销售收入、政府补助收入、投资收益等主要业务活动收入以外的其他收入,如确实无法支付的应付款项、存货盘盈、固定资产盘盈、固定资产处置净收入、无形资产处置净收入等。收到或确认时记贷方,期末结转时记借方。期末结转后,本科目应无余额。一般情况下,其他收入为非限定性收入
45	5101	业务活动成本	核算单位为了实现其业务活动目标、开展其项目或者提供服务所发生的费用。发生时记借方,期末结转时记贷方。期末结转后,本科目应无余额
46	5201	管理费用	核算单位为组织和管理其业务活动所发生的各项费用,包括民间非营利组织董事会经费和行政管理人员的工资、奖金、津贴、福利费、住房公积金、住房补贴、社会保障费、离退休人员工资与补助,以及办公费、水电费、邮电费、物业管理费、差旅费、折旧费、修理费、无形资产推销费、存货盘亏损失、资产减值损失、因预计负债所产生的损失、聘请中介机构费和应偿还的受赠资产、政府补助资产或金额等。发生或确认时记借方,期末结转时记贷方。期末结转后,本科目应无余额
47	5301	筹资费用	核算单位为筹集业务活动所需资金而发生的费用,包括民间非营利组织获得捐赠资产而发生的费用以及应当计入当期费用的借款费用、汇兑损失(减汇兑收益)等。发生时记借方,应冲减或期末结转时记贷方。期末结转后,本科目应无余额
48	5401	其他费用	核算单位发生的、无法归属到上述业务活动成本、管理费用或者筹资费用中的费用,包括固定资产处置损失、无形资产处置净损失等。发生时记借方,期末结转时记贷方。期末结转后,本科目应无余额

任务四　民间非营利组织会计账务处理的特点

（1）资产分类的区别。将债权投资和股权投资以持有期限为基准划分为短期投资和长期投资。短期投资是指能够随时变现并且持有时间不准备超过1年(含1年)的投资,包括股票、债券投资等。长期投资,是指除短期投资以外的投资,包括长期股权投资和长期债权投资等。

（2）资产减值计入当期费用。对短期投资、应收款项、存货、长期投资、固定资产、无形资产等资产是否发生了减值进行检查,如果这些资产发生了减值,应当计提减值准备,确认减值损失,并计入当期费用,而不是计入资产减值损失。

（3）收到利息、股利不计入投资收益。短期投资的利息或现金股利应当于实际收到时冲减投资的账面价值,但在购买时已计入应收款项的现金股利或者利息除外。

（4）收入分类大不同。收入是指民间非营利组织开展业务活动取得的、导致本期净资产增加的经济利益或者服务潜力的流入,分为捐赠收入、会费收入、提供服务收入、政府补助收入、商品销售收入、其他收入。

（5）费用科目不同。费用是指民间非营利组织为开展业务活动所发生的、导致本期净资产减少的经济利益或者服务潜力的流出,分为业务活动成本、管理费用、筹资费用、其他费用。

（6）长投的核算方法选择标准不同。对被投资单位无控制、无共同控制且无重大影响的,长期股权投资应当采用成本法进行核算;对被投资单位具有控制、共同控制或重大影响的,长期股权投资应当采用权益法进行核算。

（7）可转换公司债券的核算更加简便。可转换公司债券在转换为股份之前,应当按一般债券投资进行处理。当民间非营利组织行使转换权利,将其持有的债券投资转换为股份时,应当按其账面价值减去收到的现金后的余额,作为股权投资的初始投资成本。

（8）投资资产类型转变的计量。民间非营利组织改变投资目的,将短期投资划转为长期投资,应当按短期投资的成本与市价孰低结转。

（9）文物文化资产。用于展览、教育或研究等目的的历史文物、艺术品以及其他具有文化或者历史价值并作长期或者永久保存的典藏等,作为固定资产核算,但不必计提折旧。在资产负债表中,应当单列"文物文化资产"项目予以单独反映。

（10）无形资产的初始计量。自行开发并按法律程序申请取得的无形资产,按依法取得时发生的注册费、聘请律师费等费用,作为无形资产的实际成本。依法取得前,在研究与开发过程中发生的材料费用、直接参与开发人员的工资及福利费、开发过程中发生的租金、借款费用等直接计入当期费用。

（11）受托代理资产。是指民间非营利组织接受委托方委托从事受托代理业务而收到的资产。民间非营利组织应当对受托代理资产比照接受捐赠资产的原则进行确认和计量,但在确认一项受托代理资产时,应当同时确认一项受托代理负债。

（12）净资产。民间非营利组织的净资产是指资产减去负债后的余额。净资产应当按照其是否受到限制,分为限定性净资产和非限定性净资产。如果资产或者资产所产生的经济利益（如资产的投资收益和利息等）的使用受到资产提供者或者国家有关法律、行政法规所设置的时间限制或（和）用途限制，则由此形成的净资产即为限定性净资产，国家有关法律、行政法规对净资产的使用直接设置限制的，该受限制的净资产亦为限定性净资产。除此之外的其他净资产，即为非限定性净资产。如果限定性净资产的限制已经解除，应当对净资产进行重新分类，将限定性净资产转为非限定性净资产。

（13）期末收入费用的结转。民间非营利组织应当将本期限定性收入和非限定性收入分别结转至净资产项下的限定性净资产和非限定性净资产；将本期发生的各项费用结转至净资产项下的非限定性净资产，作为非限定性净资产的减项。

（14）财务报告体系。民间非营利组织的财务会计报告由会计报表、会计报表附注和财务情况说明书组成。会计报表至少应当包括以下三张报表：① 资产负债表；② 业务活动表；③ 现金流量表。

关键术语

民间非营利组织　社会组织

应知考核

1. 民间非营利组织的法律界定是什么？
2. 民间非营利组织的特征是什么？
3. 《民间非营利组织会计制度》的特征是什么？
4. 《民间非营利组织会计制度》的会计核算原则是什么？

应会考核

《民间非营利组织会计制度》的五大会计要素是什么？

项目十三

民间非营利组织特有或特殊交易的会计处理

知识目标

了解民间非营利组织特有的业务。

技能目标

掌握民间非营利组织在业务核算上的特殊之处。

知识准备

民间非营利组织会计核算采用单一权责发生制。为了满足民间非营利组织的特殊业务活动(如接受捐赠)的计量要求,民间非营利组织会计在采用历史成本计价的基础上,引入公允价值计量基础。由于民间非营利组织不以营利为目的,也不取得经济回报,因此民间非营利组织不存在向企业那样需要核算所有者权益和利润的问题,而是设置了净资产这一要素。由于民间非营利组织采用权责发生制作为会计核算基础,因此设置了费用要素,而没有使用行政、事业单位的支出要素。

任务一　受托代理业务的会计处理

在民间非营利组织实务中,通常还从事不少受托代理业务,尤其是一些基金会、慈善组织等。民间非营利组织所从事的受托代理业务,是指民间非营利组织只是从委托方收到受托资产,并按照委托人的意愿将资产转赠给指定的其他组织或者个人,或者按照有关规定将资产转交给指定的其他组织或者个人的行为。显然,受托代理业务与接受捐赠业务有本质上的差别。因此,进行会计处理时,应当将受托代理业务与捐赠业务相区分,民间非营利组织因从事受托代理业务而获得受托代理资产时,不应当确认收入,因为受托代理交易不会增加民间非营利组织的净资产。

对于受托代理业务,应当比照接受捐赠资产的原则确认和计量受托代理资产,同时应当按照其金额确认相应的受托代理负债。为此,需要设置两个会计科目,即"受托代理资产"和"受托代理负债"科目,分别核算民间非营利组织接受委托方委托从事受托代理业务而收到的资产与民间非营利组织因从事受托代理业务、接受受托代理资产而产生的负债。同时,应当在"受托代理资产"和"受托代理负债"科目下,按照指定的受赠组织或个人设置明细账,进行明细核算。"受托代理资产"科目的期末借方余额,反映民间非营利组织期末尚未转出的受托代理资产价值;"受托代理负债"科目的期末贷方余额,反映民间非营利组织尚未清偿的受托代理负债。

(1) 在收到受托代理资产时,应当按照应确认的受托代理资产的入账金额,借记"受托代理资产"科目,贷记"受托代理负债"科目。

其中,受托代理资产的入账价值应当按照以下方法确定:

① 如果受托代理资产为现金、银行存款或其他货币资金,应当按照实际收到的金额作为受托代理资产的入账价值;

② 如果受托代理资产为短期投资、存货、长期投资、固定资产和无形资产等非现金资产,应当视不同情况确定其入账价值:如果委托方提供了有关凭据(如发票、报关单、有关协议等),则应当按照凭据上标明的金额作为入账价值。如果凭据上标明的金额与受托代理资产的公允价值相差较大,受托代理资产应当以其公允价值作为入账价值。如果捐赠方没有提供有关凭据,受托代理资产应当按照其公允价值作为入账价值。

(2) 在转赠或者转出受托代理资产时,应当按照转出受托代理资产的账面余额,借记"受托代理负债"科目,贷记"受托代理资产"科目。

(3) 收到的受托代理资产如果为现金、银行存款或其他货币资金,可以不通过"受托代理资产"科目核算,而在"现金""银行存款""其他货币资金"科目下设置"受托代理资产"明细科目进行核算。即在取得这些受托代理资产时,借记"现金——受托代理资产""银行存款——受托代理资产""其他货币资金——受托代理资产"科目,贷记"受托代理负债"科目;在转赠或者转出受托代理资产时,借记"受托代理负债"科目,贷记"现金——受托代理资产""银行存款——受托代理资产""其他货币资金——受托代理资产"科目。

(4) 民间非营利组织从事受托代理业务时发生的应归属于其自身的相关税费、运输费等,应当计入当期费用,借记"其他费用"科目,贷记"银行存款"等科目。

【例 13-1】 2019 年 12 月 10 日,甲基金会、乙社团与丙企业共同签订了一份捐赠协议,协议规定:丙企业将通过甲基金会向乙社团下属的 10 家儿童福利院(附有具体的受赠福利院名单)捐赠全新的台式电脑 60 台,每家福利院 6 台。每台电脑的账面价值为 12 000 元。丙企业应当在协议签订后的 10 日内将电脑运至甲基金会。甲基金会应当在电脑运抵后的 20 日内派志愿者将电脑送至各福利院,并负责安装。2019 年 12 月 18 日,丙企业按照协议规定将电脑运至甲基金会。假设截至 2019 年 12 月 31 日,甲基金会尚未将电脑送至各福利院。不考虑其他因素和税费。

首先根据协议规定判断,此项交易对甲基金会而言属于受托代理交易。

(1) 2019 年 12 月 28 日,收到电脑时,甲基金会的会计处理如下:

借:受托代理资产——电脑　　　　　　　　　　　　　　　72 000

　　贷:受托代理负债　　　　　　　　　　　　　　　　　　　　72 000

(2) 相关披露。

甲基金会应当在 2019 年 12 月 31 日资产负债表中单设"受托代理资产"和"受托代理负债"项目,金额均为 72 000 元。同时,应当在会计报表附注中,披露该受托代理业务的情况。

【例 13-2】　2019 年 12 月 1 日,甲基金会与乙企业签订了一份捐赠合作协议,协议规定:乙企业将通过甲基金会向丙学校捐款 100 000 元,乙企业应当在协议签订后的 10 日内将款项汇往甲基金会银行账户,甲基金会应当在收到款项后的 10 日内将款项汇往丙学校的银行账户。2019 年 12 月 8 日,乙企业按照协议规定将款项汇至甲基金会账户。2019 年 12 月 15 日,甲基金会按照协议规定将款项汇至丙学校账户。假设不考虑其他因素和税费。首先根据协议规定判断,此项交易对甲基金会而言属于受托代理交易。会计分录如下:

2019 年 12 月 8 日,收到银行存款时,

借:银行存款——受托代理资产　　　　　　　　　　　　　　　　100 000

　　贷:受托代理负债　　　　　　　　　　　　　　　　　　　　　　100 000

2019 年 12 月 15 日,转出银行存款时,

借:受托代理负债　　　　　　　　　　　　　　　　　　　　　　100 000

　　贷:银行存款——受托代理资产　　　　　　　　　　　　　　　　100 000

任务二　文物文化资产的会计处理

在会计实务中,不少民间非营利组织拥有大量的艺术品和历史文物等,比如基金会接受捐赠的字画和其他艺术品、博物馆的艺术品及文物收藏和寺庙拥有的历史文物等,主要用于展览、教育或研究等目的,通常不对外捐赠或销售。用于展览、教育或研究等目的的历史文物、艺术品以及其他具有文化或者历史价值并作长期或者永久保存的典藏等,应当单设“文物文化资产”科目进行账务处理。文物文化资产在持有期间一般不会像其他固定资产那样会发生损耗,因此不必计提折旧。在资产负债表中,应当单列“文物文化资产”项目予以反映。为了加强对文物文化资产的管理,民间非营利组织应当设置文物文化资产登记簿和文物文化资产卡片,按文物文化资产类别等设置明细账,进行明细核算。

一、文物文化资产的初始计量及其账务处理

文物文化资产在取得时,应当按照取得时的实际成本入账。具体如下:

(1) 外购的文物文化资产,应当按照实际支付的买价、相关税费以及为使文物文化资产达到预定可使用状态前发生的可直接归属于该文物文化资产的其他支出(如运输费、安装费、装卸费等),借记“文物文化资产”科目,贷记“银行存款”“应付账款”等科目。如果以一笔款项购入多项没有单独标价的文物文化资产,按照各项文物文化资产公允价值的比例对总成本进行分配,分别确定各项文物文化资产的入账价值。

(2) 接受捐赠的文物文化资产,按照接受捐赠资产的计价原则所确定的成本,借记“文物文化资产”科目,贷记“捐赠收入”科目。

【例 13-3】　甲民办学校接受捐赠一幅某画家创作的画作,该画家创作的画作在市场上交易活跃,所捐赠的画作估计市价为 2 万元,画家对画作的使用没有设置任何限制。账务处理如下:

借:文物文化资产　　　　　　　　　　　　　　　　　　　　　20 000

　　贷:捐赠收入——非限定性收入　　　　　　　　　　　　　　　20 000

二、文物文化资产处置的账务处理

民间非营利组织在出售文物文化资产，或者发生文物文化资产毁损，或者以其他方式处置文物文化资产时，应当按照所处置文物文化资产的账面余额，借记"固定资产清理"科目，贷记"文物文化资产"科目。固定资产清理的核算和清理后净损益的核算，与一般固定资产清理的账务处理相同。

三、文物文化资产盘点及其账务处理

民间非营利组织对文物文化资产应当定期或者至少每年实地盘点一次。对盘盈、盘亏的文物文化资产，应当及时查明原因，并根据管理权限，报经批准后，在期末前结账处理完毕。如为文物文化资产盘盈，应当按照其公允价值，借记"文物文化资产"科目，贷记"其他收入"科目。如为文物文化资产盘亏，应当按照"文物文化资产"科目账面余额扣除可以收回的保险赔偿和过失人的赔偿等后的金额，借记"管理费用"科目，按照可以收回的保险赔偿和过失人赔偿等，借记"现金""银行存款""其他应收款"等科目，按照文物文化资产的账面余额，贷记"文物文化资产"科目。

【例 13-4】 某民间非营利组织在期末盘盈一件艺术品，经估计，该艺术品的公允价值为 1 万元。账务处理如下：

借：文物文化资产   10 000

  贷：其他收入——非限定性收入   10 000

任务三 资产减值会计

《民间非营利组织会计制度》出于会计信息有用性和会计谨慎性原则的考虑，引入了资产减值会计。应当定期或者至少于每年年度终了，对短期投资、应收款项、存货、长期投资等资产是否发生了减值进行检查，如果这些资产发生了减值，应当计提减值准备，确认减值损失，并计入当期费用。考虑到民间非营利组织的固定资产、无形资产等其他长期资产，发生减值的可能性较小，而且其减值损失的计量也相对比较困难，所以，该制度原则上不要求计提减值准备，但是如果固定资产或者无形资产发生了重大减值，则应当计提减值准备，确认减值损失。也就是说，民间非营利组织对于短期投资、应收款项、存货和长期投资必须计提减值准备，而对于固定资产和无形资产而言，在这些资产因技术更新、遭受自然灾害等原因而发生重大资产减值时，也应当计提减值准备，以如实反映资产的价值和民间非营利组织的财务状况。2020 年的"《民间非营利组织会计制度》若干问题的解释"中规定，长期投资、固定资产、无形资产的资产减值损失一经确认，在以后会计期间不得转回。

一、短期投资减值

短期投资的期末计价是指期末短期投资在资产负债表上反映的价值。在会计期末，民间非营利组织应当对短期投资是否发生了减值进行检查。如果短期投资的市价低于其账面价值，应当按照市价低于账面价值的差额计提短期投资跌价准备，确认短期投资跌价损失并计入当期费用,借记"管理费用——短期投资跌价损失"科目,贷记"短期投资跌价准备"科目。如果短期投资的市价高于其账面价值,应当在该短期投资期初已计提跌价准备的范围内转回市价高于账面价值的差额,冲减当期费用,借记"短期投资跌价准备"科目,贷记"管理费用——短期投资跌价损失"科目。

因此,民间非营利组织短期投资的期末计价应当采用成本与市价孰低的计价原则。这里的市价一般是指在证券市场上挂牌的交易价格,在具体计算时应按期末证券市场上的收盘价格作为市价。采用成本与市价孰低计价时,民间非营利组织原则上应当按照单项投资计算,确定计提的跌价准备。按单项投资计算短期投资的成本与市价孰低,是指按每一笔短期投资的成本与市价孰低计算提取跌价准备的方法。

【例 13-5】 某民间非营利组织 2019 年 12 月 31 日持有甲、乙、丙三种短期投资的股票,其账面余额分别为 6 000 元、9 000 元、7 700 元;当日的市价分别为 8 000 元、8 500 元、7 000 元。假定以前各期未提取过跌价准备。由此可见,该民间非营利组织持有的乙和丙公司股票市价均已低于其账面价值,由此,对于这两部分短期股票投资应当计提跌价准备,应提取的跌价准备为 1 200 元[=(9 000-8 500)+(7 700-7 000)]。账务处理如下:

借:管理费用——短期投资跌价损失　　　　　　　　　　　　　1 200

　　贷:短期投资跌价准备　　　　　　　　　　　　　　　　　　　　　1 200

二、应收款项坏账

应收款项坏账损失的核算方法主要有两种:一是直接转销法;二是备抵法。民间非营利组织只能采用备抵法核算坏账损失。计提坏账准备的范围主要包括应收账款和其他应收款等。坏账准备的计提方法由民间非营利组织自行确定。民间非营利组织应当制定计提坏账准备的政策,明确计提坏账准备的范围、提取方法、账龄的划分和提取比例等。在确定坏账准备的计提比例或者应计提的坏账准备金额时,民间非营利组织应当根据以往的经验和债务人的资信状况、财务状况、现金流量状况等相关信息予以合理估计,根据应收款项的实际可收回情况合理计提坏账准备,不得多提或少提。

坏账准备的账务处理如下:

(1) 根据计算的当期应提取的坏账准备金额,借记"管理费用——坏账损失"科目,贷记"坏账准备"科目。

(2) 根据计算的当期应冲减的坏账准备金额,借记"坏账准备"科目,贷记"管理费用——坏账损失"科目。

(3) 对于确实无法收回的应收款项,应当及时查明原因,并根据管理权限,经相关批准后,按照无法收回的应收账款金额,借记"坏账准备"科目,贷记"应收账款""其他应收款"等科目。

(4) 如果已确认并转销的应收款项在以后期间又收回,按照实际收回的金额,借记"应收账款""其他应收款"科目,贷记"坏账准备"科目;同时,借记"银行存款"科目,贷记"应收账款""其他应收款"科目。

【例 13-6】 某民间非营利组织成立于 2019 年年初,从当年开始计提坏账准备。2019年年末应收账款余额为 100 000 元,该民间非营利组织估计有 5%的应收款项可能无法收回,因此确定坏账准备的提取比例为应收账款余额的 5%。

(1) 该民间非营利组织 2019 年应计提的坏账准备金额为 5 000(元)(＝100 000×5％)。会计处理如下:

借:管理费用   5 000
  贷:坏账准备   5 000

(2) 2020 年 10 月,该民间非营利组织发现有 2 000 元的应收账款已经确实无法收回,将其确认为坏账损失。其账务处理如下:

借:坏账准备   2 000
  贷:应收账款   2 000

(3) 2020 年 12 月 31 日,该民间非营利组织应收账款余额为 200 000 元。假定坏账准备的计提比率仍然为年末应收账款余额的 5％,则应计提的坏账准备金额(即坏账准备的余额)为 10 000(元)(＝200 000×5％)。

年末计提坏账准备前,"坏账准备"科目的贷方余额为 3 000(元)(＝5 000－2 000)。

2020 年度应补提的坏账准备金额为 7 000(元)(＝10 000－3 000)。

会计处理如下:

借:管理费用   7 000
  贷:坏账准备   7 000

三、存货的减值

民间非营利组织在会计期末,应当对存货是否发生了减值进行检查。如果存货的可变现净值低于其账面价值,应当按照可变现净值低于账面价值的差额计提存货跌价准备,确认存货跌价损失并计入当期费用。如果存货的可变现净值高于其账面价值,应当在该存货期初已计提跌价准备的范围内转回可变现净值高于账面价值的差额,冲减当期费用。

这里所指的可变现净值是指在正常业务活动中,以存货的估计售价减去至完工将要发生的成本以及销售所必需的费用后的金额。考虑到民间非营利组织持有的许多存货并不是为了出售,因此,对于持有不是为了出售的存货可以直接根据其估计售价来确定其可变现净值。

根据民间非营利组织期末减值测试的结果,如果存货的期末可变现净值低于账面价值,则民间非营利组织应当将可变现净值低于账面价值的差额计入当期管理费用,借记"管理费用——存货跌价损失"科目,贷记"存货跌价准备"科目。

如果以前期间已计提跌价准备的存货价值在当期得以恢复,即存货的期末可变现净值高于账面价值,则民间非营利组织应当按照可变现净值高于账面价值的差额,在原已计提跌价准备的范围内,冲减当期管理费用,借记"存货跌价准备"科目,贷记"管理费用——存货跌价损失"科目。

【例 13-7】 2019 年 5 月 10 日,某基金会接受捐赠一批物资 A,入账价值为 60 万元。该基金会拟出售该批物资以变现的资金用于改善某贫困山区农民饮水问题。假定到 2019 年 12 月 31 日,该批物资尚未售出,但是市场上该同类物资的市场价格已经跌至 55 万元。该民间非营利组织为实现该批物资的对外销售,预计将发生销售费用 5 000 元。

根据上述资料,物资 A 在 2019 年年末的可变现净值为 54.5 万元(即估计售价 55 万元减去预计销售费用 5 000 元),低于其账面价值,因此应当计提存货跌价准备,确认存货跌价

损失。应当确认的存货跌价损失为 5.5 万元(＝60－54.5)。其账务处理如下:

借:管理费用——存货跌价损失　　　　　　　　　　　　　　　　　　55 000

　　贷:存货跌价准备　　　　　　　　　　　　　　　　　　　　　　　55 000

【例 13-8】 承上,假定物资 A 在 2020 年售出了 50%,而且已经计提的相应的存货跌价准备已经结转。因此,在 2020 年 12 月 31 日,该批物资尚余 50%,其账面余额为 30 万元,相应的已经计提的存货跌价准备为 27 500 元。但是,在 2020 年 12 月 31 日,该批物资的价值得到了回升,其市场价格上升到 29 万元,预计销售费用为 2 500 元。

根据上述资料,物资 A 在 2020 年年末的可变现净值为 287 500 元(＝290 000－2 500),而该批剩余物资的账面价值为 272 500 元。则物资 A 的可变现净值高于其账面价值15 000元,在原已经计提的跌价准备 27 500 元的范围之内,应当予以转回。账务处理如下:

借:存货跌价准备　　　　　　　　　　　　　　　　　　　　　　　　15 000

　　贷:管理费用——存货跌价损失　　　　　　　　　　　　　　　　　15 000

四、长期债权投资减值

在会计期末,民间非营利组织应当对长期债权投资是否发生了减值进行检查。如果长期债权投资的可收回金额低于其账面价值,应当按照可收回金额低于账面价值的差额计提长期投资减值准备,借记"管理费用——长期债权投资减值损失"科目,贷记"长期投资减值准备——长期债权投资减值准备"科目。其中,可收回金额是指资产的销售净价与预期从该资产的持续使用和使用寿命结束时的处置中形成的预计未来现金流量的现值两者之中的较高者,其中销售净价是指销售价格减去资产处置费用后的余额。

【例 13-9】 某民间非营利组织于 2019 年 10 月 1 日以面值购入甲公司发行的可公开交易的公司债券 100 000 元,准备长期持有,该公司债券年利率为 6%,期限为 5 年,按年付息。2019 年 12 月 31 日,该长期债券投资的账面价值为 101 500 元,假定其可收回金额为 98 000 元,低于其账面价值 3 500 元。为此该民间非营利组织应当计提 3 500 元减值准备,确认减值损失。

2019 年 12 月 31 日,账务处理如下:

借:管理费用——长期债权投资减值损失　　　　　　　　　　　　　3 500

　　贷:长期投资减值准备——长期债权投资减值准备　　　　　　　　3 500

五、长期股权投资减值

为了如实反映民间非营利组织资产的价值,在会计期末,民间非营利组织应当对长期股权投资是否发生了减值进行检查。如果长期股权投资的可收回金额低于其账面价值,应当按照可收回金额低于账面价值的差额计提长期股权投资减值准备,确认长期股权投资减值损失并计入当期费用。

长期股权投资的可收回金额是指长期股权投资的出售净价与预期从该投资的持有期间和投资到期处置中形成的预计未来现金流量的现值两者之中的较高者,其中出售净价是指出售价格减去投资处置费用后的余额。在实务中,可收回金额应当根据被投资单位的财务状况、资信状况、市场价值等具体情况确定。

【例 13-10】 某民间非营利组织长期股权投资的账面价值为 5 000 000 元,由于被投资单位发生严重财务困难,预计未来能够收回的投资为 1 450 000 元,则该项长期股权投资预计可收回金额为 1 450 000 元。

民间非营利组织应当设置"长期投资减值准备——长期股权投资减值准备"科目核算计提的长期股权投资减值准备。如果长期股权投资的期末可收回金额低于账面价值,民间非营利组织应当按照可收回金额低于账面价值的差额,借记"管理费用——长期投资减值损失"科目,贷记"长期投资减值准备——长期股权投资减值准备"科目。

【例 13-11】 甲基金会 2019 年 1 月 1 日以银行存款购买乙股份有限公司股票 100 000 股。该长期股权投资初始入账价值为 450 000 元,按成本法核算。当年 6 月下旬,乙股份有限公司所在地区发生洪水,公司正常的生产经营活动受到重大不利影响,乙股份有限公司股票价格因此严重下挫,于 6 月 30 日跌至每股 2 元。

甲基金会应提取该项投资减值准备＝450 000－100 000×2＝250 000(元)

会计处理如下:

借:管理费用——长期股权投资减值损失　　　　　　　　　250 000
　　贷:长期投资减值准备——长期股权投资减值准备(乙公司)　　　250 000

【例 13-12】 承上,假定在 2020 年 6 月 1 日,甲基金会将其持有的乙股份有限公司股票 100 000 股以每股 3.5 元的价格出售,款项已经收存银行。不考虑相关税费。该出售的长期股权投资在出售前的账面余额为 450 000 元,计提的减值准备为 150 000 元。其账务处理如下:

借:银行存款　　　　　　　　　　　　　　　　　350 000
　　长期投资减值准备——长期股权投资减值准备　　150 000
　　贷:长期股权投资——乙公司　　　　　　　　　　450 000
　　　　投资收益　　　　　　　　　　　　　　　　　50 000

六、固定资产减值

民间非营利组织的固定资产,通常不是为了出售或者为了创造未来的经济利益,所以只要其能够提供预定的效能,一般情况下发生减值的可能性比较小,因此,在会计期末,固定资产通常不必计提减值准备。但是,如果固定资产发生了重大减值,比如固定资产因遭受自然灾害或者其他原因导致出现重大的实体毁损等,则应当计提减值准备,确认减值损失,并将所确认的减值损失计入当期费用。在进行账务处理时,应当根据所计提的减值准备,借记"管理费用——固定资产减值损失"科目,贷记"固定资产减值准备"科目。

发生重大减值准备的固定资产价值通常在以后会计期间很难恢复,除非进行改良或者修复,这样就需要按照固定资产后续支出的会计处理原则进行处理。

需要说明的是,如果固定资产计提了减值准备,那么相应的固定资产的折旧计提需要做相应的调整。民间非营利组织应当对已计提减值准备的固定资产,按照该固定资产的账面价值(即固定资产净值减去已经计提减值准备金额后的余额)以及尚可使用寿命重新计算确定折旧率和折旧额;如果已计提减值准备的固定资产价值又得以恢复,应当按照固定资产价值恢复后的账面价值,以及尚可使用寿命重新计算确定折旧率和折旧额。因固定资产减值准备而调整固定资产折旧额时,对此前已计提的累计折旧不做调整。

固定资产计提减值准备后,民间非营利组织应当重新复核固定资产的折旧方法、预计使用寿命和预计净残值(或预计净残值率),并区别情况采用不同的处理方法。

（1）如果固定资产所含经济利益的预期实现方式没有发生变更，民间非营利组织仍应遵循原有的折旧方法，按照固定资产的账面价值扣除预计净残值后的余额以及尚可使用寿命重新计算确定折旧率和折旧额；如果固定资产所含经济利益的预期实现方式发生了重大改变，民间非营利组织应当相应地改变固定资产折旧方法，并按照新的折旧方法计提折旧，但对于以前期间已经计提的折旧则不必调整。

（2）如果固定资产的预计使用寿命没有发生变更，民间非营利组织仍应遵循原有的预计使用寿命，按照固定资产的账面价值扣除预计净残值后的余额以及尚可使用寿命重新计算确定折旧率和折旧额；如果固定资产的预计使用寿命发生变更，民间非营利组织应当相应地改变固定资产的预计使用寿命，并按照新的预计使用寿命计提折旧。

七、无形资产减值

由于民间非营利组织的无形资产在一般情况下发生减值的可能性比较小，因此，在会计期末无形资产通常不必计提减值准备。但是，如果无形资产发生了重大减值，应当对无形资产的可收回金额进行估计，并根据该无形资产的账面价值超过可收回金额的部分，计提减值准备，确认减值损失，并将所确认的减值损失计入当期费用。

在进行账务处理时，应当根据所计提的减值准备，借记"管理费用——无形资产减值损失"科目，贷记"无形资产减值准备"科目。如果无形资产计提了减值准备，那么相应的无形资产的摊销也需要做相应的调整。民间非营利组织应当根据无形资产的账面价值（无形资产账面余额减去计提的减值准备后的余额）在剩余年限内进行摊销。

任务四 净资产的分类与列报

由于民间非营利组织的资源提供者既不从组织取得经济回报，也不享有组织的所有权，民间非营利组织没有与企业一样的所有者权益和对所有者的分配问题。所以，民间非营利组织的资产要么来源于对外借款等负债，要么来源于其自身业务活动的积累（包括设立时获得的初始活动资金或原始基金），比如社会各界的捐赠、政府补助、会员交纳的会费、销售商品或提供有偿服务的所得等。也就是说，在民间非营利组织的总资产中，扣除债权人对之享有要求权的资产（即负债）之后，剩余的就是该组织自己享有要求权的资产，即净资产。我国《民间非营利组织会计制度》将净资产分为两类，即限定性净资产和非限定性净资产。从国际上看，西方发达国家一般也是采用这种分类方法，但分类略有不同。比如美国将净资产分为三类：永久限定性净资产、暂时限定性净资产和非限定性净资产。而我国没有对限定性净资产再进一步区分。

为了更好地反映民间非营利组织净资产的构成、来源及其使用情况，向会计信息使用者提供有用的信息，《民间非营利组织会计制度》按照净资产是否受到限制，将其分为限定性净资产和非限定性净资产。

一、限定性净资产

如果资产或者资产所产生的经济利益（如资产的投资收益和利息等）的使用受到资产提

供者或者国家有关法律、行政法规所设置的时间限制或(和)用途限制,则由此形成的净资产即为限定性净资产;国家有关法律、行政法规对净资产的使用直接设置限制的,该受限制的净资产亦为限定性净资产。

这里所称的时间限制,是指资产提供者或者国家有关法律、行政法规要求民间非营利组织在收到资产后的特定时期之内或特定日期之后使用该项资产,或者对资产的使用设置了永久限制。

这里所称的用途限制,是指资产提供者或者国家有关法律、行政法规要求民间非营利组织将收到的资产用于某一特定的用途。

引起限定性净资产变动的情况有以下三种:① 获得限定性收入;② 限定性净资产与非限定性净资产的重分类;③ 对以前期间限定性收入项目的调整。民间非营利组织应当设置"限定性净资产"科目来核算本单位的限定性净资产,并可根据本单位的具体情况和实际需要,在"限定性净资产"科目下设置相应的二级科目和明细科目。

(一) 期末结转限定性收入

民间非营利组织限定性净资产增加的主要来源之一是获得了限定性收入(主要是限定性捐赠收入和政府补助收入)。期末,应当将当期限定性收入的贷方余额转为限定性净资产,即将各收入科目中所属的限定性收入明细科目的贷方余额转入"限定性净资产"科目的贷方,借记"捐赠收入——限定性收入""政府补助收入——限定性收入"等科目,贷记"限定性净资产"科目。

【例 13-13】 2019 年 12 月,某捐资举办的民办学校获得一笔 100 000 元的捐款,捐款人要求将款项用于奖励该校 2020 年度论文比赛的前十名学生。账务处理如下:

(1) 2019 年 12 月,收到捐款时,

借:银行存款 100 000

　　贷:捐赠收入——限定性收入 100 000

(2) 2019 年 12 月 31 日,将捐赠收入结转净资产时,

借:捐赠收入——限定性收入 100 000

　　贷:限定性净资产 100 000

【例 13-14】 承上,该民办学校在 2019 年 12 月又得到一笔 2 000 000 元的政府补助款,该补助要求用于资助贫困学生。账务处理如下:

(1) 2019 年 12 月,收到补助款时,

借:银行存款 2 000 000

　　贷:政府补助收入——限定性收入 2 000 000

(2) 2019 年 12 月 31 日,

借:政府补助收入——限定性收入 2 000 000

　　贷:限定性净资产 2 000 000

(二) 限定性净资产的重分类

如果限定性净资产的限制已经解除,应当对净资产进行重新分类,将限定性净资产转为非限定性净资产,借记"限定性净资产"科目,贷记"非限定性净资产"科目。

【例 13-15】 承上,假设该民办学校在 2020 年 10 月将 2019 年收到的 100 000 元捐款以现金的形式奖励给了论文比赛的前十名学生。该民办学校的会计处理如下:

```
借:业务活动成本                                        100 000
    贷:现金                                                   100 000
借:限定性净资产                                        100 000
    贷:非限定性净资产                                        100 000
```

(三) 调整以前期间限定性收入项目

如果因调整以前期间限定性收入项目而涉及调整限定性净资产的,应当就需要调整的金额,借记或贷记有关科目,贷记或借记"限定性净资产"科目。

【例 13－16】 2019 年 8 月,某人将一对明代瓷碗捐献给某民办博物馆,要求只能做展览用,捐赠时也没有提供标明瓷碗金额的相关凭据。当年,这对瓷碗的公允价值一直无法可靠确定。2020 年 6 月,该博物馆采用合理的计价方式确定该瓷碗的公允价值为 80 000 元。

2019 年度,由于所捐献瓷碗的金额无法可靠计量,因此不予确认,而是在辅助账中进行相关登记,并在会计报表附注中进行相关披露。2020 年 6 月,瓷碗公允价值可以可靠计量时,应做如下账务处理:

```
借:文物文化资产                                        80 000
    贷:限定性净资产                                          80 000
```

会计期末,"限定性净资产"科目的贷方余额,反映历年积存的限定性净资产。

(四) 限定性净资产的其他变动

有时,一些资产在取得时并没有资源提供者或国家法律、行政法规设置的时间或用途限制条件,但在后来资源提供者或国家法律、行政法规对该项资产增设了时间或用途限制条件,那么相应的非限定性净资产应当转入限定性净资产,借记"非限定性净资产"科目,贷记"限定性净资产"科目。

【例 13－17】 某基金会 2019 年 7 月获得一笔捐款 500 000 元,当时捐赠人没有对捐款的使用提出要求。2020 年 2 月,该捐赠人向基金会提出,要求将未使用的捐款全部用于希望小学的建设,经协商,基金会同意了捐赠人的要求。假设这时该笔捐款尚未使用。账务处理如下:

(1) 2019 年 7 月,收到捐款时,

```
借:银行存款                                            500 000
    贷:捐赠收入——非限定性收入                               500 000
```

(2) 2019 年 7 月 31 日,

```
借:捐赠收入——非限定性收入                             500 000
    贷:非限定性净资产                                        500 000
```

(3) 2020 年 2 月,增加了对资产的限制时,

```
借:非限定性净资产                                      500 000
    贷:限定性净资产                                          500 000
```

此外,捐资举办的民办学校按照有关法律法规的规定提取发展基金时,也应当将相应的非限定性净资产转为限定性净资产。

【例 13－18】 假设某捐资举办的民办学校 2019 年度的非限定性净资产增加额为 200 万元,按照《民办教育促进法实施细则》的要求,应当计提 50 万元($=200\times25\%$)的发展基金。账务处理如下:

| 借:非限定性净资产 | 500 000 |
| | |

| 贷:限定性净资产——发展基金 | 500 000 |

二、非限定性净资产

对非限定性净资产的界定,通常是在界定出限定性净资产之后进行的,净资产中除了限定性净资产之外,其他均为非限定性净资产。也就是说,如果净资产的使用不受资产提供者或者国家有关法律、行政法规的限制,那么该净资产即为非限定性净资产。例如,捐赠人(或政府)对所捐赠资产(或所提供政府补助)的使用既没有设置时间限制,也没有设置用途限制。比如,政府部门每年向某民间学术团体提供 5 万元的政府补助,用于资助其业务活动,但没有规定具体的使用时间和用途。该项政府补助形成的净资产就是非限定性净资产。值得说明的是,所谓非限定性净资产并不意味着这项净资产的使用没有任何约束,只是没有资产提供者和国家有关法律、行政法规设置的时间限制或用途限制。

引起非限定性净资产变动的情况有以下三种:① 获得非限定性收入、发生业务活动成本和其他当期费用;② 限定性净资产与非限定性净资产的重分类;③ 对以前期间非限定性收入和费用项目的调整。

(一) 期末结转非限定性收入和成本费用项目

1. 期末结转非限定性收入

期末,应当将捐赠收入、会费收入、提供服务收入、政府补助收入、商品销售收入、投资收益和其他收入等各项收入科目中非限定性收入明细科目的期末余额转入非限定性净资产,借记"捐赠收入——非限定性收入""会费收入——非限定性收入""提供服务收入——非限定性收入""政府补助收入——非限定性收入""商品销售收入——非限定性收入""投资收益——非限定性收入""其他收入——非限定性收入"科目,贷记"非限定性净资产"科目。

【例 13-19】 某民间非营利组织在 2019 年 10 月共取得捐赠收入 50 000 元(全部限定用途),会费收入 80 000 元(非限定性),服务收入 60 000 元(非限定性),政府补助收入 30 000元(其中,20 000 元限定用途,10 000 元非限定性),其他收入 20 000 元(非限定性)。期末结转净资产。账务处理如下:

借:会费收入——非限定性收入	80 000
提供服务收入——非限定性收入	60 000
政府补助收入——非限定性收入	10 000
其他收入——非限定性收入	20 000
贷:非限定性净资产	170 000
借:捐赠收入——限定性收入	50 000
政府补助收入——限定性收入	20 000
贷:限定性净资产	70 000

2. 期末结转成本费用项目

在会计期末,应当将业务活动成本、管理费用、筹资费用和其他费用的期末余额均结转至非限定性净资产,借记"非限定性净资产"科目,贷记"业务活动成本""管理费用""筹资费用""其他费用"科目。

【例 13-20】 某社会团体在 2019 年 10 月发生业务活动成本 80 000 元,管理费用

50 000 元,筹资费用 40 000 元,其他费用 20 000 元。

2019 年 10 月 31 日,该社会团体的会计处理如下:

借:非限定性净资产	190 000	
贷:业务活动成本		80 000
管理费用		50 000
筹资费用		40 000
其他费用		20 000

【例 13-21】　某捐资举办的民办学校于 2019 年 12 月获得一笔捐款 500 000 元,捐赠人没有对捐款的使用提出要求。2019 年 12 月,该民办学校为某企业提供培训,取得收入 800 000 元,相关成本为 400 000 元,该项收入也没有使用限制条件。该民办学校的会计处理如下:

(1) 收到捐赠时,

借:银行存款	500 000	
贷:捐赠收入——非限定性收入		500 000

(2) 提供培训取得收入时,

借:银行存款	800 000	
贷:提供服务收入——非限定性收入		800 000
借:业务活动成本——提供服务成本	400 000	
贷:存货劳务成本		400 000

(3) 2019 年 12 月 31 日,结转净资产时,

借:捐赠收入——非限定性收入	500 000	
提供服务收入——非限定性收入	800 000	
贷:非限定性净资产		1 300 000
借:非限定性净资产	400 000	
贷:业务活动成本——提供服务成本		400 000

(二) 限定性净资产的重分类

如果限定性净资产的限制已经解除,应当对净资产进行重新分类,将限定性净资产转为非限定性净资产,借记"限定性净资产"科目,贷记"非限定性净资产"科目。

【例 13-22】　2019 年 12 月,某基金会取得一项捐款 500 000 元,捐赠人限定将该款项用于购置化疗设备。2020 年 3 月,该基金会购入设备,价值 428 000 元。2020 年 4 月,经与捐赠人协商,捐赠人同意将剩余的款项 72 000 元留归该基金会自主使用。账务处理如下:

(1) 2019 年 12 月,取得捐赠时,

借:银行存款	500 000	
贷:捐赠收入——限定性收入		500 000

(2) 2019 年 12 月 31 日,将捐赠收入结转到限定性净资产时,

借:捐赠收入——限定性收入	500 000	
贷:限定性净资产		500 000

(3) 2020 年 3 月,购入设备记录固定资产时,

借:固定资产	428 000	
贷:银行存款		428 000

由于该捐赠的限定条件已经满足,应当记录限定性净资产的重分类:

借:限定性净资产　　　　　　　　　　　　　　　　　　428 000

　　贷:非限定性净资产　　　　　　　　　　　　　　　　　　428 000

(4)2020年4月,

借:限定性净资产　　　　　　　　　　　　　　　　　　72 000

　　贷:非限定性净资产　　　　　　　　　　　　　　　　　　72 000

此外,有些情况下,资源提供者或者国家法律、行政法规会对以前期间未设置限制的资产增加时间或用途限制,这时,应将非限定性净资产转入限定性净资产,借记"非限定性净资产"科目,贷记"限定性净资产"科目。

(三)调整以前期间非限定性收入、费用项目

如果因调整以前期间非限定性收入、费用项目而涉及调整非限定性净资产的,应当就需要调整的金额,借记或贷记有关科目,贷记或借记"非限定性净资产"科目。

【例13-23】　基金会发现上一年度的一项无形资产摊销8 000元未记录。该基金会应当追溯调整上年度业务活动表中的管理费用(调增8 000元),减少非限定性净资产期初数8 000元。账务处理如下:

借:非限定性净资产(期初数)　　　　　　　　　　　　8 000

　　贷:无形资产　　　　　　　　　　　　　　　　　　　　8 000

会计期末,"非限定性净资产"科目的贷方余额,反映民间非营利组织历年积存的非限定性净资产金额。

任务五　净资产之间的重分类

当限定性净资产或相关资产的限制得到解除时,应当对净资产进行重新分类,将限定性净资产转为非限定性净资产,从而减少限定性净资产金额,增加非限定性净资产金额。

当存在下列情况之一时,可以认为对限定性净资产或相关资产的限制已经解除:

(1)所限定净资产或相关资产的限制时间已经到期。

(2)所限定净资产或相关资产规定的用途已经实现(或者目的已经达到)。

(3)资产提供者或者国家有关法律、行政法规撤销了对限定性净资产或相关资产所设置的限制。

如果限定性净资产或相关资产受到两项或两项以上的限制,应当在最后一项限制解除时,才能认为该项限定性净资产的限制已经解除。

如果资产提供者或者国家有关法律、行政法规要求民间非营利组织在特定时期之内或特定日期之后将限定性净资产或者相关资产用于特定用途,该限定性净资产应当在相应期间之内或相应日期之后按照实际使用的相关资产金额或者实际发生的相关费用金额转为非限定性净资产。

一、所限定净资产或相关资产的限制时间已经到期

限定性净资产的时间限制,是指资产提供者或者国家有关法律、行政法规要求民间非营

利组织在收到资产后的特定时期之内或特定日期之后使用该项资产,或者对资产的使用设置了永久限制。因此,限定性净资产的限制时间有"特定时期之内""特定日期之后"和"永久限制"三种。

(一) 要求在特定时期之内使用的限制

对于因资产提供者或者国家有关法律、行政法规要求民间非营利组织在收到资产后的特定时期之内使用该项资产而形成的限定性净资产,其时间限制应当在相应期间之内按照实际使用的相关资产金额或者实际发生的相关费用金额逐步得到解除,转为非限定性净资产。

【例 13-24】　2019 年 4 月份,某基金会收到一笔金额为 500 000 元的现金捐赠,捐赠人要求该基金会在 2020 年度使用该款项。2020 年 1 月份,该基金会使用了其中的 100 000 元,2 月份使用了 200 000 元,用于资助贫困家庭。账务处理如下:

(1) 2019 年 4 月,收到捐赠现金 500 000 元时,

借:银行存款　　　　　　　　　　　　　　　　　　　　　　500 000

　　贷:捐赠收入——限定性收入　　　　　　　　　　　　　　　500 000

(2) 2019 年 4 月 30 日,

借:捐赠收入——限定性收入　　　　　　　　　　　　　　　500 000

　　贷:限定性净资产　　　　　　　　　　　　　　　　　　　　500 000

(3) 2020 年 1 月,

借:管理费用　　　　　　　　　　　　　　　　　　　　　　100 000

　　贷:银行存款　　　　　　　　　　　　　　　　　　　　　　100 000

借:限定性净资产　　　　　　　　　　　　　　　　　　　　100 000

　　贷:非限定性净资产　　　　　　　　　　　　　　　　　　　100 000

(4) 2020 年 2 月,

借:业务活动成本　　　　　　　　　　　　　　　　　　　　200 000

　　贷:银行存款　　　　　　　　　　　　　　　　　　　　　　200 000

借:限定性净资产　　　　　　　　　　　　　　　　　　　　200 000

　　贷:非限定性净资产　　　　　　　　　　　　　　　　　　　200 000

(二) 要求在特定日期之后使用的限制

对于因资产提供者或者国家有关法律、行政法规要求民间非营利组织在收到资产后的特定日期之后使用该项资产而形成的限定性净资产,其时间限制在该特定日期即得到解除,转为非限定性净资产。

【例 13-25】　2019 年 4 月份,某基金会收到一笔金额为 500 000 元的现金捐赠,捐赠人要求该基金会在 2020 年 1 月 1 日之后才能使用捐赠款项。2020 年 1 月份,该基金会使用了其中的 100 000 元,支付日常管理费用;2 月份使用了 200 000 元,用于资助贫困家庭。账务处理如下:

(1) 2019 年 4 月,收到捐赠:

借:银行存款　　　　　　　　　　　　　　　　　　　　　　500 000

　　贷:捐赠收入——限定性收入　　　　　　　　　　　　　　　500 000

(2) 2019 年 4 月 30 日:

借:捐赠收入——限定性收入　　　　　　　　　　　　　　　500 000

贷:限定性净资产		500 000

（3）2020 年 1 月 1 日：

借:限定性净资产	500 000	
贷:非限定净资产		500 000

（4）2020 年 1 月：

借:管理费用	100 000	
贷:银行存款		100 000

（5）2020 年 2 月：

借:业务活动成本	200 000	
贷:银行存款		200 000

（三）永久限制

具有"永久限制"的限定性净资产通常不会因限制时间到期而解除限制,因为资产提供者或国家有关法律、行政法规对它设置的限制是"永久性"的。

值得注意的是,一些具有永久限制的限定性净资产,比如留本基金,其"本金"所产生的"资产收益"通常也同时存在时间或用途限制,对两者要分开来分析,分别进行账务处理。

【例 13-26】 某基金会在 2019 年 6 月收到一笔捐款 5 000 000 元,捐赠人要求将这笔款项用作留本基金,基金的本金只能用于投资,并且投资收益必须在 2020 年 3 月 1 日以后使用。2019 年,基金会用该笔留本基金投资,共取得投资收益 150 000 元。

该基金会的会计处理如下：

（1）2019 年 6 月,收到留本基金时,

借:银行存款	5 000 000	
贷:捐赠收入——限定性收入		5 000 000

取得投资收益的分录略。

（2）2019 年 6 月 30 日,结转净资产时,

借:捐赠收入——限定性收入	5 000 000	
投资收益——限定性收入	150 000	
贷:限定性净资产		5 150 000

（3）2020 年 3 月 1 日,投资收益的使用限制取消,对相应的限定性净资产进行重分类。

借:限定性净资产	150 000	
贷:非限定性净资产		150 000

二、所限定净资产或相关资产规定的用途已经实现

限定性净资产的用途限制,是指资产提供者或者国家有关法律、行政法规要求民间非营利组织将收到的资产用于某一特定的用途。

对于因资产提供者或者国家有关法律、行政法规设置用途限制而形成的限定性净资产,其用途限制应当按照实际用于规定用途的相关资产金额或者为此实际发生的相关费用金额逐步得到解除,转为非限定性净资产。

【例 13-27】 某基金会在 2019 年 6 月收到一笔捐款 5 000 000 元,捐赠人要求将这笔款项用作留本基金,基金的本金只能用于投资,并且投资收益必须用于救助贫困学生。2019

年,该基金会用该笔留本基金投资,共取得投资收益 150 000 元。2020 年 1 月 2 日,用上述基金的投资收益发放贫困学生助学金 120 000 元(现金)。

该基金会的会计处理如下:

(1) 2019 年 6 月,收到留本基金时,

借:银行存款　　　　　　　　　　　　　　　　　　　　　　　5 000 000
　贷:捐赠收入——限定性收入　　　　　　　　　　　　　　　　　　5 000 000

取得投资收益的分录略。

(2) 2019 年 6 月 30 日,结转净资产时,

借:捐赠收入——限定性收入　　　　　　　　　　　　　　　　5 000 000
　投资收益——限定性收入　　　　　　　　　　　　　　　　　150 000
　贷:限定性净资产　　　　　　　　　　　　　　　　　　　　　　5 150 000

(3) 2020 年 1 月 2 日,发放贫困学生助学金时,

借:业务活动成本　　　　　　　　　　　　　　　　　　　　　120 000
　贷:现金　　　　　　　　　　　　　　　　　　　　　　　　　　120 000

用留本基金的投资收益发放贫困学生助学金,满足了留本基金投资收益的限定条件,因此应将相应的限定性净资产转为非限定性净资产。因此,在 2019 年 1 月 2 日,还应当将 120 000 元的限定性净资产转为非限定性净资产。

2020 年 1 月 2 日,还应当编制如下净资产重分类分录:

借:限定性净资产　　　　　　　　　　　　　　　　　　　　　120 000
　贷:非限定性净资产　　　　　　　　　　　　　　　　　　　　　120 000

【例 13-28】　某民间非营利组织在 2019 年 12 月收到一笔 100 000 元的捐赠款,捐赠人要求该组织将此款项用于购买图书。该组织在 2020 年 6 月和 10 月分别用 40 000 元和 50 000 元购置了图书。

(1) 2019 年 12 月,收到捐赠时,

借:银行存款　　　　　　　　　　　　　　　　　　　　　　　100 000
　贷:捐赠收入——限定性收入　　　　　　　　　　　　　　　　　100 000

(2) 2019 年 12 月 31 日,

借:捐赠收入——限定性收入　　　　　　　　　　　　　　　　100 000
　贷:限定性净资产　　　　　　　　　　　　　　　　　　　　　　100 000

(3) 2020 年 6 月,

借:固定资产——图书　　　　　　　　　　　　　　　　　　　40 000
　贷:银行存款　　　　　　　　　　　　　　　　　　　　　　　　40 000

借:限定性净资产　　　　　　　　　　　　　　　　　　　　　40 000
　贷:非限定性净资产　　　　　　　　　　　　　　　　　　　　　40 000

(4) 2020 年 10 月

借:固定资产——图书　　　　　　　　　　　　　　　　　　　50 000
　贷:银行存款　　　　　　　　　　　　　　　　　　　　　　　　50 000

借:限定性净资产　　　　　　　　　　　　　　　　　　　　　50 000
　贷:非限定性净资产　　　　　　　　　　　　　　　　　　　　　50 000

三、资产提供者或者国家有关法律、行政法规撤销对限定性净资产或相关资产设置的限制

对于资产提供者或者国家有关法律、行政法规撤销对限定性净资产或相关资产所设置限制的情况,限定性净资产的限制应当在限制得到实际撤销时得以解除。

【例13-29】 承上,假设在2020年4月,捐赠人撤销了对所捐赠款项的用途限制。

(1) 2019年12月,收到捐赠时,

借:银行存款 100 000
　　贷:捐赠收入——限定性收入 100 000

(2) 2019年12月31日,

借:捐赠收入——限定性收入 100 000
　　贷:限定性净资产 100 000

(3) 2020年4月,捐赠人的捐赠款项尚未使用而撤销了原先设置的用途限制。

借:限定性净资产 100 000
　　贷:非限定性净资产 100 000

(4) 2020年6月,购买图书时,由于限定性净资产已经重分类为非限定性净资产,就不再需要再次编制重分类分录了。

借:固定资产——图书 40 000
　　贷:银行存款 40 000

2020年10月,同上。

借:固定资产——图书 50 000
　　贷:银行存款 50 000

应当说明的是,如果相关资产的限制在资产确认的当期就得以解除,比如捐赠人的限制条件在捐赠当期就解除,则不做净资产的重分类分录,而是在限制解除时,比如捐赠者在捐赠当期撤销限制条件时,或者捐赠者的限制条件在捐赠当期得到满足时,编制相关收入(如捐赠收入和政府补助收入)明细科目的重分类分录。

四、同受两项或多项限制的限定性净资产

实务中,常常存在限定性净资产同时受到两项或多项限制的情况。在这种情况下,使用该限定性净资产或相关资产时必须满足所有的时间限制和用途限制,因而只有在限定性净资产的最后一项限制解除时,才能认为其限制已经解除;否则,只要仍存在一项限制,该净资产就仍为限定性净资产。在判断这些限制是否已得到解除时,也应当从上面介绍的限制时间是否到期、限制用途是否实现以及限制是否被撤销三个方面来分析。

具体地说,如果资产提供者或者国家有关法律、行政法规要求民间非营利组织在特定时期之内或特定日期之后(时间限制)将限定性净资产或者相关资产用于特定用途(用途限制),该限定性净资产应当在相应期间之内或相应日期之后按照实际使用的相关资产金额或者实际发生的相关费用金额(即时间限制与用途限制均已解除)转为非限定性净资产。

【例13-30】 2019年12月,某单位将一笔100 000元的款项捐赠给某民办医院,要求该医院在2020年度将这笔款项用于某项医学研究。

本例中,在2020年度使用属于时间限制,用于某项医学研究属于用途限制,因此形成的限定性净资产同受两项限制。只有该医院在2020年度(限制时间)实际将这笔款项用于特定研究(限制用途)时,限定性净资产的限制才得到解除。如果医院在2020年度将款项分次使用于限制用途,那么应当按照实际使用的金额,将限定性净资产转为非限定净资产。

假设该医院在2020年2月和10月,分别投入20 000元和50 000元用于该项医学研究。账务处理如下:

(1) 2019年12月,

借:银行存款		100 000
贷:捐赠收入——限定性收入		100 000

(2) 2019年12月31日,

借:捐赠收入——限定性收入		100 000
贷:限定性净资产		100 000

(3) 2020年2月,

借:业务活动成本		20 000
贷:银行存款		20 000
借:限定性净资产		20 000
贷:非限定性净资产		20 000

(4) 2020年10月,

借:业务活动成本		50 000
贷:银行存款		50 000
借:限定性净资产		50 000
贷:非限定性净资产		50 000

当限制条件不止一项时,只有所有的限制条件都解除后,才可以将相应的限定性净资产重分类为非限定性净资产。

【例13-31】 2019年12月,某捐赠单位将100 000元款项捐给某民办医院,并要求将这笔款项在2020年4月以后用于某项医院研究。该医院在2020年6月,以这笔款项中的50 000元用于该项医学研究。假设该民办医院在年末结转净资产。

本例中,捐赠者同时设置了用途限制"用于某项医院研究"和时间限制"2020年4月以后"。这样,该民办医院在2020年6月投入医院研究的款项,同时满足了捐赠者的用途限制和时间限制条件。该民办医院对上述交易编制的分录如下:

(1) 2019年12月,

借:银行存款		100 000
贷:捐赠收入——限定性收入		100 000

(2) 2019年12月31日,

借:捐赠收入——限定性收入		100 000
贷:限定性净资产		100 000

(3) 2020年6月,

借:业务活动成本		50 000
贷:银行存款		50 000

借:限定性净资产		50 000
贷:非限定性净资产		50 000

五、几种具体情况

(一) 对固定资产和无形资产的限制

与其他资产不同,固定资产和无形资产即使不使用,其价值也将随着时间流逝等因素减少,表现为对固定资产计提折旧和对无形资产计提摊销。因此,在判断对固定资产或无形资产的限制是否得到解除时,应当在遵循前面所介绍原则的前提下,还需要考虑折旧或摊销情况。

在实务中,对固定资产和无形资产的限制通常是用途限制,即要求将某项受赠固定资产用于某种特定的用途;也存在同时设置时间限制和用途限制的情况,即要求在收到资产的特定日期之后或特定时期之内将该项资产用于特定用途;仅设置时间限制的情况较少。

1. 对固定资产或无形资产仅设置用途限制

在对固定资产或无形资产设置用途限制而形成限定性净资产的情况下,应当在计提固定资产折旧或无形资产摊销时视这部分资产的用途已经实现,按照实际计提的金额,将限定性净资产转为非限定性净资产。

【例 13 - 32】 2019 年 6 月 30 日,某捐资举办的民办学校接受了一项固定资产捐赠,价值 1 200 000 元,捐赠人要求该学校将这项固定资产用作办公楼,不得出售或挪为他用。假设收到时固定资产为全新资产,预期其使用年限为 10 年,采用直线法计提折旧,不考虑净残值。该民办学校按月编制财务会计报表。该民办学校的会计处理如下:

(1) 2019 年 6 月 30 日,

借:固定资产		1 200 000
贷:捐赠收入——限定性收入		1 200 000

同日,结转净资产,

借:捐赠收入——限定性收入		1 200 000
贷:限定性净资产		1 200 000

2019 年 6 月份不提取折旧,7 月起提取折旧。该固定资产的月折旧额为:

$1\ 200\ 000 \div 120 = 10\ 000$(元)

(2) 2019 年 7 月起,每月编制如下分录:

借:管理费用		10 000
贷:累计折旧		10 000

同时由于折旧的提取,固定资产的限制条件逐渐解除,还应当编制净资产重分类分录。

借:限定性净资产		10 000
贷:非限定性净资产		10 000

月末结转净资产,

借:非限定性净资产		10 000
贷:管理费用		10 000

2. 对固定资产或无形资产同时设置时间限制和用途限制

如果资产提供者要求民间非营利组织在收到固定资产或无形资产后的某个特定日期之后将该项资产用于特定用途,那么在收到资产与该特定日期之间,应当计提折旧或摊销,但不应将限定性净资产转为非限定性净资产,因为限定性净资产的限制时间没有到期,且限制用途也没有实现;在该特定日期之后,但尚未将资产用于规定用途之前,也是如此。只有按照资产提供者提出的要求,在特定日期之后将资产用于规定用途时,才应当将相应的限定性净资产在资产的剩余使用寿命内平均地按期转为非限定性净资产。

【例 13 - 33】　承上,假设捐赠人要求该民办学校须在 2020 年 1 月 1 日之后将这项固定资产用作办公楼。实际上,由于种种原因,学校直到 2020 年 7 月 1 日才将该固定资产用作办公楼,之前一直闲置。

该民办学校的会计处理如下:

(1) 2019 年 6 月 30 日,

借:固定资产　　　　　　　　　　　　　　　　　　　　　　　　　　1 200 000

　　贷:捐赠收入——限定性收入　　　　　　　　　　　　　　　　　　　　　1 200 000

同日,结转净资产,

借:捐赠收入——限定性收入　　　　　　　　　　　　　　　　　　　　1 200 000

　　贷:限定性净资产　　　　　　　　　　　　　　　　　　　　　　　　　　1 200 000

2019 年 6 月份不提取折旧,7 月起提取折旧。

该固定资产的月折旧额为:1 200 000÷120＝10 000(元)

(2) 2019 年 7 月起,每月编制如下分录:

借:管理费用　　　　　　　　　　　　　　　　　　　　　　　　　　10 000

　　贷:累计折旧　　　　　　　　　　　　　　　　　　　　　　　　　　　10 000

2020 年 7 月 1 日起,该固定资产按照规定用途使用,固定资产的限制条件逐渐解除,每月应当编制净资产重分类分录,重分类金额按剩余使用月份平均分摊,每月 1.25 万元(＝120÷8÷12)。

借:限定性净资产　　　　　　　　　　　　　　　　　　　　　　　　12 500

　　贷:非限定性净资产　　　　　　　　　　　　　　　　　　　　　　　　12 500

月末结转净资产,

借:非限定性净资产　　　　　　　　　　　　　　　　　　　　　　　　10 000

　　贷:管理费用　　　　　　　　　　　　　　　　　　　　　　　　　　　10 000

从上面的例子可以看到,如果资产提供者要求民间非营利组织在收到固定资产或无形资产后的某个特定时期之内将该项资产用于特定用途,那么在收到资产与该特定时期开始日之间,应当计提折旧或摊销,但不应将限定性净资产转为非限定性净资产;在该特定时期开始日之后,但尚未将资产用于规定用途之前,也是如此。只有当在资产提供者限制的时期之后将资产用于规定的用途,才可以将限定性净资产重分类为非限定性净资产。

当民间非营利组织按照资产提供者提出的要求,在特定时期之内将资产用于规定用途时,应当将资产的原值在该规定时期内以直线法摊销,按照摊销金额将相应的限定性净资产转为非限定性净资产。

【例 13 - 34】　承上,假设捐赠人要求该学校须在收到资产后的两年内(即至 2021 年 6 月 30 日)将这项固定资产用作办公楼,此后的用途不限。该民办学校的会计处理如下:

(1) 2019 年 6 月 30 日,

借:固定资产　　　　　　　　　　　　　　　　　　　　　　　　　　1 200 000

贷:捐赠收入——限定性收入　　　　　　　　　　　　　1 200 000

同日,结转净资产,

借:捐赠收入——限定性收入　　　　　　　　　　　　1 200 000

　　贷:限定性净资产　　　　　　　　　　　　　　　　　1 200 000

(2) 2019 年 7 月起,每月计提折旧。

借:管理费用　　　　　　　　　　　　　　　　　　　　10 000

　　贷:累计折旧　　　　　　　　　　　　　　　　　　　10 000

月末结转净资产,

借:非限定性净资产　　　　　　　　　　　　　　　　　10 000

　　贷:管理费用　　　　　　　　　　　　　　　　　　　10 000

(3) 2019 年 7 月至 2021 年 6 月,每月编制重分类分录。

每月的重分类金额为:1 200 000÷2÷12=50 000(元)

借:限定性净资产　　　　　　　　　　　　　　　　　　50 000

　　贷:非限定性净资产　　　　　　　　　　　　　　　　50 000

(二) 对对外投资的限制

在实务中,有些单位或个人将其持有的债券和股票等对外投资捐赠给民间非营利组织,并对投资和投资所产生收益的使用设置用途限制或时间限制。比如,某个人将其持有的股票捐赠给某基金会,要求基金会在以后 10 年内持有股票、不得出售或转让,同时要求将获得的股利用于购置图书。对于这些对外投资和投资收益,其限制的解除应当按照上面介绍的三项基本原则来判断。

任务六　非交换交易收入

关于民间非营利组织收入的确认问题,从国际上来看,一般是将民间非营利组织的收入区分为交换交易所形成的收入和非交换交易所形成的收入两类。我国《民间非营利组织会计制度》借鉴了国际上的这一通行做法,在规范收入确认原则时,亦区分交换交易和非交换交易,进行规范。对于交换交易形成的收入的确认原则与我国《企业会计准则——收入》相一致;对于非交换交易形成的收入,则应当在符合以下条件时才能予以确认:与交易相关的含有经济利益或者服务潜力的资源能够流入民间非营利组织并为其所控制,或者相关的债务能够得到解除;交易能够引起净资产的增加;收入的金额能够可靠地计量。

非交换交易是指除交换交易之外的交易。在非交换交易中,某一主体取得资产、获得服务或者解除债务时,不必向交易对方支付等值或者大致等值的现金,或者提供等值或者大致等值的货物、服务等;或者某一主体在对外提供货物、服务等时,没有收到等值或者大致等值的现金、货物等。对于民间非营利组织而言,非交换交易收入是收入的重要组成部分,主要包括捐赠收入和政府补助收入。会费收入通常也属于非交换交易收入。

为了正确地核算非交换交易,应当将非交换交易与交换交易、受托代理业务区分开来。交换交易是指按照等价交换原则所从事的交易,与非交换交易相对应;而在受托代理业务中,通常只是从委托方收到受托代理资产,并按照委托人的意愿(或者有关规定)将资产转赠

（或者转交）给指定的其他组织或者个人。值得注意的是，如果某项交易或业务兼有非交换交易、交换交易或受托代理业务的特征，应当将其划分为若干个组成部分，分别进行会计处理。比如，某捐赠人与某基金会签订协议，协议规定：该捐赠人将 20 万元的银行存款捐赠给该基金会，其中的 90%（即 18 万元）由该基金会转赠给指定的 10 家受益单位，10%（即 2 万元）由该基金会用于支付此次捐赠活动的相关费用。此例中，这项交易部分属于受托代理业务（18 万元），部分属于非交换交易中的限定性捐赠（2 万元）。

一、捐赠收入

捐赠属于非交换交易的一种，通常是指某个单位或个人（捐赠人）自愿地将现金或其他资产无偿地转让给另一单位或个人（受赠人），或者无偿地清偿或取消该单位或个人（受赠人）的负债。捐赠一般具有以下三个基本特征：第一，捐赠是无偿地转让资产或者取消负债等。第二，捐赠是自愿地转让资产或者取消负债等。第三，捐赠交易中资产或劳务的转让不属于所有者的投入或向所有者的分配。

对于取得的捐赠，应当区分无条件捐赠和附条件捐赠，分别进行处理。民间非营利组织取得的捐赠，通常可以区分为无条件捐赠和附条件捐赠。我国《制度》规定，对于无条件的捐赠或政府补助，应当在捐赠或政府补助收到时确认收入；对于附条件的捐赠或政府补助，应当在取得捐赠资产或政府补助资产控制权时确认收入。与此同时，《民间非营利组织会计制度》又规定，当民间非营利组织存在需要偿还全部或者部分捐赠资产（或者政府补助资产）或者相应金额的现时义务时，则应当就需要偿还的金额同时确认一项负债和费用。

捐赠与受托代理交易不同。在受托代理交易中，通常只是从委托方收到受托资产，并按照委托方的意愿将资产转赠给指定的其他组织或者个人，或者按照有关规定将资产转交给指定的其他组织或者个人。尽管对于捐赠人与最终受益人而言，此项交易确实是捐赠交易；但是，民间非营利组织在受托代理交易中只是起中介作用，对它而言，从捐赠人那里取得资产时，并非获得捐赠，在将资产转赠或转交给受益人时，也并非做出捐赠。

捐赠与捐赠承诺不同。捐赠承诺是指捐赠现金或其他资产的书面协议或口头约定等。由于捐赠承诺兑现的可能性无法可靠估计，与交易相关的含有经济利益或服务潜力的资源不一定能够流入民间非营利组织并为其所控制，所以，捐赠承诺不满足非交换交易收入的确认条件。因此，对于捐赠承诺，不应予以确认，但可以在会计报表附注中做相关披露。

劳务捐赠是捐赠的一种，即捐赠人自愿地向受赠人无偿提供劳务，比如，志愿者提供义务服务等。对于有些民间非营利组织而言，劳务捐赠是支持其业务活动的重要组成部分。对于民间非营利组织接受的劳务捐赠，不予确认，但应当在会计报表附注中做相关披露。这是因为，劳务捐赠虽然属于捐赠的范畴，但是，由于劳务捐赠所形成收入的金额无法可靠地计量，因此不满足非交换交易收入的确认条件，也就不应予以确认。此外，单项劳务捐赠的金额一般较小，而若要对其进行估价却可能花费较高的费用，不符合重要性原则和成本——效益原则。

为了核算其接受其他单位或者个人捐赠所取得的收入，应当设置"捐赠收入"科目；并且，应当按照捐赠收入是否存在限制，在"捐赠收入"科目下设置"限定性收入"和"非限定性收入"明细科目，分别核算限定性捐赠收入和非限定性捐赠收入。如果存在多个捐赠项目，还可以结合具体情况，在"限定性收入"和"非限定性收入"明细科目下按照捐赠项目的不同设置相应的明细科目,以满足核算的需要。"捐赠收入"科目的贷方反映当期捐赠收入的实际发生额。在会计期末,应当将该科目中"非限定性收入"明细科目当期贷方发生额转入"非限定性净资产"科目,将该科目中"限定性收入"明细科目当期贷方发生额转入"限定性净资产"科目。期末结转后该科目应无余额。

对于接受非现金资产捐赠时发生的应归属于其自身的相关税费、运输费等,应当计入当期费用,借记"筹资费用"科目,贷记"银行存款"等科目。

(1) 接受的捐赠,按照应确认的金额,借记"现金""银行存款""短期投资""存货""长期股权投资""长期债权投资""固定资产""无形资产"等科目,贷记"捐赠收入"科目中的"限定性收入"或"非限定性收入"明细科目。

对于接受的附条件捐赠,如果存在需要偿还全部或部分捐赠资产或者相应金额的现时义务时(比如因无法满足捐赠所附条件而必须将部分捐赠款退还给捐赠人时),按照需要偿还的金额,借记"管理费用"科目,贷记"其他应付款"等科目。

(2) 如果限定性捐赠收入的限制在确认收入的当期得以解除,应将其转为非限定性捐赠收入,借记"捐赠收入——限定性收入"科目,贷记"捐赠收入——非限定性收入"科目。

(3) 期末,将本科目各明细科目的余额分别转入限定性净资产和非限定性净资产,借记"捐赠收入——限定性收入"科目,贷记"限定性净资产"科目;借记"捐赠收入——非限定性收入"科目,贷记"非限定性净资产"科目。

【例 13-35】 甲社会团体收到乙企业一项捐赠款项。协议规定,乙企业向甲社会团体捐赠 5 万元,应当在协议签订当日转入甲社会团体银行账户;甲社会团体应当将这笔款项用于某项学术课题的基础研究。该社会团体的会计处理如下:

借:银行存款　　　　　　　　　　　　　　　　　　　　　50 000
　　贷:捐赠收入——限定性收入　　　　　　　　　　　　　　　　50 000

【例 13-36】 2019 年 2 月 16 日,甲基金会与乙企业签订了一份捐赠协议。协议规定,自 2019 年 3 月 1 日至 2019 年 12 月 31 日,乙企业在此 10 个月的期间内每售出一瓶矿泉水,即向甲基金会捐赠 1 分钱,以资助失学儿童,款项将在每月底按照销售量计算后汇至甲基金会银行账户。同时,乙企业承诺,此次捐赠的款项不会少于 100 万元,并争取达到 200 万元。根据此协议,甲基金会在 2019 年 3 月至 12 月的每个月底,分别收到了乙企业捐赠的款项 8 万元。

甲基金会的会计处理如下:

(1) 2019 年 2 月 16 日,不满足捐赠收入的确认条件,无会计分录。

(2) 2019 年 3 月 31 日,按照收到的捐款金额,确认捐赠收入。

借:银行存款　　　　　　　　　　　　　　　　　　　　　80 000
　　贷:捐赠收入——限定性收入　　　　　　　　　　　　　　　　80 000

2019 年 4 月至 12 月的每个月底,分录同 3 月 31 日。

【例 13-37】 2019 年 6 月 25 日,甲基金会与乙企业签订了一份捐赠协议。协议规定,乙企业将向甲基金会捐赠 20 万元,其中 15 万元用于资助贫困地区的儿童教育;5 万元用于此次捐赠活动的宣传和管理,款项将在协议签订后的 15 日内汇至甲基金会银行账户。根据此协议,2019 年 7 月 1 日,甲基金会收到了乙企业捐赠的款项 20 万元。2019 年 7 月 5 日至 20 日,甲基金会将 15 万元转赠给数家贫困地区的小学,并发生了 2 万元的宣传和管理费用。

2019年7月20日,甲基金会与乙企业签订了一份补充协议,协议规定,此次捐赠活动节余的3万元由甲基金会自由支配。

甲基金会的会计处理如下:

(1) 2019年6月25日,不满足捐赠收入的确认条件,无会计分录。

(2) 2019年7月1日,按照收到的捐款金额,确认捐赠收入。

借:银行存款 200 000
　　贷:捐赠收入——限定性收入 200 000

(3) 2019年7月5日至20日,按照实际发生的金额,确认业务活动成本。2019年7月20日,部分限定性捐赠收入的限制在确认收入的当期得以解除,将其转为非限定性捐赠收入。

借:捐赠收入——限定性收入 30 000
　　贷:捐赠收入——非限定性收入 30 000

【例13-38】 2019年3月10日甲民间非营利组织与乙企业签订了一份捐赠协议。协议规定,乙企业将向甲基金会捐赠50万元,成立一项奖学金基金,款项将在协议签订后的15日内汇至甲基金会银行账户,以基金利息奖励乙企业所在城市自2020年开始每年高考的前10名学生,未经乙企业允许不得动用基金本金,具体奖励金额将由双方根据累积基金利息另行商定。根据此协议,2019年3月25日,甲基金会收到了乙企业捐赠的款项50万元。假定自2019年3月25日至2019年12月31日,甲基金会共收到此项基金的存款利息1.8万元。

甲基金会的会计处理如下:

(1) 2019年3月10日,不满足捐赠收入的确认条件,无会计分录。

(2) 2019年3月25日,按照收到的捐款金额,确认捐赠收入。

借:银行存款 500 000
　　贷:捐赠收入——限定性收入 500 000

2019年3月25日至2019年12月31日,按照实际收到的利息金额,确认利息收入。

【例13-39】 2019年2月1日,甲基金会与乙企业签订了一份捐赠协议。协议规定,乙企业向甲基金会捐赠20万元,用于甲基金会的某项基础研究活动,款项将在协议签订后的10日内汇至甲基金会银行账户,甲基金会在收到款项后的6个月内需提供10万元的配套资金。如果甲基金会未能在6个月内足额地提供配套资金,乙企业有权要求甲基金会偿还10万元捐赠款项。根据此协议,2019年2月5日,甲基金会收到了乙企业捐赠的款项20万元。当日,甲基金会认为提供项目配套资金不存在任何问题。假定截至2019年8月25日,甲基金会因单位内部管理不善,未能按照协议规定提供10万元配套资金,乙企业要求其偿还10万元捐赠款项。

甲基金会的会计处理如下:

(1) 2019年2月1日,不做会计分录。

(2) 2019年2月5日,因为当日甲基金会认为提供项目配套资金不存在任何问题,因此收到的捐赠满足收入确认条件,应当按照收到的捐款金额,确认捐赠收入。

借:银行存款 100 000
　　贷:捐赠收入——限定性收入 100 000

（3）2019 年 8 月 5 日，甲基金会因内部管理不善，无法提供配套资金而承担了偿还 10 万元捐赠款项的现时义务，应当按照应偿还的金额确认负债和费用。

借：管理费用   100 000

  贷：其他应付款   100 000

【例 13-40】 2019 年 1 月 1 日，甲基金会与乙企业签订了一份捐赠协议。协议规定，乙企业将向甲基金会捐款成立"助学基金"，乙企业承诺自协议签订起的两年内向"助学基金"捐赠不低于 100 万元的款项；自 2017 年 1 月 1 日起，每年向"助学基金"捐赠不低于 20 万元的款项，捐赠款项的 10% 用于"助学基金"的宣传和管理，款项将由乙企业汇至甲基金会银行账户。根据此协议，甲基金会分别于 2019 年 6 月 1 日、8 月 1 日和 11 月 1 日，收到了乙企业捐赠的款项 50 万元、50 万元和 30 万元。甲基金会的会计处理如下：

（1）2019 年 1 月 1 日，不满足捐赠收入的确认条件，无会计分录。

（2）2019 年 6 月 1 日，按照收到的捐款金额，确认捐赠收入。

借：银行存款   500 000

  贷：捐赠收入——限定性收入   500 000

（3）2019 年 8 月 1 日，按照收到的捐款金额，确认捐赠收入。

借：银行存款   500 000

  贷：捐赠收入——限定性收入   500 000

（4）2019 年 11 月 1 日按照收到的捐款金额，确认捐赠收入。

借：银行存款   300 000

  贷：捐赠收入——限定性收入   300 000

【例 13-41】 2019 年 12 月 31 日，某民间非营利组织"捐赠收入"科目的账面余额为 50 万元，其中，"限定性收入"明细科目的账面余额为 40 万元，"非限定性收入"明细科目的账面余额为 10 万元。期末，将"捐赠收入"科目各明细科目的余额分别转入限定性净资产和非限定性净资产。

借：捐赠收入——限定性收入   400 000

  贷：限定性净资产   400 000

借：捐赠收入——非限定性收入   100 000

  贷：非限定性净资产   100 000

二、政府补助收入

政府补助收入是指民间非营利组织接受政府拨款或者政府机构给予的补助而取得的收入，应当视相关资产提供者对资产的使用是否设置了限制，分别为限定性收入和非限定性收入进行核算。与捐赠收入一样，政府补助收入也属于非交换交易收入。因此，政府补助收入与捐赠收入的会计处理基本上是一致的。需要注意的是，在实务中，不少政府部门为了支持民间非营利组织的发展，向民间非营利组织提供资金用于某些项目的研究活动，而民间非营利组织则需要将研究成果提交给政府部门，或者是政府部门向民间非营利组织定期提供一定的资金，而民间非营利组织则需要向政府部门或公众提供一定的日常服务。这种情况通常被称为"购买劳务"，如果政府部门所提供资金与民间非营利组织所提供研究成果或服务等是等值或基本等值的，那么此项交易应当属于交换交易的范畴，而不属于制度中规范的政府补助。

"政府补助收入"科目的贷方反映当期政府补助收入的实际发生额。在会计期末,应当将该科目中"非限定性收入"明细科目当期贷方发生额转入"非限定性净资产"科目,将该科目中"限定性收入"明细科目当期贷方发生额转入"限定性净资产"科目。期末结转后该科目应无余额。

政府补助收入的主要账务处理如下:

(1) 接受的政府补助,按照应确认的金额,借记"现金""银行存款"等科目,贷记"政府补助收入"科目中的"限定性收入"或"非限定性收入"明细科目。

对于接受的附条件政府补助,如果民间非营利组织存在需要偿还全部或部分政府补助资产或者相应金额的现时义务时(比如因无法满足政府补助所附条件而必须退还部分政府补助时),按照需要偿还的金额,借记"管理费用"科目,贷记"其他应付款"等科目。

(2) 如果限定性政府补助收入的限制在确认收入的当期得以解除,应当将其转为非限定性捐赠收入,借记"政府补助收入——限定性收入"科目,贷记"政府补助收入——非限定性收入"科目。

(3) 期末,将本科目各明细科目的余额分别转入限定性净资产和非限定性净资产,借记"政府补助收入——限定性收入"科目,贷记"限定性净资产"科目;借记"政府补助收入——非限定性收入"科目,贷记"非限定性净资产"科目。

【例13-42】 2019年2月1日,某政府部门支付给某民间非营利组织60万元,并转入该民间非营利组织的银行账户,用于资助其进行某项基本研究,研究成果归该民间非营利组织所有。账务处理如下:

借:银行存款　　　　　　　　　　　　　　　　　　　　600 000
　　贷:政府补助收入——限定性收入　　　　　　　　　　　　600 000

【例13-43】 2019年12月31日,某民间非营利组织"政府补助收入"科目的账面余额为35万元,其中,"限定性收入"明细科目的账面余额为30万元,"非限定性收入"明细科目的账面余额为5万元。账务处理如下:

借:政府补助收入——限定性收入　　　　　　　　　　　300 000
　　贷:限定性净资产　　　　　　　　　　　　　　　　　　300 000
借:政府补助收入——非限定性收入　　　　　　　　　　　50 000
　　贷:非限定性净资产　　　　　　　　　　　　　　　　　50 000

三、会费收入

会费收入是指民间非营利组织根据章程等的规定向会员收取的会费。一般情况下,民间非营利组织的会费收入为非限定性收入,除非相关资产提供者对资产的使用设置了限制。

民间非营利组织设置"会费收入"科目;并且设置"非限定性收入""限定性收入"明细科目;同时,还应当按照会费种类(如团体会费、个人会费等),在"非限定性收入"或"限定性收入"科目下设置明细科目,进行明细核算。科目的贷方反映当期会费收入的实际发生额。在会计期末,应当将该科目中"非限定性收入"明细科目当期贷方发生额转入"非限定性净资产"科目,将该科目中"限定性收入"明细科目当期贷方发生额转入"限定性净资产"科目。期末结转后该科目应无余额。

（1）向会员收取会费，在满足收入确认条件时，借记"现金""银行存款""应收账款"等科目，贷记"会费收入——非限定性收入"科目；如果存在限定性会费收入，应当贷记"会费收入——限定性收入"科目。

（2）期末，将"会费收入"科目的余额转入非限定性净资产，借记"会费收入——非限定性收入"科目，贷记"非限定性净资产"科目；如果存在限定性会费收入，则将其金额转入限定性净资产，借记"会费收入——限定性收入"科目，贷记"限定性净资产"科目。

【例 13-44】 12 月 31 日，某社会团体"会费收入"科目的账面余额为 10 万元，均属于非限定性收入。期末，将"会费收入"科目各明细科目的余额分别转入限定性净资产和非限定性净资产，该社会团体的会计处理如下：

借：会费收入——非限定性收入   100 000

    贷：非限定性净资产   100 000

在民间非营利组织中，捐赠（包括政府补助）往往是其重要的资金来源，因此，关于各种捐赠业务的会计处理就显得十分重要。

任务七　费用的确认与列报

由于我国《民间非营利组织会计制度》规定的会计核算基础为权责发生制，而且业务活动表的主要功能是用以评价民间非营利组织的经营绩效，因此，该制度要求在对费用的会计核算中，应当严格区分业务活动成本和期间费用，将两者分别列报。其中，业务活动成本，是用于归集民间非营利组织开展项目活动或者提供服务所发生的费用；对于民间非营利组织为了组织、管理其业务活动和为筹集业务活动所需资金而发生的费用，制度规定应当确认为当期费用，分别计入管理费用、筹资费用和其他费用。

一、业务活动成本

业务活动成本是指民间非营利组织为了实现其业务活动目标、开展其项目活动或者提供服务所发生的费用。如果民间非营利组织从事的项目、提供的服务或者开展的业务比较单一，可以将相关费用全部归集在"业务活动成本"项目下进行核算和列报；如果民间非营利组织从事的项目、提供的服务或者开展的业务种类较多，民间非营利组织应当在"业务活动成本"项目下分别按项目、服务或者业务大类进行核算和列示。

应当根据实际情况在"业务活动成本"项目下设置明细项目。比如，社会团体可以设置"提供服务成本""商品销售成本""研究项目成本"等明细项目；基金会可以设置"捐赠项目成本""商品销售成本""提供服务成本"等明细项目；民办学校可以设置"学生教育成本""科研项目成本""后勤服务成本"等；民办医院可以设置"医疗服务成本""医药销售成本"等。

（一）业务活动成本的内容

业务活动成本是按照项目、服务或业务种类等进行归集的费用。如果民间非营利组织的某些费用是因业务活动、管理活动和筹资活动等共同发生的，而且不能直接归属于某一类活动，则应当将这些费用按照合理的方法在各项活动中进行分配。

在多种功能分类之间分配费用时,既要合理,也要考虑重要性原则和成本效益原则。进行分配的基础可以是财务数据,也可以是非财务数据。比如说,既参加业务活动,又参加管理活动的人员工资,可以按照该职工分别为两项活动工作的时间量进行分配。

在实务中,业务活动成本的构成有以下两种情况:

第一,直接费用。它是指直接为某项或某类业务活动发生的、应计入当期费用的费用。比如,在商品销售中,所售商品的成本应当在确认当期商品销售收入的同时记入当期业务活动成本(商品销售成本)。在对外捐赠中,捐出的存货成本应当在交付存货的同时记入当期业务活动成本(捐赠项目成本)。在会员服务中,免费提供给会员的杂志成本应当在交付杂志的同时记入当期业务活动成本(会员服务成本)。

又如,在商品销售中,直接从事销售商品的员工工资和福利费等,以及发生的邮寄费、运输费、包装费、保险费、广告费等费用应当记入当期业务活动成本(商品销售成本)。在对外捐赠中,直接从事对外捐赠业务的员工工资及福利费等、发生的相关运输费等费用应当记入当期业务活动成本(捐赠项目成本)。在会员服务中,直接从事会员服务的员工工资及福利费等应当记入当期业务活动成本(会员服务成本)。对于业务活动应负担的相关税金及附加,应当记入当期业务活动成本(业务活动税金及附加)。

第二,间接费用。它是指同时为若干项(类)业务活动发生的、应计入当期费用的费用,如间接折旧费用、间接维修费用、间接人工费用等。间接费用应当按照系统、合理的方法进行分摊,记入相关业务活动成本。比如,同时从事多项业务活动的人员,其工资及福利费等应当分摊记入相关业务活动成本。对于为业务活动发生的、无法合理分摊至某项或某类业务活动的间接费用,应当记入业务活动成本(业务活动费)。

(二)业务活动成本的会计处理

为了核算其为了实现其业务活动目标、开展其项目活动或者提供服务所发生的费用,应当设置"业务活动成本"科目,结合具体情况,在"业务活动成本"科目下设置相应的明细科目,进行明细核算。"业务活动成本"科目的借方反映当期业务活动成本的实际发生额。在会计期末,应当将该科目当期借方发生额转入"非限定性净资产"科目,期末结转后该科目应无余额。

发生的业务活动成本,应当按照其发生额计入当期费用。业务活动成本的主要账务处理如下:① 发生的业务活动成本,应当借记"业务活动成本"科目,贷记"现金""银行存款""存货""应付账款"等科目。② 会计期末,将"业务活动成本"科目的余额转入非限定性净资产,借记"非限定性净资产"科目,贷记"业务活动成本"科目。

【例13-45】 2019年7月1日,某社会团体对外售出杂志2万份,每份售价10元,款项已于当日收到(假定均为银行存款),每份杂志的成本为8元。假定销售符合收入确认条件,不考虑相关税费。该社会团体的会计处理如下:

借:银行存款　　　　　　　　　　　　　　　　　　　　　　200 000
　　贷:商品销售收入　　　　　　　　　　　　　　　　　　　　　200 000
借:业务活动成本——商品销售成本　　　　　　　　　　　　160 000
　　贷:存货　　　　　　　　　　　　　　　　　　　　　　　　160 000

【例13-46】 2019年12月31日,某民间非营利组织"业务活动成本"科目的借方余额为50万元。会计处理如下:

借:非限定性净资产   500 000
    贷:业务活动成本   500 000

二、期间费用

(一) 管理费用

管理费用是指民间非营利组织为组织和管理其业务活动所发生的各项费用,包括民间非营利组织董事会(或者理事会或者类似权力机构)经费和行政管理人员的工资、奖金、福利费、住房公积金、住房补贴、社会保障费、离退休人员工资与补助,以及办公费、水电费、邮电费、物业管理费、差旅费、折旧费、修理费、租赁费、无形资产摊销费、资产盘亏损失、资产减值损失、因预计负债所产生的损失、聘请中介机构费和应偿还的受赠资产等。

为了核算其为组织和管理其业务活动所发生的各项费用,应当设置"管理费用"科目。还应当按照管理费用种类在"管理费用"科目下设置明细科目,进行明细核算。"管理费用"科目的借方反映当期管理费用的实际发生额。在会计期末,应当将该科目当期借方发生额转入"非限定性净资产"科目,期末结转后该科目应无余额。

【例13-47】 2019年12月31日,根据法律顾问的意见,某民间非营利组织对某场未决诉讼确认了20万元的预计负债。会计处理如下:

借:管理费用   200 000
    贷:预计负债   200 000

(二) 筹资费用

筹资费用是指民间非营利组织为筹集业务活动所需资金而发生的费用,包括为了获得捐赠资产而发生的费用以及应当计入当期费用的借款费用、汇兑损失(减汇兑收益)等。具体有以下几个方面:

(1) 为了获得捐赠资产而发生的费用,包括举办募款活动费,准备、印刷和发放募款宣传资料费以及其他与募款或者争取捐赠资产有关的费用。

(2) 借款费用,指应当计入当期费用的借款费用,主要包括:① 利息支出,即短期借款利息、长期借款利息、应付票据利息和票据贴现利息等减去银行存款利息收入后的净额;② 债券溢价、折价摊销及相关手续费等。需要注意的是,在固定资产达到预定可使用状态前发生的、为购建固定资产而发生的专门借款的借款费用,应当予以资本化,计入有关固定资产的购建成本,不包括在筹资费用的核算范围内。③ 汇兑损失,指因向银行结售或购入外汇而产生的银行买入、卖出价与记账所采用的汇率之间的差额,以及月度(季度、年度)终了,各种外币账户的外币期末余额,按照期末规定汇率折合的记账人民币金额与原账面人民币金额之间的差额等。

(3) 其他筹资费用。

为了核算其为筹集业务活动所需资金而发生的费用,应当设置"筹资费用"科目。还应当按照筹资费用种类在"筹资费用"科目下设置明细科目,进行明细核算。"筹资费用"科目的借方反映当期筹资费用的实际发生额。在会计期末,应当将该科目当期借方发生额转入"非限定性净资产"科目,期末结转后该科目应无余额。

(1) 发生的筹资费用,借记"筹资费用"科目,贷记"预提费用""银行存款""长期借款"等科目。发生的应冲减筹资费用的利息收入、汇兑收益,借记"银行存款""长期借款"等科目,贷记"筹资费用"科目。

（2）会计期末,将"筹资费用"科目的余额转入非限定性净资产,借记"非限定性净资产"科目,贷记"筹资费用"科目。

【例 13-48】　2019 年 2 月 1 日,某民间非营利组织为了筹集赠款,在当日的报纸上刊登了一则广告,当日以银行转账方式支付广告费 1 000 元。会计处理如下:

借:筹资费用　　　　　　　　　　　　　　　　　　　　　　　　　　1 000
　　贷:银行存款　　　　　　　　　　　　　　　　　　　　　　　　　　1 000

【例 13-49】　2019 年 10 月 1 日,某民间非营利组织向某银行借入一笔短期借款,借款金额为 40 000 元,借款期限为 6 个月,借款利率为 6%,到期一次还本付息。会计处理如下:

在借款期限内按月计提利息,各月月末计提短期借款利息 200 元(＝40 000×6%÷12)。

2019 年 10 月 31 日:

借:筹资费用　　　　　　　　　　　　　　　　　　　　　　　　　　200
　　贷:预提费用　　　　　　　　　　　　　　　　　　　　　　　　　　200

其他各月末分录同上。

【例 13-50】　2019 年 12 月 31 日,某民间非营利组织"筹资费用"科目账面余额为 30 万元。会计处理如下:

借:非限定性净资产　　　　　　　　　　　　　　　　　　　　　　300 000
　　贷:筹资费用　　　　　　　　　　　　　　　　　　　　　　　　　300 000

三、其他费用

其他费用是指民间非营利组织发生的、无法归属到业务活动成本、管理费用或者筹资费用中的费用,包括固定资产处置净损失、无形资产处置净损失等。所得税以及不应由业务活动负担的税金及附加,也应记入其他费用。

为了核算其发生的、无法归属到业务活动成本、管理费用或者筹资费用中的费用,应当设置"其他费用"科目。还应当按照其他费用种类在"其他费用"科目下设置明细科目,进行明细核算。"其他费用"科目的借方反映当期其他费用的实际发生额。在会计期末,应当将该科目当期借方发生额转入"非限定性净资产"科目,期末结转后该科目应无余额。

（1）发生的固定资产处置净损失,借记"其他费用"科目,贷记"固定资产清理"科目。

（2）发生的无形资产处置净损失,按照实际取得的价款,借记"银行存款"等科目;按照该项无形资产的账面余额,贷记"无形资产"科目;按照其差额,借记"其他费用"科目。

（3）会计期末,将"其他费用"科目的余额转入非限定性净资产,借记"非限定性净资产"科目,贷记"其他费用"科目。

【例 13-51】　2019 年 10 月 1 日,某民间非营利组织处置了一项固定资产,该固定资产原价为 30 000 元,已计提折旧 24 000 元,取得处置收入 800 元(假设为现金),发生处置支出300 元(假设以现金支付)。会计处理如下:

借:固定资产清理　　　　　　　　　　　　　　　　　　　　　　　6 000
　　累计折旧　　　　　　　　　　　　　　　　　　　　　　　　　24 000
　　贷:固定资产　　　　　　　　　　　　　　　　　　　　　　　　30 000
借:现金　　　　　　　　　　　　　　　　　　　　　　　　　　　800

贷:固定资产清理	800
借:固定资产清理	300
贷:现金	300
借:其他费用	5 500
贷:固定资产清理	5 500

【例13-52】 2019年12月31日,某民间非营利组织"其他费用"科目账面余额为3万元。会计期末,应当将"其他费用"科目的余额转入非限定性净资产。会计处理如下:

借:非限定性净资产	30 000
贷:其他费用	30 000

关键术语

受托代理业务　资产减值　净资产分类　非交换交易收入　业务活动成本

应知考核

1. 受托代理业务是什么?
2. 民间非营利组织会计关于资产减值是如何规定的?
3. 民间非营利组织的业务活动成本包括哪些内容?

应会考核

对于民间非营利组织中捐赠业务的特征,下列说法正确的有(　　)。
A. 捐赠是无偿地转让资产或者取消负债,属于非交换交易
B. 捐赠是自愿地转让资产或者取消负债
C. 劳务捐赠可以在报表附注中披露,也可以不披露
D. 捐赠交易中资产或劳务的转让不属于所有者的投入或向所有者的分配

项目十四

民间非营利组织会计报告

知识目标

1. 明确民间非营利组织会计报告的构成内容；
2. 掌握资产负债表的格式与编制方法；
3. 掌握业务活动表的格式与编制方法；
4. 掌握现金流量表的格式与编制方法。

能力目标

理解并编制财务报告。

知识准备

依法定期编制财务会计报告，成为每个单位，包括民间非营利组织的法定职责，否则将承担相应的法律责任。为了向民间非营利组织财务会计报告使用者提供对其决策有用的信息，真实、完整地反映民间非营利组织的财务状况、营运成果和现金流量，民间非营利组织的会计报表至少应当包括资产负债表、业务活动表和现金流量表三张基本报表，同时民间非营利组织还应当编制会计报表附注，在会计报表附注中侧重披露编制会计报表所采用的会计政策、已经在会计报表中得到反映的重要项目的具体说明和未在会计报表中得到反映的重要信息的说明等内容。

任务一　资产负债表

一、资产负债表的内容和格式

资产负债表是反映民间非营利组织某一会计期末全部资产、负债和净资产的情况，或者说它反映的是民间非营利组织在某一特定日期的财务状况。因此，它有时也被称为财务状况表。具体而言，资产负债表反映民间非营利组织在某一特定日期所拥有或控制的经济资源、所承担的现时义务和净资产的构成情况。

民间非营利组织的资产负债表采用账户式结构,报表分为左右两方,左方列示资产各项目,反映全部资产的分布及存在形态;右方列示负债和净资产各项目,反映全部负债和净资产的内容及构成情况。资产各项目按其流动性由强到弱顺序排列,具体包括流动资产、长期投资、固定资产、无形资产和受托代理资产;负债各项目按其到期日的远近或者偿付的紧迫程度顺序排列,具体包括流动负债、长期负债和受托代理负债,净资产按照相关资产是否受到限制分为非限定性净资产和限定性净资产。资产负债表左右双方平衡,即资产总计等于负债和净资产总计。

二、资产负债表的编制方法

资产负债表的编制是以日常会计核算记录的数据为基础进行归类、整理和汇总,加工成报表项目的过程。我国民间非营利组织资产负债表主体部分的各项目都列有“年初数”和“期末数”两个栏目,是一种比较资产负债表。以下分别说明各栏目的填列方法。

(一)“年初数”的填列方法

资产负债表“年初数”栏内各项数字,应当根据上年年末资产负债表“期末数”栏内数字填列。如果本年度资产负债表规定的各个项目的名称和内容同上年度不相一致,应对上年年末资产负债表各项目的名称和数字按照本年度的规定进行调整,填入本表“年初数”栏内。

(二)“期末数”的填列方法

“期末数”是指某一会计期末的数字,即中期期末或者年末的数字。资产负债表各项目“期末数”的数据来源,一般可以通过以下几种方式取得:

一是直接根据总账科目的余额填列。比如资产负债表中的固定资产原价、累计折旧、固定资产清理、短期借款、应付工资、应交税金、非限定性净资产和限定性净资产等项目。

二是根据几个总账科目的余额计算填列。比如资产负债表中的“货币资金”项目,应当根据“现金”“银行存款”“其他货币资金”科目的期末余额合计分析填列(但应当扣除受托代理形成的货币资金部分)。比如“应收款项”项目应当根据“应收账款”“应收票据”“其他应收款”等科目的余额计算填列;“应付款项”项目应当根据“应付账款”“应付票据”“其他应付款”等科目的余额计算填列等。

三是根据有关明细科目的余额计算填列。如“应交税金”项目应当根据该科目所属明细科目期末贷方余额的合计填列。

四是根据总账科目和明细科目的余额分析计算填列。如“长期借款”项目,应根据“长期借款”总账科目余额扣除“长期借款”科目所属的明细科目中反映的将于一年内到期的长期借款部分分析计算填列。这些项目有长期债权投资、长期借款、长期应付款等。

五是根据有关资产科目与其备抵科目抵销后的净额填列。如“短期投资”项目,应根据“短期投资”科目的期末余额减去“短期投资跌价准备”科目的期末余额后的金额填列。这些项目有应收款项、短期投资、存货、长期股权投资、长期债权投资、固定资产、无形资产等。

资产负债表各项目所应反映的内容及其填列方法具体如下:

(1)“货币资金”项目,反映民间非营利组织期末库存现金、存放银行的各类款项以及其他货币资金的合计数。本项目应当根据“现金”“银行存款”“其他货币资金”科目的期末余额合计填列。

如果民间非营利组织的受托代理资产为现金、银行存款或其他货币资金且通过"现金""银行存款""其他货币资金"科目核算,还应当扣减"现金""银行存款""其他货币资金"科目中"受托代理资产"明细科目的期末余额。

（2）"短期投资"项目,反映民间非营利组织持有的各种能够随时变现并且持有时间不准备超过1年（含1年）的投资,包括短期股票、债券投资和短期委托贷款、委托投资等。本项目应当根据"短期投资"科目的期末余额,减去"短期投资跌价准备"科目的期末余额后的金额填列。

（3）"应收款项"项目,反映民间非营利组织期末应收票据、应收账款和其他应收款等应收未收款项。本项目应当根据"应收票据""应收账款""其他应收款"科目的期末余额合计,减去"坏账准备"科目的期末余额后的金额填列。

（4）"预付账款"项目,反映民间非营利组织预付给商品或者服务供应单位等的款项。本项目应当根据"预付账款"科目的期末余额填列。

（5）"存货"项目,反映民间非营利组织在日常业务活动中持有以备出售或捐赠的,或者为了出售或捐赠仍处在生产过程中的,或者将在生产、提供服务或日常管理过程中耗用的材料、物资、商品等。本项目应根据"存货"科目的期末余额,减去"存货跌价准备"科目的期末余额后的金额填列。

（6）"待摊费用"项目,反映民间非营利组织已经支出,但应当由本期和以后各期分别负担的、分摊期在1年内（含1年）的各项费用,如预付保险费、预付租金等。本项目应当根据"待摊费用"科目的期末余额填列。

（7）"一年内到期的长期债权投资"项目,反映民间非营利组织将在1年内（含1年）到期的长期债权投资。本项目应当根据"长期债权投资"科目的期末余额中将在1年内（含1年）到期的长期债权投资余额,减去"长期投资减值准备"科目的期末余额中1年内（含1年）到期的长期债权投资减值准备余额后的金额填列。

（8）"其他流动资产"项目,反映民间非营利组织除以上流动资产项目外的其他流动资产。本项目应当根据有关科目的期末余额分析填列。如果其他流动资产价值较大的,应当在会计报表附注中单独披露其内容和金额。

（9）"长期股权投资"项目,反映民间非营利组织不准备在1年内（含1年）变现的各种股权性质的投资的可收回金额。本项目应当根据"长期股权投资"科目的期末余额,减去"长期投资减值准备"科目的期末余额中长期股权投资减值准备余额后的金额填列。

（10）"长期债权投资"项目,反映民间非营利组织不准备在1年内（含1年）变现的各种债权性质的投资的可收回金额。本项目应当根据"长期债权投资"科目的期末余额,减去"长期投资减值准备"科目的期末余额中长期债权投资减值准备余额,再减去本表"一年内到期的长期债权投资"项目金额后的金额填列。

（11）"固定资产原价"和"累计折旧"项目,反映民间非营利组织的各种固定资产原价及累计折旧。这两个项目根据"固定资产"科目和"累计折旧"科目的期末余额填列。

（12）"固定资产净值"项目,反映民间非营利组织的各项固定资产的账面价值。本项目应当根据"固定资产"科目的期末余额,减去"累计折旧"科目的期末余额后的金额填列。

（13）"在建工程"项目,反映民间非营利组织期末各项未完工程的实际支出,包括交付安装的设备价值、已耗用的材料、工资和费用支出、预付出包工程的价款等。本项目应当根据"在建工程"科目的期末余额填列。

(14)"文物文化资产"项目,反映民间非营利组织用于展览、教育或研究等的历史文物、艺术品以及其他具有文化或者历史价值并作长期或者永久保存的典藏等。本项目应当根据"文物文化资产"科目的期末借方余额填列。

(15)"固定资产清理"项目,反映民间非营利组织因出售、毁损、报废等原因转入清理但尚未清理完毕的固定资产的账面价值,以及固定资产清理过程中发生的清理费用和变价收入等各项金额的差额。本项目应当根据"固定资产清理"科目的期末借方余额填列;如果"固定资产清理"科目期末为贷方余额,则以"一"号填列。

(16)"无形资产"项目,反映民间非营利组织拥有的为开展业务活动、出租给他人或为管理目的而持有的没有实物形态的非货币性长期资产,包括专利权、非专利技术、商标权、著作权、土地使用权等。本项目应当根据"无形资产"科目的期末余额填列。

(17)"受托代理资产"项目,反映民间非营利组织接受委托方委托从事受托代理业务而收到的资产。本项目应当根据"受托代理资产"科目的期末余额填列。如果民间非营利组织的受托代理资产为现金、银行存款或其他货币资金且通过"现金""银行存款""其他货币资金"科目核算,还应当加上"现金""银行存款""其他货币资金"科目中"受托代理资产"明细科目的期末余额。

(18)"短期借款"项目,反映民间非营利组织向银行或其他金融机构等借入的、尚未偿还的期限在1年以内(含1年)的各种借款。本项目应当根据"短期借款"科目的期末余额填列。

(19)"应付款项"项目,反映民间非营利组织期末应付票据、应付账款和其他应付款等应付未付款项。本项目应当根据"应付票据""应付账款""其他应付款"科目的期末余额合计填列。

(20)"应付工资"项目,反映民间非营利组织应付未付的员工工资。本项目应当根据"应付工资"科目的期末贷方余额填列;如果"应付工资"科目期末为借方余额,以"一"号填列。

(21)"应交税金"项目,反映民间非营利组织应交未交的各种税费。本项目应当根据"应交税金"科目的期末贷方余额填列;如果"应交税金"科目期末为借方余额,则以"一"号填列。

(22)"预收账款"项目,反映民间非营利组织向服务和商品购买单位等预收的各种款项。本项目应当根据"预收账款"科目的期末余额填列。

(23)"预提费用"项目,反映民间非营利组织预先提取的已经发生但尚未实际支付的各项费用。本项目应当根据"预提费用"科目的期末贷方余额填列。

(24)"预计负债"项目,反映民间非营利组织对因或有事项所产生的现时义务而确认的负债。本项目应当根据"预计负债"科目的期末贷方金额填列。

(25)"一年内到期的长期负债"项目,反映民间非营利组织承担的将于1年内(含1年)偿还的长期负债。本项目应当根据有关长期负债科目的期末余额中将在1年内(含1年)到期的金额分析填列。

(26)"其他流动负债"项目,反映民间非营利组织除以上流动负债之外的其他流动负债。本项目应当根据有关科目的期末余额填列。如果其他流动负债金额较大的,应当在会计报表附注中单独披露其内容和金额。

(27)"长期借款"项目,反映民间非营利组织向银行或其他金融机构等借入的期限在1年以上(不含1年)的各种借款本息。本项目应当根据"长期借款"科目的期末余额减去其中将于1年内(含1年)到期的长期借款余额后的金额填列。

（28）"长期应付款"项目，反映民间非营利组织承担的各种长期应付款，如融资租入固定资产发生的应付租赁款。本项目应当根据"长期应付款"科目的期末余额减去其中将于 1 年内（含 1 年）到期的长期应付款余额后的金额填列。

（29）"其他长期负债"项目，反映民间非营利组织除以上长期负债项目之外的其他长期负债。本项目应当根据有关科目的期末余额减去其中将于 1 年内（含 1 年）到期的其他长期负债余额后的金额分析填列。如果其他长期负债金额较大的，应当在会计报表附注中单独披露其内容和金额。

（30）"受托代理负债"项目，反映民间非营利组织因从事受托代理业务、接受受托代理资产而产生的负债。本项目应当根据"受托代理负债"科目的期末余额填列。

（31）"非限定性净资产"项目，反映民间非营利组织拥有的非限定性净资产期末余额。本项目应当根据"非限定性净资产"科目的期末余额填列。

（32）"限定性净资产"项目，反映民间非营利组织拥有的限定性净资产期末余额。本项目应当根据"限定性净资产"科目的期末余额填列。

表 14 - 1 资产负债表

资产				负债			
资产分类	报表项目	编号	会计科目	资产分类	报表项目	编号	会计科目
流动资产	货币资金	1001	现金	流动负债	短期借款	2101	短期借款
		1002	银行存款		应付款项	2201	应付票据
		1009	其他货币资金			2202	应付账款
	短期投资	1101	短期投资			2209	其他应付款
		1102	短期投资跌价准备		预收账款	2203	预收账款
	应收款项	1111	应收票据		应付工资	2204	应付工资
		1121	应收账款		应交税金	2206	应交税金
		1122	其他应收款		预提费用	2301	预提费用
		1131	坏账准备		预计负债	2401	预计负债
	预付款项	1141	预付账款		一年内到期的长期负债		
	存货	1201	存货		其他流动负债		
		1202	存货跌价准备	长期负债	长期借款	2501	长期借款
	待摊费用	1301	待摊费用		长期应付款	2502	长期应付款
	一年内到期的长期债权投资				其他长期负债		
	其他流动资产			受托代理负债	受托代理负债	2601	受托代理负债
长期投资	长期股权投资	1401	长期股权投资				
	长期债权投资	1402	长期债权投资				
		1421	长期投资减值准备				

资　产				净资产			
资产分类	报表项目	编号	会计科目	资产分类	报表项目	编号	会计科目
固定资产	固定资产	1501	固定资产	净资产	非限定性净资产	3101	非限定性净资产
	累积折旧	1502	累计折旧		限定性净资产	3102	限定性净资产
	在建工程	1505	在建工程				
	文物文化资产	1506	文物文化资产				
	固定资产清理	1509	固定资产清理				
无形资产	无形资产	1601	无形资产				
受托代理资产	受托代理资产	1701	受托代理资产				

三、资产负债表编制举例

【例 14 - 1】　假设甲社会团体 2020 年 1 月 1 日的资产负债表如表 14 - 2 所示。

表 14 - 2

资　产	行　次		负债和净资产	行　次	
流动资产：			流动负债：		
货币资金	1	107 650	短期借款	61	
短期投资	2	23 000	应付款项	62	30 000
应收款项	3	46 350	应付工资	63	
预付账款	4		应交税金	65	
存货	8	20 000	预收账款	66	
待摊费用	9		预提费用	71	
一年内到期的长期债权投资	15		预计负债	72	3 000
其他流动资产	18		一年内到期的长期负债	74	
流动资产合计	20	197 000	其他流动负债	78	
			流动负债合计	80	33 000
长期投资：					
长期股权投资	21		长期负债：		
长期债权投资	24		长期借款	81	
长期投资合计	30		长期应付款	84	
			其他长期负债	88	

资　产	行　次		负债和净资产	行　次	
固定资产:			长期负债合计	90	
固定资产原价	31	300 000			
减:累计折旧	32	90 000	受托代理负债:		
固定资产净值	33	210 000	受托代理负债	91	
在建工程	34		负债合计	100	33 000
文物文化资产	35	6 000			
固定资产清理	38				
固定资产合计	40	216 000			
			净资产:		
无形资产:			非限定性净资产	101	300 000
无形资产	41		限定性净资产	105	80 000
			净资产合计	110	380 000
受托代理资产:					
受托代理资产	51				
资产总计	60	413 000	负债和净资产合计	120	413 000

假设甲社会团体 2020 年发生的经济业务如下:

(1) 甲社会团体的章程规定,各个会员应当在每年年初交纳 200 元会费,该社会团体可以将会费收入用于符合章程规定的各项用途。2020 年 1 月 5 日,假定该社会团体收到个人会员会费 5 万元,均为现金。当日,该社会团体将收到的现金会费送存银行。

(2) 2020 年 2 月 1 日,甲社会团体收到当年的政府补助 30 万元,并转入该社会团体的银行账户,用于该社会团体的日常运营。

(3) 2020 年 2 月 2 日,甲社会团体因自行开发非专利技术而发生了一笔研究与开发费用,支付银行存款 25 000 元,其中 20 000 元为研究人员工资,5 000 元为开发过程中发生的租金。这一非专利技术是由乙公司于 2019 年 12 月 25 日捐资 50 000 元资助开发的。

2020 年 9 月 1 日,该社会团体用银行存款支付另一笔用于该非专利技术研究与开发的费用 25 000 元,其中 20 000 元为研究人员工资,5 000 元为开发过程中发生的租金。

(4) 2020 年 12 月 15 日,甲社会团体收到一笔政府补助 8 万元,指定用于 2017 年的某科研项目。

(5) 甲社会团体分配行政管理人员工资 200 000 元,假设该民间非营利组织当年用银行存款支付了行政管理人员工资,年末应付工资的余额为零。本年发生办公费等其他管理费用 64 000 元,均已用银行存款支付。

(6) 2020 年 12 月 31 日,甲社会团体在盘点固定资产时发现,一项固定资产盘亏,该固定资产账面原价为 20 000 元,已提取折旧 8 000 元。根据管理权限报经批准后,将向相关过失人张某收取赔偿金额 3 000 元。

(7) 2020 年 12 月 31 日,甲社会团体计提了折旧费用 11 000 元,均为行政管理用固定资产折旧费用。

(8) 甲社会团体将本年各项收入和成本费用结转至净资产项目。

甲社会团体 2020 年的会计分录如下:

(1) 2020 年 1 月 5 日,按照实际收到的会费金额,确认会费收入。

借:现金 50 000
 贷:会费收入——非限定性收入 50 000

将会费收入送存银行时,

借:银行存款 50 000
 贷:现金 50 000

(2) 2020 年 2 月 1 日,按照收到的政府补助确认收入。该政府补助通过银行转账支付,这 30 万元政府补助收入用于甲社会团体的日常运营,并未受到用途上和时间上的限制,因此属于非限定性收入。

借:银行存款 300 000
 贷:政府补助收入——非限定性收入 300 000

(3) 2020 年 2 月 2 日,用银行存款支付非专利技术研究与开发费用 25 000 元。

借:管理费用 25 000
 贷:银行存款 5 000
  应付工资 20 000
借:应付工资 20 000
 贷:银行存款 20 000
借:限定性净资产 25 000
 贷:非限定性净资产 25 000

2020 年 9 月 1 日,用银行存款支付非专利技术研究与开发费用 25 000 元。其账务处理为:

借:管理费用 25 000
 贷:银行存款 5 000
  应付工资 20 000
借:应付工资 20 000
 贷:银行存款 20 000
借:限定性净资产 25 000
 贷:非限定性净资产 25 000

(4) 2020 年 12 月 15 日,收到政府拨款 80 000 元,该政府拨款被指定用于 2017 年度的科研项目,因此属于甲社会团体的限定性收入。甲社会团体的账务处理为:

借:银行存款 80 000
 贷:政府补助收入——限定性收入 80 000

(5) 全年发生的行政管理人员的工资和办公费等日常费用。

借:管理费用 200 000
 贷:应付工资 200 000

借：应付工资	200 000	
贷：银行存款		200 000
借：管理费用	64 000	
贷：银行存款		64 000

(6) 2020 年 12 月 31 日,甲社会团体将盘亏固定资产账面价值扣除可向过失人收回的赔偿后的金额计入当期管理费用。

借：其他应收款——张某	3 000
累计折旧	8 000
管理费用	9 000
贷：固定资产	20 000

(7) 2020 年 12 月 31 日,对行政管理用固定资产计提的折旧应计入当期管理费用。

| 借：管理费用 | 11 000 |
| 贷：累计折旧 | 11 000 |

(8) 结转收入和费用。

借：会费收入——非限定性收入	50 000
政府补助收入——非限定性收入	300 000
贷：非限定性净资产	350 000
借：政府补助收入——限定性收入	80 000
贷：限定性净资产	80 000
借：非限定性净资产	334 000
贷：管理费用	334 000

表 14-3

资　产	行　次	年初数	年末数	负债和净资产	行　次	年初数	年末数
流动资产：				流动负债：			
货币资金	1	107 650	223 650	短期借款	61		
短期投资	2	23 000	23 000	应付款项	62	30 000	30 000
应收款项	3	46 350	49 350	应付工资	63		
预付账款	4			应交税金	65		
存货	8	20 000	20 000	预收账款	66		
待摊费用	9			预提费用	71	3 000	3 000
一年内到期的长期债权投资	15			预计负债	72		
其他流动资产	18			一年内到期的长期负债	74		
流动资产合计	20	197 000	316 000	其他流动负债	78		
				流动负债合计	80	33 000	33 000
长期投资：							

资　产	行　次	年初数	年末数	负债和净资产	行　次	年初数	年末数
长期股权投资	21			长期负债：			
长期债权投资	24			长期借款	81		
长期投资合计	30			长期应付款	84		
				其他长期负债	88		
固定资产：				长期负债合计	90		
固定资产原价	31	300 000	280 000				
减：累计折旧	32	90 000	93 000	受托代理负债：			
固定资产净值	33	210 000	187 000	受托代理负债	91		
在建工程	34			负债合计	100	33 000	33 000
文物文化资产	35	6 000	6 000				
固定资产清理	38						
固定资产合计	40	216 000	193 000				
				净资产：			
无形资产：				非限定性净资产	101	300 000	366 000
无形资产	41			限定性净资产	105	80 000	110 000
				净资产合计	110	380 000	476 000
受托代理资产：							
受托代理资产	51						
资产总计	60	413 000	509 000	负债和净资产合计	120	413 000	509 000

对表 14-3 各项目编制说明如下：

（1）"货币资金"项目期初余额为 107 650 元，本期会费收入增加银行存款 50 000 元，政府补助收入增加银行存款 380 000 元，因支付业务活动成本、管理费用减少银行存款 314 000 元，"货币资金"项目期末余额为 223 650 元。

（2）当期"其他应收款"科目借方余额增加 3 000 元。"应收款项"项目期初余额为 46 350 元，"应收款项"项目期末余额为 49 350 元。

（3）"固定资产原价"项目期初余额为 300 000 元，当期发生固定资产盘亏，固定资产原价减少 20 000 元，该项目期末余额为 280 000 元。

（4）"累计折旧"项目期初余额为 90 000 元，当期计提累计折旧，增加累计折旧 11 000 元，因固定资产盘亏，减少累计折旧 8 000 元，"累计折旧"项目期末余额为 93 000 元。

（5）"非限定性净资产"项目期初余额为 300 000 元，"限定性净资产"项目期初余额为 80 000 元。根据业务活动表，当期非限定性净资产净增加了 66 000 元，"非限定性净资产"项目的期末余额为 366 000 元，限定性净资产当期净增加了 30 000 元，"限定性净资产"项目的期末余额为 110 000 元。期末净资产总额为 476 000 元。

任务二　业务活动表

一、业务活动表的内容和格式

业务活动表是反映民间非营利组织在一定会计期间运营绩效的报表,它反映的是民间非营利组织在某一会计期间内开展业务活动的实际情况,又被称为绩效报表。该表是按照各项收入、费用及其构成分项编制而成的。

民间非营利组织不存在像企业那样核算利润的问题,因此,业务活动表的核心是核算民间非营利组织净资产的变动额及其具体构成。业务活动表主要包括四个部分:

一是民间非营利组织在一定会计期间所获得的收入情况,包括各收入来源及其构成、各项收入使用的限定情况等。为了达到这一目的,《民间非营利组织会计制度》将业务活动表设计成矩阵式,分别列示各项收入来源,包括捐赠收入、会费收入、提供服务收入、商品销售收入、政府补助收入、投资收益和其他收入;同时又列示各项收入受到限制的情况,包括限定性收入和非限定性收入等。

二是民间非营利组织在一定会计期间所发生的费用情况,包括业务活动成本和管理费用、筹资费用以及其他费用等期间费用。所有费用的性质均属于非限定性的,因此,上述费用的发生意味着非限定性净资产的减少。

三是民间非营利组织在一定会计期间内由限定性净资产转为非限定性净资产的金额情况,从而反映民间非营利组织净资产中“限定性”解除的情况,也反映出民间非营利组织限定性项目的进展情况。

四是民间非营利组织在一定会计期间净资产的变动额,包括非限定性净资产的变动额和限定性净资产的变动额。

二、业务活动表的编制方法

按照我国民间非营利组织业务活动表的格式要求,业务活动表采用矩阵式,栏目较多,内容较为丰富。各有关栏目与项目的填列方法如下。

(一)“本月数”“本年累计数”“非限定性”“限定性”栏目所反映的内容及其填列方法

业务活动表中的“本月数”栏反映各项目的本月实际发生数;在单纯地对外编制季度、半年度等中期财务会计报告时,应当将该栏改为“本季度数”“本半年度数”等本中期数栏,反映各项目本中期的实际发生数。在提供上年度比较报表时,应当增设可比期间栏目,反映可比期间各项目的实际发生数。如果本年度业务活动表规定的各个项目的名称和内容同上年度不相一致,应对上年度业务活动表各项目的名称和数字按照本年度的规定进行调整,填入业务活动表上年度可比期间栏目内。

业务活动表中的“本年累计数”栏反映各项目自年初起至报告期末止的累计实际发生数。

业务活动表中“非限定性”栏反映本期非限定性收入的实际发生数、本期费用的实际发生数和本期由限定性净资产转为非限定性净资产的金额;表中的“限定性”栏反映本期限定性收入的实际发生数和本期由限定性净资产转为非限定性净资产的金额（以"－"号填列）。在提供上年度比较报表项目金额时，限定性和非限定性栏目的金额可以合并填列。

（二）业务活动表各具体项目的填列方法

业务活动表各具体项目，应当按照其有关科目的发生额分析填列，具体如下：

（1）"捐赠收入"项目，反映民间非营利组织接受其他单位或者个人捐赠所取得的收入总额。本项目应当根据"捐赠收入"科目的发生额填列。

（2）"会费收入"项目，反映民间非营利组织根据章程等规定向会员收取的会费总额。本项目应当根据"会费收入"科目的发生额填列。

（3）"提供服务收入"项目，反映民间非营利组织根据章程等规定向其服务对象提供服务取得的收入总额。本项目应当根据"提供服务收入"科目的发生额填列。

（4）"商品销售收入"项目，反映民间非营利组织销售商品等所形成的收入总额。本项目应当根据"商品销售收入"科目的发生额填列。

（5）"政府补助收入"项目，反映民间非营利组织接受政府拨款或者政府机构给予的补助而取得的收入总额。本项目应当根据"政府补助收入"科目的发生额填列。

（6）"投资收益"项目，反映民间非营利组织以各种方式对外投资所取得的投资净损益。本项目应当根据"投资收益"科目的贷方发生额填列；如果为借方发生额，则以"－"号填列。

（7）"其他收入"项目，反映民间非营利组织除上述收入项目之外所取得的其他收入总额。本项目应当根据"其他收入"科目的发生额填列。

上述各项收入项目应当区分"限定性"和"非限定性"分别填列。

（8）"业务活动成本"项目，反映民间非营利组织为了实现其业务活动目标、开展其项目活动或者提供服务所发生的费用。本项目应当根据"业务活动成本"科目的发生额填列。

民间非营利组织应当根据其所从事的项目、提供的服务或者开展的业务等具体情况，按照"业务活动成本"科目中各明细科目的发生额，在业务活动表第 12 行至第 21 行之间填列业务活动成本的各组成部分。

（9）"管理费用"项目，反映民间非营利组织为组织和管理其业务活动所发生的各项费用总额。本项目应当根据"管理费用"科目的发生额填列。

（10）"筹资费用"项目，反映民间非营利组织为筹集业务活动所需资金而发生的各项费用总额，包括利息支出（减利息收入）、汇兑损失（减汇兑收益）以及相关手续费等。本项目应当根据"筹资费用"科目的发生额填列。

（11）"其他费用"项目，反映民间非营利组织除以上费用项目之外发生的其他费用总额。本项目应当根据有关科目的发生额填列。

需要说明的是，上述各项费用的金额，直接填入各项目的"非限定性"栏中。

（12）"限定性净资产转为非限定性净资产"项目，反映民间非营利组织当期从限定性净资产转入非限定性净资产的金额。本项目应当根据"限定性净资产""非限定性净资产"科目的发生额分析填列。

（13）"净资产变动额"项目，反映民间非营利组织当期净资产变动的金额。本项目应当根据本表"收入合计"项目的金额，减去"费用合计"项目的金额，再加上"限定性净资产转为非限定性净资产"项目的影响金额后填列。

三、业务活动表编制举例

【例 14-2】 承［例 14-1］2020 年度，甲社会团体业务活动情况如下：

(1) 2020 年度发生会费收入 50 000 元，政府补助收入 380 000 元。

(2) 2020 年度发生管理费用 334 000 元。

甲社会团体编制的 2020 年度业务活动表如表 14-4 所示。

表 14-4　业务活动表

项　目	行　次	本年累计数		
		非限定性	限定性	合计
一、收入				
其中：捐赠收入	2			
会费收入	2	50 000		50 000
提供服务收入	3			
商品销售收入	4			
政府补助收入	5	300 000	80 000	380 000
投资收益	6			
其他收入	9			
收入合计	11	350 000	80 000	430 000
二、费用				
（一）业务活动成本	12			
（二）管理费用	21	334 000		334 000
（三）筹资费用	24			
（四）其他费用	28			
费用合计	35	334 000		334 000
三、限定性净资产转为非限定性净资产	40	50 000	−50 000	0
四、净资产变动额（若为净资产减少额，以"—"号填列）	45	66 000	30 000	96 000

任务三　现金流量表

现金流量表是反映民间非营利组织在某一会计期间内现金和现金等价物流入和流出的信息的报表。其中，现金是指民间非营利组织的库存现金以及可以随时用于支付的存款，包括现金、可以随时用于支付的银行存款和其他货币资金；现金等价物是指民间非营利组织持有的期限短、流动性强、易于转换为已知金额现金、价值变动风险很小的投资（除特别指明外，以下所指的现金均包含现金等价物）。这里所指的期限短一般指从购买日起，3 个月内到期的投资,比如民间非营利组织购买的、从购买日起 3 个月或更短时间内即可到期或即可转换为现金的短期债券投资就是现金等价物。

民间非营利组织应当根据实际情况确定现金等价物的范围,并且一贯性地保持其划分标准,如果改变划分标准,应当视为会计政策变更。民间非营利组织确定现金等价物的原则及其变更,应当在会计报表附注中披露。

一、现金流量表的内容和格式

现金流量表在格式的设计上主要依照现金流量的性质,依次分类反映业务活动产生的现金流量、投资活动产生的现金流量和筹资活动产生的现金流量,最后汇总反映民间非营利组织现金及现金等价物净增加额。在有外币现金流量及境外控制实体的现金流量折算为人民币的民间非营利组织,正表中还应单设"汇率变动对现金的影响额"项目,以反映民间非营利组织外币现金流量及境外控制实体的现金流量折算为人民币时,所采用的现金流量发生日的汇率或平均汇率折算的人民币金额与"现金及现金等价物增加额"中外币现金净增加额按期末汇率折算的人民币金额之间的差额。

二、现金流量表的编制方法

(一)"业务活动产生的现金流量"各项目的内容和填列方法

从国际上来看,业务活动产生的现金流量的列报方法主要有两种:一是直接法;二是间接法。

直接法是指通过现金收入和现金支出的主要类别直接反映来自民间非营利组织经营活动的现金流量的一种列报方法。现金流量一般应按现金流入和流出总额反映,采用这种方法列报经营活动的现金流量时,一般以业务活动表中的本期各项收入为起点,调整与业务活动有关项目的增减变动,然后计算出业务活动产生的现金流量。

间接法是指以本期净资产变动额为起点,通过调整不涉及现金的收入、费用等项目的增减变动,调整不属于业务活动的现金收支项目,据此计算并列示业务活动的现金流量的一种方法。

我国民间非营利组织现金流量表的编制应当采用直接法编制,对于按照间接法反映业务活动现金流量的情况不做要求。

以下按照直接法的要求分别说明现金流量表中"业务活动产生的现金流量"各项目的内容及其填列方法:

(1)"接受捐赠收到的现金"项目,反映民间非营利组织接受其他单位或者个人捐赠取得的现金。该项目可以根据"现金""银行存款""捐赠收入"等科目的记录分析填列。

(2)"收取会费收到的现金"项目,反映民间非营利组织根据章程等规定向会员收取会费取得的现金。该项目可以根据"现金""银行存款""应收账款""会费收入"等科目的记录分析填列。

(3)"提供服务收到的现金"项目,反映民间非营利组织根据章程等规定向其服务对象提供服务取得的现金。该项目可以根据"现金""银行存款""应收账款""应收票据""预收账款""提供服务收入"等科目的记录分析填列。

(4)"销售商品收到的现金"项目,反映民间非营利组织销售商品取得的现金。该项目可以根据"现金""银行存款""应收账款""应收票据""预收账款""商品销售收入"等科目的记录分析填列。

（5）"政府补助收到的现金"项目，反映民间非营利组织接受政府拨款或者政府机构给予的补助而取得的现金。该项目可以根据"现金""银行存款""政府补助收入"等科目的记录分析填列。

（6）"收到的其他与业务活动有关的现金"项目，反映民间非营利组织收到的除以上业务之外的现金。该项目可以根据"现金""银行存款""其他应收款""其他收入"等科目的记录分析填列。

（7）"提供捐赠或者资助支付的现金"项目，反映民间非营利组织向其他单位和个人提供捐赠或者资助支出的现金。该项目可以根据"现金""银行存款""业务活动成本"等科目的记录分析填列。

（8）"支付给员工以及为员工支付的现金"项目，反映民间非营利组织开展业务活动支付给员工以及为员工支付的现金。该项目可以根据"现金""银行存款""应付工资"等科目的记录分析填列。

民间非营利组织支付的在建工程人员的工资等，在现金流量表"购建固定资产、无形资产所支付的现金"项目中反映。

（9）"购买商品、接受服务支付的现金"项目，反映民间非营利组织购买商品、接受服务而支付的现金。该项目可以根据"现金""银行存款""应付账款""应付票据""预付账款""业务活动成本"等科目的记录分析填列。

（10）"支付的其他与业务活动有关的现金"项目，反映民间非营利组织除上述项目之外支付的其他与业务活动有关的现金。该项目可以根据"现金""银行存款""其他应付款""管理费用""其他费用"等科目的记录分析填列。

（二）"投资活动产生的现金流量"各项目的内容和填列方法

现金流量表中的投资活动包括短期投资和长期投资的取得与处置、固定资产的购建与处置、无形资产的购置与转让等。单独反映投资活动产生的现金流量，能了解民间非营利组织为获得未来收益和现金流量而导致对外投资或内部长期资产投资的程度，以及以前对外投资所带来的现金流入的信息。投资活动现金流量各项目的内容和填列方法如下：

（1）"收回投资所收到的现金"项目，反映民间非营利组织出售、转让或者到期收回除现金等价物之外的短期投资、长期投资而收到的现金，不包括长期投资收回的股利、利息，以及收回的非现金资产。本项目可以根据"现金""银行存款""短期投资""长期股权投资""长期债权投资"等科目的记录分析填列。

（2）"取得投资收益所收到的现金"项目，反映民间非营利组织因对外投资而取得的现金股利、利息，以及从被投资单位分回利润收到的现金，不包括股票股利。本项目可以根据"现金""银行存款""投资收益"等科目的记录分析填列。

（3）"处置固定资产和无形资产所收回的现金"项目，反映民间非营利组织处置固定资产和无形资产所取得的现金，减去为处置这些资产而支付的有关费用之后的净额。由于自然灾害所造成的固定资产等长期资产损失而收到的保险赔款收入，也在本项目反映。本项目可以根据"现金""银行存款""固定资产清理"等科目的记录分析填列。

（4）"收到的其他与投资活动有关的现金"项目，反映民间非营利组织除上述各项之外收到的其他与投资活动有关的现金。其他现金流入金额较大的,应当单列项目反映。本项目可以根据"现金""银行存款"等有关科目的记录分析填列。

（5）"购建固定资产和无形资产所支付的现金"项目,反映民间非营利组织购买和建造固定资产,取得无形资产和其他长期资产所支付的现金,不包括为购建固定资产而发生的借款利息资本化的部分,以及融资租入固定资产支付的租赁费。借款利息和融资租入固定资产支付的租赁费,在筹资活动产生的现金流量中反映。本项目可以根据"现金""银行存款""固定资产""无形资产""在建工程"等科目的记录分析填列。

（6）"对外投资所支付的现金"项目,反映民间非营利组织进行对外投资所支付的现金,包括取得除现金等价物之外的短期投资、长期投资所支付的现金,以及支付的佣金、手续费等附加费用。本项目可以根据"现金""银行存款""短期投资""长期股权投资""长期债权投资"等科目的记录分析填列。

（7）"支付的其他与投资活动有关的现金"项目,反映民间非营利组织除上述各项之外,支付的其他与投资活动有关的现金。其他现金流出金额较大的,应当单列项目反映。本项目可以根据"现金""银行存款"等有关科目的记录分析填列。

（三）"筹资活动产生的现金流量"各项目的内容和填列方法

现金流量表中的筹资活动包括借款的借入与偿还、利息的支付等。单独反映筹资活动产生的现金流量,能了解民间非营利组织筹资活动产生现金流量的规模与能力,以及民间非营利组织为获得现金流入而付出的代价。筹资活动现金流量各项目的内容和填列方法如下:

（1）"借款所收到的现金"项目,反映民间非营利组织举借各种短期、长期借款所收到的现金。本项目可以根据"现金""银行存款""短期借款""长期借款"等科目的记录分析填列。

（2）"收到的其他与筹资活动有关的现金"项目,反映民间非营利组织除上述项目之外,收到的其他与筹资活动有关的现金。其他现金流入金额较大的,应当单列项目反映。本项目可以根据"现金""银行存款"等有关科目的记录分析填列。

（3）"偿还借款所支付的现金"项目,反映民间非营利组织以现金偿还债务本金所支付的现金。本项目可以根据"现金""银行存款""短期借款""长期借款""筹资费用"等科目的记录分析填列。

（4）"偿付利息所支付的现金"项目,反映民间非营利组织实际支付的借款利息、债券利息等。本项目可以根据"现金""银行存款""长期借款""筹资费用"等科目的记录分析填列。

（5）"支付的其他与筹资活动有关的现金"项目,反映民间非营利组织除上述项目之外,支付的其他与筹资活动有关的现金,如融资租入固定资产所支付的租赁费。本项目可以根据"现金""银行存款""长期应付款"等有关科目的记录分析填列。

（四）"汇率变动对现金的影响额"项目的内容和填列方法

现金流量表中的"汇率变动对现金的影响额"项目,反映民间非营利组织外币现金流量及境外所属分支机构的现金流量折算为人民币时,所采用的现金流量发生日的汇率或期初汇率折算的人民币金额与本表"现金及现金等价物净增加额"中外币现金净增加额按期末汇率折算的人民币金额之间的差额。

（五）"现金及现金等价物净增加额"项目的内容和填列方法

现金流量表中的"现金及现金等价物净增加额"项目,反映民间非营利组织本年度现金及现金等价物变动的金额。该项目应当根据本表"业务活动产生的现金流量净额""投资活动产生的现金流量净额""筹资活动产生的现金流量净额"和"汇率变动对现金的影响额"项目的金额合计填列。

三、现金流量表编制举例

【例14-3】 承[例14-1]2020年度甲社会团体现金流量情况如下:

(1)2020年度收到会费捐赠增加当期现金流入50 000元。

(2)2020年度收到政府补助增加当期现金流入380 000元。

(3)2020年度支付给员工的工资为240 000元,增加当期现金流出240 00元。

(4)2020年度支付的其他与业务活动相关的现金流量包括支付办公费等其他管理费用74 000元。

甲社会团体编制的2020年度现金流量表如14-5所示。

表14-5 现金流量表

项　目	行　次	金　额
一、业务活动产生的现金流量		
接受捐赠收到的现金	1	
收取会费收到的现金	2	50 000
提供服务收到的现金	3	
销售商品收到的现金	4	
政府补助收到的现金	5	380 000
收到的其他与业务活动有关的现金	8	
现金流入小计	13	430 000
提供捐赠或者资助支付的现金	14	
支付给员工以及为员工支付的现金	15	240 000
购买商品、接受服务支付的现金	16	
支付的其他与业务活动有关的现金	19	74 000
现金流出小计	23	31 4 000
业务活动产生的现金流量净额	24	
二、投资活动产生的现金流量		
收回投资所收到的现金	25	
取得投资收益所收到的现金	26	
处置固定资产和无形资产所收回的现金	27	
收到的其他与投资活动有关的现金	30	
现金流入小计	34	
购建固定资产和无形资产所支付的现金	35	

项 目	行 次	金 额
对外投资所支付的现金	36	
支付的其他与投资活动有关的现金	39	
现金流出小计	43	
投资活动产生的现金流量净额	44	
三、筹资活动产生的现金流量		
借款所收到的现金	45	
收到的其他与筹资活动有关的现金	48	
现金流入小计	50	
偿还借款所支付的现金	51	
偿付利息所支付的现金	52	
支付的其他与筹资活动有关的现金	55	
现金流出小计	58	
筹资活动产生的现金流量净额	59	
四、汇率变动对现金的影响额	60	
五、现金及现金等价物净增加额	61	124 000

任务四　会计报表附注与财务情况说明书

一、会计报表附注

会计报表附注是为了方便会计报表使用者理解会计报表的内容而对会计报表的编制基础、编制依据、编制原则和方法及主要项目等所做的解释。会计报表附注应当包括以下主要内容:

(1) 重要会计政策及其变更情况的说明;

(2) 董事会(或者理事会或者类似权力机构)成员和员工的数量、变动情况以及获得的薪金等报酬情况的说明;

(3) 会计报表重要项目及其增减变动情况的说明;

(4) 资产提供者设置了时间或用途限制的相关资产情况的说明;

(5) 受托代理业务情况的说明,包括受托代理资产的构成、计价基础和依据、用途等;

(6) 重大资产减值情况的说明;

(7) 公允价值无法可靠取得的受赠资产和其他资产的名称、数量、来源和用途等情况的说明;

(8) 对外承诺和或有事项情况的说明;

(9) 接受劳务捐赠情况的说明；

(10) 资产负债表日后非调整事项的说明；

(11) 有助于理解和分析会计报表需要说明的其他事项。

二、财务情况说明书

财务情况说明书是对民间非营利组织一定会计期间内业务活动、资金周转和净资产变动情况等的综合性说明，是财务会计报告的组成部分。它全面扼要地提供民间非营利组织财务、营运活动等的全貌，分析总结其业绩和不足，是财务会计报告使用者了解和考核有关单位业务活动开展情况的重要资料。财务情况说明书至少应当对下列情况做出说明：

(1) 民间非营利组织的宗旨、组织结构以及人员配备等情况；

(2) 民间非营利组织业务活动基本情况，年度计划和预算完成情况，产生差异的原因分析，下一会计期间业务活动计划和预算等；

(3) 对民间非营利组织业务活动有重大影响的其他事项。

关键术语

资产负债表　业务活动表　现金流量表　会计报表附注　财务情况说明书

应知考核

1. 什么是财务会计报告？财务会计报告包括哪几类？

2. 民间非营利组织财务会计报告的作用主要表现在哪些方面？

3. 编制财务会计报告的要求是什么？

应会考核

1. 民间非营利组织会计报表附注包括哪些内容？

2. 民间非营利组织财务情况说明书包括哪些内容？

3. 财务报表间有哪些指标勾稽关系？

参考文献

［1］政府会计制度编审委员会.政府会计制度：主要业务与事项账务处理实务详解［M］.北京：人民邮电出版社,2018.

［2］中华人民共和国财政部.2020年政府收支分类科目［M］.上海：立信会计出版社,2019.

［3］中华人民共和国财政部.政府会计准则［M］.上海：立信会计出版社,2020.

［4］李海波,刘学华.新编政府会计［M］.上海：立信会计出版社,2018.

［5］何跃群,汪军.政府及非营利组织会计［M］.北京：科学出版社,2018.

［6］赵莉,秦国华.政府与非营利组织会计［M］.北京：北京理工大学出版社,2016.

［7］樊勇明,杜莉.公共经济学［M］.第二版.上海：复旦大学出版社,2014.

［8］张远凤,邓汉慧,徐军玲,非营利组织管理：理论、制度与实务［M］.北京：北京大学出版社,2016.

［9］罗晓华.公共部门财务会计［M］.上海：复旦大学出版社,2015.

［10］政府会计制度编审委员会,政府会计制度详解与实务：条文解读＋实务应用＋案例讲解［M］.北京：人民邮电出版社,2018.

［11］赵建勇.政府会计［M］.上海：上海财经大学出版社,2018.

［12］魏永宏.政府与非营利组织会计［M］.北京：电子工业出版社,2017.